6 jaar • 55 landen • 100.000 km

deel 1 • België - Pakistan

Nicole en Ingrid op het Ritme van de Toeareg
werd uitgegeven door GLOBETROTTER BVBA

J. Vuylstekelaan 18-1E
B-2050 Antwerpen
België
Tel.: 03/33 60 268
email: info@nicole-ingrid.be
www.nicole-ingrid.be

D/2011/6641/001
ISBN 978-90-801359-3-2
NUR 508

1ste druk September 2011

Redactie: Olivier Constant
Cartografie: Geoatlas, bewerkt door Stijn Claes
Fotografie: Nicole Dierckx & Ingrid De Wilde
Lay-out & vormgeving: Drukkerij SMITS nv, Wommelgem & Steurs nv graphic solutions, Antwerpen
Rik Denissen, Stijn Claes, Patrick Najbart en Linda Maesen
Druk:

drukkerij Smits n.v.
herentalsebaan 406 b – B-2160 wommelgem
tel. +32 (0)3 354 04 04 – http://www.drukkerij-smits.be

Reeds verschenen en op het zelfde adres te verkrijgen:

14.809 KM - Met de fiets naar China
ISBN 90-801359-1-7

De Fietskuren van Nicole en Ingrid
ISBN 90-801359-2-5

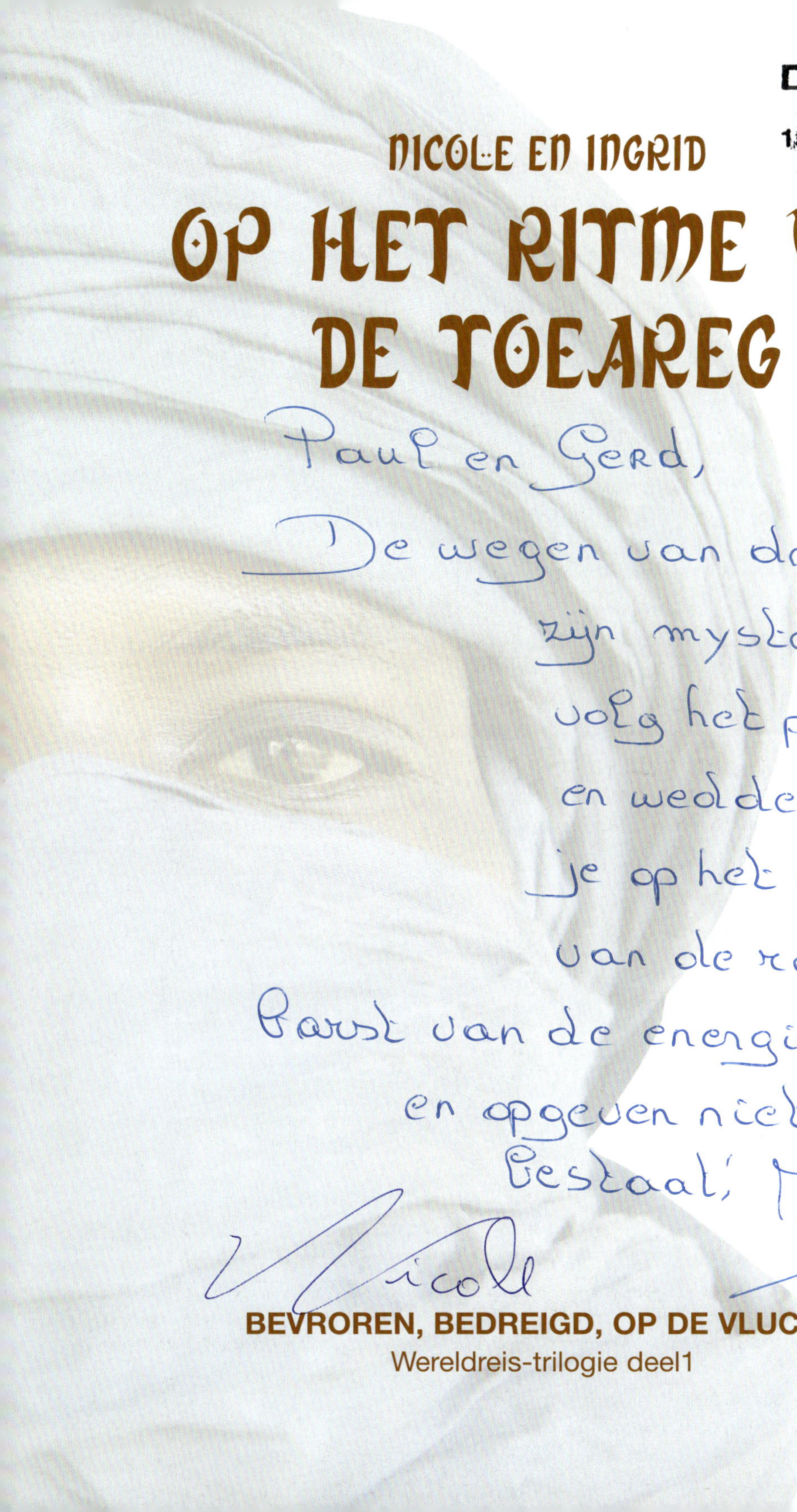

NICOLE EN INGRID

OP HET RITME VAN DE TOEAREG

Paul en Gerd,

De wegen van de Toeareg
zijn mysterieus...
volg het pad
en wedden dat
je op het einde
van de route
barst van de energie...
en opgeven niet meer
bestaat!
Ingrid.
Nicole

BEVROREN, BEDREIGD, OP DE VLUCHT

Wereldreis-trilogie deel1

deel 1 • België - Pakistan
totaal 23.628 km
V
A
NORWEGIAN SEA
North Cape
RUSSIAN
NORWAY
SWEDEN
FINLAND
Gulf of Bothnia
Lake Region
Lake Ladoga
Lake Onega
OSLO
STOCKHOLM
HELSINKI
TALLINN
ESTONIA
LATVIA
RIGA
LITHUANIA
VILNIUS
MOSCOW
MINSK
BELARUS
DENMARK
COPENHAGEN
BALTIC SEA
NORTH SEA
Faroe Islands
DENMARK
Shetland Islands
U.K.
UNITED KINGDOM
Great Britain
British Isles
DUBLIN
IRELAND
LONDON
NETHERLANDS
BERLIN
POLAND
WARSAW
GERMANY
BELGIUM
LUX.
PARIS
FRANCE
PRAGUE
CZECH REP.
SLOVAKIA
BRATISLAVA
VIENNA
AUSTRIA
BUDAPEST
HUNGARY
SWITZ.
BERNE
SLOV.
LJUBLJANA
ZAGREB
CROATIA
BOSNIA-H.
SERBIA
BELGRADE
ROMANIA
BUCHAREST
MOLDOVA
CHISINAU (KISHINEV)
KIEV
UKRAINE
Bay of Biscay
ITALY
S.M.
VATICAN C.
ROME
Corsica
Sardinia
ANDORRA
MADRID
PORTUGAL
SPAIN
Balearic Is.
BLACK SEA
SOFIA
BULGARIA
SKOPJE
TIRANA
ALBANIA
ATHENS
GREECE
ANKARA
TURKEY
GEORGIA
TBILISI
ARMENIA
YEREVAN
BAKU
AZERB.
CASPIAN SEA
Euphrates
Tigris
CYPRUS
NICOSIA
SYRIA
LEBANON
BEIRUT
DAMASCUS
WEST BANK
ISRAEL
AMMAN
JERUSALEM
JORDAN
IRAQ
BAGHDAD
TEHRAN
IRAN
KUWAIT
Persian Gulf
BAHRAIN
MANAMA
QATAR
DOHA
ABU DHABI
U.A.E.
RIYADH
SAUDI ARABIA
MUSCAT
OMAN
YEMEN
SANAA
Gulf of Aden
Socotra
YEMEN
ARABIAN SEA
Lake Zaysan
ASTANA
KAZAKHSTAN
Lake Balkhash
Aral Sea
UZBEKISTAN
BISHKEK
KYRGYZSTAN
TASHKENT
TURKMENISTAN
ASHGABAT
DUSHANBE
TAJIKISTAN
KABUL
AFGHANISTAN
KASHMIR
ISLAMABAD
PAKISTAN
Indus
NEW DELHI
KATHMANDU
Ganges
INDIA
Ob
Irtysh
Kama
Volga
Ishim
ALGIERS
TUNIS
Sicily
MALTA
Crete
TUNISIA
MEDITERRANEAN SEA
TRIPOLI
RABAT
MOROCCO
ALGERIA
LIBYA
CAIRO
EGYPT
RED
L. Nasser
Nile
MALI
Niger
NIGER
CHAD
L. Chad
N'DJAMENA
BAMAKO
BURKINA
NIAMEY
OUGADOUGOU
NIGERIA
BENIN
GHANA
TOGO
CÔTE D'IVOIRE
LIBERIA
ABIDJAN
ACCRA
LOME
PORTO-NOVO
ABUJA
CAMEROON
YAOUNDE
CENTRAL AFRICAN REPUBLIC
BANGUI
SÃO TOMÉ AND PRINCIPE
EQUAT. GUINEA
LIBREVILLE
GABON
CONGO
Congo
DEM. REP. OF CONGO
BRAZZAVILLE
KINSHASA
LUANDA
ANGOLA
NAMIBIA
Gulf of Guinea
KHARTOUM
SUDAN
Blue Nile
White Nile
ERITREA
ASMARA
DJIBOUTI
ADDIS ABABA
ETHIOPIA
SOMALIA
MOGADISHU
Lake Turkana
UGANDA
KENYA
KAMPALA
Lake Victoria
RWANDA
KIGALI
BUJUMBURA
BURUNDI
NAIROBI
TANZANIA
DODOMA
Lake Tanganyika
Zanzibar
Lake Malawi
Nyasa
ZAMBIA
MALAWI
LILONGWE
LUSAKA
Zambezi
HARARE
ZIMBABWE
MOZAMBIQUE
MORONI
COMOROS
Mayotte FRANCE
MADAGASCAR
ANTANANARIVO
MAURITIUS
PORT LOUIS
SEYCHELLES
VICTORIA
Lakshadweep Islands
INDIA
COLOMBO
MALE
MALDIVES
Chagos Archipelago
U.K.
Saint Helena
U.K.
Ascension

Etappes

INHOUDSTAFEL

Inleiding

Op de schoot bij ... moeder Gaby

Nicole

Ik heb Nicole nooit kunnen temmen! Bij de geboorte liep het al mis. Ze woog 4,5 kg, een ferme brok! Men moest ze met tangen eruit halen. Aan één kant zag ze helemaal blauw. Ons Nicole was precies een *alien* of had ze blauw bloed? Ik vond haar het schoonste kind van de wereld, maar zelf had ik wel wat nevenverschijnselen. Niet alleen aderspatten, maar ook al mijn haar viel uit en ik kreeg mijn eerste astma-aanval! Waren dat voortekens? De nonnekes van het ziekenhuis zeiden tegen mij: 'Allez madame, tot de volgende keer, hé!' 'Nooit meer in mijn leven', zuchtte ik!

Nicole kwam er stipt om 12 uur 's middags uit. Etenstijd! En eten kon ze als de beste. Ze had altijd reuzenhonger en sleurde de fles uit mijn handen om zelf te drinken. Het moest vooral vooruit gaan. In het begin deed Nicole niets anders dan slapen. Ik dacht: 'Amai, wat een braaf kind.' Maar ik had beter moeten weten! Toen ze een jaar of drie was, begon ze plots heel onrustig te worden. Wanneer ik ze in de box zette, sleurde ze zich op eigen kracht vooruit. Alsof dat nog niet genoeg was, dook Nicole in de kasten en kieperde ze alles op de grond. Ik hoefde mijn rug maar te draaien of het kot stond op stelten.

Ze had al vrij vroeg de smaak te pakken van het kattenkwaad en ook op school was het een fiasco. Medelijden had ze niet. Bij *belleke trek* was *Jeanneke Spek* haar favoriete slachtoffer. Toen ze aanbelde, moest die ocharme met haar houten been helemaal de trap afpikkelen. En plezier dat ons Nicole daarin had! Ze had toen al een beschermengel: een hond. Die beet mij als ik achter haar aan liep omdat ze de zoveelste ruit had *uitgesjot*. Spelen deed ze het liefst met de autootjes. Die zette ze mooi op een rij en in het midden van *'t stad* liet ze haar karavaan op het drukste kruispunt oversteken. De echte wagens moesten maar wachten. Nicole kreeg wel barbiepoppen, maar daar draaide ze de kop van af. Gelukkig heeft ze dat nooit met mij gedaan!

Op één ding was ze dol: water. Ik waste haar in een zinken badje en dat kon niet lang genoeg duren. Ze speelde en rollebolde zo hard dat mijn keuken een zwembad werd. Later kon ze haar waterverslaving botvieren in de zwemclub. Nooit was ze uit het zwembad weg te slaan. Ze at er zelfs haar boterhammen op. Had het gekund, was ze er in blijven slapen! Nicole leek voorbestemd om iets in de sport te doen. Om haar energie wat in te tomen, ging ze naar de karateclub. En weer hadden we ons laten vangen! Nicole vond er niet beter op dan onze pa als proefkonijn te gebruiken voor haar houdgreep. 'Jakameeee', riep ze dan en die arme mens maakte zoveel salto's dat hij er bijna een dubbele hernia aan overhield!

Nicole heeft altijd van actie gehouden. Ze was enig kind. We waren haar speelkameraadjes en deden alles samen. Om eerlijk te zijn, hadden we ook geen andere keuze. Pretparken stonden bovenaan het verlanglijstje. Voor mij was dat een hele krachttoer. Ik heb astma en mag niet in alle attracties. Nicole ging dan voor het waarschuwingsplakkaatje staan en riep: 'Komaan ma, waar blijft ge?' Het resultaat kan je al raden: ik kwam er paars uit! Mijn leven is een kabbelend riviertje, maar als ons Nicole er is, verandert dat al snel in een wildwaterbaan … Toch houdt één ding me na al die jaren nog altijd bezig. Als klein kind zei Nicole altijd: 'Ma, ik ben op zoek naar iets … ooit ga ik het vinden!' Zijn daar haar eeuwige honger naar avontuur en die zotte reisideeën geboren?'

Op de schoot bij … moeder Adrienne

Een normale mens komt er eerst met zijn hoofd uit, maar Ingrid koos voor een omgekeerde bevalling. Toen was het al duidelijk: het gemakkelijke pad was niets voor haar! Toch was dit loos alarm, want ik moet het zeggen zoals het is: Ingrid was een braaf kind. Ze bleef mooi in haar box zitten en kroop niet zo maar rond. Bij het opgroeien bemerkten we zeker niet die zin voor avontuur.

Alleen opruimen bleek niet haar grootste talent. Op de duur moest ik drastische middelen aanwenden. 'Als ge nu niet opruimt, gooi ik alles in de stoof', brieste ik.
Als kleine bengel was ze enorm bang in het water. Wanneer ik ze waste in bad: hui-

len, huilen en nog eens huilen! Zo erg zelfs dat de buren kwamen vragen wat ik in godsnaam met dat kind deed! Ook wanneer we later gingen zwemmen, was ze in het begin *benauwd*, maar dat beterde al snel. Het was zeker geen *bleiterke*, behalve als ze later de eerste keer op schoolreis ging. Afscheid nemen is niet haar sterkste kant. Ze is altijd een heel gevoelige geweest.

Ingrid

Een grote eter was ze niet, alleen een echte zoetekauw. Ze was ook gek op *kook en eteke* spelen, maar zelf achter het fornuis staan was een ander paar mouwen … Je moest ze vooral geen soep laten maken, want die liet ze net zo lang borrelen tot ze helemaal uitgekookt was. 'Maar ma, de melk kookt toch ook pas als ze omhoog komt', zuchtte ze dan! Pas op, Ingrid heeft een enorme verantwoordelijkheidszin, maar een keukenprinses zat er absoluut niet in.

Poppen konden haar wel bekoren, maar het liefst van al was ze buiten in de natuur. Haar kinderdroom was een eigen paard bezitten. Met de familie trokken we er vaak op uit. Elke zomer maar zwemmen, *jonge toch!* Of naar de speeltuin ravotten. Ingrid was gek op de ton en de kabelbaan. Maar nog gekker was ze op de frietjes die we 's avonds aten. De loopton liep ze niet alleen plat voor de sport, maar vooral om de jongens een lesje te leren omdat die er een hobby van maakten om de meisjes eruit te lopen met hun brute kracht. Dat vechten tegen onrecht, dat heeft altijd in haar gezeten. Ze kon al heel vroeg haar mannetje staan!

Van kindsbeen af ging ze ook graag naar school, stel je voor! En ze behaalde goede punten. Wat kunnen ouders nog meer vragen? Ze was dol op gedichten en deed niets liever dan vooraan in de klas toneel spelen. Het was al meteen duidelijk: Ingrid zal altijd haar gedacht zeggen en als je met haar wil sollen, ben je aan het verkeerde adres. Oh ja, en er is nog één gave die ze altijd heeft gehad: ze slaapt als een roos!

Straks pakken ze ons alles af...
Gaan we dit zomaar laten gebeuren?

Is dit het einde?
Gaan we verder leven of gaan we ons laten leven?

April 1998.
De 45 graden warme hitte van de Mauritaanse woestijn drukt ons plat. We hangen afgepeigerd boven onze fietsen.
Onze ogen trakteren de zanderige wegen op vocht waar ze al jaren om smeken. We kijken elkaar aan en denken hetzelfde.
'Ik snap het! Ik heb ook dat gevoel...'
Nog een paar maanden en we zitten terug thuis in de ratrace ...

We kunnen ons niet inbeelden dat we terug de draad van het 'normale leventje' moeten oppikken: een dweil uitwringen, het ziekenfonds in orde brengen, vastroesten in de file, bedden opmaken, een boek schrijven, diashows geven ...
het lijkt allemaal zo ver weg!

'Waar zijn we mee bezig?', vragen we wel tien keer luidop.
We willen niet naar huis, maar we moeten wel. Ons vier jaar lange avontuur zit erop.

Plots verschijnt onder impuls van een zwoele wind uit het niets een Toeareg bovenop een fiere dromedaris: sereen, waardig, een beeld van een man. Hij is volledig in het blauw gekleed. Zijn gitzwarte ogen en donkere tulband hebben iets magisch. Zo'n uitstraling hebben we zelden gezien. Indrukwekkend! Hij gunt ons een korte, maar indringende blik. We krijgen kippenvel. Net voordat hij tussen het dorre struikgewas verdwijnt, knikt hij ons toe. We staan aan de grond genageld.

We willen ons stuur draaien. Zijn magnetische kracht is verschroeiend. We zouden hem graag volgen, maar we kleven vast aan de weg. Al wat we nu nodig hebben is een robuuste kameel om te zien hoe die woestijnnomaden leven. De fiets brengt ons overal, maar ook beste vrienden moet je af en toe vaarwel durven zeggen.

We missen iets.

Af en toe een zijspoor nemen, zoals onze woestijnprins het zo verleidelijk uitstippelt...
Reizen zoals het volk ter plaatse om nog dichter bij de mensen te staan...
Vreemd hoe enkele seconden een mensenleven kunnen veranderen.

De man geeft ons hoop zonder een woord uit te spreken.
We hebben een nieuw doel.
Reizen is constant je grenzen verleggen. Je hunkert naar meer, naar nieuwe uitdagingen. Het is een gezonde nieuwsgierigheid waarvan je niet kunt afkicken.

Eigenlijk zijn we al jaren blauwe Touaregs zonder het te beseffen. Het kan allemaal zoveel eenvoudiger, zoveel beter: geen deadlines, geen polshorloges, geen zenuwen, gewoon leven!

Wie weet welke vervoermiddelen we allemaal kunnen nemen als we de hoofdroute verlaten: een vlot, ezels, paard en kar? We dromen dolenthousiast van een nieuw avontuur...

Hopelijk wordt ons boek De fietskuren een bestseller en komen de mensen massaal naar onze voordrachten!
Des te sneller kunnen we terug vertrekken op het ritme van de Touareg...

Allez, we hebben al nieuwe plannen en we zijn nog niet thuis!
Maar ssjjt, vertel het niet aan onze moeders...

Lustig Leven

Lustig Leven – maandblad voor wie de midlifecrisis voelt naderen, nummer 37, februari 2004

FIETSDUO NICOLE EN INGRID: 'WIJ HEBBEN GEEN DROMEN, WIJ MAKEN ZE WAAR!'

In het laatste deel van onze reeks 'De dagelijkse sleur bestaat niet' geven we het woord aan twee straffe madammen. Nicole en Ingrid, Vlaanderens bekendste duo sinds Nicole en Hugo, leven op het tempo van hun nieuwsgierigheid. Ze laten zich niet leiden door kopzorgen en stress, maar toveren elke dag om in een bruisend avontuur. Zijn wereldreizen het tegengif voor een nakende midlifecrisis? Ongetwijfeld, maar de hartsvriendinnen leren uw trouwe reporter vooral een belangrijke levensles: dromen zijn geen bedrog.

Er hangt hoogspanning in de lucht van de koekenstad. Het tropische decor van Linkeroever is de ideale plaats voor een exclusieve babbel met twee reisbeesten die op het punt staan te zwichten voor hun verslaving. Ze zijn ondertussen beroemd en berucht, maar aan de lezers van *Lustig Leven* stellen we Nicole en Ingrid maar al te graag nog eens voor.

'Alles begon toen we in 1990 met de fiets naar China trokken', steekt Ingrid van wal. 'Een avontuur dat onze honger alleen maar aanwakkerde.' Hun boek over deze reis werd meteen een bestseller. Resultaat: Vlaanderens bekendste fietsduo was geboren. Al snel begon het terug te kriebelen. De dames vonden er niets beter op dan in 1994 een dikke vier jaar rond de wereld te fietsen. En nog was het niet genoeg.

'We zijn gebeten door het hardnekkigste virus: de reismicrobe. Settelen zit er zeker niet meer in. Ondertussen zitten we al zeven jaar thuis. Je zou van minder gek worden', aldus Nicole. Hoog tijd voor het ultieme medicijn: vijf jaar de wereld rond, via de Noordkaap naar Mongolië, dwars door Siberië en van Alaska door Zuid-Amerika naar Afrika, zo'n slordige 100.000 km. Een nederige journalist wordt al moe van de woorden alleen.

De afgelopen jaren kleefden ze op het scherm in *Duizend Zonnen en Garnalen* (Eén). Ze leerden hun landje kennen door een seizoen lang de plaatselijke fietsroutes te verkennen met in hun zog 400 uitgelaten sympathisanten. Daarnaast brachten Nicole en Ingrid in eigen beheer een tweede bestseller uit *(De fietskuren)* en gaven de bezige bijen zo maar eventjes 470 diavoorstellingen. Ze waren ook trouwe klant bij Somers & Verschueren in *Ochtendkuren*. Nicole bleef de luisteraars soms zo lang trakteren op wilde verhalen dat

Luc Verschueren moest inhaken omdat het programma gedaan was ...

Dat we met twee spraakwatervallen opgescheept zitten, is al snel duidelijk. Maar van hun nobele reisplannen schrikt ondergetekende zich toch een bult.

'We willen op grootmoeders wijze de wereld rond', verduidelijkt Nicole. 'Terug in de tijd gaan en met de meest typische ongemotoriseerde vervoermiddelen door het land trekken.' Ezels, rolschaatsen, kajaks, je kan het zo gek niet bedenken of het staat op hun verlanglijstje. 'Auto's of vliegtuigen bestaan voor ons niet meer', aldus Ingrid. 'We zijn twee groene dames. De stank en drukte van de gemotoriseerde voertuigen haten we. Men vindt het onderweg veel sympathieker om zwoegende fietsers tegen te komen dan een stoere 4 x 4. Je staat dichter bij de bevolking en de mensen moesten het vroeger ook zo doen. Dat intrigeert ons, die eerste pioniers. Als je in de Siberische bossen gaat ronddolen met een GPS, waar is het avontuur dan nog?'

Aan unieke belevenissen geen gebrek voor onze twee vrouwelijke Marco Polo's. Met 55 landen op het menu en de definitieve verbanning van alles waar een motor aanhangt, hebben ze alvast het recept voor een knotsgekke reis. Maar hun eerste liefde zeggen ze nog lang niet vaarwel. 'De fiets blijft de hoofdmoot tijdens de reis. En als er geen weg meer is, dan gaat het over het water hé!', verduidelijkt eeuwige optimist Nicole.

Allemaal goed en wel, maar hoe vermijd je in godsnaam dat jullie stalen ros onderweg gestolen wordt?

'Aha, we hebben een oorverdovend fietsalarm', onthult Ingrid. 'De fiets is heilig. Zonder ons *koersmachien* stappen we geen hotel of huis binnen. Elke avond maken we ons kindje stevig vast aan het bed. Bij het kamperen hangen we ze aan de tentpaal vast. Als men de fiets wil stelen, hebben ze ineens onze hele tent mee en daar schrikken wij zelfs van wakker.' 'Bovendien: we zijn met twee', valt Nicole bij. 'Vaak houdt één van ons de wacht als we bijvoorbeeld de lokale supermarkt leeg kopen.'

Samen zijn ze sterk, zoveel is duidelijk. Toch heeft de romantiek van het eeuwig op weg zijn ook minder fijne kanten, te beginnen bij de administratie. Vijf jaar lang weg, is alles wel goed geregeld, ladies?

'Bijlange niet', biecht Nicole op. 'Onderweg vertrouwen we op het goed geluk en onze engelbewaarders. We gaan de lokale media inzetten om een oproep te lanceren naar mensen die ons kunnen helpen. Als dat niet lukt, kunnen we nog altijd uit eigen zak een afgedankte paardenkar kopen.' Op het thuisfront hebben ze wel een geoliede machine op touw gezet. 'We kunnen rekenen op twee trouwe compagnons.
We hebben 55 pakjes met boeken, landkaarten en allerlei andere levensnoodzakelijke dingen die we per land nodig hebben. Zodra we de grens oversteken, zorgt onze trouwe secretaresse en goede vriendin Christine voor het inpakken en de verzending naar Peter Schevenals van DHL. Die heeft dan de dankbare taak om uit te vissen hoe het materiaal ter plekke bij ons kan geraken. Hij is onze grote broer, raadsman en klaagmuur in één persoon.'

Het levend slot Nicole

Pittig detail: als ze onderweg iets ergs zouden meemaken of het noodlot toeslaat en ze het leven laten, is Peter Schevenals de eerste die het weet. Hij moet dan de familie verwittigen.

Natuurlijk kan je niet alles tot in de puntjes voorbereiden. 'De visums zijn een ander paar mouwen', zucht Ingrid. 'Je kan moeilijk voor vijf jaar op voorhand visums regelen. Meestal moet je binnen de drie maanden van de aanvraag het land binnenvallen, dus moet je ze maar in de buurlanden zelf in orde brengen. Voor India ga je bijvoorbeeld in Pakistan achter een visum. Je kan er maximum twee of drie op voorhand regelen, dus dat blijft altijd spannend. Lukt het of lukt het niet om het land binnen te geraken?'

Dames, zeg nu eens eerlijk, stammen jullie af van een miljonairsfamilie of winnen jullie om de vijf jaar de lotto?

'Curieuzeneuzemosterdpot, dat is de vraag die iedereen ons stelt', lacht Nicole. 'Het antwoord is twee keer 'neen'. Na onze vorige reis hebben we in elke uithoek van het land wel een voordracht gegeven: van de lokale school tot het bejaardenhuis, het is een fulltime job geworden. Daarnaast verkocht ons boek als een trein en hebben we ook T-shirts, wenskaartjes en zijn we vaste klant op vakantie- en fietsbeurzen. Dat brengt geld in het laatje voor een volgende trip.' Het Antwerpse duo heeft hun zaken netjes ondergebracht in de BVBA Globetrotter, maar achter de reizende winkel gaat vooral een onbeschrijflijke liefde schuil voor het ontdekken van de wereld in al haar facetten. 'De mensen bekijken wat we doen enkel als een reis, maar wij zijn geen gewone toeristen', verduidelijkt Ingrid. 'Het is echt een manier van leven. We zijn nomaden. Kijk, je hebt een toerist en een trekker. Een toerist heeft weinig tijd en veel geld. Trekkers hebben een heel karig budget, maar een zee aan tijd. Dat maakt het reizen helemaal anders. We zijn gaandeweg professionele trekkers geworden.'

Ligfietsen staan klaar om verstuurd te worden met DHL

Ze vertellen met zoveel vuur en passie dat uw reporter het er stilaan snikheet van krijgt. Gelukkig volgt er net op tijd een glaasje frisdrank om af te koelen. 'We kunnen ook rekenen op sponsors', gaat Nicole gezwind verder. 'Die vind je echter niet op één twee drie. Je hebt echt een oerdegelijke uitrusting nodig waar je 200% op kan rekenen. Je leven hangt er van af. Neem nu in Siberië: -55°C, je bevriest als je slaapzak niet voldoet. De tocht is al uitputtend genoeg. Goed materiaal en de helft van de reis is al geslaagd. Degelijke fietsen besparen je veel miserie. We sluiten contracten af waarin we plechtige promotiebeloftes maken in ruil voor sponsoring. En ge kent ons hé, wij houden woord', grijnst Nicole. Na al die jaren zijn de trouwe sponsors beste vrienden geworden. 'Het is zoals familie: je kan ze niet missen.'

Met de jaren bouwt een normale mens ook zijn pensioentje op. Hoe zit het met jullie appeltje voor de dorst?

'Als wij op pensioen gaan, zijn de kassen leeg', lacht Nicole. 'We zijn er echt niet mee bezig. Wie dan leeft, dan zorgt. Zelfs als er geen geld meer is, blijven we reizen. Desnoods dwalen we in een rolstoel rond de wereld.' Materialisme staat niet in hun woordenboek. 'Pluk de dag' is voor Nicole en Ingrid geen holle slogan. 'Reizen houd je jong', gaat Ingrid verder. 'Hoe ouder je wordt, hoe intenser je reist. Je leert meer genieten.'

Onze gedachten gaan naar de arme familie die nagelbijtend aftelt: weken, maanden, jaren, het moet voor hen toch heel wat minder genieten zijn. Verlos ons, wanneer zijn jullie terug thuis?

'Seg, gij zijt precies ons moeder!', gekscheert Nicole. 'Thuis? Geen flauw idee, we zijn nog niet weg!', valt Ingrid haar hartsvriendin bij.

Tijd om van onderwerp te veranderen. Hoe zit het met de gastronomie onderweg, dames? Nicoles ogen fonkelen.

'Als welopgevoede kinderen hebben we altijd geleerd: eten wat de pot schaft', vertelt heilige boon Nicole. 'Als je ergens bent en je vindt het niet lekker, eet je het op uit respect, ook al zijn het larven of insecten.' Zelf zijn het allesbehalve sterrenkoks. 'Spaghetti is ons nationaal gerecht', lacht Ingrid. 'Het is zowat het enige wat we kunnen klaarmaken, samen met onze andere specialiteit voor noodgevallen: gevriesdroogde voeding. Gelukkig zijn de mensen overal zo gastvrij dat we vaak van de inheemse keuken mogen genieten. Chique maaltijden zijn niet aan ons besteed, daar hebben we simpelweg het budget niet voor. Ook voor pepmiddelen is er geen plaats in het Spartaanse dieet. Bakken koffie, vitaminen … allemaal niet nodig. Om maar te zwijgen van alcohol. 'Wij zijn al zot genoeg zonder', bekent Nicole.

Hebben jullie al die gekke reisplannen met de paplepel binnengekregen?

'Mijn achternaam zegt alles', begint Ingrid. 'De Wilde', dat vat het goed samen. 'Ik denk niet dat mijn voorvaderen tamme konijnen waren.' Toch zijn er in beide families weinig mensen met de reismicrobe. 'Pas op, mijn overleden vader had een hele kast met duizenden stadsplannetjes, van Berlijn tot Timboektoe', nuanceert Nicole. 'Hij ging met twee valiezen naar het vakantiesalon waar hij overal boekjes en foldertjes ontfutselde. Ook had hij stapels reisboeken. De kast was altijd op slot, wat me nog nieuwsgieriger maakte. Hij las en las en maakte ontelbare wereldreizen in gedachten zonder uit zijn zetel op te staan.' Reizen zonder een meter te verzetten, als dat niet ongemotoriseerd is?

'Dan is er nog mijn grootvader, dat was een zeebonk waarvan je schrik had. Een woeste, grote mens die verre tochten naar China maakte en talloze rariteiten meebracht zoals reuzengrote boeddha's, speciale kruiden, en vooral machtige verhalen die voor een kind eten en drinken tegelijk waren.'

Dromen van verre reizen is één, je angst voor het onbekende overwinnen is een ander paar mouwen. Of hebben Nicole en Ingrid stalen zenuwen?

'We bekennen: we zijn absoluut geen heldinnen', roepen ze in koor, zoals ze alles in koor zeggen. 'Ik ben bang van spinnen, zelfs van hooiwagens', geeft Nicole met een klein hartje toe. Slangen, nijlpaarden, piraten, het doet hen niets, maar die kleine spinnetjes toch! 'Ik heb schrik voor muizen', treedt Ingrid bij. Allez, hoe kleiner, hoe angstaanjagender, vrouwen blijven mysterieuze wezens!

Op reis maak je zoveel mee dat je gaat relativeren. 'Alhoewel … ooit hebben we bezoek gekregen van een grizzlybeer. Tien eeuwigdurende minuten stond hij vlak voor onze tent. We waren verstijfd van angst. We keken elkaar aan en zagen de film van ons leven terugspoelen. Als je zoiets hebt overleefd, overschrijd je een grens en ben je klaar om te sterven.' Straffe woorden van nog straffere vrouwen.

Stel dat er iets gebeurt met je ouders of familie, is dat niet je grootste nachtmerrie?

'Als je afscheid neemt, besef je dat het de laatste keer kan zijn', zucht Ingrid. 'Je praat er niet over, want dat zou maar zout in de wonde strooien. Onuitgesproken angsten blijven door het hoofd malen, ook daar moet je mee leren leven.'

Als het over hun interesses gaat, zijn Nicole en Ingrid eensgezind: niet te veel tralala, des te meer actie!

'We zijn absoluut geen museummensen of het moet al iets zijn zoals de Hermitage', begint Nicole. 'Kastelen, grotten, iets met horror, spanning of actie, dat kan ons wel bekoren.'

'Eigenlijk houden we vooral van alles wat zich buiten afspeelt en dan vooral van het echte lokale leven', treedt Ingrid bij. 'De mensen ontmoeten, zien hoe ze hun boterham verdienen, van hun levensvisie proeven, hen proberen begrijpen, daar gaat het om. De kleine wegen nemen en bij de boer vragen of je jouw tentje mag opslaan, er is niets mooier. Op het platteland leg je veel makkelijker contact en zo kom je op plaatsen waar een gewone toerist nooit komt. Eigenlijk zijn we gewoon nomaden met een onstilbare honger naar avontuur.'

Nomaden hebben weinig bezittingen. Laten jullie bergen goud achter bij het vertrek?

'Een chique auto of een groot huis hebben we niet, dus dat kan je al niet

Ingrid De Wilde

missen', vertelt Nicole. 'Het kostbaarste dat we achterlaten zijn onze ouders, familie en vrienden.'

Tenslotte de vraag die ondergetekende al uren wil stellen. Twee vrouwen op reis, is dat niet om problemen vragen?

'Awel manneke, daar verschiet ge van', plaagt Nicole. 'Mannen die samen gaan vissen, dat gaat nog, maar stuur ze met de fiets op pad en het haantjesgedrag komt boven. Ook koppels gaan vaak uiteen. Een man is fysiek nu eenmaal sterker en is 's avonds nog wakker, terwijl de vrouw doodop is. Wat kan hij dan doen? De ketting smeren, zijn fiets demonteren, naar de radio luisteren ... Daar hebben we allemaal geen last van: wij vallen elke avond in een diepe coma. We hebben het vaker gezien: goede koppels die al tien jaar samen zijn, vermoorden elkaar bijna als ze op wereldreis gaan. Een gepensioneerd koppel, dat marcheert wel. Vanaf dat een man de 50 gepasseerd is, gaat dat stierachtige eraf. Die zijn eindelijk geleerd: de vrouw rijdt op kop en de man torst alle bagage. Je moet ze temmen hé!', lacht Nicole.

'Twee vrouwen hebben niet die eeuwige frustratie van 'de ene is sterker dan de andere', aldus Ingrid. 'Onze verzuringsgraad is bijvoorbeeld juist hetzelfde en ons fietstempo dus ook. Terwijl de mannen om ter snelst de berg opkoersen en boven op niks of niemand wachten, stoppen wij vrouwen onderweg om te kletsen, een fotootje te maken en

Nicole Dierckx

foto GVA : Bert Hulselmans

op de top rusten we uit om wat bij te praten. Een voordeel is dat wij nooit moeten wachten op elkaar. Nicole rijdt graag vooraan, ik achteraan, zo voel ik me niet alleen en lijkt de weg niet zo eindeloos. Als vrouw maak je ook makkelijker contact en word je nog extra verwend en beschermd. Vrouwen hebben zo van die trucs om dingen gedaan te krijgen …'

Ook de voorkeuren zijn hetzelfde. 'Gezellig samen gaan shoppen is geen probleem, met een man erbij is dat al heel wat moeilijker. Bovendien, ruziemaken is verloren energie', besluit Ingrid filosofisch. 'We knorren wel eens, maar als vrouw moet je samenspannen en dan ben je sterk. Ik kan wel eens van woede mijn fiets de afgrond ingooien', bekent Nicole, 'maar dan heb je mannen om die eruit te sleuren!'

Allez vooruit, aan het einde van het verhaal zijn de mannen toch nog voor iets nuttig op reis. Ondergetekende jonge stier onthoudt zich wijselijk van elk commentaar, want in het gezelschap van twee sterke vrouwen is een weerloze journalist een vogel voor de kat. Zoals steeds raast de woordenwaterval van de dames verder, maar onze inkt is op. Volgende maand blikken we terug op de militaire voorbereiding van Nicoles en Ingrids nieuwe avontuur. Niet te missen!

Lustige Lex

Lustig Leven

Lustig Leven – maandblad voor wie de midlifecrisis voelt naderen, nummer 38, maart 2004

NICOLE EN INGRID WILLEN HUN TRAINER DOOD!

Twee jaar, zo lang hebben Nicole en Ingrid aan hun voorbereiding gewerkt. Dagenlang snuffelen tussen de boeken en hun weg zoeken in het behangpapier dat was vervangen door honderden landkaarten. Een strategie uitdokteren om in het beste seizoen het juiste land te bezoeken en hopla, de funderingen van het nieuwe avontuur waren gelegd. Daarna was het tijd voor de fysieke arbeid. 'Kom gerust eens in de diepvries zitten om te wennen aan de koude', zei een lokale beenhouwer. 'We hebben even getwijfeld', bekennen ze, 'maar onze training was al hard genoeg!' De Antwerpse dames geven de lezers van Lustig Leven in dit portret een unieke kijk op hun voorbereiding. Uw dierbare reporter was een gewillig slachtoffer.

Nicole meet met haar latje nauwkeurig (huhum) alle afstanden op. Na een tijd komen ze uit bij het magische getal: 100.000 km. Als de puzzelstukjes stilaan in elkaar passen, begint het echte werk: een militaire training van een jaar en een aantal testritten met vervoermiddelen die ze onderweg even hard zullen nodig hebben als zuurstof. *Lustig Leven* ging mee op pad.

'Onze discipline kennende, hadden we een echte personal coach nodig', geeft Nicole toe. 'Trainer Kamiel, een beer van een vent, deed eerst een verschrikkelijke uithoudingstest om de conditie te bepalen. Ons resultaat was gelijk, dus mochten we hetzelfde programma volgen. We kregen een jongere trainer. Toen we die zagen, dachten we: die gaan we eens goe rond onze vinger draaien', lacht Nicole. 'Eerst pakte hij het serieus aan, maar dan probeerden we: 'Hebt ge geen plezante oefeningen? Bosspel? Katteke verlos? Verstopperke? Hinkelen? Tikkerke?' 'Komaan, een mens mag zich toch eens amuseren?' En maar manipuleren!' De jonge knaap zwichtte al snel voor het charmeoffensief van de Antwerpse speelvogels.

Kamiel zag het fikfakken met lede ogen aan. 'Vanaf nu neem ik de zaak in handen', brieste hij. 'Jullie krijgen een straftraining die je niet gauw zal vergeten.' 'Ons leven was gedaan', zucht Ingrid. 'Als jonge voetballers moesten we de velden non-stop afdweilen en de raarste bewegingen maken tot we zwart voor onze ogen zagen. 'Jullie hebben geen veerkracht', schreeuwde onze persoonlijke beul. Dus mochten we heel de tijd lopen en springen. Ingrid huppelde achterop en gooide in gedachten ontelbare messen in zijn rug. 'Komaan nog tien rondjes en dan als bonus nog vijf', riep Kamiel. En wij maar pompen, sit-ups doen, pfff.'

5 km zwemmen, een uur lopen en 100 km fietsen, het was nog maar het topje van de ijsberg. 'Dan zwijgen we nog over die saaie fitnessoefeningen binnen', puft Ingrid. 'Het was een training voor soldaten die naar het slagveld moeten. Als we helemaal kapot waren, mochten we als beloning het zwembad in. Bij wijze van uitsmijter moesten we tegen de jetstream opboksen. Nicole drijft als een boei, maar ik liep meer op de bodem van het zwembad en veranderde stilaan in een verzopen kieken. Terwijl Nicole bleef joggen in het water, ben ik samen met een reeks revaliderende oudjes aan haar gaan hangen. We dobberden als een stel jonge ganzen achter hun moeder aan. Nicole had niets in de gaten.

Hilarisch!' Een jaar aan een stuk trainden Nicole en Ingrid zich te pletter. Je zou voor minder verlangen naar nieuwe uitdagingen en die waren niet van de poes: rolschaatsen, zeilen, Arabisch leren, balanceren op een ligfiets, kajakken en paardrijden, de voorbereiding werd met de maand gekker!

Fiasco 1 -
Hijgen als een hond op wieltjes

'We wisten dat we gingen rolschaatsen op onze trip, dus snoerden we rollerblades aan met een 40 kg zware rugzak', blikt Nicole terug. 'Binnen de kortste keren lagen we op onze *smikkel*.' De zoektocht naar een geschikt bagagekarretje kon beginnen en zoals steeds vonden onze dames een uiterst originele oplossing. 'We hadden wat gewicht nodig, dus hebben we Nicoles bomma van 90 kg in een rolstoel gezet en zijn we zo gaan trainen', gaat Ingrid verder. 'Dat was nogal een zicht: een 83-jarige bomma met een witte pluchen muts op, een lekker warme slaapzak over haar en de sacoche stevig gekneld tussen de armen. Door de gladde stof gleed ze de stoel meteen terug uit. Voor de zekerheid bonden we haar voeten stevig vast, ge weet maar nooit!'

De bomma was uiterst op haar gemak. 'Nicole, wat gaan we doen?', vroeg onze kranige durfal. 'Gewoon een tochtje langs het jaagpad van de Nete maken', grijnsde haar lieftallige kleindochter. Zo gezegd, zo gedaan. 'De mensen keken ons verschrikt na. De rolstoel bolde als een racemachine, alleen ... de kleine voorwieltjes konden de achterste niet volgen.' Om nog maar te zwijgen van de ramppiloten! 'Op de eerste beste brug had de bomma al commentaar: 'Seg, ge hijgt als overjaarse honden!' 'Al goed dat we niet kwijlen', troostten we.'

'Op de steile afdaling gebeurde het. Zonder nadenken daverden we naar beneden. Remmen zijn er niet op rolschaatsen, laat staan op een rolstoel. De wieltjes sloegen paraplu. Plots was er een bocht. We scheurden met ons geïmproviseerd bagagekarretje recht het ijskoude Netewater tegemoet tot we vlak voor de oever op één wiel strandden. De mensen keken ons razend aan. De bomma draaide zich om. Nu gaan we de preek van ons leven krijgen, dachten we. 'Dat was nu plezant, hé! Dat moeten we nog eens overdoen!', zei ze doodleuk.' Tja, de drang naar avontuur moet toch in de familie zitten ...

De bomma van Nicole

Fiasco 2 -
Spring overboord!

Omdat ze geen gemotoriseerde voertuigen mogen gebruiken om de zeeën over te steken, zijn een paar zeillessen geen overbodige luxe. Op het Linkeroeverse Galgenweel schreven onze matrozen het eerste hoofdstuk van hun zeilgeschiedenis. 'We kregen uiteraard meteen de bijnaam Peppi en Kokki opgekleefd, maar alles vlotte redelijk', blikt Ingrid terug. 'Na twee weken les, moesten we examen doen. Plots veranderde het goede weer in een gitzwarte hemel met felle rukwinden. Onze boot sloeg op hol.'

'De giek van onze sloep zwaaide hevig heen en weer en belandde staalhard tegen mijn nek. Ik had lam kunnen zijn', gaat Nicole verder. 'We waren de speelbal van de weergoden. 'Verlaat het schip', riep ik tien keer, maar Ingrid is net iets plichtbewuster en wou van geen wijken weten. 'We moeten de boot redden', schreeuwde ze, maar dat was onbegonnen werk. De wind, regen en hagelbollen deden ons helemaal de verkeerde richting uitgaan om uiteindelijk in de armen te belanden van ... een nietsvermoedende visser. 'Allez, dan heb ik vandaag toch nog iets gevangen, maar mijn gerief is wel helemaal naar de haaien hé, *juffrakes*. Kunt ge in 't vervolg niet ergens anders parkeren? Misschien in 't water en niet aan wal? *'t Is nen boat en genen otto hé!*', zei de eeuwige optimist in het plat Antwaarps. Nu weten we ineens waarom we een ervaren kapitein nodig hebben om de Atlantische Oceaan over te zeilen', lacht Nicole.

Fiasco 3 -
Arabische les gaat in rook op

Taalkennis is levensbelangrijk, dat weten Nicole en Ingrid als geen ander. 'Mensen vinden het geweldig

als je enkele woordjes in hun taal kunt spreken. Het opent deuren', legt Ingrid uit. Omdat binnenkort ettelijke Arabische landen op het menu staan, besloten ze op het vriendelijke aanbod van Mohammed in te gaan om een mondje Arabisch te leren. 'We mochten samen met de Marokkaanse kinderen les volgen hier vlakbij in de Chicago-blok. Het eerste wat je moet doen is je schrift omgedraaid openslaan, want in het Arabisch lees je van achter naar voor. Ingrid laat haar mooie schrift zien, terwijl Nicole een onleesbaar vodje papier bovenhaalt met haar gekribbel. 'De eerste woordjes, klinkers, medeklinkers, het zat ons in het bloed', lacht Nicole. 'Tot Mohammed een nogal speciale mededeling had: 'Vanaf nu zijn er geen klinkers meer ... die moet je erbij denken.' Tja, nu hebben we veel fantasie, maar er zijn toch grenzen. Het ging van kwaad naar erger. Hij sprak ook alleen nog Arabisch. We willen niet stout klinken, maar we konden van zijn gerochel amper iets verstaan en als onze lesgever eerlijk was geweest, begreep hij ook geen letter van ons gebrabbel. Eigenlijk was het beeld zonder klank. Niet moeilijk dat je vijf à tien jaar moet leren', zucht Nicole. De harde leerschool kende een abrupt einde. 'Plots was Mohammed in rook opgegaan en dat mag je letterlijk nemen', gaat Ingrid verder. 'Het schoollokaaltje was afgebrand, heel tragisch. Het betekende meteen het einde van onze Arabische les.'

Toch zijn onze dames hun lesgever eeuwig dankbaar, want zonder een elementaire basiskennis van de lokale taal beland je in de meest bizarre situaties. 'In China hielden we de menukaart ondersteboven', herinnert Nicole zich. 'Je ziet alleen maar afbeeldingen waar je niets van verstaat. Een vrouw begint dan te kijken naar de mooiste tekeningetjes en bestelt er maar op los. We kregen een hele hoop vlees. Lekker, dus we vroegen met handen en voeten aan de Chinese ober wat we nu hadden gegeten. Toen hij luidkeels begon te blaffen, gingen we voor de zekerheid maar mee naar de keuken. 'Die witte hond hebben jullie opgegeten', wees hij fier. 'Die zijn beter dan de zwarte.' Jakkes!

Fiasco 4 -
Hoogtevrees op een ligfiets

Na jaren op een gewone fiets de wereld te hebben rondgetrokken, testen Nicole en Ingrid nu ook de ligfiets uit. 'Die omschakeling had meer voeten in de aarde dan we dachten', bekent Ingrid. 'Er was eigenlijk één groot probleem en dat heette Nicole.' Haar reisgezel krijgt rode wangen. 'Ik had een fiets met veel te grote wielen en geraakte niet met mijn voeten op de grond', verdedigt ze zich. De gevolgen laten zich raden: Nicole kuist meer de straten van de koekenstad dan dat ze vooruit komt. Nadat ze eindelijk een keer uit de startblokken schiet zonder om te kieperen, slaat het noodlot toe.

Er volgt een helse wiggelwaggel tussen de terrasjes en winkeltjes van de Hoogstraat. 'Help, ik kan niet stoppen', riep Nicole tot vervelens toe. 'Plots zag ik een boom van een vent: 1 m 90 groot, een borstkas om U tegen te zeggen en ... een petieterig hondje. Ik geef toe, het was een rare combinatie, maar dat kon me op dat moment niet schelen. Ik schreeuwde uit volle borst om hulp, want ik wilde een zachte landing. Hij tilde me samen met de ligfiets op alsof ik een badmintonpluimpje was. Eer gered! Door al dat gedoe was zijn keffertje met de noorderzon verdwenen. Best wel zielig, de dagen erna zagen we overal plakkaatjes hangen: 'Help, Fifi vermist!'.

'Je hebt kleinere fietswielen nodig', sloeg Manu, de ligfietsenverkoper de nagel op de kop. 'Even later waren we er allebei mee weg', lacht Ingrid. ''Alleen moest Nicole nog wat aan haar richtingsgevoel werken, want we konden geen paaltje passeren of ze pakte de bewegwijzering mee. We lieten de ligfietsen 'nucleair groen' verven en zetten twee fluorescerende vlaggetjes erop, zodat de razende automobilisten geen excuus meer hadden om ons niet te zien. Eigenlijk is het comfort op zo'n ligfiets onbeschrijflijk. Je zit precies in een relaxzetel, alleen koffie en koekjes ontbreken. Bovendien gaat een ligfiets een pak sneller en terroriseert het je achterste niet zo. In tegenstelling tot wat sommigen beweren: hij kan elk terrein aan. ' En als dat toch wat overdreven is, zal hun optimisme de woeste wegen wel bedwingen!

Fiasco 5 - Ze scholden ons uit voor zuipschuiten

De kajak gaat beslist één van de belangrijkste nieuwe vervoermiddelen worden, dus ook die cursus wilden Nicole en Ingrid voor geen geld van de wereld missen. 'In Breskens moeten we heelhuids de Schelde oversteken', onthult Ingrid. 'Hoewel we begeleiding krijgen van de scheepvaartpolitie, willen we toch geen nationale ramp veroorzaken waardoor er maanden geen boten meer tot in Antwerpen geraken!'

In Wachtebeke genieten ze op een stilstaande rivier van de eerste kajaklessen. Al is genieten een groot woord. 'Men raadde ons aan om een zeekajak te nemen: veel stabieler en het heeft een roer', vertelt Nicole. 'Zoals altijd luisteren we braaf naar de wijze raad van de lesgever, maar daar waren we vet mee! We zwalpten over het water en waren precies zuipschuiten die 's morgens van de kroeg terugkwamen. We pakten alle dobbers van de lokale vissers mee. Die kregen het op de duur danig op hun heupen. 'Zeg, zatte flessen, ga eens ergens anders ontnuchteren', riepen ze keer op keer. We werden de Hells Angels van Wachtebeke, alleen moesten we meer spek eten. Na tien slagen konden we niet meer. Onze spaghettiarmen waren geen partij voor dat zware water.' Voor personal trainer Kamiel het signaal om weer wat extra oefeningen te geven om de armkracht aan te scherpen, met resultaat. 'We gingen met frisse moed aan de slag en uiteindelijk konden we 40 km per dag aan! Die Kamiel was nog zo'n slechte niet' lachen de dames in koor.

Fiasco 6 - Paardrijden op koppige Gertie en vurige Blackie

Er volgde nog één ultieme test: als echte cowboys een paard temmen. 'In Sint-Niklaas is er een grote manege. Niet alleen het rijden moesten we leren, maar ook alles wat er rond hing: het paard gaan halen, borstelen, eten geven, noem maar op', vertelt Nicole. Bij de aankomst werden ze grondig gekeurd. Niet onbegrijpelijk, want je krijgt een paard naargelang je karakter. Ingrid kreeg Gertie: een klein, dik paard met een eigen wil. 'Zeg maar een koppig beestje', vult ze aan. 'Omdat ik een zacht karakter heb, kreeg ik een moeilijk paard.' Tja, tegenpolen trekken elkaar aan. Maar welke knol zou bij Nicole passen? We hadden het kunnen denken: een ontembaar mannetje. 'En niet zomaar één', zucht ze. 'Een oud, zwart, skeletachtig beest, maar ja, schoonheid zit vanbinnen, zeker?'

Uw trouwe reporter beaamt volmondig. Tijd voor een eerste rit op hun nieuwe liefde. Al is die bij Gertie aanvankelijk wat koel. 'Ze verroerde geen been en ik maar roepen: 'Juu, juu', niets!', zucht Ingrid. 'De eerste vijf lessen bleef ze heel de tijd in het midden van de manege staan. Ik had beter zelf les gegeven!' Gelukkig was Nicoles Blackie uit ander hout gesneden. 'Hypernerveus en overactief. Die deed gewoon zijn goesting. Hij reed met mij en niet omgekeerd. En maar galopperen, tot hij in volle draf stopte. Hij zag muren of zoiets', jammert Nicole. Elke keer als ze op volle snelheid waren, besliste Blackie om halt te houden. Resultaat: ons Nicolleke werd in de lucht gekatapulteerd. 'Ik heb elke hoek van de weide gezien!', roept Nicole.

Eén ding moeten we onze kersverse cowboys nageven: ze kropen steeds met lood in de schoenen opnieuw hun paard op. Van doorzettingsvermogen gesproken! Of hadden ze zo'n strenge lesgeefster? 'Amai, en dan vergeten we het moment suprême nog. Als we eindelijk een beetje vooruit geraakten, mochten we onze paarden zelf gaan halen', lacht Ingrid. 'Ik zie ons nog schreeuwen: 'Gertieee, blackieeee', we hebben er uren gestaan, maar ze liepen van ons weg. Zo'n dieren voelen dat je bang bent. Ze draaiden hun achterste en stampten in de lucht. Van pure miserie hebben we maar gepicknickt in de wei, kwestie van het wat gezellig te houden.' Uiteindelijk haalden kindjes van zeven jaar de paarden. 'Pfff, beesten hebben hun eigen karakter. Een fiets heeft zo zijn voordelen, die geef je maar wat olie als hij piept', besluiten onze waaghalzen in koor.

Dat belooft voor 17 april 2004. Noteer die datum met stip in jullie agenda, want dan gaan we met zijn allen de dames uitwuiven op een vierdaags sportief feest. Voor meer info kan je steeds terecht op www.nicole-ingrid.be of bij de redactie van Lustig Leven. Volgende maand onthullen we een week voor het vertrek samen met de ouders alle geheimen van deze twee reisbeesten.

foto: Raymond van Beygaerden

Lustige Lex

Lustig Leven

maandblad voor wie de midlifecrisis voelt naderen, nummer 39, april 2004

AFSCHEID NEMEN WORD JE NIET GEWOON

'Mijnheer, afscheid nemen word je niet gewoon', zegt de 84-jarige bomma van Nicole ferm. De ouders van Ingrid knikken instemmend. Nog een week en het nieuwe avontuur begint. Lustig Leven zit nog met één prangende vraag: hoe gaan de ouders van onze twee vrijgevochten vrouwen hiermee om? Als het moment van het afscheid onherroepelijk nadert, borrelen de emoties hoog op. Uw reporter bood een luisterend oor.

Het is een dubbel gevoel: de families zijn apetrots, maar tegelijkertijd een vat vol kopzorgen over het nieuwste avontuur van Nicole en Ingrid. Dat ze hun telgen zouden besmet hebben met de reismicrobe ontkennen ze met klem. De zotte ideeën uit hun hoofd praten, is echter een hopeloze zaak.

'Ik had liever gehad dat Nicole thuisbleef, maar mijn dochter is 44, hé. Ik kan ze toch moeilijk vastbinden', zegt moeder Gaby. Ingrids vader Roger schudt het hoofd. 'Ze zouden zich losbijten, zo groot is hun drang om erop uit te trekken.'

Voor Nicoles grootmoeder Julia worden de komende zeven dagen een echte beproeving. 'Hoe dichter het vertrek nadert, hoe lastiger ik het krijg. Meneer, ik ben 84 jaar. De kans zit er dik in dat het de laatste keer is dat ik mijn kleindochter zie.' Haar stem beeft. We bekennen: ook het team van *Lustig Leven* krijgt de krop in de keel.

Leugentjes om bestwil

Het vertrek is nog maar het begin van een vijf jaar lange zenuwenslag. 'Eens ze weg zijn, heeft iedereen die we tegenkomen nog maar één vraag: hoe vergaat het Nicole en Ingrid?', zucht moeder Gaby. 'We zijn de hele periode een soort sprekende krant. Pas op, ze schrijven wel veel brieven en kaartjes, maar daar staat alleen maar geschreven wat we mogen weten. Hun halsbrekende toeren censureren ze natuurlijk, zo sluw zijn ze wel!'

Ingrids moeder Adrienne treedt haar lotgenote bij. 'Het gaat altijd goed met hen. Je zou het er haast van op je heupen krijgen. Achteraf, als ze veilig terug thuis zijn, komt de aap uit de mouw. Dan blijkt dat de waarheid soms wel heel veraf is. Gelukkig gebruiken ze alle twee hun gezond verstand en nemen ze geen onnodige risico's. Dat stelt ons toch een beetje gerust', pompt Adrienne zichzelf moed in.

Op wereldreis met de rolstoel

Over één ding zijn de moeders het grondig oneens: wat na het nieuwe avontuur? 'Dit wordt hun laatste lange reis', zegt Ingrids moeder overtuigd. 'Als ze terugkomen, zijn ze de kaap van de 45 gepasseerd. Zeg nu zelf: het gezond verstand zal ooit wel doorbreken, zeker?' 'Op zot zijn staat geen leeftijd' is de slagzin van *Lustig Leven*, dus laat uw reporter de moeder van Nicole de hete kastanjes uit het vuur halen. 'Maar Adrienneke toch, die twee zouden desnoods met de rolstoel op wereldreis vertrekken.'

Een bruidsschat van ... 1000 kamelen

'Vraag me niet waarom ze dit doen', zet vader Roger de aanval in. 'Dat ze niet voor een kantoorjob in

moeder Gaby, Nicole en haar bomma, Ingrid met haar zus, ouders en broer **foto: Raymond van Beygaerden**

de wieg zijn gelegd, staat als een paal boven water. Het zou beiden krankzinnig maken.' De forse woorden maken plaats voor berusting. 'Ach, misschien willen ze gewoon eeuwig genieten van hun vrijheid?', filosofeert Roger.

Of Nicole en Ingrid ooit nog aan een lieftallige echtgenoot geraken? Het opstijgende hoongelach spreekt boekdelen. De familie acht de kans statistisch gezien verwaarloosbaar, maar de wonderen zijn de wereld niet uit. 'Nicole heeft ooit eens een aanzoek gekregen van een rijke sjeik', herinnert Gaby zich. 'Hij bood haar vader 1000 kamelen als bruidsschat. Toen ze zei dat het terras van haar ouders op de tiende verdieping net iets te klein was om de beestjes te houden, nam de kameelman droevig afscheid met een dozijn handkussen.'

Bomma Julia buigt zich voorzichtig in mijn richting. Ze heeft voor de lezers van *Lustig Leven* nog een laatste gouden raad in petto. 'Lex, geloof me, ik beklaag de man die met ons Nicolleke iets begint. Dat wordt ne grote *sukkelaar*.'

Nog één week en de wegen scheiden onvermijdelijk. Lustig Leven wenst iedereen op het thuisfront alvast veel sterkte met het uitwuiven van 'hun Nicole en Ingrid'. En vergeet niet, afscheid nemen doe je zoals het reizen zelf: met een lach en een traan!

Lustige Lex

LEGENDE

- ☆ : Bezienswaardigheid
- : Camping
- : Hotel
- : Restaurant
- : Winkel
- : Benzinestation
- *i* : Toeristische dienst / info
- : Café
- : Treinstation
- € : Bank
- V : Vertrek
- A : Aankomst
- : Jeugdherberg

INFO BELGIË

Etappe 1

V VERTREK: Antwerpen, 17 april 2004

A AANKOMST: Sluis (Nederland), 20 april 2004

✔ **TOTAAL:** 217 km

✔ **VERVOERMIDDEL:**

- ligfietstandem + Koga tandem

✔ **KAARTEN:**

- Topogids - Vlaanderen Fietsroute: bewegwijzerde 800 km langeafstandsroute rond Vlaanderen

NOTA VAN DE AUTEURS

De toeristische gegevens, beschrijvingen en beoordelingen die je tussen onze avonturen door kan ontdekken, werden ter info opgesteld.
Ze zijn enkel een weerslag van onze persoonlijke bevindingen.

Nicole Dierckx **Ingrid De Wilde**

Etappe 1
BELGIË

Het feest kan beginnen

Dag 1: zaterdag 17 april 2004 - van Antwerpen naar Temse

'Goeie morgen, morgen, goeie dag!' Nicole en Hugo nemen ons in de Radio 2-studio de woorden uit de mond. Onze reis kan niet beter beginnen! We voelen ons direct thuis in het programma 'Niets is zeker'. Aan de goedlachse Cathérine Vandoorne en teddybeer Peter Verhulst beloven we om maandelijks telefonisch verslag uit te brengen. Het gesprek loopt op wieltjes, maar de rustige sfeer is stilte voor de storm.

Klokslag 10 uur fietsen we elk met een aparte tandem richting Groenplaats. We zijn hypernerveus. En terecht, want zodra we op het gezelligste plein van de koekenstad aankomen, belanden we in een uitzinnige massa. De voltallige media is op Post: VTM, VRT, VT4, ATV, ze belagen ons als echte vedetten.

We zijn VIPS in onze eigen stad. Onze armen vallen er bijna af van al dat wuiven naar de supporters. Ontelbare duimen gaan de lucht in. Honderden sympathisanten verdringen zich rond ons. Heel even is de Groenplaats van ons ... Het scenario kan niet beter geschreven zijn. De zon schijnt volle bak, de kathedraal zingt een vrolijk deuntje en ... wie staat daar paraat op het podium? Ja hoor, onze ouwe getrouwe Dirk Somers van Radio 2.

'Daaaames en heeeeren, hier zijn ze dan: het bekendste fietsduo van Vlaanderen, onze vaste vriendinnen van 'Ochtendkuren met Somers en Verschueren': Nicole Dierckx en Ingrid De Wilde!' We klimmen met blozende wangen het podium op. Dirk is duidelijk op dreef. 'Deze sterke madammen zijn niet aan hun proefstuk toe. In 1990 vertrokken ze met de fiets naar China. Hun honger was nog lang niet gestild! Ze sprongen terug op hun zadel om vier jaar de wereld rond te fietsen en legden zo maar eventjes 72.000 km af!

De laatste jaren toerden ze met hun wervelende diashow door België. Resultaat: meer dan 500 uitverkochte parochiezalen.' Een oorverdovend applaus probeert te concurreren met Dirks verbale waterval.

'Bekijk ons nog maar eens goed', waarschuwt Nicole, terwijl ze de microfoon uit Dirks handen grabbelt. 'Mensen, we zijn klaar voor het echte werk! Deze keer blijven we vijf jaar weg, staan er 55 landen op het menu en zullen we 100.000 km ongemotoriseerd, op eigen kracht en op een groene manier afleggen!' Zelfs Dirk wordt er stil van. Er hangt magie in de lucht, maar tegelijkertijd beseft iedereen het: dit is de laatste keer dat we elkaar zien in vijf jaar!

Patrick Janssens, burgemeester van Antwerpen

Het feest is helemaal compleet als burgemeester Patrick Janssens zijn duozitje inneemt, meteen het startschot van de 'burgemeester-tandem-estafette'. 23 burgemeesters zullen vier dagen van Antwerpen naar Sluis over hun grondgebied elk een stukje meetrappen achteraan op de tandems. Ze kunnen er eeuwige roem mee verdienen, want na de estafette maken we onze persoonlijke top 10 op van de deelnemende burgervaders. Veel vragen we niet: stevig trappen, lekker koken en goed masseren. Wie wint, mag misschien met ons mee …

Plots wordt het muisstil op de Groenplaats. De spanning is te snijden. Op het juiste moment laten de mensen een laatste keer alle remmen los: 5 – 4 – 3 – 2 – 1 … Knal! Het startschot weerklinkt, ballonnen vliegen de lucht in. Onze wereldreis begint hier en nu!

Demarreren!

Aan de lift van de voetgangerstunnel onder de Schelde houden we een eerste pitstop. We overschouwen het stralende peloton. 'Waar zitten de Antwerpenaren?', roept Nicole chauvinistisch door haar toeter. 'En de Limburgers, Oost-Vlamingen, Brabanders en West-Vlamingen?' Tussen de honderden achtervolgers vinden we ook één verdwaalde Nederlander. Nicole kan zich niet bedwingen. 'Weten jullie hoe het komt dat de Hollanders zo hoog op hun fiets zitten? Omdat ze dan beter in de vuilnisbakken kunnen kijken!'

Nicole met burgemeester Patrick Janssens, Ingrid met Chantal Pauwels, sportschepen van Antwerpen

foto: Hugette Jacobs

We fietsen op het ritme van de gezelligheid. Patrick Janssens ontpopt zich tot een competitiebeest. 'Nicole! Rustig aan! 15 km per uur is genoeg!', schreeuwt Ingrid. Tevergeefs, Nicole en haar ploegmaat zijn al lang uit het gezichtsveld verdwenen. Een agent komt nog wat olie op het vuur gooien. 'Kijk, die wielertoerist rijdt bijna 40 km per uur!' 'Demarreren!', beveelt de burgemeester luidkeels. We zetten ons schrap voor een helse achtervolging. De kilometerteller slaat bijna tilt: 38, 40, 45 km per uur! Het peloton verbrokkelt. De stoom komt uit onze oren. Het zweet spat in het rond. De onthutste renner kijkt verbaasd op wanneer 'zijn' burgemeester hem met sprekend gemak inhaalt. 'Eer hersteld', lachen we in koor.

In de verte tekenen zich de grillige contouren van het Sint-Annabos af. Tijd om een tandje hoger te schakelen. 'Mogen we door het bos rijden?', vraagt Nicole met een benepen stemmetje. 'Natuurlijk', grijnst Patrick, die niet vies is van een veldritje meer of minder. We razen door het Sint-Annabos. De zandpaden kraken onder het juk van het zwoegende peloton. In ons zog volgt de oneindige sliert hijgende sympathisanten. De race bereikt in een oogwenk de volgende halte: Zwijndrecht.

Burgemeester Janssens is precies herboren. De stress van bij de start is omgetoverd in één brok energie. Met pijn in het hart stapt hij af om de fakkel door te geven. Als beloning om de spits af te bijten kakelen we nog het onofficiële Antwerpse volkslied van The Strangers: 'Antwaarpe, gij zijt gij voor mij …!' Hij is een beetje ontroerd! 'Dames, nog veel plezier en doorzettingsvermogen. Ik zal het fort hier wel verdedigen.'

Willy Minnebo staat strak in het pak klaar om de eer van Ingrids thuisgemeente te verdedigen. Fier als een pauw legt hij de laatste hand aan zijn opwarming. Als groene burgemeester geeft hij elke dag het goede voorbeeld door met de fiets naar het gemeentehuis te komen, dat verdient een extra punt voor inzet.

'Doe ik het goed?', vraagt hij wel vijf keer. 'Trap ik voldoende mee?' We begrijpen het wel, ze willen allemaal een goed rapport halen …

Er hangen voorjaarskriebels in de lucht. De koeien staan zo zot als een achterdeur en joggen langs de prikkeldraad een stukje mee. Iedereen geniet van de uitbundige zon en de adembenemende polderlandschappen. De moedige supporters die ons volgen geven brandstof voor vijf jaar. En dan zijn er nog die uitgelaten burgemeesters! Tussen François De Smet van Beveren en Nicole klikt het meteen. Ze houden zelfs van dezelfde koffiekoeken, als dat geen band schept! Hij is een warm persoon en de ideale reisgezel om naar de kerk van Gaverland te bollen. Neen, neen, niet om te trouwen!

Pastoor De Kesel wacht ons plechtig op met een groep kinderen uit alle werelddelen. Een koddig Chinees jongetje, een Afrikaans meisje en een Mexicaantje staren zenuwachtig naar de menigte. Zijn preek is heel emotioneel. Tranen worden weggepinkt en brillen schoongeveegd op het moment dat de kindjes in hun eigen taal wensen: 'Kom veilig terug, Nicole en Ingrid, en ... welkom in ons land!'

De pastoor heeft nog een extra zegening in petto. Hij haalt een emmer boven met een reuzenkwast en maakt ons kletsnat. 'Die hoeveelheid wijwater is verantwoord... zo kunnen jullie er tegen voor vijf jaar', lacht hij ondeugend.

Tijd om naar adem te happen hebben we nauwelijks, want in Sint-Niklaas staat de volgende surprise op het menu. De manege waar we zelf onze eerste paardenmemoires schreven, heeft alle jonge ruiters opgetrommeld voor een kijkspektakel en dressure. Als apotheose grijpen we de teugels van de vier hengsten en tonen hoe we een deeltje van de wereld met paard en kar zullen afleggen.

We sluiten de dag af met een 'reis rond de wereld op muziek'. Van Hollandse smartlappen tot vurige Braziliaanse sambaritmes. Buikdanseressen tippelen uitdagend blootsvoets over de tafels. Op het ritme van hun sensuele heupen en strakke buiken wiggelen en waggelen de ogen van de mannen, die duidelijk ergens in het Midden-Oosten zijn blijven steken, op en neer. En de bomma? Die pakt verschrikt haar 'sacoche' van de tafel: 'Kindjes, in mijnen tijd was het allemaal anders ...'

Dag 2: zondag 18 april 2004 - van Temse naar Gent
Snoepers en moddermannetjes

De koddigste burgemeester van heel het peloton leeft in Temse. Luc De Ryck trotseert fanatiek in koerskledij de aprilse grillen en is een entertainer in hart en nieren. Die burgemeesters toch, ze hebben allemaal zo hun eigen kwaliteiten.

'Ik heb ijskoude handen', klaagt Jo Van Eetvelt van Bornem keer op keer. Hij is een echt snoepertje! Ongestoord wrijft hij zijn vingers warm op Nicoles rug tot hij in

Luc De Rijck, burgemeester van Temse en Nicole met Jo van Eetvelt, burgemeester van Bornem

Mariekerke een kommetje hete soep toegestopt krijgt. Enfin, er is één voordeel: Nicoles T-shirt zit voor de komende vijf jaar alvast mooi in de plooi.

Even later staan we oog in oog met onze eerste hindernis, de Schelde. We schakelen noodgedwongen over op het eerste wielloze vervoermiddel, een zeekajak. De rest van het verkleumde peloton kiest wijselijk voor de ferry. De sterke stroming en de felle regen stellen onze mentale veerkracht voor de eerste keer op de proef. De fans hijsen ons als een levende katrol uit de rivier. Twee schepenen van Hamme offeren zich met veel genoegen op om ons uit te kleden. Ze sleuren zich een ongeluk om die spannende, plakkerige waterpakken los te krijgen! De galante heren zijn al moe vooraleer ze aan het echte werk mogen beginnen …

'Is het niet wat vroeg om al in Afrika te landen?', vragen we aan de burgemeester van Zele. Langs alle kanten horen we opzwepende tamtams roffelen. De meest vrolijke en uitbundige burgervader van de hele bende, Patrick Poppe, staat ons met de lokale Chiro op te wachten. Het is direct koek en ei met Nicole, maar elk tandemteam kent zijn beproevingen.

Door de gutsende regen en de onverharde wegen verandert de sympathieke Patrick in een moddermannetje. Nicoles spatborden spuiten meedogeloos liters slijk over de arme burgemeester. Hij gedraagt zich als een echte vent en trekt er zich niets van aan. Tijd voor de ultieme test. Nicole neemt alle diepe plassen tot haar chérie stilaan een echte Afrikaan wordt. Ocharme, zijn vrouwtje zal hem straks niet meer herkennen! Vinden we dat erg? Voor zijn doorzettingsvermogen krijgt hij alleszins elf op tien!

'Zeg maar Frank', fluistert de ongetwijfeld meest plechtige burgemeester, Frank Beke. Gracieus doorkruisen we het Gentse stadscentrum en voordat we het beseffen bollen we onder begeleiding van de Belhamel van Gent het theater binnen voor een verrassing van formaat. De voltallige Koninklijke Politieharmonie van Gent begint uitgedost in prachtige kostuums met blinkende knoppen de sterren uit de hemel te spelen. We zijn er echt van aangedaan. Zelfs ons peloton wordt er stil van! Ook de bomma snuit hard in haar zakdoek en snikt: 'Amai, dit is schoner dan een trouwfeest!'

Dag 3: maandag 19 april 2004 - van Gent naar Brugge
Het afscheid nadert

Eén ding gaan we niet missen: het typische Belgenweertje. Het regent pijpenstelen, maar Gentenaars zijn doorbijters. Op het podium van het Sint-Baafsplein geeft de charmante burgemeester ons als een echte vader nog wat wijze raad mee. 'Zeg de mensen steeds waar je naartoe gaat en bij serieuze problemen onderweg is er maar één adres. Bel de burgemeester, de lokale wel te verstaan ...'

'Dames en heren, jullie burgemeester is zo sportief dat hij gerust met ons mee kan', jubelt Ingrid. 'En zo bezorgd dat we hem geen seconde van 'zijn Gent' zullen kunnen loskoppelen', fluisteren we tegen elkaar. 'Wat een goede bijzit! Met hem zou ik nog wel de wereld kunnen veroveren', knipoogt Ingrid.

basisschool van Sint-Godelieve

Vanaf West-Vlaanderen gebeurt het mirakel: de zon schijnt. Mensen lopen massaal buiten en hebben hun stofvod, die ze juist aan het uitkloppen zijn, nog vast. De boeren claxonneren non-stop met hun tractors vanuit de eindeloze aardappelvelden. 'Met de ligfiets liggen we hier tussen de bomen en velden prima beschut tegen de wind', ontvouwt de burgemeester van Beernem zijn meesterlijk plan, terwijl de rest van het fietslint voorovergebogen tegen de wind opbeukt.

We smelten helemaal weg aan de basisschool van Sint-Godelieve. De kinderen staan buiten met vlaggetjes en ballonnen te zwaaien en zingen uitbundig het gepaste lied: 'De wereld is een toverbal, geen mens weet hoe hij worden zal. Maar één ding dat weet iedereen: je kunt het niet alleen.' We geven het toe, de burgemeester van Oostkamp, Luc Vanparys, heeft ons een blijvende herinnering gegeven voor de komende vijf jaar.

Een wervelende dolfijnshow in het Brugse Boudewijnpark is de kroon op de perfecte tocht die afgerond wordt door burgemeester Patrick Moenaert. Als dessert staat er een acrobatische dansgroep op het menu. 'One, two, three o'clock, four o'clock, rock … We're gonna rock around the clock tonight!' De zaal staat in vuur en vlam. Natuurlijk laten we ons verleiden om een danspasje mee te placeren. Nicole krijgt de stevigste bonk van de hele hoop. Aan haar aanloop te zien lijkt het of ze het Olympisch record verspringen wil verbeteren. Met een sierlijke zwaai belandt ze in de armen van haar verbouwereerde danspartner. 'Ah, ik heb een hernia', grapt hij. Tja, de krachtpatsers zijn gewoon om pluimgewichten van maximum 50 kg in de lucht te gooien. De sfeer zit er dik in. We vliegen zo vaak de lucht in dat we de komende vijf jaar alvast geen last zullen hebben van hoogtevrees!

Binnen de kortste keren rockt heel de zaal mee. Ingrid staat als een wilde op de stoelen te springen en keelt met Tina Turner mee: 'You're simply the best …' Daarna ligt heel het peloton op de grond bootje te varen: 'De Marie-Louise gaat op en neer, ze gaat dwars door de woeste orkaan …'. Iedereen is stilaan zo zat als een kanon of op zijn minst dronken van plezier. Wat wil je? Het is onze laatste reis rond de wereld op muziek in vijf jaar. We dansen de polonaise, terwijl Nicole iedereen achter haar meetrekt tot in de toiletten toe. Het loopt totaal uit de hand. De mannen botsen boven op de tafels met hun blote bierbuiken tegen elkaar. Maar als de bomma het plaatje 'J'attendrai toujours' aanvraagt en met open armen haar kleinkind aankijkt, wordt het muisstil. Iedereen beseft het, het afscheid nadert …

Nicole met Dirk Bisschop, burgemeester van Damme, en Ingrid acheraan met Patrick Moenaert, burgemeester van Brugge

Dag 4: dinsdag 20 april 2004 - van Brugge naar Sluis
Kussen tegen 250 km per uur

Vandaag is het zover: de dag van het grote afscheid. De weergoden zetten hun beste beentje voor. Onze laatste kilometers op Belgische bodem fietsen we met de burgemeesters van Brugge en Damme. Samen overschrijden we de eerste grens: welkom in Nederland! In De Molen van Sluis smullen we poffertjes à volonté ...

We horen het ons nog zeggen in Antwerpen: 'Iedereen die tot Sluis meefietst krijgt drie afscheidskussen!' Het is een aandoenlijke ervaring. In het stadscentrum lijnt spontaan een erehaag van een 250-tal joviale mensen op. Dat komt ervan als je plechtige beloftes doet! Iedereen heeft wel een boodschap: 'Beloof om veilig terug te komen', 'Zorg goed voor elkaar', zeggen ze met de wijsvinger omhoog. 'Vergeet uw landje niet', 'Geen lekke banden hé', 'Geniet ervan', 'Tot op de radio'... Sommigen knijpen ons bijna plat. Anderen stoppen zelfs medaillons van heiligen en ontelbare geluksbrengers toe, zoals een afbeelding van een watergod om niet te verdrinken.

Voordat iedereen zijn drie kussen in ontvangst heeft genomen, zijn we al een dik uur verder. Aan het einde van de hartverscheurende, emotionele ketting staat onze familie snikkend te wachten. De bomma probeert zich sterk te houden. 'Menneke, beloof om geen onnodige risico's te nemen', zegt ze met trillende stem. Ze kijkt haar avontuurlijk kleinkind met natte ogen aan. 'Beloof om op mij te wachten', huilt Nicole. Ze pakt haar liefste bommake nog eens stevig vast en geeft een klinkende zoen op haar voorhoofd. De bomma is oververmoeid en emotioneel uitgeput. Ze heeft precies zelf een wereldreis gemaakt. 'Schrijf zoveel mogelijk, probeer te bellen, neem me in gedachten mee…'

Greta, de zus van Ingrid, grijpt naar haar hart om naar adem te happen en krijgt er geen letter meer uit. Er zijn geen juiste woorden om vaarwel te zeggen. Onze moeders staan hevig te huilen. We voelen ons schuldig. Eigenlijk verscheuren we hun hart. De honger naar avontuur heeft een emotionele schaduwkant. 'Vijf jaar, het is toch lang hé', jammeren de mama's in duet. Ineens wordt alles werkelijkheid, alsof ze dagen in een droomwereld hebben geleefd. Zij blijven nu alleen achter.

Kindje, ga je me nu echt verlaten?', vragen ze wel tien keer. Wat kunnen we hierop antwoorden?
'Zullen we onze familie ooit nog terugzien?'
'Zullen we sterk genoeg zijn om ongemotoriseerd de wereld rond te trekken?'
'Zullen we dit avontuur overleven?'

DE WERKKAMER 1

Gele armband met led-verlichting • Reflectiehesje • Reflectors om op fietszak en rugzak te hangen • Cordo Bike Tool: 18-sleutelset • Cordo rood en wit knipperlicht • Cordo fietsslot • Teflon kettingspray • Bandenafnemers en plakgerei • Gouden kettingstukjes: zo kan je zonder werkgerei een gebroken ketting sluiten • Rem- en versnellingskabels • Reservevijsjes • Oude tandenborstel (om tandwielen te poetsen) • Voor- en achterwielsnelsluiter • Colson bandjes ((plastic sluiters - onmisbaar om iets vast te strippen) • Simpele slotjes voor tent • 3 binnenbanden (Michelin Airstop) • 1 buitenband • Remblokjes • Spaken, noodspaken en spakenspanner • Sealing om eventuele gaatjes in tent te dichten • Identiteitspapieren van de fiets • 3 x drinkbus • Fietscomputer • Fietspomp • Fietshelm • Snelbinders • Spiegel • Vlaggenstok • Petfleshouder voor 1,5 l fles

DE KEUKEN 2

Or: minikoelzakje met koelelement voor boter, kaas ... • Keukensponsje en miniafwasmiddel • Keukenhanddoek • MSR-XGK Expedition kookvuurtje (500 gr) met benzinefles • Reserveonderdelensetje MSR-vuur • Aansteker en stormlucifers in koker • Coghlan's Lexan bestek en blikopener • Aladdin iso-beker • Waterzak 4 l • Waterfilter Katadyn • Sigg thermosfles 1 l • Gevriesdroogde voeding: 3 maaltijden voor 2 personen • 2 pakken spaghetti en saus • Trangia kookpot 2,5 l • Primus stoofpan • 2 bordjes • Nalgene plastic bus voor melkpoeder, suiker en oploskoffie • Hersluitbare plastic zakjes • Kruidenmix dokter Vogel

MEDICIJNENZAKJE 3

Voltaren of Feldene gel: knie insmeren na zware klimdagen • Buscopan: tegen buikkrampen • Bactroban: om wonden te ontsmetten • Glucosamine • Feldene tabletten: ontstekingremmend • Imodium: tegen diarree • EHBO

DE OPBERGKAST 1

Fotoalbum • Markeerstiften en balpennen • Dagboekschrift • Adresboekje en adresetiketten • Pasfoto's • Kopies van paspoorten • Petzl hoofdlampen • Diarolletjes • USB-stick en memory card • Reisstekker

DE TELEVISIEKAMER 4

Stuurtas (waterdicht) • Groot afneembaar kaartleesvak • Zonnebril in harde brillendoos • Zonnecrème • Papieren zakdoekjes • Horloge met alarm • Veiligheidsfluitje • Care+ bescherming voor lippen • Opinel zakmes • Reisboeken en landkaart

CAMERATAS 4

Nikon F 80 en zoomlens • Digitale Nikon camera en batterijenlader • Dazzer: hondenafschrikker • Gsm en adapter • Geldbeugel met dagbudget erin

PAKLIJST

DE KLEEDKAMER 5

Moneyspot: katoenen documentenzakje om onder je kledij te dragen • Supplex korte dameskoersbroek met zeem • Lange koersbroek: wind- en waterafstotend • Sponsortruitje • Dunne fleece • Ondergoed met windbescherming • Lange onderbroek = ook pyjama • Warm ondergoed = ook pyjamavestje • Slips • Sportbeha • Secco regenmantel: ademend en waterdicht • Pro Secco regenbroek: ademend en waterdicht • Korte fietshandschoenen met gel • Wind- en waterdichte handschoen • Dunne en dikke sokken • Badpak en waterdichte documentenhouder • Handdoek en washandje • Petje • Neckgaiter in fleece • Loop- en fietsschoenen • Hanwag trekkingschoenen • Teenslippers om te douchen

DE SLAAPKAMER 6

Ortlieb, zwarte kajakzak of The North Face duffelzak • In preszak: slaapzak The North Face Snow Cat -12°C • Thermarest matras en kussen • Tent: The North Face Roadrunner 2 à 3 personen en grondzeil 3,6 kg • Zand - plasticpiketten en Alu tentnagels • Pikettenhamer (160 gr) • Fietsrugzakje: om de stad in te trekken

DE BADKAMER 3

Hangtoiletzak met: zeep, shampoo, deodorant, tandenborstel, tandpasta, floss • Universele wasbakdop • Plooischaartje • Naaigerei • Mc Nett waslijn: Geen wasspelden nodig • Toiletpapier • Maandverband • Verfrissingsdoekjes • Wastube voor koersbroeken • Dagcrème • Bausch & Lomb daglenzen, oogdruppels en spiegel • Care Plus Deet (anti insect) • Spenco afdekpleisters voor blaren • Tekentang

NEDERLAND
Waddeneilanden
(West Frisian Islands)
East Frisian Islands
Borkum
Juist
Rottumerplaat
Schiermonnikoog
Rottumeroog
Ameland
Terschelling
Vlieland
Waddenzee
Texel
Noorderhaaks
Den Helder
GERMANY
Groningen
Leeuwarden
Allardsoog
Nieuweschans
FRIESLAND
Heerenveen
Assen
Fabriek KOGA fietsen
DRENTHE
Lemmer
IJsselmeer
Emmen
NOORD-HOLLAND
Urk
Hoorn
Alkmaar
Markermeer
Zwolle
NORTH SEA
Purmerend
Lelystad
Vecht
Velsen
OVERIJSSEL
Haarlemmerhout
AMSTERDAM
FLEVOLAND
IJssel
Haarlem
Amstelveen
Almere
Almelo
Katwijk aan Zee
Muiden
Deventer
Hengelo
Apeldoorn
Enschede
Wassenaar
Leiden
UTRECHT
Amersfoort
Alphen
Utrecht
GELDERLAND
's-Gravenhage
(The Hague)
Zoetermeer
Zeist
Nieuwegein
Veenendaal
Ede
Arnhem
Delft
Gouda
Rijn
Capelle
Vlaardingen
ZUID-HOLLAND
Goederede
Waal
ROTTERDAM
Nijmegen
Dordrecht
Renesse
Brouwersdam
Oss
Rhine
Schouwen
Maas
's-Hertogenbosch
Walcheren
Oosterhout
Krammer
Breda
NOORD-BRABANT
Middelburg
Oosterschelde
Roosendaal
Tilburg
Vlissingen
Bergen op Zoom
Helmond
ZEELAND
Eindhoven
Essen
Breskens
Duisburg
Venlo
V
LIMBURG
Wupper
Sluis
Antwerpen
Düsseldorf
Mönchengladbach
Ghent
GERMANY
Lys
BELGIUM
(Vlaamsm Gewest)
Maas
Rhine
Heerlen
Cologne
Brussels
Maastricht
Kerkrade
Aachen
Bonn
Meuse
Liège
BELGIUM
(Wallonie)

INFO NEDERLAND

Etappe 2

VERTREK: Sluis, 20 april 2004
AANKOMST: Nieuweschans (grens Duitsland), 10 mei 2004
✔ **TOTAAL:** 673 km + 5 km kajak
✔ **VERVOERMIDDEL:** Koga tandem + kajak
✔ **BUDGET:**
- Camping: 10-15 €
- Trekkershut: 30 €

✔ **KAARTEN:**
- ANWB toeristenkaart, 1:100.000
- ANWB wegenkaart, 1:300.000
- Langeafstandsfietsroute - De internationale Noordzeeroute LF 1
- Langeafstandsfietsroute - Stedenroute LF 2
- Langeafstandsfietsroute - Waddenzee LF 10
- Langeafstandsfietsroute - Flevoroute LF 20

✔ **ROUTEBESCHRIJVING:**
Vlissingen: ⛺ Nolle, familiecamping, overvriendelijk, heeft stacaravans met alle luxe
LF 1 Noordzeeroute bewegwijzerde langeafstandsfietsroute
Middelburg: schilderachtig dorpje
Renesse: ⛺ De Wijde Blick, 🍴 met lekker eten
Goedereede: pittoresk dorpje
Wassenaar: ⛺ Duinhorst, vlak aan renbaan, onpersoonlijk: www.duinhorst.nl
Brouwersdam: ⛺ halfweg de dam, groot bungalowpark, na Rotterdam camping in Zevenhuizen
Katwijk aan Zee: ⛺ Zuiderduin, gratis warm water 🍴 Paviloen Zuid, lekker eten, grote portie kip curry
Van Overveen de Flevoroute LF20 gevolgd tot Groningen.
Haarlemmerhout: 🍴 pannenkoekenhuisje in park: Hertenkamplaan 1, 2012 CV.Haarlem, maandag gesloten
Amsterdam: ⛺ Zeeburg: Zuider IJdijk 2, 🍴 lekkere Thai
Muiden: klein maar gezellig, ☆ slot, mooie route naar
Lelystad: ☆ bloembollenvelden
Urk: charmant dorpje
Lemmer: 🍴 Golden River, Chinees-Indisch: Schans 38 in Lemmer
⛺ Gemeentelijk kampeerterrein Lemmer: Plattedijk 13, in het weekend 🍴-🍷
Oudehaske: ⛺ vlak aan het water
Heerenveen: ☆ fabriek van Koga
Allardsoog: ⛺ De Drie Provinciën: www.dedrieprovincien.nl
Groningen: hier stopt voor ons de Flevoroute. We volgen de verlenging van de Stedenroute LF 2 tot
Windschoten: met de Dollardroute tot
Nieuweschans: ☆ kuuroord Fontana Nieuweschans, heerlijk genieten van allerlei massages en warme bronbaden: www.fontananieuweschans.nl

Etappe 2 NEDERLAND

Oranje boven!

De grote leegte gaapt. We hebben een kater van hier tot in Tokyo zonder een druppel te drinken. Na vier ongelooflijke feestdagen staan we er moederziel alleen voor. Geen juichende mensen, geen toffe burgemeesters, geen familie of vrienden … we voelen ons zo verdomd alleen! Moeizaam kruipen we op de 200 kg zware tandem. Van droefheid zien we de bordjes van de Noordzeefietsroute bijna niet staan. Breskens lijkt mijlenver. De frisse bries probeert onze tranen te drogen. Niemand verwacht ons in Nederland, geen boer die opkijkt, geen kat die wuift. Amai, we missen onze Belgen!

'Hé, Nicole en Ingrid! Komaan, doe het goed!' We worden uit ons isolement gehaald door Vlaamse klanken. Een groepje hardnekkige supporters uit West-Vlaanderen waait enthousiast langs de jachthaven van Breskens. Het Kajak Center van Wachtebeke is al druk in de weer om onze dubbele kajak in de Schelde te leggen. De waterautostrade ligt er alles behalve vredig bij. De wind blaast zenuwachtig in het rond en de grote containerschepen varen als gekken heen en weer. Het is een gewriemel in alle windrichtingen.
'Nicole, kijk wat een drukte', zucht Ingrid. 'En daar moeten wij dan tussen!'
Nicole probeert haar te kalmeren, maar Ingrid ratelt onverstoorbaar verder.
'Wat als de mist nog toeneemt? Zie die woeste golven! Als we omkieperen zult ge wel een toontje lager zingen! Ik heb dorst. Zouden we geen eten meenemen?'
'Het is maar 5 km', sust Nicole. 'Ik zie aan de overkant Vlissingen al!'

De zingende zeester

De waterpolitie toetert voor de dertiende keer. Het startsein om ons in gang te zetten. Nicole is in haar nopjes. Al was nog wat meer actie welkom geweest. 'In feite hadden we die pietluttige 5 km beter kunnen zwemmen', lacht ze. Ingrid ziet krijtwit. Toet! Toet! 'Nou dames, jullie moeten echt vertrekken', horen we door de micro galmen. De West-Vlamingen moedigen ons luidkeels aan, maar hun ogen verbergen grote bezorgdheid. De deining zwelt aan. Ingrid begint te zingen als een op hol geslagen jukebox. 'De Marie-Louise gaat op en neer … ' Nicole lacht zich een ongeluk. 'Kindje toch, we zitten hier niet midden op de oceaan, hé. Het is maar de Schelde!'

Foto : Albert Seghers

Halfweg parkeren we voor de kolossale groene boeien om onze beurt af te wachten. De reuzentankers hebben nu eenmaal voorrang. Ingrids oren produceren al evenveel stoom als de schouwen van de schepen. Ondertussen is de stem van zangeres Ingrid stilaan naar de bodem gezonken. Erger nog, de zeester krijgt er geen noot meer uit. Hier staan we dan in de waterfile temidden van de Westerschelde. De politiepatrouilleboot komt vervaarlijk dicht. 'Nou meiden, hartstikke leuk, hé', roepen ze elke keer als ze langs onze boot scheuren. Pats! Ze trakteren ons op een zoveelste golfslag.

Toet! Daar zijn ze weer. 'Nou moeten jullie een flink potje roeien, meiden!' We bewegen geen millimeter. 'Roeien', luidt het bevel van de waterpolitie. We aanschouwen het strijdtoneel. Torenhoge mastodonten glijden van oost naar west en houden precies een zeedefilé. We moeten met onze minischuit gewoon eventjes ertussen glippen.
'Zullen ze ons wel zien?', vraagt Ingrid wanhopig.
Net voordat ze de witte vlag wil hijsen, zendt de politie een laatste waarschuwing uit. 'Als jullie niet oppassen, drijven jullie terug naar Antwerpen. Er staat een stevige stroming landinwaarts, wijfies.'
Ingrid torpedeert hun boot met haar ogen. 'Awel, kunnen jullie het verkeer niet eventjes tegenhouden?', commandeert ze. 'Jullie zijn toch politie voor iets!'

Smullen in den bak

Na de zoveelste valse start doorklieven we het woelige Scheldewater. Onze armen staan op ontploffen, maar we willen het stelletje pestkoppen wel eens laten zien tot wat we in staat zijn. We roeien de ziel uit ons lijf. In een bijna onklopbaar record halen we de overkant. Ingrid zwaait van opluchting naar alle meeuwen. 'Nou meiden, hier is jullie fietsbakkie! Asjemenou, wat voor rotzooi sleuren jullie allemaal mee?', vraagt de leukste van de hoop als ze onze inboedel overhandigen. 'Doei en nog een leuk trippie!'

Met onze duikpakken aan op onze fiets vallen we direct op in het centrum van Vlissingen. We gooien ons uitgehongerd voor een viskraam. Nicole kwijlt naar zowat elke vis die in het stalletje ligt, tot onze euro valt: we hebben geen geld of paspoorten bij. Dat brengen ze straks naar de camping. Landlopers, zo voelen we ons. We loeren stikjaloers naar de monden waar de lekkerste vissen in zwemmen. Pff, en dorst dat je krijgt van al dat zoute zeewater! Een politieman bekijkt ons van kop tot teen. Hij mag deze twee armoezaaiers gerust meenemen, want in den bak krijg je naar het schijnt lekker eten. Alhoewel, in Holland …

Een ongewilde slachtpartij

Gepakt en gezakt volgen we de Noordzeefietsroute dwars door Zeeland. Met zijn 6000 km is het één van de langste fietswegen ter wereld. We zitten op een boemeltrein. De tandem is volledig overladen: 230 kg gewicht, je zou van minder omkiepeperen. Altijd tuimelt er wel iets naar beneden, tot groot jolijt van de enthousiaste Nederlanders. Bij elk tussenstation komt iedereen zoemend naar ons alsof we een pot honing zijn. Die nieuwsgierige Hollanders toch! Ze vragen bijna onze schoenmaat. 'Wat een hartstikke mooie fietstandem! Mogen we een plaatje schieten?' Ze roepen de hele straat bijeen. 'Nou Kees, moet je dat horen, wat een sappig taaltje! Dat moet wel lekker zijn zo vijf jaar weg, dat die Belgen dat durven!' Ze denken hier dat elke Belg met een baksteen in de maag is geboren …

Na het schilderachtige dorpje Veere besluiten we 's avonds nog gauw de Oosterschelde over te steken. Via de stormvloedkering van Noord-Beveland trappen we de bloedrode zonsondergang in Schouwen-Duiveland tegemoet. Fietsend over de kilometerslange, smalle dijk lijkt het of de duivel een vuurbad neemt in de zee.

Tegen 35 km per uur rollen we door Rotterdam. De tandem heeft één groot voordeel: we hebben dubbele kracht. Goed in de hand ligt hij nog niet. We razen over steile bruggen en balanceren naast kabbelende rivieren waar de plezierboten dobberen. En maar waaien, lachen en bellen, maar… waar Nicole en Ingrid rijden, gebeurt er gegarandeerd iets! We vergeten even op te merken dat het fietspad een flauwe bocht naar links maakt. Het voortuintje van een stokoud vrouwtje is de ongewilde plek van de slachtpartij. Tientallen heilige tulpen worden genadeloos afgemaakt door onze wielen. Een bocht nemen met een meterslange tandem is geen evidentie! De voorbijgangers liggen in een deuk van het lachen. Die domme Belgen toch!

De internationale junkiemeeting

We volgen de Stedenroute verder tot Amsterdam. Onderweg doen we wat we nog een miljoen keer zullen doen: kamperen. Als we op Camping Zeeburg aankomen, willen we direct terug vertrekken. Welkom in de wereld van hippies, junkies, dealers en kapot gezopen bikers. Een walm van marihuana en bierkots doet ons bijna flauwvallen. Ons vloekwoordenboekje wordt stevig opgefrist: fuck, scheisse, merde ... De halve wereld zit hier bij elkaar op de internationale junkiemeeting. Ze lijken elke seconde af te tellen. Wat is er toch aan de hand?

Iedereen loert naar deze twee frisse, propere kanariepieten. Nee, die passen niet in dit dealersnest. Een groepje nozems met lange gekleurde rastaharen, gescheurde broeken, piercings, zware kettingen en 101 tatoeages zit suf voor zich uit te staren. Er hangt een waanzinnig sfeertje in de lucht ... Plots merken we overal kleine affiches op. Morgen, 30 april, is het Koninginnedag. 'Vertrek niet, dit moet je meemaken', zegt één van de gedrogeerde hippies, waarop hij het vredesteken maakt en voorover stuikt. Niet te geloven, zou al dat ruig tuig hier gezellig bij elkaar zitten om de koningin te groeten? Wat een ontvangstcomité!

Hup, Holland, hup!

Amsterdam is op één nacht oranje geschilderd. Van de kleinste baby tot de oudste oma: alles moet wijken voor de koningin der kleuren. Huizen zijn bepakt met duizenden oranje ballonnen. We zijn geland op een oranje planeet! Echt overal verdwaal je tussen de vlaggen. Ze schreeuwen alle-

maal even overtuigend dezelfde boodschap uit: 'Lang leve de koningin!' In de grachten lijkt zelfs het water oranje. Een parade van appelsienen boten glijdt vrolijk op en neer. We wanen ons in een eindeloos voetbalstadion vol met supporters die beschilderd zijn met de Nederlandse vlag. De hoofddeksels zijn echte pronkstukken. Sommige mensen lijken wel reuzenpompoenen, anderen hebben meer weg van dansende koffiepotten of gigantische … kaaskoppen! We worden stilaan blind: oranje klompen, oranje molens, oranje kaas, oranje honden … Hup, Holland, hup!

Niemand ontkomt aan de invasie van oranje mieren, zelfs wij niet. Op onze hoofden torenen twee gigantische opgeblazen oranje kronen. De ene na de andere smartlap wordt zo vals als een kat meegejankt. Het is beslist de meest aandoenlijke openluchtkaraoke ter wereld. Tijd om de Polonaise in te zetten! De oranje mensenzee blijft aangroeien. Iedereen straalt van geluk. Onze benen dansen zich te pletter. Rio de Janeiro valt hier in het niets. Eén ding staat vast: de Nederlanders houden zielsveel van hun koningin. Dit moet iedereen eens meemaken om het te geloven!

Lentekriebels

Als we schilderstalent bezaten, hadden we onze carrière volledig gewijd aan de Flevo-fietsroute. Het is echt een streling voor het oog. Hier kan je het ene na het andere doek inkleuren met de prachtige velden vol gele bloemen. Puur natuur, Vincent Van Gogh zou er helemaal gek van worden! Onze natuurradio zendt elke dag prachtige kwaakconcerten uit. Zouden de kikkers hun dirigent in onze fietszakken verstopt hebben? Ontelbare vogelduetten voorzien de driftig draaiende windmolens van een gepaste soundtrack. De lentekriebels bereiken hun hoogtepunt. Vanaf Lelystad kondigen de prachtige bloembollenvelden zich aan. Weides vol wapperende tulpen in alle kleuren van de regenboog, nu zitten we zeker in Nederland! Langs het langgerekte bloementapijt grazen kilo's potentiële biefstukken (lees: koeien) zorgeloos onder de lentezon. Geen rund langs de weg of we denken er frietjes bij!

De volgende statie is Heerenveen waar de fietsfabriek van Koga Miyata is gevestigd. Even schrikt de ingenieur van al het gewicht, maar een Koga kan wel tegen een stootje. 'Ongelooflijk, formidabel!', roept directeur Wouter Jager enthousiast. Heeft hij het nu over ons, de fiets of de combinatie van beiden? Iedereen wenst ons een behouden reis. Hopla, nog een smeuïge Friese tegel als toetje! Deze vruchtencake smaakt bijna even zoet als hun lieve afscheidswoorden!

In ganzenpas door Duitsland

Op 10 mei 2004 steken we zonder het te beseffen de Duitse grens over. Er is geen enkele markering, geen grenspaal, niets. Net buiten het gezellige stadje Leer schrikken we ons een bult. De smalle fietsspoorwegbrug wordt ons bijna fataal! Nicole fietst in volle vitesse door de superenge ijzeren brug waar amper een bonenstaak doorgeraakt. Ze doet de eendendans. We strelen kwakkelend de scherpe reling. Ons ongesneden brood wordt automatisch gesneden. De schoen van mascotte Bobo wordt meedogenloos opengereten en Ingrid wordt van links naar rechts geslagen. Ze is stilaan kotsmisselijk.

Pal in het midden gebeurt wat in de sterren stond geschreven: we zitten muurvast. Door onze scheefgezakte bagage kan er zelfs geen mug meer passeren. Wat een zicht! Files voor en achter ons, het is om verlegen van te worden. Gelukkig zijn de Duitsers in hun galante bui. Ze duwen en trekken, ze zuchten en kreunen en ja hoor, met vereende krachten geraken we los. 'Viel Spass!', roepen ze ons na.

Van hun gezondheid liggen de Duitsers niet wakker. Op elke straathoek staat een sigarettenautomaat! Kettingrokers hoeven maar enkele meters te gaan om te sterven.

Etappe 2

INFO DUITSLAND

VERTREK: Nieuweschans, 10 mei 2004
AANKOMST: Bremen, 15 mei 2004
✔ **TOTAAL:** 236 km
✔ **VERVOERMIDDEL:** Koga fietstandem

✔ **KAARTEN:**
- Overzichtskaart Michelin nr. 541, 1:350.000, Schleswig-Holstein/Hamburg/Niedersachsen/Bremen
- Fietskaart Ostfriesland Emsland ADFC Radtourenkarte, 1:200.000, onontbeerlijk, alle fietsroutes, campings, hotels, onverharde en verharde wegen staan erop vermeld: www.radtourenkarten.de
- Fietskaart Zwischen Elbe und Weser ADFC, 1:200.000
- De toeristische informatie in Duitsland is heel vriendelijk en plannetjes zijn gratis.

✔ **ROUTEBESCHRIJVING:**
Met de Dollardroute tot
Leer: gezellig stadje
In *i* gratis Fehnroute-fietsroute te verkrijgen. De Fehnroute kan je ook per kajak doen.
Amdorf: hierna verkorting richting Detern aangeduid met A
Detern: hierna ⛺ Nordlo: Schanzenweg 4, Apen-Nordlo
Wittenberge: we volgen de Ammerlandfietsroute.
Hierna even de Meer-fietsroute tot
Wardenburg: triestig dorpje waar je de Huntefietsroute vindt: een zeer avontuurlijke tocht door bossen en los zand.
⛺ Campingplatz Hatten: Kreyenweg 8, Kirchhatten, ligt vlak aan een zwembad: www.fzz-hatten.de
🍽 Aan de overkant is er een Joegoslavisch restaurant (neem nr. 91, een overheerlijke gourmetschotel)
Döllingen: charmant dorpje met typische rieten daken
✰ Bij de oude kerk staat een 1000-jarige oude holle eik.
Hierna verder de Huntefietsroute langs een prachtig stuk jaagpad via veel bruggetjes tot
Wildeshausen: veel oude waterpompen, lekker eten en vriendelijke mensen: www.Kayserhaus-Wildeshausen.de
Hierna de Geestfietsroute door wouden en lange houten bruggen, avontuurlijk
Harpstedt: we volgen de Osnabruck-Bremenfietsroute, onverharde veldwegen
Heiligenrode: 🍷, verder monotoon stuk tot
Bremen: 🛏 Ibis, dagschotel

In de vele tuinstalletjes kopen ze dan maar plantjes om het gezonde evenwicht te behouden. Wat groen in de ene hand, een kankerstok in de andere, kwestie van het geweten toch een beetje te sussen.

Iets voorbij Wildeshausen duiken we via smokkelpaadjes de bossen in. We fietsen door los zand tussen reuzenzwammen en balanceren over smalle wegeltjes. Als wildebrassen schieten we uit de bossen en jagen we de snelheid de hoogte in. Des te makkelijker behouden we ons evenwicht. In de verte priemen de imposante kathedraaltorens van de Bremer Dom door de Noord-Duitse lucht. Beschaving! Met veel zwier fietsen we naast de bekendste inwoners van de Hanzestad: de Bremer Stadsmuzikanten, die vereeuwigd op een standbeeld staan te pronken naast het machtige Rathaus. Eén vraag brandt alvast op onze lippen: 'Wie van deze stadsmuzikanten zou nu een typisch vervoermiddel zijn voor onze verdere trip door Duitsland?'

Etappe 3

INFO DUITSLAND

VERTREK: Bremen, 15 mei 2004

AANKOMST: Niebüll (grens Denemarken), 10 juni 2004

✔ **TOTAAL:** 580 km

✔ **VERVOERMIDDEL:**

- kinderwagen + rollerblades

Rollerblades

✔ **BUDGET:**

- Restaurant - dagmenu: 8 €
- Camping - twee personen: 13 € (douche te betalen)
- Hotel - twee personen: 60-70 €

✔ **KAARTEN:**

- Overzichtskaart: Michelin nr. 541, 1:350.000, Schleswig-Holstein/Hamburg/ Niedersachsen/Bremen
- LF Fietsrouteboekje: Nordseeküsten-Radweg deel 3, 1:75.000, Hamburg naar Sylt (grens Denemarken): www.esterbauer.com
- De Nordzeeküsten-Radweg was in 2003 de langste bewegwijzerde fietsroute ter wereld en loopt 6000 km door België, Nederland, Duitsland, Denemarken,

Zweden, Noorwegen, Schotland en Engeland.
- Fietskaart - Zwischen Elbe und Weser, ADFC, 1:200.000
- Fietskaart - Nordfriesland Schleswig, ADFC, 1:200.000
- Stadsplan - Falk Hamburg en omgeving

✔ ROUTEBESCHRIJVING:
Bremen: mooi stadscentrum
Ibis (dagschotel), ook
De Bremer Stadsmuzikanten en de domkerk
Knipp: typisch gerecht, een soort bloedworst met havermout
Worpswede: tof kunstenaarsdorpje met typisch geklede verkopers,
Vollersode:
Bremersvörde: Geen , wel : Heike's Bierstübchen, propere kamers
Fredenbech: en bakker
Hagen: typische oude boerderijen met rieten daken
Stade: een juweeltje met prachtige vissershaven, oude boten en mooie huisjes
Hotel zur Hanse: overvriendelijk
Thai aan vismarkt met lekker red curry menu
Grünendeich: veel grilkramen met worsten
Cranz: + Altes Fährhaus Cranz, kamers met uitzicht op veerboot en uitgebreid ontbijt: www.altesfaehrhaus.de.
Hier veerboot naar Blankenese om Hamburg te vermijden.
Hamburg: griezelen in Dungeon Hamburg, geen museum, is meer een show over de brand van Hamburg, niet te missen, tof met kinderen.
De haven, een absoluut hoogtepunt
Garni Novum of Hotel Mercedes
Blankenese: Campingplatz Blankenese vlak naast de Elbe rivier
Wedel: begin historische 'Ochsenweg' naar Flensburg met veel onverharde stukken, dus voor inlineskates is de Noordzeefietsroute beter
Hohenhorst:
Haselau: met paardenmanege en geweldig ontbijtbuffet: www.haselauer-landhaus.de
Seestermühle: typisch dorpje
Kleinste overzet over de Krückau-rivier van Seesterman naar Kronsnest.
De veerman roeit alleen in het weekend of op feestdagen: www.faehre-kronsnest.de.
Elmshorn: In het weekend is er een historisch bootje dat naar Glückstadt gaat.
Kollmar: Elbdeich en Kollmar, gratis douche: www.kollmar-elbe.de
In de stube van Kollmar: elke woensdag 'drie schnitzelslag', niet te missen.
Glückstadt: lekkere dagschotel in Ristorante La Romantica, Am Fleth 4
Brokdorf: Elbblick, hemels ontbijt
Brunsbüttel: gratis ferry over het Noord-Oostzeekanaal,
Neufeld:
Friedrichskoog: Swienskopp, veel kuuroorden met modderbaden
Büsum: Nordsee (3 € betalen om op het strand te wandelen, schandalig!), gezellige winkelstraatjes en pittoreske haven
Boot naar Helgoland
Stintech: FKK zone, de dijkroute gaat dwars door een naaktstrand,
Wesselburenerkoog:
St.Peter-Ording: 3 km ten zuiden camping Silbermöwe: vriendelijk, warme douche en mooi terrein.
Hagelwit strand met mooie 'zitkorf-stoelen', veel
Biehl, vlakbij het centrum met en .
Vlakbij de camping Ristorante Pizzeria Mamma Maria: lekker eten
Garding: Ristorante Europa: Markt 21, goedkope hoofdgerechten en het is ook een hotel
Witzwort: : www.eiderstedterhof.de
Husum: kleurrijke haven, - Rödekrog, goede middagschotel
Schobüll: : www.camping-seeblick.de
Over 3 km dijk naar het eiland Nordstrand.
Süderhafen:
Mitteldeich: viskramen
Sophien-Koog: Elisabeth
Dagebüll: en , leuk plekje voor souvenirjagers, veel ferry's
Niebüll: , Insel Pension en Gasthof Landschafliches Haus

Etappe 3
DUITSLAND

Rollen en bollen in het land van Bier und Wurst

Dekking! We worden bijna omvergereden door voorbij scheurende ... rollerblades! Noord-Duitsland is helemaal in de ban van het rollen en bollen. Zoef! Vroem! Tijdens een grote happening in het sfeervol verlichte park van Bremen halen wildebrassen levensgevaarlijke toeren uit. Jonggepensioneerden beleven hun tweede jeugd op vijf wieltjes. Plots worden we omsingeld door formule 1-piloten met een 'babyjogging'. De geavanceerde kinderwagen komt recht uit Amerika, waar 'babyrunning' een echte rage is. Een tip voor de kersverse mama's en papa's: je hoeft niet achter de buggy te rolschaatsen, ook hardlopen en joggen zijn een zegen voor de gezondheid.

Waarom nog langer zoeken naar een nieuw vervoermiddel voor de volgende 600 km? Met een zware BMW of een Mercedes over de legendarische *Autobahnen* razen is geen optie, dus laten we onze eigen racewagen in elkaar steken. Een rugzak van 35 kg meezeulen is een racepiloot onwaardig, dan maken we binnen de kortste keren een dubbele flikflak achterover. Met de hulp van Peter Schevenhals, operation manager van DHL Brussel en onze trouwe man achter de schermen, krijgen we elk een babyjogger II in bruikleen: een hemelsblauwe buggy voor Ingrid, een knalrode voor Nicole. 'Denk vooral niet dat dit een oubollige kinderkoets is', glundert de lokale Schumacher. 'De wielen zijn groter. Je hebt drie banden voor een vastere baanligging, een servostuur zo soepel als een ballerina, een kilometerteller die elke millimeter registreert en een ultramodern ABS-remsysteem om niet uit de bocht te vliegen.'

Het belangrijkste hebben we al: een goed stel remmen. We beginnen te duizelen bij het zien van het bouwpakket. Vrouwen en techniek ... Gelukkig zijn er de behulpzame mannen van DHL Bremen die zich bij het zien van de 101 plannetjes stevig in de handen wrijven. In een handomdraai is onze kinderwagen in elkaar gevezen. 'Danke schön', zingen we in koor.
Na twee seconden donderen de rugzakken al op het asfalt. Voordat we vragen kunnen stellen, beginnen de vlijtige techneuten ijverig een citroengele postsorteerbak op de voetsteuntjes te vijzen. Voilà, rugzakken, tent, slaapzakken, potten en pannen zitten muurvast. Een lange vlaggenstok met het fiere banier van Europ Assistance garandeert onze zichtbaarheid op de wegen. Veiligheid boven alles.

Onze blitse auto's schreeuwen om de baan op te vliegen, maar geen racegeweld zonder een deftige proefrit. De reuzenparking van DHL is het gedroomde decor voor twee kersverse piloten. We bekennen, we zien nog wat groen achter de oren. IJsschaatsen lukt nog wel, maar rollerbladen is andere kost. En dan nog met een buggy die kreunt onder de bagage! Onder het toezicht van een twintigkoppige Duitse delegatie zetten we ons in startpositie. De zenuwen staan gespannen.

De adrenaline giert door de lucht. Seconden duren uren. Als iedereen zijn plaats in de pitstop heeft ingenomen, is het zover. De geïmproviseerde zwart-witte vlag, een rode bolletjeszakdoek, vliegt de lucht in. We schieten gelijktijdig uit de startblokken. Onze motoren moeten duidelijk nog warm draaien. Met horten en stoten mennen we onze buggy's vooruit. Niet zonder resultaat, want na de eerste ronde vliegen twintig duimen de lucht in.
'Jetzt können Sie losgehen!', roepen de uitgelaten Duitsers. We zetten nog een laatste sprint in. De charmante bolletjeszakdoek sterft al snel weg in de verte.

Het is zover. Onze etappe richting Denemarken begint hier en nu. Het is een beeld om in te kaderen: twee moeders op wieltjes die achter een kinderwagen aanhollen waarin ukjes van 36 kilo met duidelijke symptomen van overgewicht zitten. Tja, we zijn nu eenmaal in het land van *Bier und Wurst*.
Ingrid wordt er lyrisch van. 'Wat denkt ge, Nicole? Tof hé, zo met een *kindervoiture* rijden, nu zijn we allebei voor één maand mama.' 'Straks krijgen we nog zin om kindjes te kopen', lacht Nicole.

Moeders op pad

Goedgemutst doorkruisen we de kleine dorpjes die verstrooid liggen langs de Noordzeekust. Hoe verder we gaan, hoe afstandelijker de mensen worden. De

mompelende goeiedag wordt op de duur botweg achterwege gelaten. De mensen kijken ons argwanend aan. Deuren vliegen vlak voor onze neus dicht. Bezorgde moeders trekken verschrikt hun kroost dichter bij hun rokken. We vragen ons af waarom de mensen zich zo vijandelijk opstellen. Net nu we deel zijn geworden van de edele bevolkingsgroep der moederkloeken. 'Heb je ons al eens goed bekeken?', merkt Ingrid fijnzinnig op. 'Je zou voor minder wegvluchten!' Tja, we moeten het toegeven: we zien eruit als voddenrapers, zigeuners, professionele landlopers. Schoenen bengelen hulpeloos met hun veters aan onze rugzak. Kledingsstukken slingeren in het rond. Koersbroeken hangen te drogen aan een denkbeeldige waslijn. Slordig vastgemaakte grijze plastic vuilzakken dienen als derderangsgordijnen. Niet meteen het beeld dat je verwacht van twee mama's die liefdevol hun kindjes mee op pad nemen.

'Oud ijzer, koper, lood, zink … en kapotte batterijen!', zingen we met de microstem van de rondrijdende schrootophaler uit onze jeugd. We lachen groen. Er is maar één oplossing: een volledige make-over. We reorganiseren onze bagage kleur per kleur, maken alles fatsoenlijk vast en bedanken de plastic zakken voor bewezen diensten. Het 'voor en na effect', zoals je in het betere vrouwenblad kunt lezen, blijkt effectief te werken. Direct worden we bestookt met de typisch Noord-Duitse begroeting: 'Moin, moin!' We *moinen* lustig terug en rollen tevreden verder. De achterdocht maakt plaats voor hartelijkheid. Zelfs de automobilisten vertragen om deze twee sportieve moeders vriendelijk te laten passeren.

Plots roept een krakende stem: 'Hallo, hallo, wie schnell gehen Sie?' Een oud vrouwtje dat ontsnapt is uit het bejaardenhuis komt met een loopwagentje achter ons aangemarcheerd. '15 km per uur', lachen we terug. Met dit antwoord is haar honger verre van gestild. Ze bombardeert ons met een spervuur aan vragen. Het lijkt wel of alle nieuwsgierigheid van de wereld in één persoon is gebundeld. Ondertussen begint ze een paar centimeter sneller te strompelen. De weetgrage bomma krijgt er zowaar kleur van. 'Wieviel Kilometer pro Stunde gehen wir jetzt?', vraagt ze hijgend. Ondanks haar verdoken demarrage is het tempo al flink gezakt tot 3 km per uur.

We laten ons rustig inhalen. Hoe sneller haar vragen komen, hoe trager we vooruitgaan. Na een tijdje valt het doek: we staan bijna volledig stil. Ondanks het surplacen, lijkt het kranige oudje de marathon te lopen. Haar beentjes flapperen in het rond. Ze duwt met volle kracht stomend haar wagentje vooruit. De felle wind maakt er een oneerlijk gevecht van. Ondertussen begint haar trouwe loophulp te piepen. Wie van de twee het meest verroest is blijft gissen. We moeten ons lieftallige oudje met spijt in het hart achterlaten. Tja, een helling nemen aan 0 km per uur zou een wonder van de fysica zijn. De kranige koersschildpad blijft ons uitbundig nawuiven tot we volledig uit haar zicht verdwenen zijn.

Alle remmen los

Onze binnenkomst in het schilderachtige stadje Stade is een waar spektakel. Nochtans hebben de mensen ons vooraf gewaarschuwd: Stade ligt in een diepe vergeetput. 'Ach, dat zien we wel als we er zijn', dachten we bij onszelf. We glijden zoetjes vooruit, tot de mooie gladde asfaltweg begint te dalen. We tuimelen de afgrond in. Krampachtig hangen we achter onze op hol geslagen kinderwagens. Ingrid remt met man en macht af. 'Nicole, zullen we niet even stoppen om te zien waar we gaan uitkomen?' Snelheidsverslaafde Nicole wil van geen wijken weten. 'Gas geven, meisje!'

In een scherpe bocht verandert de luxueuze asfaltlaag op de koop toe in ruwe kinderkopjes. We daveren verder. Onze wielen breakdancen als tapdansers die peppillen hebben genomen. Nicole zingt plots een serieus toontje lager. Ze probeert hardnekkig haar remmen dicht te knijpen, maar die begeven onder het brute geweld. Ze stuift met haar hebben en houden loodrecht het gapende dal tegemoet. De mensen beloeren ons verafschuwd. 'Darin sitzen kleine Kinder ... ungehört!', horen we langs alle kanten schreeuwen. Onze babyjoggers bulderen de diepte in: sneller en sneller, steiler en steiler, het lijkt wel de koninginnenrit van de Tour de France. Onze achillespezen kraken al even hard als de wieltjes van de rollerblades. Onze remmen, of wat er nog van overblijft, spuwen rook uit. Dit gaat slecht aflopen.

Nicole rolt tegen 30 km per uur onder een spoorwegbrug door. 'God, sta me bij!', roept Nicole voordat ze het donkere gevaarte in zoeft. Baf! De gevreesde onaangename verrassing blijkt er één van formaat. Ze slaat staalhard te pletter tegen een tactloze trap. Door de impact van de knal vliegt ze over haar kinderwagen om perte totale te landen op de vijfde trede. De nationale ramp is nog niet voorbij. In Nicoles kielzog dendert een tweede brokkenpiloot haar ongeluk tegemoet. Doef! Ingrid strandt recht in de kinderwagen van Nicole. Een stel Duitse mama's komt aangelopen. 'Waar zijn de kinderen?', roepen ze hysterisch. Onze eigen miserie is bijzaak, maar dat kan je hen amper kwalijk nemen. De bezorgde vrouwengilde zoekt zich te pletter. Na een half Duits woordenboek krijgen we hen eindelijk aan het verstand dat we een kinderloos stel zijn. Pfff, wat een entree!

Verlos ons van het kwade

We verlaten het prachtige Stade met zijn oud charmant vissershaventje net iets kalmer dan we zijn binnengekomen. Hamburg wenkt. Door de ons zelf opgelegde 40 km per dag, maar vooral door de toenemende pijn, voelen we ons twee bedevaarders die een lange, moeizame boetetocht ondernemen. Elk botje kraakt, elke meter vooruit doet ons kreunen. 'Mijn *knoesels*', kermt Ingrid. Veel compassie moet ze niet verwachten. 'Het bloed spuit er nog niet uit, zo verschrikkelijk kan het dan toch niet zijn?' Nicoles inlevingsvermogen is nul komma nul, maar ook bij haar schieten scherpe pijnscheuten door de hielen. Dat heb je met rollerblades van de witte producten uit de supermarkt. Het is vooral Ingrid die afziet. Bij elke stap die ze zet, is het alsof de duivel zelf haar enkels met venijnige messteken bewerkt. Omdat onze eerste huid ondertussen al het tijdelijke voor het eeuwige heeft geruild, kleven we onze voeten vol met Spenco 2nd skin, pleisters die fungeren als een soort tweede huid. Foltering of niet, we ploegen voort.

Eindelijk ligt Hamburg aan onze geteisterde voeten. Ons zielige uiterlijk gaat bijna op in het roestige en grijze decor van het stokoude industriegebied aan de haven. Het landschap maakt ons niet bepaald blij. Oersaai en deprimerend zijn woorden die de lading beter dekken. Roestige containers staan als weggesmeten dominostenen kriskras langs de weg. Uitgerangeerde goederenwagons, metershoge silo's, monsters van ijzer en staal en grauwe depots schilderen de troosteloosheid van dit gebied. Messcherpe rails doorklieven wegen met ontelbare kinderkopjes. Geen pretje voor vrouwen die zich op twee rijen wieltjes voortbewegen! Onze opgezwollen voeten kloppen van de pijn.

In Wilhelmsburg, net voor de binnenstad, verlossen we ons dan ook van het kwade en trekken de rollerblades uit. Vier rode klompen rauw vlees bekijken ons sip. Ze doen ons denken aan Gentse frut.

Na 100 km rondbollen trekken we eindelijk over de Elbebrug het centrum in. We voelen het aan onze zuchtende kleine teen: nu wacht ons enkel een leven van luxe en relaxatie. We dromen luidop van een welverdiend bad en een verwenbehandeling voor onze pijnlijke voeten. 'Guten Abend, ein günstiges Hotel für eine Nacht?', ragen we ongeduldig. Maar wat een desillusie! De toeristische dienst van Hamburg spuwt prijzen boven de 100 euro uit. Alle goedkope hotels zitten vol door een straatmuzikantenfestival. We krijgen gelukkig nog een gratis tip mee: 'Wil je een goedkoop hotel? Ga naar de stationsbuurt!'

Mama's in de rosse buurt

We dwalen door de grootstad op zoek naar een budgethotel. Voordat we het beseffen bereiken we de zondigste mijl ter wereld: de Reeperbahn. Een levendige ketting van seksshops en goktenten schittert feeëriek voor onze ogen. Hoeren om ter lelijkst trippelen zo stoned als een garnaal rond op reuzenhakken. Op veel belangstelling hoeven de levende lijken niet te rekenen. Een stokoud vrouwtje zo krom als een komma loopt zingend de maat te slaan. Af en toe draait ze een pirouette. Misschien is ze in betere tijden nog ballerina geweest? Gedrogeerde voorbijgangers staren met dode ogen wezenloos naar een punt dat ze waarschijnlijk niet zien. Dronken mannen zigzaggen zo heftig over de straat dat ze er zelf zeeziek van worden. We hebben zo'n flauw vermoeden dat we hier niet op onze plaats zijn.

Het ondenkbare gebeurt. Pal voor onze neus duikt een doodnormale man op. Meer zelfs, het is zowaar *ein Herr met standing*. 'Daar kunnen we het aan vragen', juicht Nicole. De rijzige bolhoed wandelt ons kalm voorbij, van negeren gesproken! Hij draait zich om. 'Ich liebe dich!', klinkt het hysterisch.
Oei, heeft meneer ineens vlinders in de buik gekregen? Nicole ontwaart elektriciteit in de lucht.
'Oké, Ingrid, het is misschien niet de meest gangbare manier om een compliment te geven, maar ik ben niettemin geflatteerd. Wie weet wordt Duitsland nog het land waar ik ...'
Nicole kan haar zin niet afmaken. Blijkbaar heeft haar gentleman zijn liefdesbetuiging niet aan ons adres gericht. Met zijn blik naar de hemel en met beide armen in de lucht roept hij: 'Ich komme, ich komme!' Weer niks en het ergste van al: we hebben nog altijd geen slaapplaats.

We hebben een afwisselende taakverdeling: Nicole checkt de hotels en Ingrid blijft buiten waken bij de kinderwagens. De meeste zaken zijn slechts voor enkele uren te boeken en de andere zijn vies en vettig. Ingrid moet dan wel geen hotels platlopen, het afwimpelen van mannen is meer dan een fulltime job. 'Wieviel für eine Stunde, schönes Fräulein?' De kinderwagens weerhouden de hitsige Hamburgers er niet van om naar Ingrids prijs te vragen. Misschien vinden ze een moeder met een kleine extra opwindend? Om nog maar te zwijgen van Ingrids strakke Agu-legging. Veel fantasie hebben de dronkaards niet meer nodig. Ze kwijlen de hele straat schoon. 'Allez, Ingrid, we hadden nog wat kunnen bijverdienen', grijnst Nicole.

We schuimen de straten verder af. Geduld is een schone deugd. Na het zoveelste teleurstellende bezoek vinden we eindelijk een slaapplaats. En wat voor één! De Afghaanse eigenaar toont trots de lift van zijn hotel.
'Made in 1955', straalt hij.
'Wunderbar', slijmen we.
'Ik doe niet per uur', mompelt de Afghaan.
'Ook niet per twee uur, hé manneke', waarschuwt Nicole. 'Ik heb mijn uurtjes nodig.'
'Hola, vast cliënteel', glundert hij. We zijn al blij dat we kunnen slapen. Dat is buiten de lift gerekend. Die heeft sinds zijn fabricage geen enkele onderhoudsbeurt gehad. Het ding ratelt en knarst de hele nacht. We doen geen oog dicht.

Weer niks!

Als we Hamburg verlaten, passeren we verschillende groepjes straatmuzikanten. Aan hun taal en muziek te horen komen de meesten uit het voormalige Oostblok. Het is best een gezellige boel. We zetten ons erbij en toveren ons beste Russisch tevoorschijn. Ingrid gooit wat stuivers in hun pet. Dat verdient een extra pittig deuntje! Nicole krijgt ineens de kriebels en draait enkele sierlijke pirouettes met haar rollerblades. Toevallig ligt haar helm met de opening naar boven op de grond. In een mum van tijd ligt er 4,5 euro in onze pot. De tweede keer dat er in Hamburg geld valt te verdienen op straat! We kunnen bijna een extra halfuurtje op hotel ...

Met veel flair skaten we door de gezellige binnenstad. Langs terrasjes en cafeetjes zwemmen we dwars door de vismarkt. Daarna gaat het naar Övelgönne, het Brasschaat van de Noord-Duitse havenstad. Ons pad slingert langs de achtertuinen van de Hamburgse miljonairs.
'Naar wat zijt ge zo aan het turen, Nicole?'
'Ach niks', antwoordt ze lichtjes teneergeslagen.
'Hm, ik begrijp het al, er is hier inderdaad geen enkele ouwe in zicht van wie ge zijn pensioen kunt opsouperen.'

'Verdekke toch, waarschijnlijk moeten ze met dit weer allemaal binnenblijven. Regen is niet goed voor hun reuma.'
'Maar meisje toch … weer niks!'

Rechts van ons pronken kastelen, paviljoenen en reusachtige villa's, allemaal uiterlijk vertoon van de immense rijkdom die achter de muren verscholen zit. Links soest de drukbevaren Elbe die voor de metropool al eeuwen lang de bron van haar welvaart verzekert. Aan de overkant van de rivier ligt het stadje Stade. Een normale mens neemt de ferry om van Stade naar Hamburg te dobberen. Deze twee zotte dozen rijden liever 100 km rond in plaats van een paar minuutjes vaarplezier. Vrouwen en hun principes, je krijgt er geen ferry tussen!

In Teufelsbrück loert Nicole even op de kaart. Een grote, bruine, harige vinger plant zich neer over heel Noord-Duitsland. Nicole kijkt bedeesd omhoog, maar haar zwemvest is ze vergeten aan te doen. Ze verdrinkt regelrecht in de prachtig stralende groene ogen. Een borstelige baard vervolmaakt de ruwe schoonheid van zijn karakterkop. De zwarte, hoge gummilaarzen en de lange mantel accentueren de rijzige gestalte. Zijn dromen dan toch geen bedrog?
'Wir sind hier, Fräulein', zegt een rauwe, hese stem. Nicole valt bijna van haar rolschaatsen van verliefdheid.
'Ingrid, we hebben hem! Dit is de gedroomde kapitein voor de zeeschuit die ons over vier jaar van Brazilië naar Afrika zal voeren.'
'Alleen de papegaai, het houten been en de zeemanspet ontbreken nog', nuanceert Ingrid. Nicole zweeft op een andere planeet. Ze fantaseert over de ware, over haar zeebonk die twee jonkvrouwen in nood zal bijstaan in goede en slechte tijden.
'Tegen onze zeeschuimer is geen orkaan opgewassen', mijmert Nicole. Voordat Ingrid haar terug naar de begane grond kan brengen, gaat de kersverse droomprins over tot actie. Hij zet zich op een belachelijk modern brommertje en tuft weg. Haar droomschip zinkt in één klap naar de bodem van de oceaan.
'Weer niks!', zucht Nicole.

Gratis peepshow

Rond Glückstadt, een plaatsje ongeveer 55 km ten noorden van Hamburg, wordt de weg glooiender. De heuvels volgen elkaar slaafs op. De hellingen tarten opnieuw de weerstand van onze voeten. Met kapotte enkels, peesontstekingen en diepe kloven in onze hielen proberen we de hevige rukwinden en de plenzende stortbuien te overwinnen. Zelfs onze derde huid is ondertussen naar de haaien. We slikken de straffe pijnstiller Feldene – de grotere broer van Voltaren – als snoepjes, maar het mag niet baten. Veel geluk is hier niet te vinden.

Ook in de gutsende regen moet er een sanitaire pitstop gehouden worden. Nicole vleit zich hurkend neer in het hoge bermgras. De belangstelling van de omstanders is meteen gewekt. Een vol stadion van wel vijftig zwart-witte koeien drumt zich rond de behoeftige rolschaatster. De herkauwers vertrappelen elkaar bijna om toch maar een glimp van Nicoles achterste te kunnen opvangen. 'Dit is geen peepshow! Anders betaal je er maar voor, stomme beesten!' De kijklustige runderen zijn niet meteen onder de indruk van Nicoles dreigementen. 'Schaam jullie! Bol het af!', gaat ze maar door. Hoe meer ze hen uitjouwt, hoe drukker het wordt. Weer een interessant toeristisch weetje: een Noord-Duitse koe is gefascineerd door Vlaamse achterwerken en kent vooral geen fatsoen!

Het onheil is geschied

De veldweg die we volgen wordt tergend smal. Om een beetje deftig te rollerbladen, moet je je benen met lange halen naar buiten kunnen strekken. Op zo'n nauw pad is dat geen sinecure. Voor sommigen is dit regenweer het ideale moment om een uitstapje te maken. Reuzenkevers en regenwormen krioelen voor de wielen van onze kinderwagens. De beestjes beseffen niet dat ze de ene zelfmoordpoging na de andere ondernemen. Een invasie van slakken vergezelt de andere onderkruipers. Als volbloed dierenvrienden halen we alles uit de kast om ze te ontwijken. We slingeren en slalommen, maar het noodlot laat zich niet eeuwig om de tuin leiden. Ingrid walst pardoes over een grote, vette slak. De vieze, donkerrode smurrie kleeft aan onze banden. Nicole is de wanhoop nabij. 'Allez, Ingrid, wat doet ge nu? Hebben we nog niet genoeg regen?' We kunnen de klok niet terugdraaien, het onheil is geschied. De legende vertelt dat als je over een slak rijdt, onophoudelijke regen je lot zal zijn. Het enige wat we kunnen doen is drie minuten stilte houden. Maar zal het helpen?

Zware rukwinden snokken onze kinderwagens voortdurend het onkruid in. De wielen hangen vol met klodders modder. Dat kunnen we ook nog eens extra meesleuren! De forse wind giert over de eindeloze grasvlaktes waar schapen de dienst uitmaken. Uitgehongerd haalt Nicole wat brood uit een zak. Door het ritselende papier wordt de koers ingezet. De bollen wol terroriseren de dijk en galopperen als een wolkenlint naar ons toe. De hongerige wolven storten zich op Bobo, onze mascotte uit het Boudewijnpark. We kunnen hem ternauwernood redden. Ocharme, de veters uit zijn schoen zijn al opgeknabbeld. Uiteindelijk laten de schapen ons door, maar even verderop stoten we weer op een wolversperring. Collega's van de eerste kudde liggen op hun dooie gemak midden op de weg, geen haar op hun pluizige bol dat eraan denkt om deze twee weerloze vrouwen te laten passeren. Nog straffer, ze krijgen versterking van een toom ganzen.

De onbeleefderiken versperren niet alleen de weg, ze torpederen … bruine obstakels. Afhankelijk van hun spijsvertering trakteren ze ons op droge of natte uitwerpselen. We proberen er eerst tussen te zigzaggen, maar de drollendichtheid neemt meter per meter toe. We worden, zonder het echt te willen, echte kakspecialisten. De natte leiden tot uitschuivers, de droge werken als volwaardige, maar ongewilde remblokken. De kleine wieltjes van onze rollerblades plakken hopeloos in het verteerde malse gras. We sterven bijna van de stank. Er tekenen zich donkere wolken af boven onze hoofden. Nu begint het ook nog pijpenstelen te regenen! Een boze fee tovert de met drollen bezaaide weg om in een roetsjbaan van diarree. De glibberige bruine massa verovert de dijk. We zijn precies twee tractors die hun akkers bemesten. Schuivend in de bruine plas beseffen we waarom dit deel het vruchtbaarste van Duitsland is.

We wringen ons door de honderden poortjes die de schapen op hun eigen gebied moeten houden. Met brokken en een indringend geurtje komen we aan in de gemeente Brokdorf. Onze voeten en knieën zijn tot schroot herleid. Zelfs voor een goedkope occasie komen ze niet meer in aanmerking. Moedeloos kijken we vanuit de tent naar onze kloppende, gloeiende voeten die uithijgen in een goddelijk ijsbad. De oververhitting en foltering hebben definitief de bovenhand gehaald.

Help, mijn voiture zit vast!

We staan wortel te schieten voor het eerste serieuze obstakel van de reis: het Noord-Oostzeekanaal. Het verbindt de Noordzee met de Oostzee en is één van de drukst bevaren routes ter wereld.
'Ingrid, hoe geraken we aan de overkant?', zucht Nicole. Er is geen brug te zien. De gratis ferry stilt de honger van de gejaagde, westerse mens. Maar dan overtreden we het gebod dat we onszelf hebben opgelegd: 'Gij zult op uw tocht geen gemotoriseerd voertuig gebruiken. Nergens en Nooit.'
'Amen', fluistert Nicole. Ze speurt met haar arendsogen de oever af. Geen roeiboot te zien. Wel een kokmeeuw die op het staketsel staat dat de driedelige sluis afbakent.

'Daar, een sluis', roept Ingrid. 'Misschien kunnen we zo de overkant bereiken?'
Normaal gezien is Nicole haantje de voorste als het op initiatief nemen aankomt, maar deze keer is het andere koek. Ingrid recht fier haar schouders.
'Ik ga hoogstpersoonlijk deze barrière overwinnen', luidt de rake strijdkreet.

We rollen richting sluis. Ingrid trekt haar helm recht en oefent haar charmantste glimlach. De jonge sluiswachter Fabian lijkt op het eerste zicht een haalbare prooi, maar schijn bedriegt. Ondanks de onweerstaanbare verleidingstrucs van Ingrid, geeft het plichtsbewuste groentje geen krimp. 'Viel zu gefährlich', luidt het afwijzende antwoord. Hij heeft niet eens ongelijk. We kunnen de overkant van het metalen gedrocht enkel bereiken als we drie sluizen en ontelbare steile trappen overwinnen. Veel leuningen zien we ook niet.

Tijd om wat druk op de ketel te zetten. Ingrid probeert Fabians hart te breken.
'Met jouw hulp lukt het zeker! Je gaat onze reis toch niet vroegtijdig in het water laten vallen?', zegt ze sluw.
Fabian haalt de schouders op.
'Komaan, er zijn zo veel dingen die niet mogen en die gevaarlijk zijn', lacht Nicole samenzweerderig. 'Je mag ook niet vloeken hé!'
Ingrids charmeoffensief mist zijn effect niet. Onze sluiswachter gaat door de knieën. Hij lonkt nog even bedenkelijk naar de hoge wachttoren naast het sluizencomplex. Daar zit vast de baas die het reilen en zeilen van zijn jonge handlanger nauwlettend in het oog houdt. Fabian slaakt een diepe zucht en haalt een grote sleutel boven. Het metalen hek met het opschrift 'Verboden toegang' knarst open. Voor hij zich kan bedenken, glippen we erdoor.

Klikkerdeklakker schuifelen we over de metalen bodem. Het gaat moeilijker dan gedacht. Het is echt sukkelen. De kinderwagens willen niet mee en de wieltjes van onze rollerblades raken vast in de metalen rasters. In al onze haast zijn we vergeten om ze uit te doen. We kruipen in kikvorspas vooruit. 'We moeten snel zijn', hijgt Fabian terwijl hij met zijn vinger naar de tweede sluis wijst. We geloven onze ogen niet. Er staat een gigantisch Noors cruiseschip klaar om versast te worden. De blinkende witte mastodont is ontelbare verdiepingen hoog. Omdat het mooi weer is, staan veel opvarenden aan dek om de lokale fauna en flora gade te slaan. Hun aandacht glijdt al snel af naar de twee moeders met hun kinderwagens. 'Help, mijn voiture zit vast!', zucht Ingrid. Fabian snelt haar te hulp, maar zijn zenuwen gieten olie op het vuur. De 36 kg zware kar zit volledig strop in de nauwe passage. Fabian trekt de armen van zijn lijf. Het is een kwestie van minuten. Straks gaan de sluisdeuren open ...

De paniekzaaiers

Met ongekende en vooral halsbrekende acrobatie sleuren we ons stukje bij beetje verder. De opvarenden van het schip kijken met argusogen toe. Twee vrouwen met een kinderwagen over deze gevaarlijke passage, de toeristen weten het niet meer. Zijn ze op de set van een bizarre avonturenfilm beland? Ze hebben er alvast een gratis attractie bij gekregen. Het schip komt gestaag hoger en dus … dichter! De stemmen van de passagiers klinken kristalhelder: 'Wie gefährlich ist das! Was machen sie da? Und die kleine Kinder? Sind sie festgemacht?' De toon klinkt dreigend. We proberen vriendelijk te kijken en zwaaien verontschuldigend met een vrije hand. Als we bijna halverwege zijn, galmt uit alle luidsprekers de gevreesde boodschap: 'Achtung! Achtung! Polizei!' Een stem, zoals je die hoort van een *Obersturmführer* in een oorlogsfilm, beveelt autoritair: 'Halt! Sie begehen eine große Übertretung! Sofort zurückkehren!' De luide alarmbellen en loeiende politiesirenes snijden onze adem af. Ons lichaam trilt van kop tot teen, de arme Fabian ziet lijkbleek.

De interesse van de toeschouwers slaat om in paniek. Moeders die door de politie teruggefloten wordenwens die filmcamera? Onder ons gonst het van verontruste stemmen. De stemming is compleet omgeslagen: van interesse naar panische angst. 'Er zitten geen kinderen in', roept een zware mannenstem. De paniek gaat crescendo. Wat doen twee vrouwen achter buggy's zonder baby's erin bovenop een sluismuur? 'Terroristen', gilt een vrouw. Woorden als 'aanslag' en 'bom' vliegen ons om de oren. De opvarenden vertrappelen elkaar bijna. Vrouwen en kinderen verzamelen achter op het schip, alsof ze het nog weten van de reddingsoefening. We voelen hun angst, maar we kunnen ze op geen enkele manier geruststellen. Verschrikt zien ze hoe de twee vermeende terroristen moeizaam op hun bloeddorstige stappen terugkeren. Er breekt blinde paniek uit. 'Es wird geschossen! Alle raus!' Het schip nadert zijn hoogste punt in het grote bassin. Passagiers proberen van het dek op de kade te kruipen. Ze trekken elkaars kleren van het lijf om zo snel mogelijk van de rampenboot te geraken.

Applaus!

Uitzinnig van colère snelt de baas van de sluiswachter ons tegemoet. Hij roept en tiert met de handen boven het hoofd. Zonder te ademen probeert Nicole met horten en stoten de brand te blussen. 'Maar meneer, we maken een wereldreis op eigen kracht. We trekken door 55 landen en zullen vijf jaar onderweg zijn. Het is een groene, niet-gemotoriseerde wereldreis', ratelt ze. Kortom, ze vertelt haar hele levensverhaal. Daarbij aarzelt ze niet om de arm van de man in een smekende omhelzing te houden. 'Je kan onze held worden. We gaan je zeker vermelden in ons boek', probeert Nicole verder in haar beste plat Duits. Onze spontane aanpak blijkt een succesformule. Het krantenartikel, onze charme en de bevlogen uitleg doen de situatie kantelen in ons voordeel. De woeste stier verandert in een mak lammetje. Fabians gezicht krijgt er terug een beetje kleur door.

‘Wacht’, zegt de sluiswachter. Hij rent naar zijn uitkijktoren. We kijken hem na met een mengeling van hoop en wanhoop. De luidsprekers spuwen opnieuw een boodschap uit. We geloven onze oren niet. ‘Achtung! Achtung! Die zwei sportieve Fräuleine von Belgien maken een vijfjarige reis. Niet-gemotoriseerd: geen auto, geen bus, geen ferry. Ze hebben me alles verteld. Ik geef hen toelating om hier over te steken. Ik bewonder dit prachtige initiatief en vind dat we hen allemaal moeten helpen.’ Vanuit het cruiseschip stijgt een zucht van opluchting op. Er volgt een geweldig applaus. De kapitein laat zijn reusachtige scheepshoorns loeien. Mensen juichen en roepen, fototoestellen flitsen onvermoeibaar. De grote baas knipoogt en wijst uitnodigend naar de overkant: ‘Ze verwachten jullie daar.’

Voor de tweede keer beginnen we aan de moeizame tocht. De sluiswachter roept nog wat lieve wensen na en het publiek op het schip blijft ons met handgeklap aanmoedigen. Met evenveel gesukkel als de eerste keer stuntelen we over de sluizen. Het voelt als een triomftocht. Aan de overkant wachten twee politieagenten ons strak in het pak op. Ze nemen de kinderwagens aan en helpen ons galant van de brug af. ‘Keine Verletzung, madame? Nichts passiert? Alles gut?’, informeren ze vriendelijk. We schudden het hoofd en lachen. Dit is onze geluksdag: we hebben straffeloos en zonder kleerscheuren de overkant van het Noord-Oostzeekanaal gehaald.

Als we ons omdraaien, zien we dat het cruiseschip nog verder gestegen is. De opvarenden ontpoppen zich tot echte sterfotografen. We zwaaien en ze zwaaien terug. Het nieuws heeft zich als een lopend vuurtje verspreid. Journalisten die de politiekanalen afluisteren op zoek naar grote gebeurtenissen zijn de veiligheidsdiensten gevolgd, want er was groot alarm. Ze staan te popelen voor een interview. We vertellen en poseren als volleerde modellen. De volgende dag staat ons verhaal met foto op de eerste pagina van de plaatselijke krant. Dit is wat wij noemen: binnenkomen in stijl.

Het hoogtepunt van Duitsland

Het is pinksterweekend. We bollen door een eindeloos polderlandschap volgepropt met windmolens. Neufelderkoog, Kaiser-Wilhelmkoog, Friedrichskoog, de plaatsnamen zijn al even lang als de uitgestrekte vlakte die onder onze wielen voorbijschuift. Er valt geen levende ziel te bespeuren. De van zeezout doordrongen wind huilt. Schapen blaten een monotoon klaaglied. Onze rollerblades en kapotte pezen knarsen een pijnlijk ritme. Bij Campingplatz Swienskopp doen we wat alle varkens zouden doen ... met onze voeten in de modder dabben. Heel Duitsland zit hier tot kniehoogte in het slijk, de ideale remedie tegen reuma, artritis, pijnlijke voeten en nog van dat fraais. We vallen zowat onder alle categorieën, dus pootje baden maar! Misschien hebben we nog geen reuma, maar dat zal niet lang meer duren als we zo doorgaan. Onze voeten tintelen van genot en prevelen non-stop dankgebedjes.

Na de relaxerende verpozing volgen we opnieuw de Noordzeedijk. Een bordje met het opschrift 'FKK' houdt ons tegen. We fronsen de wenkbrauwen. 'Hebt gij een idee wat dit bord betekent, Ingrid?'
'Ik denk dat het iets te maken heeft met een militair domein. Blijkbaar kunnen we er toch door ...'
'Of misschien speelt hier de lokale voetbalclub? Enfin, we zien wel ...'
En of we het zien! Nicole rijdt bijna over de edele delen van een man die wijdbeens in een bocht van het asfaltpad ligt te luieren. De spiernaakte Duitser schrikt zich een hoedje en dat doen wij ook.
'Ingrid, we zitten hier midden op een naaktstrand', analyseert Nicole scherp. 'Let op, dit wordt het hoogtepunt van Duitsland. We mogen absoluut niets missen. Geniet maar van het uitzicht en probeer zo weinig mogelijk te pinken met uw ogen.'
De weg volgen is onbegonnen werk. Overal slaan slurfjes tiktak van de ene kant naar de andere. We slenteren zo onopvallend mogelijk verder tot een oude, verrimpelde man ons tegenhoudt. 'Fräulein, Sie befinden sich hier in einer Freikörperzone, wenn Sie weiter wollen, sollten Sie sich auch ausziehen', zegt het perkamenten naaktmodel.
Ingrid wacht de situatie een beetje preuts af, terwijl Nicole zich al volop aan het uitkleden is. Onze rollerblades mogen we aanhouden. Net wanneer Nicole haar bh met een gracieuze boog wil uittrekken, proest de man het uit: 'Es ist nur ein Witz! Maar doe tenminste alsof je vooruit gaat en veroorzaak vooral geen accidenten!'

Het weerbericht met ... Nicole

In het stadje Husum hoort Nicole op de achtergrond het weerbericht. 'Ingrid, hebt ge dat ook verstaan? Ze voorspellen 26°C voor morgen en voor overmorgen zelfs 29°C! Onze drie minuten stilte bij uw doodgereden slak hebben dan toch gewerkt. Meiske, we krijgen een hittegolf, leg uw kort broekske, de zonnebril en extra water klaar', commandeert de olijke weervrouw Nicole.
De volgende morgen is de eerste blik uit het raam een doorn in het oog. Niets dan donkere wolken! 'De zon zal wel komen', pept Nicole op.

We smeren ons van kop tot teen in met zonnecrème factor 20 en trekken onze korte koersbroeken aan. Onder donkere, kille lucht rijden we met kippenvel op onze billen naar het noorden. Plots barst een onweer los. Dikke hagelbollen knallen uit de hemel.
'Bizar, zouden de Duitse weermannen er ook altijd helemaal naast zitten?', vraagt Nicole terecht. 'En waarom is iedereen hier zo ingeduffeld?'
We vragen aan de voorbijgangers waar onze 28°C zijn. 'Maar dames toch, dat was het weerbericht voor Mallorca en Egypte!'
Ingrid ligt in een deuk. 'Ge zult nog wat aan uw Duits moeten werken, juffrouw! Al goed dat de zonnecrème waterbestendig is!'

Net zoals altijd parkeren we onze kinderwagens voor de supermarkt. Je rijdt er toch maar alles en iedereen mee omver. Als we volgeladen terug buitenkomen, valt Nicoles wagentje in geen velden of wegen te bespeuren.
'Hopelijk is het niet gestolen', mompelt ze tegen zichzelf.
De kassierster springt als een raket omhoog. 'Er is een kinderwagen verdwenen', alarmeert ze de veiligheidsagenten.
'Tegenwoordig hoor je van alles', zucht ze. 'Het zou niet het eerste kind zijn dat op die manier verdwijnt ...'
We krijgen haar niet uitgelegd dat we kinderloze moeders zijn. Als Nicole terug buiten staat, valt haar op dat de auto's wat verderop rare capriolen uithalen. Wat ziet ze daar? Midden op een druk kruispunt veroorzaakt haar buggy een verkeerschaos van jewelste. Allemaal omdat ze haar rem is vergeten op te zetten! Een brave politieagent brengt de kindervoiture terug naar de verstrooide mama. 'Iedereen is op zoek naar jouw kind', zegt hij zenuwachtig. We hadden nooit gedacht dat 36 kg bagage zoveel oproer en chaos zou veroorzaken in de Bondsrepubliek!

In Niebüll, op een steenworp van de Deens grens, eindigt ons Duits avontuur. We mijmeren over de voorbije 600 km op wieltjes. Voor dit landschap waren rollerblades het beste vervoermiddel. Met de fiets was het veel sneller een eentonig en saai schilderij geworden. De enige die niet akkoord gaan, zijn onze doortrapte, kapotte en versleten voeten.

Etappe 4

INFO DENEMARKEN

VERTREK: Niebüll (Duitsland), 13 juni 2004
AANKOMST: Helsingör (Denemarken), 11 juli 2004
✔ **TOTAAL:** 1023 km
✔ **VERVOERMIDDEL:** ligfietstandem
✔ **GELD:** Deense Kronen (DKK)
✔ **BUDGET:**
Restaurant – dagmenu: 8 €
Camping - twee personen: 20 €
Natuurcamping: 1,5 €
✔ **BOEKEN:**
- Elmar Reishandboek
- Dominicus Denemarken
- Lonely Planet Copenhagen
- Footprint Copenhagen
- Lonely Planet Denmark

✔ **KAARTEN:**
- Stadsplan Kopenhagen, F&B, 1:15000
- Stadsplan Kopenhagen, B&B (waterdicht)
- Overzichtskaart Denemarken, F&B, 1:400.000
- Fietskaart met regionale routes, Fyn: www.visitfyn.com
- Fietskaart per district met campings en alle info, Cykelruter Nordsjaelland
- Fietskaart Sonderjylland pa cykel
- Fietskaart Cykelruter i Vejle Amt
- Fietskaart Vestsjaelland
- Fietskaart Ribe Amt

✔ **ROUTEBESCHRIJVING:**
Rudbol: ▲ en ⌂
Møgeltønder: pittoresk dorpje, ☆ slot Schackenborg, ▲
Tønder: ▲ net buiten het dorp met hutten
Fietsroute nr.9 tot Arrild
Løgumklöster: ☆ abdij met 49 klokken, kerkhof met ronde grafzerken
Arrild: ▲ met minigolf, zwembad en een grote supermarkt op 100 m
Fietsroute nr. 74 tot Frifelt
Kirkeby: ☆ mooie witte kerk, antiek plakkaat van Tuborg voor de lokale Kro (typisch restaurant)
Ribe: ▲ 2 km buiten het centrum: www.ribecamping.subnet.dk
🍴 Pizza Pinocchio: lekkere pizza's
🍴 Peking House: uitgebreid lunchbuffet

INFO DENEMARKEN

★ Ooievaarsnesten op elk dak
★ Unieke avondwandeling met de nachtwaker
Fietsroute nr. 10 tot Hedegard
Tobøl: 🛒, ▲ en 🍴
Fietsroute nr. 11 tot
Føvling: ★ kerk met rode toren
Holsted: 🍴 pizzarestaurant Al Capone
Hovborg: ▲ Holme Å: gratis douches, verwarmd zwembad en zelfs gratis vissen
De vriendelijke eigenaar neemt toeristen mee om te kajakken: www.holmeaacamping.dk.
Fietsroute nr. 7 tot
Vorbasse: 🍴 Pizzabar Mes, niet lekker
★ Klim over de Skjoldbjerg
Billund: ★ Legoland: een absolute topper voor jong en oud
▲ 500 m van het park Billund, FDM ▲: duur, maar mooi gelegen tussen naaldbomen: www.billund.fdmcamping.dk
Randbøl: primitieve ▲ en ouderwetse 🛒
Egtved: 🍴 een typische Kro
Gezellige fietsroute nr. 62
Ejstrup: klim en afdaling naar
Kolding: ★ Burcht Koldinghus, 3 km klim tot
Vonsild: ▲, klim naar Nørre Bjert met fietsroute nr. 6 en 5 over de brug naar het eiland Funen
Middelfart: fietsroute nr. 70 via Kavlunde tot
Ronais: ▲ strandcamping gelegen op het piepklein eilandje Svinø: www.camping-ferie.dk
Sandager: fietsroute nr. 70 volgt gedurende 2 km een onverharde weg
Assens: 🍷 en 🍴 Ribhouse Frederik IX: overheerlijke ribbekes, Nederlandstalige menukaart,
▲: www.camping-willemoes.dk, fietsroute nr. 60
Teglskov: ★ schilderachtige route door een sprookjesbos
Håstrup: 🛒 boven op de berg
Svanninge: ★ mooie kerk en typische huizen op weg nr. 45
▲ Svanninge Søgaard, Odensevej 140, precies een boerderij
Faaborg: ★ oude koopmanshuizen en rondleidingen met nachtwakers
🍴 Chinahouse, Strandgade 4: buffet om van te smullen, fietsroute nr. 8
Vester Skerninge: 🍴 prachtige Kro, waar de Biksemat een echte aanrader is: eieren met blokjes steak en aardappelen ondergedompeld in Worchestersaus met brood en komkommers
Svendborg: mooi stadje met alle voorzieningen, vanaf Rantzausminde is fietsroute nr. 8 oersaai
Tåsinge eiland: ▲ Carlsberg is prachtig gelegen op een top met mooi uitzicht op de zee. Er zijn een snack-restaurant en twee grote tv-kamers, tof bij slecht weer!
Fietsroute nr. 8 verder tot
Troense: ★ veel huisjes met rieten daken, vooral de Grønnegade is pittoresk
★ Valdemarsslot en de 400 jaar oude Ambrosius Egen, een reus van een eik 1 km verderop
Langeland eiland: kruisen we in de breedte
Rudkøbing: op eiland Langeland
🛒 Brugsen waar je een warme maaltijd vindt tegen een spotprijs. Deze winkels zijn overal te vinden in Denemarken.
Verder fietsroute nr. 8 tot
Spodsbjerg: ▲ Faergegårdens over de jachthaven: www.spodsbjerg.dk
We nemen de zeilboot tot Korsør, afstand 75 km. Er zijn ook ferry's.
Korsør: ▲ Halskov aan het strand
Klim met fietsroute nr. 6 tot
Slagelse: ▲ naast 🏠, veel overlast van auto's, niet echt rustig.
Fietsroute nr. 6 komt langs een Mc Donald's en een groot shoppingcomplex
Suserup: hier verlaten we route nr. 6 via Frederiksberg tot
Sorø: gezellige terrasjes
★ Søgade met zijn mosterdgele huisjes, klim door spookgehuchten zoals Store Ebberup.
Hier verkorting tot
Gyrstinge: 2 km voor het gehucht: ▲
Ortved: ▲ met verwarmd zwembad: www.skovlycamp.dk
Køge: vanaf hier de kustweg met breed fietspad
Hundige: ▲ vlak aan de hoofdweg
Ishoj: ▲ met winkeltje en hutten
Via Tarnby, Avedore (met apart fietspad) terug route nr. 6 over hoge brug naar Amager, prachtig door de natuur tot het centrum van
Kopenhagen: ★ Tivoli pretpark in het centrum
★ Strøget: 's werelds langste winkelwandelstraat, kastelen, parken en de kleine zeemeermin.
Verder kustroute via
Charlottenlund: ▲ in een fort.
Dwars door het grote bos Dyrehave met stokoude beuken, meidoorns en duizenden herten.
★ Tof is een rit met paard en kar, via de Ermitage en het jachtslot. Ook het oudste pretpark Bakken

INFO DENEMARKEN

is hier gevestigd.
Verder via de Deense Rivièra tot
Vedbæk: 🍴 overheerlijke bagels en koffie aan 🚆
Fietsroute nr. 9 tot
Hillerod: ⛺: www.hillerodcamping.dk
Fredensborg Slot: echt de moeite, veel pracht en praal
Helsingør: ✯ Kronborg Kasteel.
We nemen de zeilboot naar Helsingborg (Zweden), maar je kan ook de ferry nemen.

INDRUKKEN OVER DENEMARKEN

- Denen zijn enorm op zichzelf en heel nieuwsgierig.
- Eten is duur en niet echt speciaal. Voor een brood betaal je 3 €, een fles water kost 1,5 €.
- Op de straat is er weinig of geen politie.
- Mensen zijn doodeerlijk. Ze doen zelfs hun fiets niet op slot.
- Er zijn geen terrasjes naast de weg.
- Overal vind je tentjes met fruit of groenten, maar geen verkoper. De mensen leggen het geld in een korfje.
- Openbare dronkenschap is eerder regel dan uitzondering.
- In veel kerken hangt een luster in de vorm van een schip om de zeelui te beschermen.
- Kerken zijn spierwit met een rode muts als dak.
- Overal zijn er hotdogkramen waar ze een dampende kop chocolademelk bij drinken.
- Denen houden van de natuur en trekken in de zomer massaal naar hun buitenhuisjes.
- Ze eten kilo's pizza.
- Brood wordt niet gesneden en koffiekoeken zijn mierzoet.
- Een Kro is een typische eetherberg met echte dagelijkse kost.
- Chinese restaurants hebben 's middags een buffet: lekker en veel!
- Er zijn veel openbare toiletten en ze zijn gratis.
- In sommige supermarkten is er gratis koffie.
- De wegen zijn zeer rustig en de Denen zwenken in grote bochten voorzichtig uit.
- Denemarken barst van de gemarkeerde langeafstandsfietsroutes. Deelkaarten zijn verkrijgbaar bij de toeristische dienst.
- Gratis internet vind je bij de toeristische dienst of de bibliotheken.
- Campings zijn luxueus met gratis kookvuren, tv-kamers, grote speeltuinen, droog- en wasmachines. Ook zijn er hutten en meestal verwarmde zwembaden.
- Op de eerste camping moet je een campingpas kopen, kostprijs: +/-10 €. Deze is eveneens geldig voor andere Europese landen.
- Er zijn ook eenvoudige natuurcampings die vaak voorzien zijn van stromend water en toiletten (lijst verkrijgbaar bij toeristische dienst).
- Test de warme kranen van de douches. De Denen steken er altijd te veel geld in, dus er is altijd kans op gratis warm water.

Etappe 4
DENEMARKEN

Moerassen, slakken en rubberen laarzen

'Wablieft, verplicht stemmen? Komen jullie uit een vastgeroest communistisch land?' De Duitse agent staat perplex. We schrijven zondag 13 juni 2004, de dag des oordeels. Alle meerderjarige Belgen trekken braaf naar de stembus. Als je in het buitenland zit, moet je een bewijs van verblijf kunnen voorleggen. 'Pff, wat een gedoe', zucht de ambtenaar. 'Ik ben geen secretaresse hé!' Na veel zuchten en blazen geeft de dienstklopper dan toch het gepaste document.

In het grensdorpje Niebüll valt een loodzware last van onze voeten. We kieperen onze totaal versleten rollerblades met een zwier van opluchting in de vuilnisbak. Bij het lokale DHL kantoor halen we onze ligfietstandem af. We malen gezwind de laatste kilometers op Duitse bodem.

'Ik verveel me een ongeluk', jammert Ingrid. Haar enige taak is trappen en op Nicoles rug gapen. 'Nicole, ik krijg hier veel zin om sokjes te breien!'
Nicole schrikt zich een bult. 'Ingrid met naald en draad, dat we dat nog mogen meemaken!' Het arme schaap is overstelpt door moedergevoelens. 'Maar meisje, je hebt gewoon last van een postnatale depressie', troost Nicole.
Ingrid slaakt een diepe zucht: 'Nooit gedacht dat ik mijn kinderwagen en klein dikzakske zo zou missen!'
We worden stilaan gek van

het eentonige dagelijkse menu waarin schapen, koeien en de gierende wind de kleurloze hoofdrollen spelen. Gelukkig wordt het enerverende tafereel geregeld onderbroken door het aanhoudend herstellen van lekke banden. Wat wil je met zes wielen?

Problemen met Bob

Via onze trouwe Noordzeefietsroute steken we de grens van Denemarken over. We rijden Jutland binnen en zoeken naar de zeven verschillen met het Noord-Duitse landschap. Onze XXL-ligfietstandem is met zijn vijf meter lengte en tonnen bagage een robuuste limousine die golvend kleine dorpjes als Tønder doorklieft. Als we uit de bossen opduiken en de bewoonde wereld betreden, staan mensen ons met open mond aan te gapen. 'Taxi, taxi!', roepen de plaatselijke grapjassen terwijl ze hun duim omhoog steken. Anderen hollen voor onze open Cabrio en filmen erop los.

Iedereen denkt dat we de clowns zijn voor het voorprogramma van het geafficheerde circus. Onder ons gezegd en gezwegen, we stelen hier ook echt de show. Maar ... de showbizz is een harde stiel!
Onze lange trein verandert in een uit de kluiten gewassen grasmachine. Het gras stuift achter ons uit alsof we een gigantisch voetbalveld van zijn groene tapijt beroven. We kwelen spontaan uit volle borst Sam Gooris achterna: 'Laat het gras maar groeien, nee, ik rij het nooit meer af ...'

De schaarse begroeiing kreunt onder de aanzwellende wind. De zwarte lucht begraaft het kerkhof in een donkere mantel van mistroostigheid. Onze buiken trekken samen door een onheilspellend gevoel, en dan gebeurt het. Een oorverdovend lawaai tovert de nachtmerrie om tot realiteit. Onze aanhangwagen, Bob voor de vrienden, kapseist. Heel ons huishouden ligt over de grond verspreid. Sommige Denen vertragen omdat ze denken dat er een spontane rommelmarkt wordt georganiseerd. We spalken onze Bob als volleerde verpleegsters en trappen verder naar Møgeltønder, waar 18de eeuwse rieten daken ons charmant begroeten.

De al even liefelijke kasseiwegeltjes beroven Bobs naam van alle nuchterheid. Hij hangt zo scheef als een drankorgel. Voordat hij het helemaal begeeft onder de druk duiken we de eerste de beste garage in waar een Deense hobbyist verwoed aan zijn oldtimer zit te sleutelen.
'Kan jij onze limo maken?', proberen we. De goesting druipt van zijn gezicht.
'Geen probleem', grijnst hij. Resoluut haalt hij de aanhechting eraf. Gewapend met voorhamers en ijzeren staven spuwt hij opgewonden in zijn handen. Hij wringt zichzelf al kloppend, kreunend en zuchtend door de metalen schroothoop. Helaas, de eerste kasseien zijn nog niet goed verteerd of daar ligt alles weeral op de grond. Als

de oude techniek faalt, zal de nieuwe het moeten doen. We binden alles vast met plastieken snelsluiters …

De ooievaar komt

Ribe is het oudste stadje van Scandinavië en qua schoonheid een onovertroffen diamant. Elke centimeter is doordrongen van een zeldzame charme. Oude roestige reclameborden wiegen kreunend in de wind en schreeuwen boodschappen die verleidelijker zijn dan vijftig jaar geleden. Antieke lantaarns en kromme vakwerkhuisjes in oude hobbelsteegjes met kasseitjes ademen pure nostalgie uit. Tot 1902 deed de nachtwaker hier elke avond trouw zijn ronde. Klokslag 22 uur liep hij al zingend door het middeleeuwse centrum, gewapend met een brandende toorts waarmee hij de feeërieke fakkels aanmaakte. Waarschijnlijk is hier ook de sprekende klok uitgevonden. Elk uur bulderde zijn luide stem het exacte tijdstip, terwijl hij uit volle borst steeds hetzelfde slaaplied zong:

Hij stond ook in voor de veiligheid van de dorpelingen. Anno 2004 is hij een legende geworden. De toeristen volgen hem elke avond door het stadje en smullen van zijn verhalen. De volledig in zwart kostuum geklede nachtwachter is een levend roddelboekje. De plaatselijke dronkaards, de gekke typetjes en de heksenverbrandingen, hij vertelt alle sappige anekdotes met hart en ziel.

De echte ereburgers van de stad zijn de talrijke ooievaars die zich op de schoorstenen nestelen. Men heeft zelfs een ooievaarsgilde in het leven geroepen die prompt de rode loper uitrolt bij het huis waar de eerste ooievaar na het overwinteringsseizoen neerstrijkt. Tegenwoordig kan je de ooievaarsavonturen zelfs op het internet volgen via de webcam! De spannende gebeurtenis gaat gepaard met een groot feest. En zoals het een echte Viking betaamt drinken de Denen bij zo'n braspartij … chocolademelk. Ook bij een voetbalwedstrijd drinken ze geen schuimend blond bier, maar bestellen ze een romige chocomelk met als toemaatje een vettige hotdog. Voor fietsers met een ietwat beperkt budget is het in Denemarken niet veel soeps. De enige betaalbare maaltijden op de menukaart zijn pizza, pizza en nog eens pizza. Ons Italiaans gaat er meer op vooruit dan ons Deens!

Het gaat te traag, dus tankt Ingrid superbenzine

Afgekoppeld

17 juni in het jaar Onzes Heren 2004. Sint Pieter opent de sluizen des hemels. De zondvloed slaat ten tweeden male toe. Het water valt met bakken uit de lucht. Een ondoordringbaar regengordijn hangt vast boven het Deense land. Het landschap wordt glooiender, dus we moeten al een stuk harder op de pedalen duwen. De schamele zeven versnellingen zijn maar een kleine hulp. We bewegen amper en

tellen alle grasssprieten, maar o wee als we een helling afdalen! Tegen 70 km per uur suizen we naar beneden. Het wordt een rasechte Hollywood-achtervolging. We scheuren door de bochten en dalen op het scherp van de snee. Vooraan aan het stuur amuseert Nicole zich een ongeluk. Omdat ze zoveel mogelijk achterstand wil goedmaken, vertikt ze het om te remmen. Ingrid schreeuwt achteraan de longen uit haar lijf. Ze zit in een rollercoaster waar ze geen enkele controle heeft over de naar beneden denderende wagentjes.
'Straks word ik losgekoppeld!', gilt ze het uit. 'Dat verdomde karretje breekt elke keer af. Mijn uren zijn geteld!' In elke bocht schuilt het onheil. Het enige wat haar rest is bidden tot de Almachtige Heer.

Met in één hand een stuk chocolade en in de andere het stuur, raast Nicole als een furie door de diepe plassen. Ze heeft zelfs geen tijd om op haar nagels te bijten. Zoef! Opnieuw draait Nicole woest naar links. De Deense flitspalen beleven hoogdagen. Ze haalt moeiteloos een stel verbaasde vrachtwagens in. Ingrid is er zeker van: ze kan ieder moment uit haar schietstoel gekatapulteerd worden. Ze zwaait wild met open armen achter een vastberaden Nicole tot ... nonkel Bob ons flierefluitend voorbij raast. Het losgeslagen bagagekarretje herleidt alle snelheidsrecords tot verwaarloosbare voetnoten. Patat! Voor de voeten van de grazende koeien ligt weer heel ons hebben en houden. Gezocht: garagist gespecialiseerd in ligfietstandems met teveel bagage!

Blokjes boordevol magie

Het volgende hoogtepunt ligt in Billund, de thuishaven van Legoland. In 1958 nam Godtfred Christiansen de speelgoedzaak van zijn vader Kirk over die van deur tot deur leurde met houten blokjes. Zoonlief was niet opgezet met al die zware blokken en wou één ijzersterk product. De rest van het verhaal is geschiedenis. Het legendarische lichte, plastieken legoblokje werd een wereldsucces.

We parkeren onze limousine voor de ingang van Legoland. De manager komt ons met open armen tegemoet.
'Nicole, ene op leeftijd, ge hebt weer touche!'
Hij is duidelijk verliefd. Zijn vlinders fladderen echter niet naar ons, maar naar de ligfietstandem. We polsen voorzichtig naar gratis inkomkaartjes. Het antwoord is zo klaar als een legoklontje: 'Jullie, betalen? Natuurlijk niet! Vergeet zeker niet die prachtige fiets mee naar binnen te nemen. Ik geef een persoonlijke rondleiding', lacht hij fier.

Waarom nog langer rondreizen? Je hebt hier alle wereldwonderen binnen handbereik. We kijken als twee gigantische reuzen neer op een miniatuurwereld. 1-2-3,

actie! We peddelen van de ene filmset naar de andere. De grachten van Amsterdam gaan moeiteloos over in het Vrijheidsbeeld van New York. Cut! Met een simpele draai van de camera belanden we in de Universal Studios. We springen in het zadel van John Wayne en rijden door de zompige hitte van Monument Valley. Voordat we op adem kunnen komen, belanden we op de woeste wateren van de Caribische Zee. We nemen het zwaard van Johnny Depp over en wanen ons kapitein Jack Sparrow in hoogsteigen persoon. Nadat we de afgepeigerde piraten een lesje hebben geleerd, trekken we ten strijde om het sneeuwwitte Duitse sprookjeskasteel van Neuschwanstein te veroveren.

Onze monden vallen open bij het zien van het 14 m hoge opperhoofd, Sitting Bull. Het imposante beeld weegt 1,7 ton en is opgebouwd uit 1,4 miljoen Legoblokjes. Net voordat we samen de vredespijp willen roken, gebeurt het. Voor de vijfde keer breekt onze Bob in het midden van het park. Op zich is hij best in orde hoor, maar die 50 kg bagage is er net iets te veel aan. Gelukkig zijn we beste maatjes met de Legochef die zijn slimste ingenieur optrommelt om Bob voor eens en voor altijd aan de tandem vast te hechten. De gouden vingers van de smid bedenken een uiterst originele en oerdegelijke oplossing: een stalen Legoblok …

Moord op klaarlichte dag

We verlaten Billund met zijn miljarden blokjes en rijden zowaar de Ardennen binnen. Stuurvrouw Nicole jaagt bij een hemelse afdaling de topsnelheid de hoogte in. Tegen 81 km per uur zoeft onze kronkelende, lange slang door de bochten. De aanhoudende regen zorgt voor een immens slijkbad. De spatborden spuwen als fonteinen een bruine brij uit waardoor Ingrid steeds onherkenbaarder wordt. Ze heeft de kap van haar jas zo dichtgesnoerd dat alleen haar ogen zichtbaar zijn, prima voor een Iranees modedefilé. Daarop torent haar fietshelm, wat een zicht! Het lijkt meer iets voor de cover van een boek over de loopgraven tijdens Wereldoorlog I. Nicole laat alles vrolijk op haar blote billen pletsen.
'Ik moet vanavond niet meer douchen', grapt ze.
Ingrid krijgt niet alleen de modder, maar ook de drollen te verwerken. Als Nicole achterom kijkt, staart een walmende bruine massa haar aan. 'Dat wordt voor-, hoofd- en kookwas', voorspelt ze.

Ingrid wil het uitproesten, maar ze durft niet. De kans dat ze verzuipt in de grote borrels modderig regenwater is net iets te groot. Al die meteorologische misère heeft één groot voordeel: hoe natter we zijn, hoe heviger we aangemoedigd worden door applaudisserende voorbijgangers.
De campings lijken meer op moerassen. In de immense modderpoelen een plekje vinden waar we niet wegzinken of wegdrijven is onbegonnen werk. We worden het stilaan beu om alle dagen op te zetten en af te breken in zo'n hondenweer.

's Morgens galmt een ijzingwekkende kreet. Ingrid, de slakkenmoordenares, heeft weer toegeslagen. Een slijmerige, vieze plek in haar schoen is het enige wat overblijft van het slachtoffer. Ook Nicoles schoenen zijn een geliefde schuilplaats geworden voor de vele verstekelingen. Het regent zo hard dat zelfs de slakken naar droogte zoeken!

Sllp, pltsj! Bij het afbreken van de tent maken de piketten een slurpend geluid als we ze uit de drassige grond trekken.
'Wat hebben we toch misdaan om in zo'n rotweer te moeten fietsen?', vraagt Ingrid verbijsterd.
Het vonnis van rechter Nicole is onverbiddelijk. 'Het is jouw

schuld. Slakken platwalsen is een eeuwige zondc. Wil de beklaagde nu opstaan en de rechtszaal verlaten?'
De volgende dagen wordt onze ligfietstandem definitief omgedoopt in een waterfiets. Alles is kletsnat. We verdrinken bijna in onze stoelen. Al wat we nodig hebben zijn een duikbril, een snorkel en een waterdichte badmuts. Waarom zijn we geen vissen? Blub, blub ...

Pompen of verzuipen

Telkens als we stoppen lijken we twee kletsnatte honden die wild hun pels uitschudden. Het fonteinwater spuit driftig in het rond: uit onze zakken, oren, broekspijpen, schoenen, het blijft regenen. Als twee donderende watervallen storten we neer in de toeristische dienst van Kolding. Het spoor van nattigheid achtervolgt ons tot aan de balie.
'Een Engelse fietskaart van Funen, graag', vragen we voorzichtig. Articuleren durven we bijna niet, want uit onze mondhoeken stroomt het water in beken naar omlaag.
We geven met onze wijsvinger een lesje aardrijkskunde voor beginners. 'We zitten hier en we moeten naar daar.'
Lap, door de kletsnatte vingertoppen zijn twee gaten geweekt in de landkaart. Het uitzettende gat doet de brug naar het eiland Funen achteruit deinzen.

Kolding bezat een angstaanjagende burcht. In 1808 waren hier de Spaanse troepen gestationeerd. Omdat ze het schrale, koude Deense weer niet aankonden, staken ze doodleuk de burcht in brand om zich op te warmen. Hoe wanhopig kan een mens zijn? Door de aanhoudende regen zullen de laatste smeulende restjes van de brand intussen wel geblust zijn ...
De lokale middenstand blijft niet bij de regenpakken zitten. De winkeletalages van Middelfart zijn geplaveid met rubberlaarzen waarop Mickey Mouse, Superman en tal van andere onvergetelijke tekenfilmhelden wat kleur brengen in de grijze zomer. De voorbij zwemmende toeristen laten het niet aan hun hart komen en kopen ze massaal aan. De mini-jurkjes hangen er maar verweesd en stokstijf van de koude bij.

Het blijft pijpenstelen regenen en de trouwe toeristen krijgen er ook nog rukwinden tot 80 km per uur bij. We beginnen er stilaan uit te zien als platgekookte, verrimpelde soepkiekens. De sprookjesachtige strodaken van de huisjes in Funen zijn zompige afdaken geworden. De regen ratelt als een machinegeweer tegen onze tent. Misschien moeten we straks geen zeilboot meer nemen en drijven we met tent en al de zee in?
Na een onstuimige nacht worden we uitgeput wakker. Nicole ligt geplet tegen de kant. 'Zeg, zou onze tent aan het krimpen zijn door al die regen?'

Land in zicht!

's Morgens worden alle jetstreams opengedraaid. De allesverwoestende waterstralen hebben één groot voordeel, het is goed voor ons haar. Het nadeel is dat het groeit tegen een moordend tempo en we straks weer naar de kapper moeten. We duiken over het eiland Langeland naar de jachthaven Spodsbjerg. Ook hier blijft het lavabo's regenen. 'We hadden toch beter die rubberen Superman-laarzen in de solden gekocht', zucht Nicole. Als baby's met een kletsnatte pamper ploffen we ons op de rustieke zetels van een typische 'kro'. De authentieke Deense herbergjes zijn gevestigd in de woonkamer van de gastheer of te midden van een oud museum. Het is er heerlijk vertoeven tussen oude portretten, antieke lusters en zilveren kandelaars, terwijl de gasten zich te goed doen aan een typisch Scandinavische maaltijd.

We spieden door de ramen van ons gastronomisch kasteel de kade af op zoek naar een kapitein die ons naar Korsor wil brengen. Plots horen we een Hollandse klankenzee aanzwellen. 'Nou, Miet, van dat rotweertje word ik hartstikke mesjogge! Het is me hier een linke soep!'
We ruiken onze kans en klampen hen aan. Willem mag het weer misschien niet vertrouwen, twee extra passagiers ziet het sympathieke Hollandse koppel wel zitten. Onder het vertwijfelde oog van een dreigende hemel stappen de kersverse matrozen Peppi en Kokki met bange hartjes aan boord. Hoewel we al zeeziek worden van een bewegend glas water, genieten we van de klotsende golven en de krijsende zeemeeuwen die langs onze zeilboot 'Sirrus' scheren. Als Nicole het roer overneemt, slaat haar fantasie op hol; 'Ahoi, hijs de zeilen!', roept ze strijdvaardig. 'Zeeschuimers aan bakboord, laad de kanonnen!'

De Duitse boten op de achtergrond lijken piraten, kapers, boekaniers, maar het kan ons niets schelen. Wij en wij alleen zijn de heersers van het ruime sop. Met een oppermachtig gevoel doorkruisen we de ontembare zee tot een felle rukwind opsteekt en onze 'Sirrus' dreigt te kapseizen. Het schip balanceert machteloos tussen de kletsende golven. Onze magen tellen om ter hardst af naar het moment dat we zullen aankomen in de jachthaven van Korsor. Ingrid trekt krijtwit weg en Nicole heeft haar blik bevroren op oneindig. We wilden het duizend keer roepen, maar na 75 km en zeven uur vaarplezier is het zover: 'Land in zicht!' We zwijmelen als twee natte dweilen over de houten steiger. Onze liefde voor de fiets is weer eens bezegeld. Geef ons maar de landmacht!

Gewetensproblemen

Het weer begint meer en meer onze natte voeten uit te hangen. Daarom besluiten we de lokale waarzeggers te raadplegen. We vragen op een camping aan een gepensioneerd koppel wat de voorspellingen zijn. 'Het zal zeker blijven regenen tot 2 juli', rochelen ze simultaan. Voor de zekerheid vragen we er het jaartal bij ... De rest van de tocht is zo saai dat we stilaan vegeterende planten worden. Uitgestrekte vlaktes met alleen graan en bieten, geen levende ziel te bespeuren, behalve twee katten die bijna onder onze wielen sukkelen. Als dat maar niet nog meer ongeluk brengt!

Op het eiland Zeeland ligt de Deense hoofdstad Kopenhagen, voor ons het eerste baken van de beschaving. Hongerig kopen we met onze hunkerende ogen de etalages van de ontelbare winkels leeg. We maken onmiddellijk kennis met een aantal jongeren die met fietsriksja's toeristen door de stad loodsen. Als we met onze ligfietstandem naast hun taxi staan, lijnen meteen de eerste citytrippers op om met ons mee te gaan. Voor de lol nemen we hun job even over. Onze toekomst ligt precies toch op straat. Voor de derde keer hebben we bijna een job!

Na Kopenhagen volgen we de zogenaamde Deense Rivièra die er zieltogend bijligt. Geen strandgast te bespeuren, ze zouden toch maar verdrinken in hun strandstoel. Aan de horizon is er geen dolende zeilboot te zien. Alleen wij met onze twee beste vrienden: de regen en de wind. Het wordt moeilijker en moeilijker fietsen. De weg is bezaaid met reuzenslakken. Er moet hier in de buurt een slakkenvergadering of een volkstelling bezig zijn, want elke zichzelf respecterende kruiper is op pad. Niet alleen het aantal neemt met dit regenweer toe, ook de beestjes zijn uitgegroeid tot ware monsters. Tergend langzaam sloffen ze richting autobaan hun dood tegemoet. Ingrid kan het niet langer aanzien en zet ze één voor één met huis en inboedel op een veilige thuishaven.

'Misschien maken we met deze daad van barmhartigheid onze vorige moorden terug goed zodat de regen zal stoppen', smeekt ze luidop.

Ook Nicole wil met haar geweten in het reine komen. 'Ik eet nooit meer escargots', belooft ze plechtig. Zouden de weergoden overtuigd zijn?

Een vliegende Zweed

De krant meldt 10 juli 2004. We zijn in het grensdorp Helsingør en het regent nog steeds. Het hoorapparaat van dat gepensioneerde koppel zal zeker vol water hebben gezeten?
'Drie weken lang waterellende en ook de laatste dag in Denemarken durft het nog te regenen', klaagt Nicole.
'In Zweden zal het wel droger zijn', probeert Ingrid hoopvol. Het is blijkbaar de natste zomer sinds 1928. Het slechte weer is de voorbije dagen het hoogtepunt in alle journaals. Maar ja, zijn wij niet de schuldigen? Wij hebben toch die slakken vermorzeld? Al goed voor de Denen dat we hun land verlaten ...

De dag begint gevaarlijk: Nicole gaat alleen naar de bakker. Als ze net iets te lang wegblijft, begint Ingrid de verschillende rampscenario's op te sommen. 'Er kunnen drie dingen gebeuren: ze vindt de weg naar de camping niet meer terug, ze blijft onderweg als een volleerd viswijf babbelen of ze plundert de hele bakkerij door een acute hongeraanval.' Het is nummer drie geworden. 10 juli is de dag dat een Deense bakker zijn omzet ziet vertienvoudigen!

De postbode komt hier niet elke dag ...

Vanuit onze tent kijken we uit op de Sont, de zeestraat die Denemarken met Zweden verbindt. Het is te zeggen, Ingrid ziet iets, Nicoles oog zit volledig dicht door een verdwaald insect. Uit Ingrids enkel groeit dan weer een bizar gezwel, misschien een cyste of een spinnenbeet?
'We hebben een dokter nodig en wel nu', beveelt Nicole. Ingrid houdt koppig de boot af. 'We moeten op tijd in Zweden zijn, Radio 2 komt. We gaan het nooit halen!'
Nicole haalt de grove middelen boven. 'Als uw voet uiteenspat en er komen honderden spinnekes of wormkes uitgekropen, geraken we er helemaal niet.'
Tijdbom Ingrid staat op springen. Tik, tak, het kan niet snel genoeg vooruit gaan.

Het oog van Nicole begint zo'n pijn te doen dat het lijkt alsof het eruit brandt. Ingrid heeft dan toch de pauzeknop van haar chronometer gevonden om naar de dokter te gaan. Volgens het scherpe oog van een opticien heeft een teek zich in haar oog genesteld.
'Ga naar de spoed voor het te laat is, anders krijg je nog een lam oog!', maant hij aan. Nicole stelt haar compagnon gerust. 'De spoed is de spoed, dus veel tijd zullen we niet verliezen!'

In de wachtzaal ontmoeten we Lars Anderson, een rasechte Zweed die met zijn fiets over kop is gegaan. Zijn gezicht is een onherkenbare kapot gereten huidmassa en zijn hand is dubbel zo dik als normaal. Allez, hier zit een Zweed die met zijn fiets kan vliegen, wat gaan we nog meemaken? De praatgrage Lars legt ons uit dat hij hier met zijn jacht in de haven ligt. Veel uitgedroogde Zweden maken de overtocht naar Denemarken om goedkoper alcohol in te slaan. Lars is een vaste klant. In Zweden heerst er nultolerantie op de rijbaan. Ze mogen niets drinken en in de meeste cafés wordt er geen bier geserveerd. Alcohol is zo duur dat je al een halve miljonair moet zijn om dronken te worden. Nicole haar radars beginnen te draaien. 'Dit is misschien de kapitein die ons naar de overkant wil brengen', fluistert ze. Haar woorden zijn nog niet koud of Lars stelt voor om ons mee te nemen naar Helsingborg. Hopelijk gaat hij dan weer niet vliegen of we kunnen nog een abonnement op de spoedafdeling nemen ...

Na één uur in spanning wachten is het zover.
'Zeg, ge gaat toch niet met een tekentang in mijn oog peuteren, hé?', vraagt Nicole bezorgd.
De Irakese dokter bekijkt het ontstoken oog en schudt meewarig het hoofd. 'Maybe, maybe, moet ik je licht verdoven en de oogbol eruit halen. Dat is niet zo erg hoor, je voelt het amper. Het oog blijft alleen een minuutje ofzo als een jojo uit je oogkas bengelen', stelt hij gerust.
Bij Nicole breekt het angstzweet uit. Vluchten kan niet meer.
De dokter heeft nog een afleidingsmanoeuvre in petto. 'Kijk eerst even naar mijn

hand en…' Poef! Vliegensvlug haalt hij met een wattenstaafje een insectenvleugel uit haar oog. Gelukkig is de boosdoener geen teek.
De Irakees werpt ineens een deskundige blik op Ingrids enkel. 'Madame, heb jij toevallig een hardnekkige kwetsuur overbelast?'
Lang moet ze niet nadenken. De venijnige messteken van het rollen en bollen in Duitsland staan nog pijnlijk in haar geheugen gegrift. Het medische verdict is duidelijk. Ingrid heeft een ontsteking van de bursa, een met vocht en bloed gevuld 'kussentje' dat naar buiten is gepopt. Zou het toeval zijn dat 'bursa' ook een geslacht van slakken is?

'Awel Nicole, content dat er eindelijk bloed te zien valt als bewijs?'
'Zijt maar zeker! Nu hebben we allebei een bursa mogen meemaken', verwijst Nicole naar haar derde borst waarmee ze op onze vorige reis in Zuid-Afrika heeft rond gezeuld. We weten nu tenminste dat die bult ooit wel weer zal verdwijnen. 'Gewoon enkele weken of maanden geduldig wachten', luidt de wijze raad van Tante Kaat. En zo staan we als twee opgelapte soldaten weer klaar voor actie!

Op de zuipschuit

Zondag 11 juli is het moment van de waarheid. We gaan land nummer vijf via de zee veroveren. Lars doet zich nog te goed aan een stevig ontbijt bestaande uit wodka en … wodka. De weergoden zijn ons nog altijd niet gunstig gezind. De regen valt met bakken uit de hemel. De wind huilt als een weerwolf. De masten van de zeilboten kloppen een woest ritme. Onze magen krimpen al ineen als we nog maar naar de aangemeerde boten in de haven kijken. De halfdronken Lars geeft ons ook niet meteen een boost van vertrouwen. De goedlachse Zweed beantwoordt onze angstige blikken met een vrolijke uithaal: 'Dat briesje? Dat zuchtje? No problem, in geen tijd zijn we aan de overkant!' We vormen een schoon trio: kapitein Lars met één arm, admiraal Nicola met één oog en matroos Ingrida met één voet. We missen alleen nog de papegaai ...

Met één arm bindt hij onze ligfietstandem stevig aan de reling van het schip vast. 'Stel je voor dat we kapseizen?', knipoogt de deugniet en als enigen in de hele haven steken we van wal. Het is maar 4 km verder, maar door de hevige regen en een loodzwaar mistgordijn zien we niets van ons beloofde land. Met in zijn goede hand een fles wodka en in de andere het roer, rijgt Lars met ruwe stem een gans repertoire van Zweedse hits aan elkaar. Hij heeft de tijd van zijn leven. 'So when you're near me, darling, can't you hear me? S.O.S…'
Abba's woorden zijn nog nooit zo toepasselijk geweest. 'Matrozen, opkruisen, de wind zit totaal verkeerd!' De luttele 4 km duren een eeuwigheid. De kisten bier en sterke drank in de kajuit deinen mee op het roffelende ritme van de golven. Wie haalt

het in zijn hoofd om met zo'n zuipschuit mee te varen? We blijven maar opkruisen. Onze jacht hangt zo scheef dat we zelf ladderzat zijn. Hoewel, we hebben amper tijd om zeeziek te worden. Iedereen heeft zijn handen vol: Nicole neemt het roer over, Ingrid verdwaalt in de zeilen en Lars ... die ontfermt zich moederlijk over zijn fles.

We naderen de haven. 'Gooi de trossen', commandeert de nog amper verstaanbare kapitein. Gemakkelijker gelald dan gedaan! Met veel moeite gooit Ingrid de zware kabels als een lasso over een meerpaal en kunnen we na een hectische en alcoholische vaart eindelijk onze zeemansbenen op de Zweedse kade zetten.
'Bye bye Nicole and Ingrid', roept onze doorzopen waterrat. Zijn vuurrode gezicht trakteert ons op een ontroerend dramatische, maar vooral gemeende handkus die het woelige wateravontuur bijna verandert in een gezellige zeilherinnering. We geven hem elk drie Vlaamse smakkerds terug. Zijn gezicht wordt nog roder. Die Lars, het is toch echt een *pateeke*!

Nachtelijk gesmak

Op Zweedse bodem begint de race naar Göteborg. Aan een gemiddelde van 120 km per dag flitsen we als bezetenen door gehuchten, dorpen en steden met één doel: op tijd zijn voor Radio 2. 'Niets is zeker ... maar alles komt goed', de nieuwe naam van het vroegere 'Ochtendkuren' is uiterst geschikt wat ons betreft. Voor zover we het al vliegend kunnen inschatten, zijn de open Zweden een totaal ander volk dan de bedeesde Denen. In Kopenhagen zit de zeemeermin schuchter op haar rots, in Zweden zwemt ze lustig naakt rond. Uit het ijskoude water duikt plots een volslanke, poedelnaakte vrouw op die zich zonder gêne begint af te drogen met een piepklein handdoekje.

Zweden bevalt ons vanaf de eerste kilometer. Overal mooie fietspaden, weinig verkeer en iedereen spreekt goed Engels. We koersen verder en nemen een binnenweg dwars door een golfterrein. Vooruit, nog een tandje bijsteken, want de bomen van kerels met hun caddies kloppen met volle kracht in de richting van de vlaggetjes aan onze tandem. Sneller dan de aanvliegende golfballen proberen we weg te suizen. Als we hier nog lang doorfietsen, hebben we Europ Assistance echt nodig ...

Tik tak, de klok loopt af! Twee opgedraaide muizen komen in het Radio 2 hotel aan. Het is een feest om elkaar na drie maanden terug te zien. De volgende ochtend staat Radio 2 in vol ornaat met de micro voor de deur.
'En meisjes, goed geslapen?' We hebben vooral genoten van het ruime en zachte bed. 'Alleen ... wat was me dat voor een gesmak vannacht?', vraagt Ingrid niet onterecht. Nicoles hoofdkussen is voor de verandering niet nat van de regen maar van de 'goestingzever'.

‘Wat wil je als ze een ontbijt beloven met wafels, verse, gerookte en zure vis, flensjes, alle soorten brood en weet ik wat nog allemaal?’, stamelt Nicole.

In Göteborg is niemand minder dan de BZV (Bekende Zweedse Vlaming) chefkok Christer Elfing onze stadsgids. Hij vindt dat we veel te ongezond eten en spreekt onverstoorbaar over olijfolie en snuifjes dille. Hij schudt ijverig de ene gezonde spaghettivariatie na de andere uit zijn mouw. Allemaal goed en wel, maar die brave mens verstaat alleen niet dat wereldfietsertjes geen boomgaarden olijven en balen kruiden kunnen meesleuren.

Na een paar dagen zit het blitsbezoek er op en is het gedaan met watertanden. We snoepen dan maar van de natuurpracht van onze nieuwe bestemming. Het echte Zweden is een ongerepte wildernis van uitgestrekte wouden met ontelbare meren die aaneengeregen zijn tot een lange paternoster. De vertrouwde kustweg wordt een grillig parcours. Op het menu geen spaghetti, maar pittige beklimmingen van 11%. Het ideale moment om onze ligfietstandem in te ruilen voor twee Koga Miyata mountainbikes. Onze 27 versnellingen zullen goed van pas komen. Hopelijk kunnen we eindelijk een punt zetten achter een ondergeregend hoofdstuk.

ZWEDEN
DALARNA
Mora
Stöllet
VLOTTOCHT
Stöllet - Gunnerud
Falun
Sandviken
Gävle
Borlänge
Dalälven
Gunnerud
Grangärde
Ludvika
Avesta
UPPSALA
Uppsala
Klarälven
Hagfors
Munkfors
Brunskog
VÄSTMANLAND
Arvika
Västerås
Norrtälje
ÖREBRO
A
Årjäng
Borgvik
Täby
Örebro
Eskilstuna
Järfälla
FREDRIKSTAD
Vänern
Bengtsfors
SPOORWEGFIETS
Åmål
Arboga
Håverud
Snäcke Sluis
STOCKHOLM
Katrineholm
Mellerud
Branna
Finspång
Nyköping
Motala
Norrköping
Vänersborg
Skövde
Trollhättant
ÖSTERGOTLAND
Linköping
Lilla Edet
Falköping
Gräfnäs
Vättern
Alingsås
Ulricehamn
V
Jönköping
GÖTEBORG
Borås
Gamleby
Västervik
ETAPE 5
Kungsbacka
Vimmerby
Visby
Nässjö
KALMAR
JÖNKÖPING
HALLAND
Læsø
Vetlanda
Hultsfred
Varberg
Oskarshamn
Falkenberg
Växjö
Haverdal
Kattegat
Halmstad
KRONOBERG
Nybro
Kalmar
Båstad
Tingsryd
Öland
Ängelholm
BLEKINGE
Helsingør - Helsingborg
Hässleholm
Helsingborg
Karlskrona
Kristianstad
Copenhagen
Lund
Tomelilla
Simrishamn
Trelleborg
Ystad

Etappe 5
i

INFO ZWEDEN

VERTREK: Helsingborg, 11 juli 2004
AANKOMST: Mellerud, 20 augustus 2004
✔ **TOTAAL:** 1.328 km
✔ **VERVOERMIDDEL:**
- zeilboot: 4 km
- ligfietstandem: 347 km
- mountainbike: 825 km
- spoorfiets: 52 km
- vlot: 100 km

✔ **GELD:** Zweedse Kronen (SEK)
✔ **BUDGET:** tussen 25 en 40 €
- Restaurant - dagmenu (tussen 11.30 en 14 uur): 7 €
- Avondeten - vanaf 13 €
- Camping - opgepast bij de eerste camping moet je een campingpas kopen.
- Prijs voor twee personen: 12 à 17 €. Vraag altijd naar fietskorting!
- Natuurcampings - gratis

✔ **BOEKEN:**
- Dominicus Zweden
- Allert De Lang's Zweden
- Lonely Planet Sweden
- Nelles Guide Zweden

✔ **KAARTEN:**
- Deelkaart - Zuid-Zweden, F&B, 1:250.000: www.freytagberndt.com
- Deelkaart - Västra Svealand, 1:250.000: www.karforlaget.com
- Fietsboek - Turist & Cykelguide in delen
- Sverigeleden fietsroute van Helsingborg tot Karesuando, 2600 km volledig bewegwijzerd
- Fietskaart - Dalslandsleden (kan ook met kajak)

✔ **GEZONDHEID:**
Europese inwoners moeten geen extra verzekering aangaan, een formulier E 111 volstaat.
Doktersbezoek van 13 tot 33 €.
Eén dag in een hospitaal vanaf 10 €, onder 16 jaar: gratis.

✔ **Toiletten:**
Bijna altijd betalend.

✔ **Klimaat:**
De winter start in Lapland in oktober.
In juni en juli barst het van de muggen.
Tip: koop ter plaatse muggenspray.
Het product is veel sterker dan in België.
In juli is het 13°C in het noorden.

✔ **Lange afstand kajakroute:**
560 km van Göteborg tot Stockholm: www.gotakanal.se

✔ **Lange afstand wandeltochten:**
Europese wandelingen die door Zweden gaan zijn nr. 1 en nr. 6: van Varberg tot Grövelsjön = 1200 km, van Malmö tot Norrtälje = 1400 km. De Arctic trail is 800 km lang en loopt heel de tijd boven de poolcirkel. De meest populaire is de Kungsleden en loopt van Sälen in Dalarna tot Treriksröset. Verder is Bohusleden (360 km) van Lindsome onder Göteburg tot Stromstad (iets onder Fredrikstad in Noorwegen) de moeite waard.

✔ **ROUTEBESCHRIJVING:**
Helsingborg: *i* verkoopt fietskaarten: Cykelkarta Helsingborg is handig (met stadsplan), ▲ en ⌂
Tip: volg van Helsingborg de Ginsleden-fietsroute tot Götenborg. Ze is gemarkeerd en gaat dwars door wouden, strand en duinen.
Hoofdbaan nr. 107 naar Ängelholm: breed fietspad
Ängelholm: ▲ Räbocka (2 km ten noorden) met 🍴 en 🛒
Volg Fietsroute Cykelsparet met zwarte borden. Naast het strand rij je via prachtige cipressen door de duinen.
Skälderviken: zeer schilderachtig
Björkhagen: fietspad is zeer smal, moeilijk met een tandem
Vejby: meer heuvelachtig tot
Förslov: zeer steile klim
Båstad: De rijken komen naar deze mondaine badplaats om te flaneren.
Het barst er ook van de kunstenaars.
Halmstad: ⌂, ☆ slot en zeilboot
Villshärad: ▲, veel aardbeienvelden
Haverdal: ☆ mooie huizen met de typische bruinrode kleur
Ugglarp: ▲ vlak aan het strand, kiosk en 🍴 pizzeria
Falkenberg: gezellig centrum
🍴 Voor taart en cake is er één adres: bakkerij Stålboms, Arvidstorpsvågen 20
Varberg: ▲ en ⌂
Kärrada: ▲ met speciale fietskorting: www.karradalscamping.se
Kungsbacka: ▲ en ⌂
Billdal: einde Ginstleden-fietsroute
Verder met de zeer schilderachtige Sverigeleden-route, die 2600 km lang is en het land doorkruist van zuid naar noord.
Göteborg: ☆ Kronhuset: oudste gebouw van de stad volgepropt met kunstgalerijen

INFO ZWEDEN

🛒 Trek bij regenweer naar Nordstan Shoppingcenter: hier is echt alles te koop.
✯ Met kinderen, bezoek Liseberg: een soort doorlopende kermis.
✯ Ook het Trädsgårdföreningens-park met daarin het grootste palmenhuis van Europa en een rosarium met 2600 rozensoorten is de moeite.
🍴 De fijnproevers mogen de Feskekörka of viskerk niet missen. In talrijke vistentjes kan je naar hartenlust vis eten.
Hindås: ⛺ aan het Östra Nedsjön-meer, prachtige bloedrode zonsondergangen
Alingsås: fietsroute met rode bordjes volgen (Västgötaleden)
Gezellig centrum met typische houten huisjes, stokoude reclameborden, bijna een westerndorp.
🍴 Mc Donald's, ⛺ Lövekulle, gelegen aan een meer met 🛒: www.lovekulle.com
Långared: serieuze klim via serene meren en bossen, 🛒 en 🍴 pizzeria
Volg fietsroute Sverigeleden
Gräfnäs: ✯ slotruïne en park
Aan het meer is het heerlijk zwemmen en kan je genieten van lekkere fish & chips.
Livered: luguber meer met dode bomen en overal waterlelies
Hålanda: ⛺ 500 m voor de wilderniscamping: ⛽, 🛒 en 🍴 pizzeria
Lilla Edet: ⛺ over het Götakanaal, ✯ enorme krachtcentrale met een zalmtrap
Trolhättan: Gezellig stadje met toffe waterfontein. Vanaf de Koning Oscard-brug worden rond 15 uur de sluispoorten opengedraaid. Drie razende, kolkende watervallen bulderen met volle kracht uit de drie sluizen, een machtig schouwspel. Vraag aan de info de wandeling naar de oude sluizen, gaat ook met de fiets.
🍴 Grill House: overheerlijke kebab schotels
⛺ Trolhättan, 1 km buiten de stad in een uitgestrekt woud, grote tv-kamer
Terug Västgötaleden-route naast het Göta-Kanaal
🍷 gezellig cafeetje Karls Grav, wafels, donuts en lekkere koffie
Vänersborg: ✯ twee reuzegrote fietsen, tof voor een foto
🍴 Pizzeria Sjöman's, Hamngatan 17
Sikhalls: ⛺ met 🛒 en 🍴
Mellerud: cowboydorpje met houten huizen, veel lunchbuffetten
Branna: serieuze klim
Upperud: ✯ kunst en handwerkhuizen: www.hantverkshuset.com, heel veel typische souvenirs, gezellige terrasjes en tochtjes met de stoomboot
Håverud: ⛺ op een open veld: ongezellig en ijskoude douches
✯ plezierboot over het aquaduct van het Dalslandkanaal met zijn vele sluizen
🍴 Voor verse vis zoals zalm moet je hier zijn.
Supersteile klim van 10 km aan 25%
Tisselskog: nog meer steile hellingen
Bengtsfors: Start trip met spoorwegfiets of -tandem: traject van Bengtsfors tot Blomskog (in totaal 52 km). Er zijn zelfs speciale plaatsen om de kinderen of de bomma op te zetten. Halfweg is er mogelijkheid om te zwemmen en te picknicken aan het meer van Kråkviken. Een absolute topper voor heel de familie: www.dvvj.com
Årjäng: ⛺ Swecamp Resort Sommarvik, 3 km ten zuiden van het centrum (vijf sterren): prachtig gelegen aan zwemmeer met kanoverhuur, minigolf en zwembad: www.sommarvik.se
✯ In het centrum staat een reuzentrol, leuke foto.
🍴 Thai (aan de overkant van café Claras): lekkere currygerechten
🍴 Pizza Santa Roma: vooral Pizza Afrikana met ananas, curry en banaan is overheerlijk.
🛒 Ica (tot 21 uur open)
Ström: onverharde weg door het Glaskogens natuurreservaat, vergeet deze omweg! Het is steil, zeer slecht berijdbaar en er valt weinig te zien.
Lenungshammar: ⛺ Glaskogens rond minimeertje
Algå: mooi kerkje en toilet
Arvika: 🛒 Konsum, ⛺ Ingestrands (4 km van het centrum), vlak aan een meer, heel veel kajakkers: www.camping.se/plats/S, 🍴 Mc Donalds's
Fietsroute: Värmleden
Brunskog: mooie kerk, ⛺ zeer onvriendelijk en primitief (op een stuk gras naast een drukke baan)
Manskog. 🛒 Konsum, zeer steile klim tot
Sunne: twee 🛒, 🍴 pizzeria
Bäckalund: steile klim
Lövåsen: 🛒, aan de afsplitsing naar Skogaängarna een kiosk
Råda: 🍴 Rada's Rasta uitgebaat door overvriendelijke Nederlanders: heerlijke bami en nasi, zelfs curryworsten en vleeskroketten, we werden zot!
1 km verder: ⛽ en 🛒 Ica. ⛺ Rådastrands: zwemmen in het meer, tof zandstrand, tentplaatsen tussen de sparren: www.radastrand.com
Gunnerud: start vlottocht over de Klarälven-rivier (4 tot 7 dagen): www.vildmark.se, tof voor de hele

INFO ZWEDEN

familie. Je moet zelf je vlot bouwen en er gedurende één week op leven (traject: een 100-tal km). Een andere firma verhuurt kant en klare vlotten. Ze zijn veel lichter en gemakkelijker te manoeuvreren. Dit is meer voor vrouwen of oudere mensen die niet willen zeulen met 120 loodzware boomstammen: www.sverigeflotten.se.
Munkfors: bibliotheek met gratis internet, *i* overvriendelijk
Ransäter: ▲ vlak aan de Klarälven-rivier
Olsätter: door dit dorp loopt de oude spoorwegbaan van Karlstad naar Hagfors. Nu enkel voor fiets- en wandeltoeristen, mooi geasfalteerd.
Forshaga: kerstdorp, niet echt gezellig, Twee 🛒 en 🍴 de Grill met overheerlijke hamburgers
▲ Forshagaforsens: vlak aan een bekende zalmbroedplaats
Terug Sverigeleden-fietsroute, felle klim naar
Fryksta: afdaling naast een meer tot
Kil: 🛒
Edsvalla: 🍴 hamburgertent
Pittige beklimmingen via Vålberg
Borgvik: badplaats aan een meer
▲ piepklein en goedkoop met gratis warme douche en keuken, 🍷 met gebak
Nysäter: 🛒
Åmål: Tip: bij *i* is een gezellig café met uitzicht op de haven: lekkere koffie en heerlijke blauwe bessentaart die ze opwarmen.
▲ Örnäs: vlak aan het Vättern-meer. Nadeel: ligt vlakbij een plasticfabriek, 's nachts veel zoemende geluiden.
Snäcke Sluis: ▲ gratis voor kajakkers met droog toilet
Mellerud: Vier 🛒, *i* zeer behulpzaam,
▲ Vita Sandars (4 km van het centrum en vlak aan het strand van het Vättern-meer): www.vitasandarscamping.se

TIPS EN BIJZONDERHEDEN OVER ZWEDEN

- Zweden spreken perfect Engels (stukken beter dan de Denen).
- Weinig verkeer en veel veilige fietspaden.
- De toeristische diensten zijn zeer vriendelijk en enorm behulpzaam.
- Ingepakt bruin brood van de firma Finax Skördeglädje barst van de vitaminen en smaakt als een snoepje. Het brood is bijna altijd zoet, bakkers kan je in Zweden amper vinden.
- Op kerkhoven zijn er altijd gratis toiletten, drinkwater en zelfs banken, m.a.w. een toffe lunchplaats!
- Rea betekent solden.
- Opgepast voor rendieren, vooral bij het vallen van de avond steken ze de weg over.
- Alleen in staatswinkels is er sterke drank boven 4% en je moet ouder zijn dan 20 jaar.
- Mannen werken gedurende de winter aan oude Amerikaanse auto's waar ze in de zomer mee pronken.
- Grote families met vijf kinderen krijgen tien jaar vakantie, twee jaar per kind.
- Zweden is een land van ontelbare meren, waar iedereen in zwemt, vist of op kajakt.
- Een typische zomersport is rolschaatsen met skistokken.
- Zweden hebben allemaal een buitenhuisje en gaan meestal op vakantie in eigen land.
- Het is een bestemming voor sportieve en avontuurlijke toeristen: duizenden kilometers fiets- en wandelroutes en ontelbare meren en kanalen om te kajakken.
- Het volk is enorm teruggetrokken.
- Het 'allemansrecht' wil zeggen: 'Je mag vrijblijvend overal gratis kamperen in een tent voor één nacht.' Natuurlijk niet in iemands tuin of op een akker vol met aardbeien …
- Je mag ook bloemen, bessen en paddenstoelen plukken en overal in de meren naar hartenlust varen en zwemmen.
- Kampvuren zijn toegestaan, alleen niet in droge periodes.
- Men mag op privéwegen gerust paardrijden, lopen en fietsen.

Het gaat vlot in Zweden

Een heilige gloed omgeeft onze North Face tent. We worden verblind door een hemelse verschijning. We hebben letterlijk het licht gezien. Na één maand onophoudelijke regen, laat de zon haar liefste snoetje zien. Als Dolle Mina's gooien we heel onze inboedel naar buiten om te drogen. We rijden langs houten dorpjes die zijn weggeplukt uit een oude western. Roestige uithangborden klapperen idyllisch in de wind, terwijl in de plaatselijke saloons de eerste borrel van de dag achterover vliegt. Het is eind juli. De zomer mag nu eindelijk beginnen!

Met de zon zijn ook een vloot ongewenste gasten meegekomen. Zwermen muggen en ontelbare andere insecten bestoken ons met rake luchtaanvallen. Het zijn heuse

dubbeldekkers met maar één doel: een flink stuk uit deze twee fietsende snoepjes happen. Keverachtige monsters dalen woest op ons neer als kamikazepiloten. 'Land toch op een vliegveld en niet op onze billen, mormels!', schreeuwen we.

Oorlogsmisdadigers op strooptocht moet je niet uitdagen, want dan halen ze het zware geschut boven. De bloeddorstige dazen zijn de ergste van de hoop. Ze geven niet op en suizen met zwermen rond onze oververhitte hoofden. Het zweet dat over onze gezichten loopt, maakt hen bijna gek. De wegenkaart wordt omgetoverd in een vliegenmepper, maar de muggen sluiten de gelederen en met versterkte troepen zetten ze aanval na aanval in. Als we dan toch een aantal vijanden kunnen uitschakelen, komen hun strijdmakkers massaal naar de begrafenis. Zoef! Daar volgt een volgende raketaanval. De insectenwereld pakt ons genadeloos op snelheid. We vluchten met aangedampte brillenglazen en krabben ons een ongeluk. Mag een mens dan nooit genieten?

In de Zweedse bossen botsen we op talrijke Roodkapjes met een snor. Wat een raar zicht! Vanachter elke struik duiken mannen met een rieten mandje op. 'Gaan jullie koekjes brengen naar grootmoeder?', vragen we ondeugend. Ze schuddebollen. 'In Scandinavië is het de traditie dat mannen paddenstoelen en bosbessen plukken', zegt een bonk die zonder zijn kapje meer weg heeft van de boze wolf. Ze mogen dan wel lullige korfjes meesleuren, de Zweden zijn met voorsprong de meest handtastelijke mannen die we tot nu toe zijn tegengekomen. Ze zijn niet vrijpostig, maar gewoon bijzonder lief. Met hun lange grijparmen pakken ze ons hartstochtelijk vast of geven ze een stevige massage. Voor wie droomt van gratis wellness is er in Zweden maar één adres: duik gewoon de bossen in en vraag naar Roodkapje met de gekrulde snor!

Kerkhoffans onder elkaar

Hoe we onze weg vinden over de smalle zandwegen is heel simpel. We volgen de uitstekend aangeduide Sverigeleden-fietsroute, die met haar 3000 km het noorden aan het zuiden breit. Hier is het tenminste de moeite om je fiets van de haak te halen!

Statige dennen begroeten ons stijf en enkel de rijzige rode zwammen genieten van de vochtigheid. De vaste bewoners van dit buitengewone bos zijn fleurig gekleurde vogeltjes die ons vanuit de hoge takken beloeren. Even schilderachtig, oké, het klinkt luguber, zijn de kerkhoven. Voor de Zweden is het hun laatste rustplaats, voor ons de gedroomde plek voor een lunchstop . Hier genieten we van een zitbank, stromend water, een toilet en een machtig uitzicht. 'Amai, die familie Anderson moet wel heel groot geweest zijn, ze nemen bijna de hele begraafplaats in', merkt kerkhoffan Nicole op. In haar familie is het de traditie om geregeld eens een kerkhofweekendje in te richten en oude liefde roest niet. 'Je gaat ze toch niet allemaal goedendag zeggen?', antwoordt een bezorgde Ingrid. 'Anders kunnen we hier evengoed blijven wonen.'

Veel levende zielen komen we op onze fietsroute verder niet tegen. Na Vänersborg klimmen we langs het Dalslandkanaal. Onder ons dobberen kleurrijke kano's. Nicole is meteen verkocht. 'Ah Ingrid, dit is nu pas genieten! Kijk hoe rustig en kalm dat water is. Weet je wat, we laten onze zeekajak uit Wachtebeke overkomen. We fietsen eerst nog wat noordwaarts naar onze geplande bezienswaardigheden en komen dan terug om verder te peddelen naar Noorwegen!' De sluiswachter heeft wel oren naar onze plannen. 'Ladies, hier heb je maanden vaarplezier', zegt hij verleidelijk. 'Eindelijk vakantie', jubelt Ingrid.

Tsjoeke, tsjoeke, tuut, tuut

In Bengtsfors zijn we voor één dag terug de Siamese tweeling van weleer. We wisselen onze mountainbikes in voor een 'spoorwegtandemfiets'. De fiets rijdt in theorie op sporen en is de ideale reisgezel voor 50 km panoramisch genot. 'Weet te zeggen of je er nog door geraakt', roept de kaartjesknipper na. We kijken elkaar - verbaasd aan, maar nadenken is tijdverlies. De eerste kilometers gaan meteen flink

omhoog. Klik, klak, krrr, een fietswagon van 90 kg naar boven duwen is een huzarenstukje. Achter ons horen we een ganse familie zuchten en kreunen. Het Belgische team plaatst de ene demarrage na de andere. Vrrrr, krak, daar komt eindelijk een afdaling. We zetten ons schrap en glijden tegen 30 km per uur de diepte in. De voorsprong is geruststellend, dus hebben we tijd om … ons zorgen te maken. Ons wagonnetje hangt zo scheef dat we elk moment kunnen ontsporen. De ongerepte wildernis steekt meer en meer stokken in de wielen. Het peloton hangt op minuten.

Hoe verder we gaan, des te wilder wordt de spoorweg. De rails verdwijnen onder een woekerend oerwoud van onkruid, terwijl netels onze knieën bespelen. Voor de puffende dagjestoeristen het sein om terug te draaien. We denken er nog niet aan om de handdoek in de ring te gooien en baggeren verwoed verder. Boenk, pfffft, het is een veldrit buiten categorie. Onze armspieren worden flink op de rooster gelegd. De finish is in zicht, maar door het ondoordringbare plantengordijn zien we amper de spoorweg. De smaragdgroene meren knipogen, eekhoorntjes vormen een riskante erehaag voor onze wielen. We sprinten over de onzichtbare eindmeet. Het oude stationnetje van Årjäng is de ideale locatie voor de medaille-uitreiking. De zon trakteert ons op een denkbeeldige gele trui …

Spoorfiets verdwijnt in het onkruid.

Een nakende verdrinkingsdood

We zijn nu officieel in de provincie Värmland. Op het marktplein van Arjäng waakt een bombastische trol trouw over onze fietsen. De piepkleine gehuchten worden bijna opgeslokt door de flink groeiende bomen. Midden in een bos stoten we op een grote steen die versierd is met bloemen, kinderschoentjes en speelgoed. De legende vertelt dat hier een jonge moeder met haar kinderen van de vrieskou is gestorven omdat ze geen onderdak vond. Haar kinderen waren bastaards en daarom werd ze door de dorpsbewoners verstoten. Ze probeerde achter de steen haar kinderen nog wat lichaamswarmte te geven, maar een eenzame dood was hun lot. De Zweden willen vandaag met hun knagend geweten in het reine komen door de steen te laten baden in een bloemenkrans. Eindelijk krijgt het moedige gezinnetje de liefde die het verdient …

Even later botsen we op onze eerste eland. We schrikken alle drie even hard. Als het heeft geregend, vluchten ze de bossen uit. De beesten hebben een hekel aan de druppelende bomen. Värmland heeft één hoofdattractie, de Klarälvenrivier. Het is de ideale stroom om met een vlot af te varen. Gedurende één week zullen we deze rivier 100 km lang in al haar kronkels volgen. Fantastisch, zeven dagen zonder trappen of duwen! Eerst moeten we nog enkele formaliteiten vervullen, zoals ons eigen vlot bouwen. Omdat je dit niet elke dag doet, krijgen we instructies van professionele 'vlotters'.

De les is amper begonnen of de hemel kleurt gitzwart. Er barst een onweer los dat zelfs de Zweden nog nooit hebben meegemaakt. Luide donderslagen doen de grond daveren. Felle bliksemschichten doorklieven de donkere lucht. Een onheilspellende klank- en lichtshow eist alle aandacht op. De stem van de instructeur deemstert weg in de chaos. We horen slechts vage flarden. 'Det är inte normalt...dit is niet normaal', klinkt het wel tien keer. Het water valt met bakken uit de lucht. Een bliksemflits splijt een ongelukkige sparrenboom. De tenten op de camping laten de grond los en dobberen zielloos op de drassige bodem. Het onweer zit gevangen tussen het gebergte. De binnendrijvende vlotten zijn bemand met zeiknatte en onderkoelde schipbreukelingen op zoek naar een veilige en droge haven. Instructeurs proberen wanhopig contact te maken met de buitenwereld, maar door de blikseminslagen zijn alle lijnen dood. De meesten reppen zich naar hun auto en verlaten de onheilsplek.

De camping verandert in enkele minuten in een moeras. Het is alle hens aan dek. 'Evacueren!', roepen we gelijktijdig. Teamwerk is de enige overlevingsstrategie, want het is hier ieder voor zich. Te midden van de stortvloed probeert Ingrid rillend de tent af te breken, terwijl Nicole de fietsen van een nakende verdrinkingsdood redt. Het opzwellende meer en de rivieren zijn buiten hun oevers getreden en nemen alles mee wat op hun weg ligt. Moeizaam trekken we de mountainbikes door de modderstroom naar een hoger gelegen hangar. Ook daar begint het water al door het dak te sijpelen. We moeten weg en wel nu! We laten alles achter en soppen op onze blote voeten de duisternis in. Het duurt kilometers voordat we een huis vinden. Rillend bellen we aan. 'Slaap maar op de zetel', zegt het koppel begripvol. Als het zo doorgaat, valt onze vlottocht genadeloos in het water!

Duitsland-België: 1-0

De volgende morgen worden we begroet door een stralende hemel en bergen dreigende boomstammen. Ze worden door overladen vrachtwagens aangevoerd en op het hoogste punt gelegd met maar één boodschap: 'Trek uw plan ermee!' We zijn precies terechtgekomen in een Siberisch strafkamp. 'Moeten we nu echt 120 loodzware gusten versleuren om ons vlot in elkaar te knutselen?', jammert Nicole. De andere vlotbouwers zijn één voor één macho's van het zuiverste soort en potdoof voor de klaagzang van twee hulpeloze groentjes. Hun gespierde borstkassen blinken van het zweet. Ze sjouwen met de boomstammen alsof het tandenstokers zijn. De volleerde graafmachines hebben een feilloos systeem, maar dat valt niet zomaar te kopiëren. We rollen bijna mee onder het loodzware hout. 'Zijn hier geen kranen?', zucht Ingrid. Haar enkel wordt nog dikker en onze handen zitten helemaal onder de splinters. Door het gewicht dreigt onze rug bij elke stap in twee te breken. 'Het spaart een chiropractor uit!', roept Nicole sarcastisch. 'Ofwel hebben we er straks één nodig!'

Allez vooruit, we hebben twintig boomstammen netjes op een rij gelegd, wat nu?
'Dit wordt een ecologisch verantwoord vlot', onthult instructeur Björn. 'We gebruiken geen spijkers, maar we binden de stammen aan elkaar met koorden.'
We hebben de kiel, nu nog het midden- en bovendek! Op dezelfde manier construeren we een tweede en derde bomenmat, die we kruisgewijs aan elkaar vastsjorren.
'Oef, het zit erop!', jubelt Nicole. 'Drie lagen van twintig bomen, hiermee kunnen we de zeven wereldzeeën bevaren. 'Wat zegt ge daarvan, meneer de instructeur?'
'Goed gedaan, nog zo eentje en jullie kunnen het water op', voegt hij er kurkdroog aan toe.
'Wablieft? Nog eens zestig bomen versleuren?'
Ondertussen staat het Duitse team trots als pauwen en uitgedost als paracommando's te pronken op hun zelfgemaakte patrouilleboot. Hun blikken verraden pure spot. Wij hebben nog geen half vlot klaar en die blaaskaken kunnen al vertrekken. Van een afgang gesproken!

'We hebben niet veel plaats nodig', proberen we poeslief.
'Tut, tut, begin maar met deel twee', beveelt Björn.
We zwoegen mopperend verder. Drie uur later gooien ook wij onze inboedel op het drijvende fort:

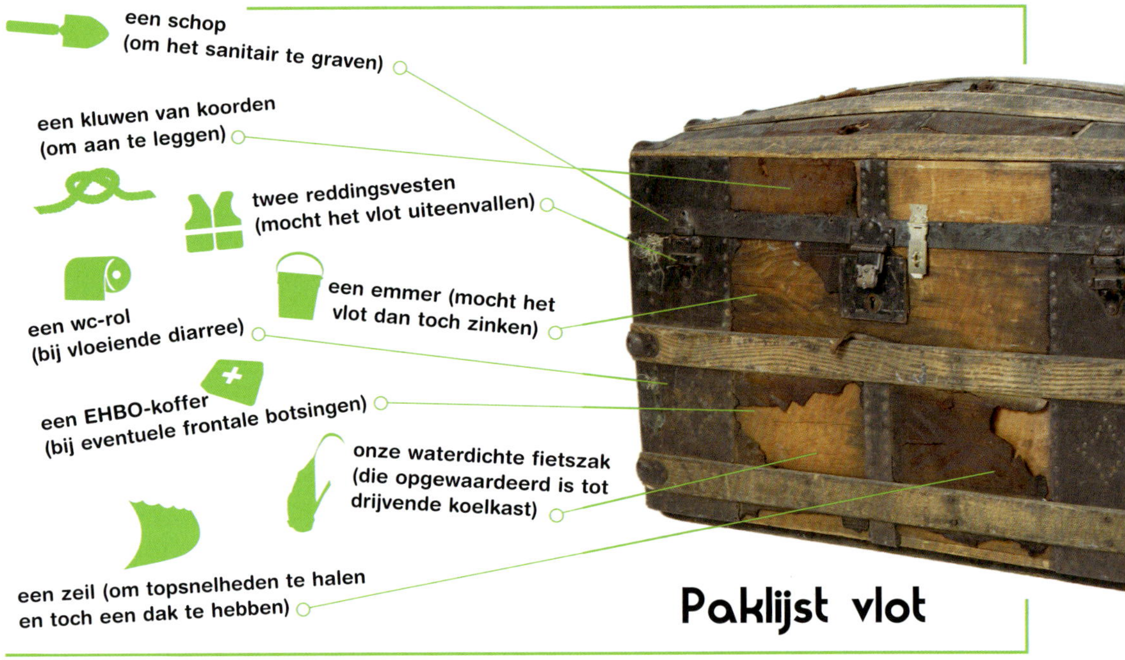

Na een hele dag sleuren is ons meesterwerk af: twee ton massief hout, de gedroomde schuit voor onze 100 km lange pionierstocht. We willen de rest van het gezelschap uitwuiven, maar er is geen kat meer. Als allerlaatste team vertrekken we met ons splinternieuwe vervoermiddel, dat gepromoveerd wordt tot nieuwe woonst. De zware Vildmark-kisten zijn het meubilair voor de woonkamer. Op het dek plaatsen we een openluchtkeuken met een geavanceerd fornuis, het MRS-benzinevuur. Onze robuuste stormtent wordt een luxekajuit. En de badkamer? Ditmaal geen drie minuten douchen voor vijf Zweedse kronen, maar een gigantisch ligbad van 500 km: de Klarälven, de langste rivier van Scandinavië met een 360° panoramische blik op een eindeloos sparrenschilderij. Er valt een gelukzalige vrede over ons, een rust die we broodnodig hebben. Vooral Ingrid haar gezwollen enkel is content. We herhalen nog eens de drie geboden van de orde der vlotvaarders: 'Vaar niet in het donker, vermijd zandbanken en kijk uit voor scherpe rotsen!' All aboard? Daar gaan we dan!

De dapperste der smurfinnen

De olijke Belgische rivierschuimers halen de anderen moeiteloos in. Tegen het eerste gebod hebben we al gezondigd. Doordat we van de invallende duisternis hebben geprofiteerd om de Duitse dikke nekken in te halen, zitten we nu met een serieus probleem. Hoe kan je in godsnaam aanmeren als je geen steek ziet? Zelfs met de beste lassotechnieken lukt het ons niet om de kleine boompjes als meerpalen te

gebruiken. Bij de zoveelste poging blijft één van de twee reuzenroeispanen machteloos in het water steken. Ook dat nog!

De klok slaat 22 uur, tijd voor de grove middelen. Levend anker Ingrid wordt in de strijd gegooid. 'Dat ijskoude water is goed voor uw enkel', adviseert dokter Nicole. Ingrid mist de eerste boom. Als ze in zware baksteenslag naar een tweede slachtoffer zwemt, sleurt het gevaarte van 2000 kg haar simpelweg mee. Ondertussen peddelt Nicole als een bezetene naar de kant, maar het zware vlot lacht met haar spaghettiarmpjes en vaart meedogenloos verder. Eindelijk lukt het Ingrid om in de zwarte leegte het ding tot stilstand te brengen. Nadat ze drie keer als een verkleumde pinguïn rond een boom heeft gelopen, ligt het touw in een onontwarbaar spinnenweb.

Een succesformule en vast en zeker de meest rommelige zeemansknoop uit de geschiedenis. Het resultaat is niet alleen een blauwe enkel. Ingrid ziet nu van kop tot teen blauw.

Het is echt zonde! Van al die drukte en stress heeft de dappere smurfin hevige diarree gekregen. Gewapend met schop en toiletpapier trekt ze het hinterland in. 'Diep genoeg graven, meisje, anders krijgen we reclamaties', treitert boswachter Nicole. Net als ze boven haar zelfgemaakt toilet kan hangen, torpedeert een zwerm muggen haar achterste. Ingrid zwaait woest naar de tergende zoemende massa en gooit ze alle verwijten ter wereld naar het hoofd.
'Hé, ik zie hier een afdruk van een berenklauw! Zie maar dat hij je niet te pakken krijgt!', gekscheert Nicole. 'En nu braaf uw putteke dichtgooien!'
'Mag een mens dan nooit rust hebben?', jammert Ingrid vanaf haar sanitaire troon.
'Kindje, rust zult ge nog lang genoeg hebben als ge dood zijt!'

Gentlemen gezocht

Op ons drijvend huis horen we 's nachts allerlei geritsel. Opspattend water en diepe plonsen jagen ons de stuipen op het lijf.
'Hier hebt ge uw beer', fluistert Ingrid. 'Straks eet hij onze proviand voor deze week nog op.'

Nu is Nicoles gevoelige snaar geraakt. We kruipen op handen en voeten naar de rand van ons vlot. 'Ssst', maant Nicole aan. Ingrid lacht zich een breuk. Haar wraak smaakt zoet. Tot onze grote opluchting zien we dat een familie bevers de vriendelijke druktemakers zijn. Gelukkig hebben de bedrijvige beestjes de boomstammen van onze schuit niet gebruikt voor hun verbouwingswerken ...

's Morgens gooien de twee matrozen ijverig de trossen los. Ontbijten doen we als royalty's: op het dek en badend in de zon. We dobberen soms achterwaarts over de rivier. Het enige wat we kunnen doen is luieren, ontspannen en genieten. De stroming bepaalt de rest. We draaien en tollen, terwijl de anderen kaarsrecht koers zetten richting finish.
'Kijk daar Ingrid, een hele troep ganzen!'
'Knap zeg, maarrr ... die zitten midden op het water!', roept Ingrid in paniek.
We proberen met man en macht de zandbank te ontwijken. De laatste loodzware roeispaan die we met twee moeten bedienen blijft koppig in de bodem steken. Omdat we zonder peddel nog verder van huis zijn, zwemt Nicole ernaartoe. Ingrid drijft hulpeloos verder. Niet veel later houden we de ganzen gezelschap. Geen millimeter beweging is er in ons vlot te krijgen. Hier zitten we dan, waarschijnlijk tot het volgende broedseizoen!

Hopla, ook het tweede gebod hebben we aan onze laars gelapt. De andere voorbijdrijvende vlotbewoners durven ons niet helpen. Zijn de stoere zeebonken ineens bang dat zij ook zullen stranden? Of willen ze niet? De Duitse haantjes de voorste lachen in hun vuistje. 'Pfff, waar zitten de gentlemen als je ze nodig hebt?', jammert Nicole. Haar klaagzang valt niet in dovemansoren. Een paar minuten later stopt onze redder in nood: een knappe, gespierde Zwitser in een kano. Met z'n drieën trekken we ons een ongeluk, maar het resultaat mag er zijn. En de ganzen ... die tateren rustig verder terwijl we de zandbank uitwuiven.

Geen weg terug

Amper tien minuten later verzeilt ons vlot in een draaikolk. We nemen drie keer dezelfde bocht, een mens zou er draaierig van worden. De hangende takken wroeten zich overal door en perforeren onze tent. Drijvende boomstronken proberen het Belgische expeditieteam non-stop af te remmen.
'Dit is het echte avontuur!', kirt Nicole. 'Schip, ahoi!'
'Straks eindigt je avontuur met een aan flarden gescheurde tent en een verbrijzelde inboedel', antwoordt Ingrid nuchter.
'Ach meisje, bekijk het positief: zonder die ballast wegen we minder en gaan we sneller vooruit! Of wilt ge dat die onnozele Duitsers ons voorblijven?'
De 120 boomstammen van ons vlot stevenen zonder pardon op de oever af. Struiken en onkruid omarmen ons langs alle kanten.
'Doe dan toch iets, Nicole! Straks schiet er niks meer over van onze tent!'
'Rustig aan juffrouw, nu hebben we tenminste echte camouflage, zoals in de Vietnamfilms. Daar lopen ze ook met bladeren op hun hoofd.' Nicole slaakt een oerkreet. 'Lach maar verder, gij zou beter wat minder naar de film gaan!'

De Duitse macho's in actie!

Nicole voelt zich in al haar fantasie weer eens de kapitein van de woelige wateren. We dopen het vlot 'No way back' of 'Geen weg terug'. Onze woorden zijn nog niet koud of we crashen op een enorme rotsblok. Daar gaat het derde gebod! We horen een duivels gekraak. 'We vallen uiteen!', schreeuwt Ingrid. 'Verlaat het schip', is de droge, maar kordate respons van Nicole. Onze drijvende burcht steekt midden in de rivier omhoog. Met de rots als as draaien we rondjes zoals op de paardenmolen van de kermis. Omdat we zo niet echt opschieten en er toch geen 'flosch' is om naar te grijpen, springen we in het water. We sleuren aan de volle twee ton boomstammen, maar het enige tastbare resultaat zijn onze benen die door de stroming onder het vlot worden meegezogen.

Als twee hulpeloze kermiseendjes klampen we ons vast. De voorbij drijvende Duitsers salueren vol leedvermaak. Op dat moment dobbert een kolossale zeerob met zijn gezin voorbij. 'Sind Sie gestrandet?', vraagt de lieve teddybeer uit Duitsland scherpzinnig. Dat kunnen we moeilijk ontkennen. Hij verlaat vrouw en kinderen, die stuurloos verder drijven, en probeert met ons 'No way back' los te wrikken. Na veel gezwoeg zijn we terug vlottend. Maar onze arme Duitser ... die kan zeker nog een kilometer zijn familie achterna zwemmen. We hopen dat hij toch ooit vrouw en kind heeft teruggezien!

Door al dat zweten en zwoegen knorren onze magen 24 uur op 24. 'Geen probleem, vis genoeg', watertandde instructeur Björn vlak voor ons vertrek. Terwijl de andere expeditieteams zelf hun vis vangen, hangt er bij ons alleen spaghetti aan de haak. Als het op vissen aankomt, zijn wij de bange kwezels. We durven de arme beestjes niet te doden, laat staan dat we zo'n vieze worm opspiesen als aas. Het ergste van al vergeten we nog bijna: het engelengeduld dat je moet hebben om ze te vangen, schoon te maken en te koken. Nee, geef ons maar een week Italiaanse fastfood.

Elke avond bouwen we een kampvuurtje. Aan brandhout hebben we geen nood, want rond, aan, over, door en in ons vlot vinden we de eerste keuze aan takken. Zelfs als we na zeven fantastische dagen met heel veel moeite aanleggen in Gunnerud, is er nog hout genoeg. Gelukkig maar, want anders zouden we de kers op de taart missen: het eigenhandig afbreken van ons vlot. Dat gaat net iets makkelijker dan het opbouwen, want de boomstammen hangen nog maar met een paar losse knopen aaneen. Met een weemoedige tristesse nemen we afscheid van onze dikste vriend. De laatste stam krijgt nog een extra knuffel. Dit was gezelliger dan een luxecruise en je hebt tien keer zoveel actie. Spijtig dat de Duitse vloot ons nipt klopte in de eindsprint.

In de zak gezet

We springen als jonge gazellen terug op de mountainbikes. Langs de Klarälven gaat het zuidwaarts naar Karlstad. We moeten geen draaikolken of gecamoufleerde para's trotseren, het gevaar besluipt ons nu vanaf de weg. Monstertrucks beladen met tonnen boomstammen daveren in een rotvaart voorbij op weg naar het IKEA-atelier. Ze zuigen ons bijna van de baan. Geen centimeter wijken ze! Dankzij onze trouwe engelbewaarder eindigen we niet tussen vier planken op het plaatselijke kerkhof, maar in het gehuchtje Borgvik.

Op een goedkope camping stellen we onze tent op. Genieten van een rustige nacht onder de Zweedse sterrenhemel? Ho maar, daar denken onze buren anders over! Om 11 uur 's avonds begint de miserie. Uit lelijke grote tenten weerklinken de bulderende stemmen van een stel Poolse bosbesplukkers. Of zijn het jeneverbessen? Met de minuut zwelt het luidruchtige dronkenmansgesprek aan. De zatte zever ontaardt in een fikse ruzie. Wodkaflessen ploffen in het gras. Bierflesjes vliegen rakelings langs onze tent. De Polen zwalpen naar buiten. De woorden van de campingbaas weerklinken als een leugenachtige echo: 'Meisjes, hier is geen bewaking omdat het altijd peis en vree is.'

Nicole grijpt naar haar plastieken pikettenhamertje. Ingrid houdt het zakmes bij de hand. 'Hoor je dat? Ze lallen velociped (fiets)', bibbert Nicole. 'Hopelijk snijden ze onze banden niet kapot!' We loeren stiekem door het kleine tentvenstertje naar de donkere silhouetten die steeds dichter komen aanwaggelen. Ze vallen van dronkenschap bijna tegen de tent. Nicole kan zich niet meer houden. 'Pas op', waarschuwt Ingrid. 'Ge weet dat u kwaad maken meestal niet helpt. Dat lokt nog meer agressiviteit uit. Denk aan de vijf geboden uit ons eerste boek naar China!'

Nicole stapt ongewapend naar buiten. 'Was ist los? Kunnen we jullie helpen?', zegt ze moederlijk. Ingrid slaakt een zucht van opluchting. De zachte aanpak werkt. Met een stortvloed aan woorden leggen de drinkebroers uit dat ze door een Poolse firma zijn opgelicht. Na zelf 2000 euro te hebben betaald aan een gladde slavendrijver, moeten ze ellenlange uren in barre omstandigheden werken. Ze krijgen ocharme één schamele euro voor een kilo exquise bosbessen. 'We zouden bergen geld verdienen, maar we zijn dik in het zak gezet', tiert één van de mannen. Je kan verstaan dat ze met recht en reden kwaad zijn. Ze vallen bijna blèrend in onze armen van woede en verdriet. We zetten een bakje troost en vervangen hun overdosis alcohol door bemoedigende woorden. Zo zijn ze ineens wat ontnuchterd! Om 6 uur nemen de stakkers afscheid en kunnen we eindelijk slapen. Ze vertrekken in roestige bakken, op weg om … te plukken. Terugkeren naar vrouw en kind zonder geld? Het is het laatste waar de moedige Polen aan denken.

Er zijn bijna geen bakkers in Zweden, ze eten vooral knäckebröd.

Schrokken in Las Vegas

Net voor Åmål stoppen we om te vragen of er ergens een Chinees restaurant is. We weten dat die 's middags voortreffelijke buffetten aanbieden tegen een spotprijs. 'Ja, in Las Vegas', antwoordt een Zweedse schone koel. Maakt ze een grapje? Ze klinkt nochtans bloedserieus. Nicoles hongerige maag speelt haar parten. Een omweg via de Verenigde Staten ziet ze echt niet zitten. 'Nee, niet naar Amerika, daar over de bibliotheek is een eethuisje', lacht onze restaurantgids plots. 'Haast je, want om 14 uur sluiten ze!'

Boem! Twee Chinese vuurpijlen schieten zichzelf af. In onze vlucht nemen we bijna alle bloem- en vuilbakken van de hoofdstraat mee. We landen als volleerde parachutespringers vlak boven het restaurantbuffet. Nog tien minuten te gaan! Met de helmen nog op onze hoofden loeren we kwijlend in de vele potten. Het wordt muisstil binnen. De mensen gapen ons verbijsterd aan. 'Actie!', roept Nicole.

Voor 65 kronen, zo'n 8 euro, krijg je hier een leeg bord dat je zoveel keren als je maar wilt mag volscheppen. Dat laten we ons geen twee keer zeggen. Nicoles bord lijkt wel de toren van Pisa. Wanneer de chef haar merkwaardige bouwwerk opmerkt, komt hij stilletjes naar ons toe geslopen. 'Ik zal het buffet wel een kwartiertje langer openhouden', lacht hij. Tja, kunnen wij er aan doen dat je van fietsen zo'n berenhonger krijgt?

Het monster uit de diepte

Onderweg naar Mellerud installeren we ons tentje aan de Snäcke Sluis. De gratis camping voor kajakkers is een zakdoek groot. Specialiteit van het huis: een 'droog toilet' zonder afvoer uit grootmoeders tijd. We brengen de nacht door naast een spookachtige scheefgezakte barak met daarin een groot oud stenen bad. Is dit het huis waar de bosgeesten zich komen wassen? Herbergt de Snäcke Sluis een geheim dat het korte daglicht schuwt?

Om 21.30 uur wordt de kampplaats plots ondergedompeld in een gitzwarte sfeer waarvan Dracula zelf bleekjes zou wegtrekken. 'Ik ben steendood', meldt Ingrid met enige zin voor dramatiek. Met haar armen gespreid over heel de tent, begint ze Zweedse sparren door te zagen. Buiten breekt in alle hevigheid het nachtelijke concert los. Nicole siddert met opgetrokken knieën. De muzikanten jagen haar de stuipen op het lijf. Uilen oehoeën als op hol geslagen klopgeesten. De kreupele schuurdeur maakt een knarsend geluid dat door merg en been snijdt. Ze schuifelt moeizaam heen en weer op het ritme van de wind. Het lijkt alsof er iets of iemand verstopt zit en bij elke klap dreigt buiten te stormen. De krijsende vogels beantwoorden het gehijg van de klappende deur met schelle stemmen. Even klinkt het als gejammer, maar het is Nicole die stilaan de moed in de schoenen voelt zakken.

De krakende bomen werpen hun lange demonische schaduwen uit. Grijpgrage armen met knokige vingers houden onze tent in een wurggreep. Nicole draait en

woelt als een zenuwachtige hamster. Ingrid gaat onverstoorbaar verder met de ontbossing van de planeet waarop ze in haar droom vertoeft. 'Zou ik in haar binnenzak passen?', vraagt Nicole zich ernstig af.
Een hol en dof geklop komt dichter ... Als een springveer schiet Nicole recht en loert met grote, angstige ogen door het tentraampje in de duisternis. Haar klamme handen omklemmen het enige wapen: de kunststoffen kampeerhamer. 'Ingrid, Ingrid', fluistert ze met een toegeknepen keel, 'ik hoor voetstappen.' In één tel schakelt Ingrid over van slaap- naar waakmodus. Ze piept even aandachtig door het venstertje, maar ziet geen steek. 'Het is niets', sust Ingrid en zelfs zonder een klop van de plastieken hamer valt ze terug in een diepe roes.

Om 23.30 uur lijkt het slotakkoord ingezet te worden. Een droevige uilenkreet begeleidt de macabere dodendans van heengegane zielen. Het akelige gekrijs sterft weg. Nicole voelt haar hart overuren maken, tot onverwachts ... een onheilspellende stilte over de camping valt. De wind geeft geen krimp meer. De schuurdeur is stilaan doodop van al dat heen en weer zwaaien. Het lijkt alsof alles en iedereen zijn adem inhoudt voor klokslag twaalf.
Nicoles hersenen zijn dodelijk vergiftigd met zwartgallige gedachten. Welk gedrocht verschuilt zich in die oude barak? Een trol? Ze komen toch van hier? Welke gruwelverhalen spelen zich hier af? Is dit niet de perfecte plaats voor een onopgeloste moord waarbij de moordenaar feilloos zijn sporen wegwast en het lijk kan dumpen in de diepe sluis?

Uit de buik van de schuur galmt gekraak. Er is iets of iemand tot leven gekomen. Beelden van horrorfilms en griezelverhalen flitsen voorbij. Een seriemoordenaar met een hakbijl en een juten zak over het hoofd? Egyptische mummies die hun windels verliezen? Zombies die de hersenen van alles wat rondloopt leegzuigen? Of een verwilderd monster, half mens, half dier! Er loopt een koude rilling langs Nicoles ruggengraat. Schichtig manoeuvreert de potentiële prooi zich in de tent van hoek naar hoek, op zoek naar een geschikte vluchtweg. 'Had ik maar wat minder naar griezelfilms gekeken', zucht Nicole.

Tergend traag tikt de tijd voorbij. Ze perst de ogen dicht. Haar gehoor is drie keer scherper. Plots hoort ze terug gehijg en geschuifel rond de tent. Ze veegt met bevende handen het aangedampte tentraampje schoon. Deze keer is er geen twijfel mogelijk. Met een welgemikte por legt Nicole zagerij Ingrid het zwijgen op.
'Er staat hier een gedrocht te hijgen en te kwijlen, ik ben er zeker van', prevelt ze. Haar moordwapen zwaait vervaarlijk alle kanten op.
'Waaaaat? Twee uur 's nachts', mompelt Ingrid als een volleerde sprekende klok. 'En je hebt nog geen oog dichtgedaan? Hoe is dat nu mogelijk?'

'Ja zeg, iemand moet toch de wacht houden', antwoordt Nicole met een benepen stemmetje.
'Komaan, we gaan samen naar het toilet om jouw bloeddorstig spook te zoeken', plaagt Ingrid.
We sluipen uit ons hol. De dichte mist doet ons ineenkrimpen. Het licht van onze hoofdlampen scheurt de duisternis aan flarden. De klopjacht kan beginnen.

De Zweedse horrorpot

We bereiken zonder kleerscheuren het toilet. Zoals het een goede vriendin betaamt, houdt Ingrid de wacht voor de deur. 'Doe maar, hier komt geen dwaallichtje voorbij!' Nicole zet zich op de klamme bril. De doorstane angst heeft haar darmen goed gemasseerd en het lozen gaat vlot. Na enkele minuten doorklieft een ijzige kreet de Zweedse nacht. 'Ingriiiiiiid! Er zit een monster in het toilet! Ik heb iets gevoeld, iets dat mij wil pakken! Geloof me toch, iets in die duivelse toiletpot leeft! Kom mij dan toch helpen, Ingrid, seffens sleuren ze mij in de pot!', krijst Nicole.

Ingrid volgt de bevende vinger van Nicole en gluurt voorzichtig in het wc-achtige gat. Haar stoelgang leeft en beweegt. Er spartelt iets ... een trol! Het kost ons het laatste restje bijeengeschraapte moed om de dansende drol aan een nader onderzoek te onderwerpen. 'Daar hebt ge uw verschrikkelijk toiletmonster!', spot Ingrid. Een alien is het niet, maar hij is wel groen!
Ingrid komt niet meer bij van het lachen. Diep vanuit het toilet kijkt een afzichtelijke pad ons met bolle ogen aan. Hij onderneemt verwoede pogingen om Nicoles gulle uitwerpselen van zich af te schudden. Wanneer het mysterie eindelijk is opgelost, slaat Nicole een diepe zucht. 'Pfft, het is ver gekomen. Als ge nog niet op uw gemak op het gemak kunt zitten!'

'Kwaak, kwaak', pest Ingrid Nicole in het oor en als een echte moederkloek breit ze nog een einde aan het horrorsprookje. 'Ga nu maar slapen. De kust is veilig: geen ruimtewezens, geen zombies, geen Scandinavische bostrollen of snotgurgen, alleen maar een arme kikker. Als ik in jouw plaats was, zou ik hem maar snel kussen ... 't is misschien uw droomprins ...'
'Schone prins, dat hij maar eerst een douche neemt, want hij zit serieus in de shit. Trouwens, ik heb prinsen altijd wat bekakt gevonden', jammert Nicole.

Zo'n nachtelijk avontuur in Zweden, daar kikker je helemaal van op!

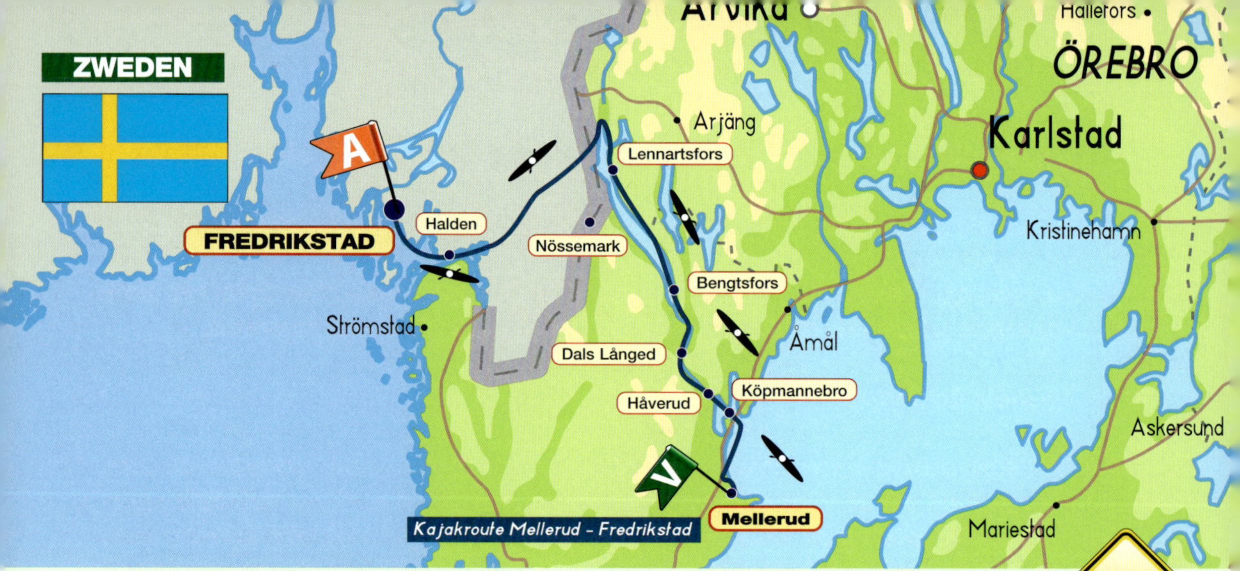

Etappe 6

INFO ZWEDEN

V VERTREK: Mellerud, 20 augustus 2004
A AANKOMST: Fredrikstad, 4 september 2004
✔ **TOTAAL:** 350 km
✔ **VERVOERMIDDEL:** zeekajak

✔ **ROUTEBESCHRIJVING:**
Mellerud: Vier 🛒, *i* zeer behulpzaam,
▲ Vita Sandars (4 km van het centrum en vlak aan het strand van het Vättern-meer): www.vitasandarscamping.se
Köpmannebro: start met zeekajak over het 250 km lange Dalslandkanaal tot Noorwegen: www.dalslandkanal.se. Je kan overal beginnen. Kano- of kajakverhuur op verschillende plaatsen. De *i* verkoopt het boekje Canoe Country Dalsland-Nordmarken. Dit is een handige gids met veel detailkaartjes, campings, winkels, kortom alle informatie.
Björkön: ▲ wilderniscamping nr. 42, er is altijd een schuilhut en er ligt steeds hout voor een kampvuur. Pas op: je moet wel voor de volgende toeristen hout hakken. Deze campings zijn gratis en hebben alleen maar droge toiletten, geen douche of andere luxe.
Upperud: door twee sluizen, 2 € per sluis
Håverud: vier sluizen
Tisselskog: ▲ vlak aan het meer. Iedereen mag de grote woonkamer gebruiken met de tv en er is een keuken. Je kan ook veel mooie wandelingen maken in de omgeving.
Mustadsfors: één sluis
Dals Långed: vier sluizen, 🛒, €
en verschillende 🍴
Långbron: sluis (maar hier kan je rond, hoogteverschil is amper 0,3 m)
▲ Laxsjöns Friluftsgård: www.laxsjon.se
Billingsfors: twee sluizen, 🛒, €, 🍴, post
en een grote houtfabriek, hierna nog drie sluizen
Bengtsfors: twee sluizen, 🛒, 🛏:
hotels en jeugdherberg, post
Start van treinspoorfiets tot
Årjäng: ☆ Groot openluchtmuseum Gammelgården met typische souvenirs en mooie uitzichten
Artemark: ▲ kajakcamping nr. 51: Sundet
Via het grote Lelång-meer bereiken we
Sandviken: ▲ kajakcamping nr. 68: Verkenäset
Verder over het woelige meer tot
Lennårtsfors: drie sluizen, 🛒, 🍴, 🍷
en ▲ kajakcamping
Tullön: ▲ kajakcamping nr. 11
Nu volgen we de Stora Lee-rivier zuidwaarts richting
Nössemark: grensdorp met ▲ en 🛒
Van Mellerud tien dagen met kajak tot Fredrikstad.

NOORWEGEN
5 km te voet met kajak in rolwagentje tot het Asperen-meer. Via een rivier arriveren we aan de Brekke-sluizen, Europa's hoogst samenhangende sluizen. Je wordt in één keer 26,6 m naar boven gegooid. Ze sluiten al op 31 augustus.
Via de nodige meren en kanalen bereiken we
Halden: ☆ Oude vesting Fredriksten: boven heb je een machtig uitzicht.
▲ alle voorzieningen, in de haven: vertrek met kajak op volle zee richting Fredrikstad.

Etappe 6
ZWEDEN

Te land, ter zee en in de lucht

Echte Vikingen kennen geen angst. Ze trotseerden de woeste wereldzeeën in drakars, kolossale schepen met op hun voorsteven een afschrikwekkende drakenkop. Nicole ziet zich al met wapperende haren staan op de boeg van het reuzenschip. Voor ons is er maar één denkbare manier om Noorwegen binnen te komen: via de zee, in onvervalste Vikingstijl. 'Viking' betekent in het West-Noors immers 'iemand die vecht op zee'.

In Mellerud, aan de rand van Vänern, het grootste meer van Zweden, ruilen we voor de laatste Zweedse etappe onze mountainbikes in voor een dubbele citroengele zeekajak. Het gevaarte is zeven meter lang en de ideale reisgezel voor ons stoutmoedig plan: door het Dalslandkanaal, via een eindeloze reeks kanalen en wel 24 sluizen, westwaarts oprukken om over de volle Noordzee tot de Noorse trots Fredrikstad te kajakken. Voor Nicole kan de veroveringstocht niet snel genoeg beginnen, maar geen heldendaden zonder een goed gevulde knapzak.

Een zeekajak heeft voor- en achteraan waterdichte laadruimtes, met beperkte bergingscapaciteit. Op het strand liggen tien uitpuilende fietstassen te wachten op verscheping. De campingbaas heeft er lol in. 'Dat lukt nooit! Jullie hebben een containerschip nodig om alles te vervoeren.' Ingrid deelt zijn mening, maar dat is buiten Nicole gerekend. Een echte zeerat zoals zij wil dit wateravontuur voor geen goud missen. Ijverig als een dolgedraaide mier stouwt ze het eten en de drank voorin: vijf broden, drie kilo spaghetti, tien liter water … Ingrid puzzelt mee en propt kleding, wasgerei, boeken en papieren achterin. De overgebleven tassen met kampeergerei, slaapzakken en keukengerei blijven verweesd achter. De campingbaas kijkt veelbetekenend van Nicole naar de tassen en van de tassen naar Nicole. Hij lacht meesmuilend. Uit angst dat ze een deel van het eten zal moeten achterlaten, bindt Nicole halsoverkop de rest van de bagage met snelbinders vast aan de boot. De campingbaas raadt dit ten stelligste af. De kajak zal gegarandeerd kapseizen.

'Wat denk je van een testrit?', gaat Nicole koppig verder. Behoedzaam laat ze de kajak drijven. Ingrid maakt zich weinig zorgen. De overladen boot zal beslist binnen enkele minuten voer voor de vissen zijn. Wonder boven wonder blijft de kajak

sierlijk dansen op het water. Tot grote opluchting van Nicole en tot lichte wanhoop van Ingrid blijft hij vastgeplakt aan het meer en torpedeert hij helemaal niet naar de bodem van de zee. De puzzelstukken vallen in elkaar.

We moeten het toegeven, echt doorwinterde kajakkers zijn we niet. Op een stilstaande beek in Wachtebeke kregen we één les. Er zijn al mensen beter gewapend ten strijde getrokken. De grenzeloze drang naar avontuur krijgt een nieuw vervolg. Het zeegevecht kan beginnen. De Noorvrouwen komen eraan!

Een dodelijk spelletje

Ook op een kajak bestaat er rang en stand. Ingrid krijgt een ticket eerste klasse, de plaats vooraan met een uitzicht van 360°, een luxe vergeleken met het harde labeur in de tweede klasse. Die bevindt zich achteraan op de boot, waar Nicole zich als een volleerde kapitein mag bewijzen. De fysieke inspanningen in de arbeidersklasse zijn net iets zwaarder, maar misschien vormen zij het perfecte tegengif voor Nicoles tomeloze expeditiedrang?

Vol overtuiging zet ze zich met haar voeten aan het roer. Ingrid probeert haar meest ontspannen blik tevoorschijn te toveren. Voor onze stoere Viking achteraan het startsein om plankgas te geven. Vanuit de inham lijkt het meer vredig en liefelijk, maar eenmaal achter de bocht toont het pas zijn ware aard. Golfrimpeltjes worden al snel heuse baren, waarop onze kajak als een kurk op en neer danst. Kapitein Nicole steekt nog een tandje bij, tot plots een stortvloed pikdonker water over ons heen dondert.

Het nadeel van eerste klasse, zo blijkt nu. Daar is het ondertussen muisstil geworden. Ingrid geeft geen kik en speurt met opengesperde ogen het meer af. Haar ogen rollen bijna uit haar oogkassen als even verderop een donkere vorm opduikt. De rug van een walvis! Zitten hier walvissen? Een zachte zwarte bult breekt door het woelige water. Er is geen tijd om stil te staan bij de wonderlijke verschijning. De volgende golf komt al aanrollen. De zenuwen gieren door Ingrids lijf. We liggen op ramkoers. Rakelings schieten we erlangs. De blik van Ingrid glijdt opzij, tastend naar het enorme gevaarte. Het zijn geen walvisruggen, maar door water en wind gepolijste rotsen. Een echte geruststelling is het niet. De spookrotsen duiken vaak uit het niets op voor de steven van onze boot. In het gitzwarte water vinden ze de perfecte bondgenoot. Het grijze weer en de sterke deining van het meer beperken ons zicht. Hopelijk blijft kapitein Nicole bij de les.

Met arendsogen kammen we het wateroppervlak uit, terwijl we soms meer in de lucht dan in het water peddelen. De ondeugende golven laten het niet aan hun hart komen. De neus van onze kajak gaat als een onderzeeër de diepte in, gevolgd door een reuzengolf die ons een draai om de oren verkoopt. We zijn de speelbal van het machtige water. Eén ding hebben we goed onthouden van onze enige les: bij hevige golven moet je blijven peddelen. Dat gaat op een stilstaande beek toch iets vlotter dan in dit spookmeer, maar we leren snel, zeer snel.

Ingrid geraakt stilaan op van de zenuwen. In de tweede klasse is het alle hens aan dek. De golven blijven over ons spatten, terwijl de kajak de duivelse rotsen ontwijkt als inslaande granaten. De donkere hel wordt af en toe doorbroken door kleine eilandjes waarop een eenzame cipres staat te treuren. Ook de wegwijzers is men vergeten te plaatsen. De ingang van het Dalslandkanaal lijkt net als de rotsen hardnekkig verstoppertje te spelen, tot opeens voor ons de ingang van de ongetemde wildernis glorieert: het 250 km lange Dalslandkanaal. Het is in de 19de eeuw tussen de Noorse grens en het Vänernmeer aangelegd voor het transport van hout. Je kan het helemaal volgen tot in Oslo. Nu staat het kanaal bekend als een mekka voor kajakkers en kanoërs.

Charlie Chaplin in actie

De eerste avond meren we aan op een onbewoond eiland met een wilderniscamping. Het dagelijkse ritueel kan beginnen. Ingrid gaat de tent installeren, terwijl Nicole met vuur speelt. Of beter: met de bijl. Onverschrokken als altijd, tilt ze de loodzware bijl achter het hoofd. Nicole slingert van voor naar achter. Net wanneer mevrouw Tarzan haar evenwicht lijkt te vinden, kiepert ze door het zware gewicht met bijl en al achterover. Charlie Chaplin is er niets tegen. Nicole geeft de strijd nog niet op. Ze werpt zich met man en macht op het opstandige gevaarte. Haar oerkreet doet de camping daveren op zijn grondvesten. De bijl blijft hardnekkig in het hout steken. Het gevecht bereikt zijn kookpunt. Nicole slingert als een slang met beide armen rond het stuk hout en bidt tot de Noorse oorlogsgoden. De bijl geeft geen krimp. Wie niet horen wil, moet voelen. Nicole smijt het stuk hout met bijl en al in het vuur. Na uren blootstelling aan de hitte komt het gevaarte eindelijk los. Vrouwen!

Alleen kampvuurliedjes zingen is maar halve pret, dus waar zit Ingrid? Nicole gaat even kijken hoe het de eersteklassereizigster vergaat. Ze vindt een door de angst en inspanning moegetergde Ingrid languit snurkend in de tent. Haar geronk stuurt trillingen over het verlaten eiland. De dennenappels bibberen aan hun takken. De decibels van haar gesnurk veroorzaken een regen van mastentoppen, die vrolijk op het tentzeil kletteren. Gelukkig hebben we het eiland voor ons alleen.

Offer aan de eerste sluis

De volgende ochtend maken we ons klaar voor onze eerste sluis in Upperud. Aan de sluiswachter leggen we voorzichtig uit dat dit onze eerste sluis is, waarop hij een sadistisch lachje tevoorschijn tovert dat doorgaans alleen bij gefrustreerde politieagenten verschijnt.

'Parkeer maar zo ver mogelijk achteraan', zegt hij.
We kijken elkaar aan. Parkeren? Vol overgave zetten we de kajak in achteruit. We rammen bijna de gesloten sluisdeur.
'Rustig aan, dames! Geen schipbreuk in mijn sluis', klinkt het hoog boven ons.
Er tuimelen twee touwen naar beneden. 'Houd die maar goed vast', waarschuwt hij. Ingrid laat het zich geen twee keer zeggen. Ze grijpt het touw vast alsof haar leven ervan afhangt, waardoor de kajak bijna de hoogte invliegt.

Achter ons valt de sluisdeur knarsend dicht. Hier zitten we dan, gevangen in een diepe bak vol houten balken. Alsof je opgegeten bent en vastzit in het geraamte van een walvis. Overal drijven dode palingen ondersteboven op het wateroppervlak. Terwijl kapitein Nicole de paling in 't groen zit te bewonderen, valt er een doodse stilte over de sluis. Dan gebeurt het. In enkele seconden komt er een schuimende waterval op ons af. Ingrid trekt als een bezetene aan het touw. Ze hijst zich bijna uit de kajak.

'Kalm meisje', sust Nicole.
'Zie je dan niet dat we gaan verdrinken?', krijst Ingrid.
De razende watermassa stroomt met een rotvaart naar ons onschuldige bootje. Langs alle kanten krijgen we kopstoten. De sluiswachter staat als een octopus met armen en benen te draaien, terwijl hij met zijn linkeroog wijd open gesperd staat te genieten van het schouwspel.

We stijgen en stijgen. Iemand heeft precies op het knopje van de 25ste verdieping geduwd. Zonder tussenverdiepingen schieten we als een raket naar boven. Voordat we het goed en wel beseffen, hebben we de eerste sluis overwonnen, in tegenstelling tot de arme palingen. De octopus steekt een stok met een zwart zakje in onze richting. Net zoals je vroeger bij de offerande in de kerk je centje kon geven. Ingrid deponeert bibberend twintig kronen in zijn geïmproviseerde bankautomaat, terwijl ze de nodige schietgebedjes maakt om de volgende 24 sluizen heelhuids door te komen.

Daarna zetten we resoluut koers naar de volgende halte: Haverud. Dit is het toeristische hoogtepunt van het Dalslandkanaal. Iedereen moet door vier sluizen met wel 10 m hoogteverschil. De plezierboten hebben voorrang. Ze persen zich door de smalle, benauwende sluizen. In plaats van als dolle mina's door de sluizen te razen, staan we zoals een braaf Vlaams gezin op weg naar de zee in de file. Ons geduld wordt beloond. We overwinnen zomaar eventjes vier sluizen in 45 minuten en komen ook vandaag ongedeerd aan op de camping. Daar komt Klaas Vaak al snel om de hoek loeren. We vallen in een diepe slaap.

Het wankelende slavenschip

De volgende ochtend is Ingrid koffiedame van dienst. Wanneer ze water gaat halen, ziet ze het meer schuimen door de wind. De vlaggen van de camping wapperen bijna aan flarden en de regen valt met bakken uit de hemel. Ingrid haalt opgelucht adem: van uitvaren is vandaag gelukkig geen sprake.
Daar denkt kapitein Nicole anders over. 'Dat zuchtje wind, het zal nog erger worden op volle zee', lacht ze.
Ook bij de campingbaas vindt Ingrid geen gehoor. 'Vandaag geen wind', zegt hij kortaf, alsof elke letter hem energie kost. Moedeloos staart Ingrid naar het immense Laxsjönmeer. De poederwitte golven dwalen als klopgeesten over het donkere water. Ingrid kruipt vol tegenzin in de kajak. In de golven leest ze de toekomst. 'Vandaag gebeurt het', kermt de bibberende rietstengel. 'Het is gedaan met ons!'
Echte Vikingen geven niet op en dus overtuigt Nicole haar trouwe matroos om toch maar te vertrekken. 'Als het echt te erg is, keren we wel terug', sust ze. Laat dat nu net het enige woord zijn dat niet in ons woordenboek staat ...

Als een echte kapitein houdt Nicole voet bij stuk. 'Daar gaan we dan', orakelt ze en overenthousiast gooit ze de trossen los. Veel plezier heeft Ingrid niet van de bevoorrechte plaats vooraan in de kajak. Wind, regen en water slaan non-stop in haar gezicht. De neus van de kajak wordt telkens met een trekhaak omhoog gehesen en valt met een doffe mokerslag terug in het water. Door de tegenwind geraken we nauwelijks vooruit. We scheppen precies zware kolen omhoog met onze peddels. Het steeds weerkerende ritmische gebonk doet ons denken aan de trommel van een slavenschip waarin de slavenmeester de roeiers tot onmenselijke inspanningen dwingt.

Onze kapitein speelt ondertussen maar wat met haar voeten. Je kan een golf op twee manieren nemen. Ofwel er pal bovenop, ofwel zijwaarts. Wanneer je ze zijwaarts aansnijdt, lijkt de kajak telkens te kapseizen. Nicole vindt het prachtig. Ze is helemaal in haar element. Een pretpark is er niets tegen. Voor Ingrid is het een pure hel. De romantiek van het reizen in eerste klasse is veraf. Ingrid loert zenuwachtig naar elke beweging van onze kajak. 'Stuur zo, neen zo, zit stil', roept ze heel de tijd. Kapitein Nicole snijdt enthousiast dwars door de woeste golven. Ingrid krijgt de ene smak water na de andere te verwerken, maar de wil van de kapitein is wet.

De tijd vliegt wanneer je plezier hebt. Voordat we het beseffen, is het meer gehuld in een ondoordringbare duisternis. De pletsende regen maakt onze ogen niet veel scherper. In de oren van Nicole klinkt steeds dezelfde echo: 'Waar is die rot-camping? Zit stil! Dit wordt nog onze dood! Ja, lach maar!' Spreken is zilver, zwijgen is goud, dus houdt ze wijselijk haar mond. Een echte kapitein kent haar manschappen. Ze weet dat Ingrid een panische angst heeft om te verdrinken. In een vorig leven moet ze absoluut een landdier geweest zijn. Een dartele gazelle of een vliegend hert! Nicole was beslist een zeedier. Een walvis of misschien eerder een zeeleeuw!

Zonder het te weten zijn we de camping al lang gepasseerd. Er valt niets of niemand te bespeuren. Het toeristenseizoen ligt achter ons. De enkele huizen die we zien, zijn allemaal verlaten. De golven gooien zich met vereende krachten tegen de zijkant van de boot en laten hem bijna kantelen. Ingrid is door het dolle heen. 'Ik wil er direct uit. Dit is mijn eindhalte. Mij krijg je hier nooit meer in ... en zit nu stil!'

's Avonds laat crashen we volledig onderkoeld als twee diepvriesvissen op een onbewoond eiland. Kampvuurspecialist Nicole laat er geen gras over groeien. Ze buigt klappertandend voorover, gooit een flinke scheut benzine op het natte hout, strijkt een stormlucifer aan en ... het resultaat zijn gratis geëpileerde wimpers. Nu lijkt ze nog meer op een vis! De wind huilt ondertussen als een pasgeboren baby. De sparrenbomen dansen de lambada. Onze magen grommen zo hard dat we de zwoele regendans aan ons voorbij laten gaan. Op het menu staan rotte paté en kurkdroog brood. Verdienen Vikings niet beter? We besluiten om zelf brood te bakken. Derderangs keukenprinsessen als we zijn, is het resultaat een staalhard, roetzwart brood. We verbeelden ons een gezond meergranen brood, kwestie van de appetijt wat aan te scherpen.

Na het galadiner kruipen we als twee rolmopsen in de tent. We worden wakker door een hels lawaai. De magere sparren breken bijna in twee. Ze lijken wel een hernia te hebben opgelopen na een overdosis dansgeweld. De regen smijt zich met een duivelse kracht tegen onze tent. Rond het eiland kletsen de golven woedend tegen de rotsen. We zitten hier muurvast. Zelfs bij Nicole slaat de paniek toe: 'We kunnen hier op het eiland geen kant op en nog veel erger: we hebben niet genoeg eten! Hoelang zal het duren voor ze ons hier vinden? Een dag? Een maand? Jaren? Tot ze hier twee zilvergrijze, uitgemergelde bomma's vinden misschien?'

De drijvende zombieparade

Twee dagen lang raast de storm als een tiran over ons eiland. Ingrid mijmert over het thuisfront. Gezellig de verwarming aan, een kopje koffie, een koekje, televisie, maar neen, we zijn op wereldreis, afzien is de boodschap! Nicoles motto 'liever verdrinken, dan verhongeren' geeft de doorslag. Met moeite duwen we onze kajak in het razende sop. De Stora Lee rivier lijkt wel een meedogenloze zee. Om haar te bedwingen hebben we een flinke dosis Vikingmoed nodig.

Met verkrampte armen blijven we tegen de storm in beuken. Even flakkert onze hoop op als er in een bocht een konvooi kano's opdoemt. Eindelijk, levende zielen. Die hoop zinkt al snel naar de bodem als we dichterbij komen. In zeven kano's zitten verkleumde jongeren stokstijf, natgeregend, doodmoe, onderkoeld en wezenloos voor zich uit te staren. In de open boten staat het water tot aan hun knieën. Hun gezichten zijn al even blauw als hun flodderende regenpakjes. Holle blikken staren ons ijskoud aan. Als losgeslagen ijsschotsen drijven de lokale zombies voorbij. Hun lippen blijven op elkaar geperst. We willen hen nog 101 dingen vragen, maar we zijn plots het alfabet vergeten. Waarschijnlijk komt er als ze iets zeggen water uit hun mond of nog erger, een dode paling! Zij moeten de hel hebben gezien.

Na de bocht zien we wat de spookschepen hebben getrotseerd. Aangedreven door de razende wind en de sterke stroming moeten ze als losgeslagen projectielen door een wirwar van rotsen zijn gejaagd. Die flipperkast moeten wij nu in omgekeerde richting doorklieven. Veel tijd om na te denken krijgen we niet. De volgende lading rukwinden komt eraan. Verbeten slaan we met de roeispanen in het rond en roepen we elkaar de nodige commando's toe. Onze armen geraken stilaan verlamd. De benen huilen van de krampen. We flirten met de limieten van onze pijngrens. We proberen even met de wind mee te gaan. Bijna kapseizen we, maar we houden ons recht en roeien als het beste Olympische team. 'Grote rotsen', roept Nicole. Ingrid leidt in eerste klasse de boot mee rond de zwarte spoken en ja hoor, mirakels bestaan. We bereiken ook Nössemark zonder te pletter te slaan.

Kapitein Nicole stelt haar prioriteiten en gaat meteen het lokale winkeltje plunderen. Een slimme zet, zo kan ze aan het sappige verkoopstertje ons probleem voorleggen. Hoe geraken we in godsnaam met zo'n zware kajak 5 km te voet naar het Asperenmeer? Van achter een winkelrek duikt plots een kloeke Noor op. 'Geen nood, ik vind wel een oplossing. Ik zie dat jullie uitgehongerd zijn. Eet maar rustig voort, ik kom zo terug.' Onze stoere zeeman verschijnt met een houten karretje om de bagage te vervoeren en een stang op wieltjes om de kajak te transporteren, in scheepsterminologie 'portage' genaamd. Hoe praktisch! Echt iets voor mannen.

Onze reddende engel wrijft gelukzalig over zijn bierbuik. 'Ik wandel wel even mee, dat is goed voor mijn conditie. Bovendien heb ik niet elke dag de eer om twee gestrande jonkvrouwen uit de nood te helpen', zegt de charmeur. Zo gaan we op stap: een bonkige Viking met in zijn kielzog twee Vlaamse dames in duikerspak. Het lijkt wel één grote grap! Gelukkig kan kapitein Nicole snel terug het roer ter hand nemen. We volgen de rivier en varen door de vier Brekkesluizen, Europa's hoogste samenhangende sluizen, die juist vandaag op 31 augustus 2004 sluiten voor het seizoen. We zitten nu officieel in Noorwegen.

Halden is de eerste Noorse stad die we aandoen. Mensen, winkels, beschaving: een echte cultuurschok! De volgende schok voor Ingrid is de Noordzee. De haven van Halden is immers het startpunt om over volle zee naar Fredrikstad te varen. Grote containerschepen worden hier gelost en geladen. Ook ons minicontainerschip ontsnapt niet aan de hamsterwoede van Nicole. Tonnen eten en liters water duwen onze kajak dieper het water in. Een goed voorbereide Viking is er twee waard, want het toeristische parcours is afgelopen.

Evacueren!

Er is eten aan boord, dus kapitein Nicole is gerustgesteld. Ze smacht naar het echte avontuur: de ontembare zee. Ingrid heeft minder haast. Ze zit devoot een hele paternoster lang schietgebedjes te prevelen tot de zeegod Neptunus. Met knikkende knieën stapt ze in de kajak. 'God sta me bij', fluistert ze. Nicole voelt zich als God in Noorwegen. Nadat ze de eerste klasse weer verse moed heeft ingepompt, schiet de kajak uit de startblokken. We voelen direct de deining van de zee.

Nicole heeft een plan. 'Als we nu zoveel mogelijk de boord van het vasteland volgen, dan hebben we een referentiepunt. Het kan niet mis gaan.'
'Ik moet dat geloven zeker?', blaast Ingrid. 'De inhammen slingeren kilometers landinwaarts en dan weer kilometers landuitwaarts. Op een paar uur zijn we amper enkele zeemijlen opgeschoten. Als we aan dit tempo verder gaan, zijn we gepensioneerd als we in Fredrikstad aankomen!'
Doordat we pas 's namiddags zijn vertrokken, is het al snel donker. De steile rotswanden geven een beklemmend gevoel. Midden in de woeste duisternis vinden we een piepklein strandje, waar we vanzelf aanspoelen. Het plekje is net groot genoeg om onze tent te installeren en een wandeling te maken van vijf seconden. Het lijkt alsof hier ooit iemand geleefd heeft en zijn geest achterliet. Het strandje ligt vol met zeewier, algen, sluikstort en een oude matras. Toch is het niet allemaal kommer en kwel. Vanuit onze tent hebben we een prachtig uitzicht op de voorbijvarende boten. Het is volle maan en de vuurtoren knipoogt bemoedigend. Er is leven in de brouwerij. We kunnen op onze twee oren slapen.

Nicole droomt van feeërieke onderwaterparadijzen, terwijl Ingrid steeds opnieuw de meest gruwelijke verdrinkingsdood beleeft. Midden in de nacht schrikt Ingrid plotseling wakker door een toeterende misthoorn. Het geklots van de zee klinkt oorverdovend. Als Ingrid de ritssluiting opentrekt, krijgt ze een gratis slok zeewater binnen. De vloedgolven komen tot tegen de voortent binnengerold. 'Evacueren!', roept ze in paniek. 'We zijn weggespoeld en zitten midden op de zee.' De zwemvesten drijven in schoolslag rond. Hoe is het mogelijk dat we vergeten zijn dat dit een binnenarm is van de zee en er dus eb en vloed bestaat? Het strand is te klein om verder op te schuiven, dus we breken in een recordtempo af. Om drie uur 's nachts vertrekken we in een dikke mist. We roeien op het gevoel.

We kijken in alle windrichtingen. 'Toet, toet', klinkt het van overal. We peddelen met volle kracht, maar door de golven lijken we meer vliegen te vangen dan vissen wakker te schudden. De mist grijpt ons als sluwe geesten bij de keel. Nicole is er niet gerust in. 'Ik voel trillingen onder ons bootje. Ingrid, ik denk dat er een onderzeeër onder ons zit en hij is naar boven aan het komen.' Ingrid schiet in de lach, tot ze zich omdraait. Door het deinende water en de dichte mist kunnen we onze kajak ternauwernood redden van een frontale botsing tegen een eindeloze rotswand. Ingrids schietgebedjes werpen dan toch hun vruchten af. We belanden via een bocht op volle zee. Alles ziet er immens groot en eindeloos uit.

Met bomma op volle zee

Net vandaag steekt er een hevige wind op. Ingrids hart slaat tilt. Op de open zee lijkt ze al haar woorden in te slikken. Het enige wat ze over haar lippen krijgt is 'vooruit, peddelen.' Ze maakt echter één grote vergissing. Door zich alleen te concentreren op de golven, laat ze het bestuderen van de kaart over aan Nicole. Tja, echte kapiteins bepalen vastberaden de koers, maar het resultaat is een regelrechte nachtmerrie. Kapitein Nicole heeft al snel begrepen dat de strategie om alle inhammen te volgen onbegonnen werk is. Ze stevent dan maar recht op het vasteland af.

'Kijk, Ingrid, rode boeien. Daar zitten zeker duikers in het water. Die moeten ooit bovenkomen. We kunnen aan hen de weg naar Fredrikstad vragen.' Nog voor Ingrid kan waarschuwen dat er geen boot bij ligt, stuwt kapitein Nicole haar Vikingschip voort naar de rode boeien die fors heen en weer wiegen op het water. Nu gaat het heel snel. We zien te laat dat de rode boeien niet wijzen op duikers in het donkere water, maar willen waarschuwen voor de levensgevaarlijke rotsen die als reuzengrote blikopeners de flank van een boot kunnen openrijten. Het kolkende water zuigt alles aan wat de rotspartij te dicht nadert. We verliezen alle controle. De neus van onze kajak richt zich naar de hemel. Er weerklinkt een onheilspellend gekraak. Onze boot stort te pletter op de klippen. Dit is niet het vasteland dat we willen bereiken!

Nicole wil van geen gevaar weten, zelfs niet wanneer ze er met haar neus bovenop zit. 'Dat was nog eens een attractie! Zou hij nu in twee of drie stukken zijn gebroken?', grapt ze.
Ingrid beleeft ondertussen doodsangsten en schreeuwt de longen uit haar lijf. 'Het is niet het moment voor grapjes, Nicole. Let nu toch eens op waar we varen!'
'Wat kan er nu mislopen? In het ergste geval moeten we misschien een stukje zwemmen', paait de kapitein. 'Dan kan je eens showen met jouw mooie badmuts.'

'Nat worden is geen probleem', roept Ingrid moedig. 'Maar wat met onze uitrusting, dagboeken, foto's, geld en paspoorten? Jij denkt nooit na!'
'Jij denkt teveel na!', bijt Nicole terug. 'Ik kan beter met mijn bomma op avontuur gaan, die zaagt minder.' Voor het eerst hebben we serieuze ruzie.

'Wat is er toch aan de hand?', denkt Ingrid. 'Ben ik te truttig of is Nicole juist onbezonnen?' Ze haalt diep adem. 'Rustig blijven, niet rondkijken, gewoon golf per golf nemen', fluistert ze tegen zichzelf. De schipbreuk hebben we overleefd, maar Ingrids zeeangst verdwijnt niet op commando. Haar ogen proberen de enorme leegte links en rechts waar te nemen, maar haar verstand weigert het in haar geheugen te noteren.

Terwijl Ingrid met zichzelf ligt te discussiëren, weerklinkt vanuit de tweede klasse het zeemanslied bij uitstek. 'De Marie-Louise danst op en neer, ze gaat dwars door de woeste orkaan ...'
Ingrid weet niet wat ze hoort. 'Als je niet stilzit, spring ik uit de boot!', buldert ze. Kapitein Nicole besluit dan maar een ander plaatje in de jukebox op te leggen. 'Van voor naar achter, van links naar rechts, van boven naar onder, van links naar rechts ...', weerklinkt het vrolijk over de deinende zee. De bijpassende gebaren van de diskjockey zijn die ene druppel te veel. Ingrid deelt bijna een rake klap uit met haar roeispaan. 'Waarom al die stress?', vraagt Nicole met een ontroerende verwondering. 'Geniet toch van de gezonde zeelucht, de rust en de fladderende zeemeeuwen.'
'Nicole, ik zeg het nog één keer: als je nu niet zwijgt, doe ik ongelukken!'
Nicole schrikt van die dreigende toon. Zo heeft ze Ingrid nog nooit meegemaakt en ze houdt wijselijk haar mond.

Plots breekt Ingrid haar gelofte van stilte. 'Daar', wijst ze, 'het vasteland.'
Vanuit het kraaiennest kijkt Nicole aandachtig naar het zwarte punt in de verte. Ingrid begint te roeien alsof ze een Duracell batterij heeft ingeslikt. We bereiken in een recordtijd het vasteland. Als we aanmeren op het strand, springt Ingrid als een lenteveulen uit de kajak en begint ze een vreugdedans. Het lijkt een soort mix van de lambada en de vogeltjesdans. 'We hebben het overleefd!', schreeuwt ze uit.
Ons landdier kust de grond. 'Geef nu mijn fietske en kom die kajak zo snel mogelijk halen. Mijn waterdagen zijn om!' Voor Nicole mag het wateravontuur nog wel een jaartje langer duren.

Kapitein Imbeciel

Na een feestelijk avondmaal besluiten we nog een wandelingetje te maken naar de hoogste heuvel om een glimp op te vangen van Fredrikstad. Boven krijgt Ingrid een mentale vuistslag en valt bijna knock-out.
'Hoe is dat nu mogelijk?', krijst ze hysterisch. 'We zitten hier vast op een onbewoond eiland, kilometers diep in de Noordzee.' Ingrid is compleet in shock. 'Kapitein imbeciel dat je bent', raast ze verder. 'Nooit ofte nimmer geef ik nog het commando uit handen. Nu moet ik terug in die verdomde kajak.'
Voordat Nicole haar ontslagbrief in ontvangst kan nemen, schreeuwt Ingrid: 'Vanaf nu zit ik achter het roer, ga jij maar vooraan wat mee op de golven klotsen.' Een zeedier weet de eerste klasse wel te appreciëren, dus legt Nicole zich zonder veel tegenpruttelen neer bij de nieuwe taakverdeling.

Net als de rust lijkt teruggekeerd, schiet Nicole wakker als een duivel uit een doosje.
'Ingrid, wakker worden! Ik ben zeker dat ik iets gehoord heb.'
'Oh neen, daar gaan we weer', zucht Ingrid.
Advocaat Nicole bepleit haar zaak vol overtuiging. 'Ingrid, ga eens kijken, ik hoor langs alle kanten voetstappen. We zijn omsingeld door piraten.'
Ingrid opent muisstil de tent. Nicole plakt vlak achter haar en gluurt gespannen mee. Met de zaklamp stuurt Ingrid een felle lichtstraal naar buiten. Plots verschijnen er drie paar flikkerende groene ogen. 'Aaah, een beer!', gilt Nicole. 'Help, we worden levend opgegeten!'
Het gebrul van Nicole wordt al snel beantwoord door ... een lieftallig geblaat. Recht voor ons staan twee witte en één zwart schaap ons vragend aan te gapen. Vandaar komen dus die strontjes die ons op de wandeling naar de top zo bekend voorkwamen. In Duitsland hebben we er ontelbare gezien. Dat we daar niet aan gedacht hebben! 'Eind goed, al goed', zucht Nicole. 'Nu hebben we drie bewakers rond onze tent.' Ze valt met een brede glimlach in een diepe slaap.

De volgende ochtend zijn onze wollige bodyguards verdwenen. In de plaats daarvan dobbert er een reuzenjacht voor ons eiland. Tijd voor actie! We breken bliksemsnel af en vertrekken naar onze redder in nood. Dankzij de stuurmanskunsten van kersverse kapitein Ingrid danst de kajak gedwee over het water. Geen golf kan ons van onze verlossing houden. Bij aankomst torpederen we onze reddingsboot. We roepen als gekken en gooien al onze vrouwelijke charmes in de strijd. Over de reling hoog boven ons piepen een paar verbaasde ogen van een Noorse pleziervisser. Wat heeft hij nu weer aan de haak hangen? Een stel zeemeerminnen misschien ...

'Meneer, kan u ons de weg wijzen naar Fredrikstad?'
Met veel moeite balanceert hij zo ver mogelijk naar voor om Nicoles kaart te vangen. Het scheelt niet veel of kapitein Iglo tuimelt overboord. Hij kijkt ons fronsend aan.
'Girls, dit is een autokaart, ooit al van een zeekaart gehoord?'
We horen het in Keulen donderen.
'Jullie zitten totaal verkeerd.'
Zijn antwoord klinkt als een vonnis voor de elektrische stoel. Ingrid smeekt hem om een plannetje te tekenen zodat we levend Fredrikstad bereiken. De ervaren zeebonk merkt haar angst op. Hij sust Ingrid door uit te leggen dat er inderdaad zoiets bestaat als zeeangst. Dan ga je totaal irrationeel handelen: ofwel word je gek (matrozen springen soms overboord), ofwel compleet het tegenovergestelde: dan word je overmoedig en ken je geen gevaar. Omdat we ten einde raad zijn, begint onze loze visser driftig aan een schets. Hij legt ons haarfijn de binnenweg uit die langs een broedgebied gaat. Met een beetje geluk, geraken we dit jaar toch nog in Fredrikstad. Met herwonnen zelfvertrouwen snoert Ingrid de roeispanen vast met snelbinders en ontdoet ze zich van het spatzeil. Zo zit ze niet meer zo ingeklemd. Ze is achteraan ook minder eenzaam. Ze voelt zich stilaan op haar gemak in de kapiteinskajuit nu ze het roer in eigen handen, of beter in eigen voeten, heeft.

Een Rus doet lastig

Zoals de man van het plezierjacht had voorspeld, belanden we tussen de hoge rietstruiken van een ondiep natuurgebied. Ahoi, land in zicht! Steltlopers laten elkaar al kwetterend weten dat er een banaan met twee waterkiekens op komst is. Na een rustige, idyllische glijpartij door het broedgebied komen we plots in een helse drukte terecht, de Glomma. Deze rivier loopt dwars door Fredrikstad, onze bestemming. Het is alsof we van een klein wandelpad in één ruk de snelweg opdraaien.

De waterkrachtcentrales nabij de stad stuwen het water naar de monding. De Noordzee wil van geen wijken weten en stoot het water naar het binnenland. Het gevolg is een vervaarlijk kolkende wildwaterbaan die de kajak helemaal in haar greep houdt. De golven torpederen het water hoog boven onze hoofden. Voor ons duiken diepe gaten op waar de kajak soms helemaal in verdwijnt. De felle stroming, de wind en de roekeloze golven maken de kajak helemaal stuurloos. De grote groene zeeboeien beginnen achterwaarts te drijven. We worden meegesleurd met de rivier. Ingrid snauwt naar alles wat beweegt en niet beweegt. Iedereen wordt vervloekt en ook Nicole ontkomt niet aan de wilde furie. De angst van Ingrid groeit met elke golf. 'Straks krijgt ze nog een beroerte', vreest Nicole.

In al die chaos horen we achter ons een zwaar geclaxonneer. We draaien ons om. De grootste nachtmerrie wordt werkelijkheid. Op enkele meters zien we een torenhoog drijvend appartementsgebouw. Een reusachtig Russisch containerschip snijdt ons bijna de pas af. De Russische letters op de boeg zwieren de kozakkendans voor onze dichtgeknepen ogen: казачок.

Rechts liggen de huizenhoge aanlegkades. Als we niet snel naar links geraken, belanden we met de kajak onder de aanlegkades en mogen we er een kruis over maken. Ingrid duwt wanhopig met haar voeten de stuurpedalen naar links. De kajak weigert de commando's op te volgen en begint als een tol te draaien. 'Roeien meisje, roeien', roept Nicole. We hakken met onze roeispanen in het water. Vlak achter ons weerklinkt non-stop het getoeter van de Russische mastodont, terwijl we ter plaatse blijven trappelen. God, laat ons alsjeblieft leven!

'Komaan roeien', schreeuwt Nicole!
Kapitein Ingrid lijkt plots van de aardbol verdwenen. Door het helse kabaal is communiceren onmogelijk in de vaargeul.
'Ofwel is ze dood, ofwel is ze uitgestapt', jammert Nicole.
Ingrid zit verlamd achteraan afscheid te nemen. 'Ik kan het niet meer aan. Ik ga een hartstilstand krijgen', prevelt ze.
Nicole probeert haar uit de coma wakker te schudden. 'Komaan meisje, roeien, je kan het!'
Seconden duren uren, tot Ingrid plots opnieuw als een robot in het water begint te beitelen. De roeispanen geven het rusteloze water een pak slaag waarvan Mohammed Ali beslist knock-out zou gaan. Het containerschip blaast ondertussen de sterren uit de hemel. Ziet de Russische reus ons wel of gaat hij zonder verpinken over ons heen varen? De gigantische zwarte muur ontneemt ons elk lichtstraaltje. We zitten gevangen tussen schip en kade. Wat een einde!

De zeetanker klieft meedogenloos als boter door de golven. Dan gebeurt het zoveelste wereldwonder. Door de waterverplaatsing van de Russische bombast, worden we in een oogwenk uit het zog van de boot gegooid. We schieten ineens met een hevige schok de goede richting uit. De redding is nabij. 'Roeien, Ingrid, roeien!' Totaal versuft van de doorstane angsten, zien we eindelijk de vestingstad Fredrikstad liggen. Het fort is strategisch uitgerust met een dertigtal kanonnen, pal op ons gericht! Komt er dan nooit een einde aan deze martelgang?

Het zijn vooral Ingrids ogen die vuur spuwen. Rijke fils à papa's doen er nog een schepje bovenop. Met hun speedboten scheuren ze rakelings langs ons heen, zodat opnieuw deining ontstaat. Ingrid schiet uit haar sloffen en slingert hen een hele reeks verwensingen naar het hoofd. Ze verstaan er geen woord van, maar de boodschap komt over. Overal zien we de metershoge betonnen muren. Fantastisch om een containerschip te lossen en te laden, maar voor 'ons kajakske' hebben we een kraan nodig om de boot meters omhoog te brengen.

Ons gevecht met het roekeloze water komt in een stroomversnelling als Ingrid een piepklein strandje ontdekt. Hoe we het hebben klaargespeeld om op het twee meter kleine stukje land aan wal te gaan, is nu nog steeds een raadsel. Intussen gaat het met Ingrid van kwaad naar erger. Het is beeld zonder klank.
'We zijn aan land!', triomfeert Nicole. Lijkbleek en van top tot teen verkrampt blijft Ingrid aan haar kapiteinsstoel vastgenageld. Ze omklemt met spierwitte kneukels krampachtig haar roeispaan.
Nicole probeert haar met man en macht uit de boot te trekken. Ons landdier is eindelijk aan wal, maar haar ogen weerspiegelen de grootste horror. Geen meter wil ze vooruit. Nicole zet haar dan maar op de eerste van honderd trappen die naar de binnenstad voeren. Meer vis dan mens kruipt Nicole de trappen op. Er is boven in de stad een vlooienmarkt aan de gang. De koopjesjagers staren verbijsterd naar Nicole. Een doorweekte Viking in duikerspak en reddingsvest, ze geloven hun ogen niet. Neen, 'ons Nicole' is niet te koop, net niet antiek genoeg!

De eerste de beste Noor in een fijn maatpak met das klampt ze aan. 'Meneer, ik heb een probleem en het is zeven meter lang', vertrouwt ze hem toe. De verbaasde Noor neemt haar woorden op als een spons. In geen tijd trommelt hij vier stoere Vikingen op. Samen met Nicole gaan ze op zoek naar Ingrid. Die zit nog steeds met haar handen rond de roeispaan geklemd op de trap. Vooruit dan maar, met roeispaan en al brengen we haar naar boven. De sympathieke Noren zetten ons af bij een plaatselijke camping. We moeten het toegeven, Noorse mannen weten van aanpakken. In een fractie van een seconde zijn al je problemen opgelost en ze hebben een onweerstaanbare bonus: ze zien er nog fantastisch goed uit ook!
Wat wil een vrouw nog meer?
'Alleszins geen kajak', zucht Ingrid.

NOORWEGEN
Overhalla
Tunnsjøen
Grong
Namsos
Osen
Malm
Frohavet
Frøya
Afjord
Steinkjer
Verdalsøra
Titran
Brekstad
Hitra
Levanger
ROEIBOOT
Smøla
TRONDHEIM
Aure
Kristiansund
Melhus
Rindal
Tingvoll
Støren
Orkla
Molde
Øksendal
Sunndalsøra
Ulsberg
Tomra
Ålesund
Åndalsnes
Gjøra
Oppdal
Linge
Os
Røros
Hellesylt
Geiranger
Tynset
Måløy
Grotli
Lagen
Glomma
Svelgen
Olden
Skora
Dombås
Folldal
Otta
Lom
Florø
Vågåmo
Brigsdal
Bøverdal
Skei
Naustdal
Ulvastad
Otta
Askvoll
Vik
Kvam
Balestrand
Ringebu
Koppang
Leirvik
Luster
Lagen
Trysilelva
Vangsnes
Tretten
Skjervheim
Nybergsund
Lindås
Flåm
Lillehammer
Rena
Voss
Fagernes
Hamar
Dokka
Kvanndal
Ål
Gol
Begna
Gjøvik
Elverum
Granvin
Nesbyen
Telavåg
Utne
Geilo
Mjøsa
Glomma
Flisa
Aga
Hallingdalselva
Osøyri
Uvdal
Brandbu
Odda
Nore
Rubbestadneset
Skare
Husnes
Kongsvinger
Hønefoss
Røldal
Rjukan
Lagen
Tyrifjorden
Håra
Haukeligrend
Drammen
OSLO
Haugesund
Ølen
Hovden
Åmot
Moss - Horten
Kopervik
Bykle
Skudeneshavn
Horten
Moss
Flateland
Boknafjorden
Tønsberg
FREDRIKSTAD
Ose
Sandnes
Otra
Langesund
Tønsberg
Halden
Byglandsfjord
Nærbø
Larvik
Ålgård
Evje
Åmli
Risør
Nössemark
Sirevåg
Vänern
Egersund
Arendal
Flekkefjord
Hauge
Fjaere
Kristiansand
Lillesand
Skagerrak
Göteborg

INFO ZUID-NOORWEGEN

Etappe 7

VERTREK: Fredrikstad, 9 september 2004
AANKOMST: Trondheim, 1 november 2004
✔ **TOTAAL:** 2278 km
✔ **VERVOERMIDDEL:**
- mountainbike
- kajak
- roeiboot

✔ **GELD:** Noorse Kronen (NOK)
✔ **BUDGET:**
- Restaurant - dagmenu (tussen 11.30 en 14 uur): 10 € Bestel een trailermenu, een goede vuller voor uitgehongerde fietsers: gebakken aardappelen, worsten, hamburgers, een ei en brood.
- Camping – voor twee personen: 12 €. Vraag altijd naar fietskorting!
- Natuurcamping: gratis. Je mag overal één nacht gratis kamperen zolang je het maar vraagt. Dit is het allemansrecht.
- Hotel - twee personen: van 94 tot 125 €
- Budgethotel: 62 €
- Benzinestations hebben allemaal warme koffie, hotdogs en gratis toiletten.

✔ **BOEKEN:**
- Dominicus Noorwegen
- Lonely Planet Norway
- Nelles Guide Noorwegen

✔ **KAARTEN:**
- Overzichtskaart, F&B, 1:800.000: www.freytagberndt.com
- Deelkaart nr. 1 – Zuid-Noorwegen, F&B, 1:250.000
- Deelkaart nr. 2 – Midden-Noorwegen, F&B, 1:250.000
- Deelkaart - Sognefjord B&B Map, geplastificeerd, 1:250.000
- Fietskaart - Sykkelruter 1 met 75 routes: www.slf.no
- Fietskaart - Noordzeeroute LF1 van Halden tot Kristiansand, 467 km
- Fietskaart - National Cycleroute nr. 3: van Kristiansand tot Haukeligrend, zeer mooi, route begint eigenlijk al in Hamburg.

✔ **GEZONDHEID:**
Europese inwoners moeten geen extra verzekering aangaan. Een formulier E 111 volstaat.

✔ **TOILETTEN:**
Voor sanitair moet je bijna altijd betalen en vaak nog geen klein beetje!

✔ **KLIMAAT:**
De beste reistijd is van juni tot september.

✔ **ROUTEBESCHRIJVING**
Fredrikstad: ✯ groot fort, prachtige antieke binnenstad, gezellige wandelpromenade naast de Glomma-rivier
Motel en ▲ vlak in het centrum
budgetovernachting in kazerne Gamlebyen
Pensjonat: www.gamlebyen-pensjonat.no
We volgen de Noordzeefietsroute tot Kristiansand. Mooie route via de haven en schilderachtige zee-inhammen.
Moss: Chiropractor Eric A. Larsen, Gt. 23, 1530 Moss, tel. 69 25 49 11: een aanrader
Ferry naar Horten (wij nemen de zeilboot)
Horten: ✯ grote bloemenmanden in het centrum
▲ Rørestrand: proper sanitair
Åsgårdstrand: ✯ typische witte huizen
Tønsberg: oudste stadje van Noorwegen, 🍷 veel terrasjes, 🍽 Mc Donald's
Melsomvik: zeer steile klim
Sandefjord: ▲ Sollakka (4 km noordwaarts), gesloten in september
✯ Walvismuseum met het prachtige Hvalfangst-monument van een walvisboot
Tjølling: ✯ koddig 12de eeuws kerkje
Via rotseilandjes slingert het pad naar
Larvik: centrum ligt bovenop een 20% steile heuvel
Stavern: artiestendorp, ✯ pittoreske jachthaven
Torsrød: Fredtun Folkehøgskole: een school waar je goedkoop kunt overnachten (32 € per persoon, gratis internet en ontbijt inbegrepen).
Helgeroa: witte huizen, veel 🍷 en 🍽
Klim over een hoog viaduct met 'de korketrekker': een steile zigzagweg over de autostrade
Porsgrunn: ▲ Olavsberget aan een meer en dichtbij een drukke weg. De bazen zijn geldwolven, vermijd deze camping!
🛒 Meny (2 km na ▲), klim tot
Brevik: ✯ oude huisjes rond het Eidangerfjord, veel 🍷, pittoreske weg tot
Langesund: 🍽 Peking House: lekker lunchbuffet
4 km onverharde klim en een helse afdaling met plakkaat BOM, zeker 25%!
Brevikstranda: ▲ Strandsletta, gesloten in september
Valle: 🛒 Spar, klim naar
Ringsjø: zeer smal pad met steile rotswanden
Øysang: ferry naar Risør (wij nemen de zeilboot)

ZUID-NOORWEGEN

Risør: ✯ prachtig wit dorpje met wit manneken pis
Veel klimwerk tot
Bossvik: weg nr. 411 is een juweel en loopt via fjorden en meren.
Løvdal: ✯ knalrode huisjes, hemelsblauwe meren
Tvedestrand: ✯ in het centrum staat het smalste huis van Noorwegen.
Weg nr. 410 is beroemd bij motorrijders omdat er zoveel bochten zijn.
Fjordhotell Tvedestrand
Arendal: Mc Donald's, Scandic: www.scandic-hotels.no en Ting Hai met lekkere Aziatische gerechten, vooral 'Tony's special with chicken'
Fjaere: ✯ mooi kerkje met prachtige preekstoel
Bij een doop lopen de mensen hier in typische klederdracht rond. Mooie route tot
Grimstad: witte huisjes,
Landvik: hier start de oude Koninklijke Route: een onverhard en smal steil pad van 8 km.
Zeer moeilijk voor zwaar bepakte fietsers!
Lillesand: ▲, , veel , ✯ mooi stadhuis
Birkeland:
Birkenes: ✯ een 1000 jaar oude eik
De route volgt de Tovdalselva-rivier met veel zalm en forel.
Tveit: in het seizoen kan je appels en aardbeien plukken.
Kristiansand: Scandic, Backpackers Hostel, ▲ met alle voorzieningen
Nu volgen we de National Cycleroute nr. 3 tot Haukeligrend.
Østens Perle: Chinees lunchbuffet
Krossen: splitsing van twee fietsroutes, nr. 1 (de Noordzeeroute) volgt verder de kust, wij gaan vanaf hier noordwaarts verder met route nr. 3.
Mosby: over een spectaculaire voetgangersbrug (fotostop) volgen we de Otra-rivier via
Vennesla: Vennesla (1 km van het centrum): www.venneslahotell.no, Coob (vlakbij)
Bommen: ✯ vlotmuseum
Steinfoss: ✯ waterkrachtcentrale en iets verder een treinmuseum. Onverharde weg die een oud treinspoor door het Setesdal volgt. Prachtig, vooral in de herfst.
Røyknes: vanaf hier tot Sogelia één van de schilderachtigste etappes met veel tunnels, de wilde Otra-rivier, veel watervallen, groene sparren, kortom: een sprookje!
Øvre Gåseflå: gratis ▲ met verhoogde schuilhutten, toilet, grilplaten, droog hout voor een kampvuur

Kile: souvenirshop gevuld met prachtige mineraalstenen
Hornnes: ✯ mooie kerk uit 1828
Ten zuiden: ✯ Setesdal Mineraalpark, ▲ Hornnes en Joker
Evje: ✯ grote kerk, ▲ Odden: www.oddencamping.setesdal.com
Syrtveitfossen: ✯ wildwaterraften over de woeste Otra-rivier, fietsverhuur, ▲
Byglandsfjord: , , , € en ▲ Neset (2 km ten noorden)
Storstraumen: vlak aan de oude sluis ▲ met houten hutten
Sandnes: ✯ oude kapel en mooie traditionele schuren met grasdaken
Ose: ✯ machtige 300 m hoge waterval Reiårsfossen, oud gerechtshuis, de oudste *i* sinds 1887, het acht huizen grote gehucht is nog geen houtblok veranderd!

tip! een trip met de kano van Sordal tot Byglandsfjord is echt de moeite waard!

Straume: ✯ wondermooi plaatsje met veel grasdakhuizen
Rysstad: ▲, motel, , €, museum en post, www.rysstadferie.no
Nomeland: hier loopt fietsroute nr. 2 van het Telemark-kanaal, Lysebotn en Stavanger.
Tveiti: ▲, ✯ Hallandsfossen: toffe waterval en oude molens met grasdaken
Valle: ▲, : www.valle-motell.no, , € en post
Flateland: ▲
Lunden: ▲ en hangbrug
Bykle: ✯ oudste kerkje in het Setesdal met mooi roze interieur
www.byklehotell.no, na 5 km picknickplaats met groot verwarmd toilet, in nood kan je hier gerust in slapen!
Byklestøylan: ▲
Hoslemo: ▲
Hovden: Badeland is een zwemparadijs, , ▲, Furumo
Klim naar de 917 m hoge Sæsvatn-pas
Provincie Telemark: klim 26 km, autostrade 134 is praktisch autovrij.
Haukeligrend: , ▲, motel,
Einde van fietsroute nr. 3
Prestegård: tunnel, fietsers moeten rondrijden via bergweg.
Zeker vier ▲ met hutten onderweg naar
Haukelisæter: start 10-daagse Hardagervidda-wandeling

ZUID-NOORWEGEN

Haukeliseter Fjellstue, één van de oudste hotels in Noorwegen: www.haudeliseter.no, naast Ulevanget-meer, rond de 7 km lange tunnel met opnieuw een steile bergweg. 15 km verder is er een volgende tunnel.

Nyastølen:

Røldal: , en met fastfood

Zeer steile klim van 4 km tot Hordatun: www.hordatunhotel.no

Håra: , tunnel: voor fietsers 4 km steile klim naast skipiste en nog 4 km klim tot de pas, mooi uitzicht op de Folgefonna, de grootste gletsjer van Noorwegen.

Seljestad: Neem de afslag naar skistation Utsikten (1,3 km). Kruip onder de slagboom, want deze weg is een pareltje voor elke fietser. De route daalt af tussen de bossen en langs razende rivieren. Terug onder een slagboom en zo beland je in

Skare:

Fjordweg nr. 13 met veel watervallen en machtige uitzichten op de bergen.

Grønsdal: Låtefossen: tweelingwaterval die 160 m naar beneden stort

Odda: Geste Hutten (goedkoper hotel) of het oude Apothekershuis (hier vind je chalets met keuken).

Neem weg nr. 550 i.p.v. weg nr. 13. Hier valt de ene na de andere waterval naar beneden.

Dit is de appelstreek, dus overal vind je kraampjes met blozende appels.

Vikebygd: , en

Aga: pittoreske en stokoude huizen, na 3 km Velure Kro en kiosk uitgebaat door overvriendelijke Nederlanders: lekkere koffie met appeltaart en goedgevulde hamburgers.

Utne: ferry naar Kvanndal (wij nemen de roeiboot)

Utne, één van de oudste hotels in Noorwegen

Kvanndal: met hutten

Granvin: veel mooie houten huizen, , , en *i*

Volg de oude Hardanger-spoorweg, een fietspad via Nesheim.

Øvre Vassenden: en steile klim van 3 km, de prachtige Skjeru-waterval

Voss: Park: www.parkvoss.no, aardig kerkje.

> **tip!** met een kajak van Gudvangen naar Skjolden varen (ongeveer een week) is de moeite. In Voss kan je een zeekajak huren en er zijn ook wildwatertochten: www.nordicventures.com

China House: lunchbuffet tot 17 uur: zeer lekker

> **tip!** Informeer bij de *i* over de tour 'Noorwegen in een notendop'. Die start in Flåm en duurt vijf uurtjes. Je gaat eerst per boot door het Nærøyfjord naar Gudvangen. Daarna per bus naar Voss en met de Bergen-spoorlijn naar Myrdal. Vandaar neem je de Flåm-spoorlijn (Europa's steilste en de meest spectaculaire spoorlijn van heel Scandinavië) terug naar Flån. Je kan er ook stukken van fietsen. Ze noemen deze weg de Rallarvegen. Vanaf Geilo via Haugastøl, Finse en Vatnahalsen zo tot Flåm-treinstation (in totaal 104 km). Je kan fietsen huren in Geilo, Finse, Flåmen en Voss (open van einde juni tot midden september). De trein heeft een speciale fietswagon. Van Flån kan je via Myrdal ook verder fietsen tot Voss (in totaal 60 km). Totale tijd: vier dagen

Borstrondi: afslag richting Hegle, steil alternatief voor de platte weg nr. 13

Tvinde: , waterval: www.tvinde.no

Vinjo: met warme snacks, Spar, kerkje

Skjervheim: chalets, 3 km verder Hotel Vossestrand

20 km lange zigzagklim over de Vikafjellpas

Vik: zeer mooie houten kerk met drakenkoppen op het dak

Hopstock: www.hopstock.no, Coob

frambozenkwekerijen en kerstmisgalerij met ontelbare kerstbollen

Vangsnes: ferry's naar Balestrand en Dragsvik, , , Sognefjord Gjestehus: www.sognefjord-gjestehus.no

We nemen de roeiboot tot Balestrand.

Balestrand: Midtnes Pensjonat: www.midness.no

Olaf-kerk en vele typische versierde huizen

Prachtige route langs het Sognefjord

Torsnes: met hutten

Ulvastad: hierna zeer steile klim van 15 km tot de Gaulartfjellpas (950 m)

Mjell: iets verderop met hutten: www.sunnfjord.no

Vik: aardig kerkje

Vallestad: met hutten, daarover toffe picknickplaats met schitterend uitzicht op de waterval Vallestadfossen

vlak aan de afslag naar Hårklau, 3 km steile klim

Holsen: mooi kerkje

Moskog: kiosk met frietjes en worsten

Vanaf de landbouwschool wandeling naar één van de mooiste watervallen van Noorwegen: Huldrefossen

10 km zachte klim tot
Vassenden: ⛽, ▲: www.jolstraholmen.no, 🛒 Spar
Skei: 🛏 Best Western Skei: www.skeihotel.no, ▲
★ Audhild Vikens Vevstove, de grootste souvenirwinkel van Noorwegen. Hier vind je veel trollen en wollen truien.
Byrkjelo: twee 🛒, bakker en 🍷
Klim van 7 km, op de top is er een picknickplaats.
★ Zeer schilderachtig traject naast de oevers van het Nordfjord.
Innvik: ★ speciaal spits kerkje
Olden: 🛏, alle voorzieningen
Brigsdal: op 24 km van Olden gelegen
🛏 Melkevoll Bretun: houten chalets onder de Briksdalgletsjer: www.melkevoll.no
★ Gletsjerwandeltochten mogelijk, echt de moeite!
Loen: Hier loopt een fietsroute naar Kjendalsbreen, nog smaller en spectaculairder dan wat je ervoor zag.
Stryn: 🛏 Vesla Pensjonat: www.veslapensjon.no
Tip: Van Hellesylt is er een gele weg naar Vollset. Daarna een zandtrack, een steil pad naar Flo en verder tot Stryn: ideaal voor mountainbikers zonder gewicht! Het is een serieuze binnenweg en bespaart je een rondrit van 100 km.
Hjelle: 🛏 vakantiehuisjes: www.vollsnes.no
Skora: ⛽, hier weg nr. 258, de Gamle Strynefjellsveg (ook wel oude weg genoemd). Kruip gerust onder de slagboom, deze weg is een droom voor fietsers en je vermijdt drie lange tunnels.
★ sneeuwbergen, watervallen, bevroren meren, te mooi om waar te zijn!
Klim van 25 km tot het zomer-skistation
Grotli: 🛏 (gesloten eind september)
Zachte klim tot Djupvasshytta, hier 24 km afdaling aan 12%
Geiranger: 🛒, in september is hier alles potdicht (buiten één winkel), ▲, 🛏, Maråk Hytteutleige heeft verwarmde hutten, zeer vriendelijk.
Wandelingen: vergeet nr. 8, ze trekt op niets. Nr. 7 is wel een topper met uitzicht op de boerderijen en het fjord (duur: vier uren).
★ Start van tocht met kajak: twee dagen lang door het prachtige Geirangerfjord: 'bruidssluierwatervallen', walvissen, dolfijnen en machtige uitzichten op de sneeuwbergen. Aanrader!
Hellesylt: ▲ Stadheimfossen met hutten
Linge: 🛏 vakantiewoning Unn Linge Valdal: zeer lieve mensen, prachtig uitzicht op de bergen en het fjord, alle luxe (zelfs vaat- en wasmachine) en groot terras: www.lingegarden.com.
Valldal: *i*
Start 40 km zigzagklim naar de 850 m hoge top van de Trollenpas.
🍴 In de zomer verkopen de boeren massaal aardbeien.
Na 20 km Gudbrandsbru: 5 m smalle canyon, Veel ▲ en ★ sublieme uitzichten op grillige bergtoppen
Tot de picknickplaats van
Øvtestølen: geleidelijk omhoog, hierna wacht een thriller van twaalf duivelse haarspeldbochten, ★ Stigfossbru-waterval
Åndalsnes: eindpunt van de Rauma-spoorlijn: een spectaculaire treinreis vanuit de stad Dombås.
🛏 Grand Hotel Bellevue: www.grandhotel.no, 🍴
Buona Sera: lekkere pizza
Åfarnes: ▲ Herje (2 km na de ferry) met hutten
Mittetdalle: 🛒 en ⛽
Myklebostad: 🛒, klim van 4 km, bij afdaling machtig uitzicht op het Eikesdalen.

tip! Aan de afslag naar Øverås start de spectaculaire fietsroute door het Eikesdalen (60 km h/t).

Eidsvåg: 🛏 Schnitlertun: www.schnitlertun.no, 🛏 Visthus, acht luxe cabins: www.visthus.no
Øksendal: 🍷, hierna 7 km lange tunnels. Fietsers moeten rondrijden via een steile bergweg van 4 km.
Sunndalsøra: ★ grootste aluminiumfabriek van Europa en typische huizen
i, 🛏 Norlandia: www.norlandia.no, twee 🛒 en 🍴 Mona Lisa
Weg nr. 70 met fietspad door het Sunndal, aan afslag Hoås verder het fietspad volgen (19 km)
Gjøra: ▲ Gjørra en 🍴: www.nisja.no, www.sunndal.com
klim 5 km aan 9%
Oppdal: skicenter, wildwatertochten in de Drivarivier, 🏛, 🛏, 🛒
Alternatief: de oude Koningsweg (onverhard na 5 km, maar met knappe uitzichten tot Berkåk)
Ulsberb: 🛏 motel
Berkåk: 🛒, ⛽, 🛏, ▲
Støren: 🛏: www.gauldal.no, 🛒, ⛽, veel zalm in de Gaula-rivier
Lundamo: ⛽
Melhus: 🛏 motel met 🍴
Roodbruin fietsplakkaat Orkanger-Trondheim, klim tot Heimdal
Trondheim: ★ haven en Nidarosdom, alle voorzieningen
🏛 Rosenborg en Rica 🛏

Etappe 7
NOORWEGEN

Twee vedetten in trollenland

Klokslag 10 uur steken we onze neus uit de tent. We worden overrompeld door een daverend applaus. Een mollige Noorse mama stopt een tasje koffie in onze handen. Vanuit de andere caravans en tenten worden de duimen in de lucht gestoken. Iedereen van de camping is duidelijk op de hoogte van onze avontuurlijke 'entree'. We krijgen nog net geen ontbijt op bed. Alles op zijn tijd, een ster moet haar status kennen.

Met trillende zeemansbenen lopen we even later zwalpend door het oude fortbastion Fredrikstad. De pittoreske binnenstad lijkt op een prachtig schilderij. De smalle, bochtige kasseiensteegjes zijn volgepropt met kleurige huisjes. Het is een plek die alleen beschreven wordt in sprookjes. Je voelt je Hansje en Grietje. De suikerspinnen gevels zijn om van te smullen. Knibbel, knabbel, knuisje, wie knabbelt er aan mijn liefelijke houten huisje?

De winkelramen dateren uit de jaren stillekes, maar de charme die ze uitstralen is uniek. Alles is stokoud. Voor gezellige rommelmarktjes ben je hier aan het juiste adres. Ook voor vriendelijke locals moet je in Fredrikstad zijn. Er wordt massaal geknikt, gelachen en zelfs plechtig gebogen. We horen voorbijgangers fezelen en lachen. 'Dat zijn ze', is de echo die langs alle kanten weerklinkt. Een oude zeeman wordt er zelfs poëtisch van. 'Het zal de dorpsgek zijn', fluisteren we tegen elkaar. Het lijkt alsof hij zijn laatste adem heeft opgespaard om voor ons een liedje te zingen. Hij heft het matrozenlijflied 'Ship ahoy' aan, zet zijn pet af en trakteert ons op een militaire groet. Noren en etiquette, het is als Nicole en een kajak, twee handen op één buik.

Een mens zou stilaan blozende wangen krijgen van al die aandacht. We voelen ons popidolen, belangrijke ambassadrices, koninginnen. Wat is er toch aan de hand? Ons oog valt op een grote groep mensen die voor het aankondigingenbord van de plaatselijke krant staan. We besluiten in de mensenzee te duiken, zelfs zonder reddingsboei. 'Welke ramp is er gebeurd?', vragen we verbaasd. Voordat de Noren een letter hebben vertaald, beginnen ze massaal te roepen. 'Hela, jullie zijn het!', klinkt het in koor, terwijl hun vinger aan de etalage is vastgekleefd. We staan op de voorpagina van de lokale krant, het Fredriksblad. Dat mysterie is dus opgelost.

In Fredrikstad springen we terug op onze Koga-mountainbikes om te beginnen aan de 4000 km lange rit naar de Noordkaap. Ingrid is in de zevende hemel, eindelijk terug het veilige gevoel van het vasteland. Bij de gedachte aan haar kajak wordt Nicole weemoedig. Ze heeft Ingrid op haar communiezieltje beloofd dat de wildwateravonturen tot het verleden behoren. Dat kan spijtig genoeg niet gezegd worden van de Scandinavische prijzen die meer dan ooit de pan uitswingen. In de Noorse supermarkten is alles nog duurder dan in de buurlanden Zweden en Denemarken. Zelfs bij het zien van de prijs voor een fles water val je van je stokje.

Fredrikstad Blad

Nr. 237 • 116. årgang • 5. september 2004 • Uke 36 Søndag Løssalg kr. 12.00 • www.f-b.no

Stadion-motstand i Vennelystveien

Geir Aarset i Vennelystveien Vel protesterer mot at et nytt Stadion på Værste skal åpnes i 2006. De vil at nye riksvei 108 skal være ferdig først. side 8

Jorda rundt uten motor

Kom padlende. *Ingrid og Nicole er superkjendiser i hjemlandet med eget tv-program og store bokopplag. Dette er deres tredje verdensekspedisjon.* foto: GEIR A. CARLSSON

Ingrid de Wilde og Nicole Dierckx fra Belgia bryr seg ikke om høye bensinpriser. De skal reise jorda rundt uten å bruke motor. I går kom de padlende til Gamlebyen. side 3

20 år på attføring

M/S «Ny-Vigra II» er både attføringstiltak og skoleskip. Slik har Blå Kors i Fredrikstad drevet i 20 år. side 4 - 5

Stille i studio!

Glemmen kirke ble forrige uke benyttet som platestudio. Sangkoret Cantare og leder **Grete Brun** passet nøye på at ikke uønskede lyder snek seg innenfor kirkeveggene.

spillet side 37

BMWs «billigbil»

FB er første avis som har prøvekjørt BMWs nye sensasjonsbil BMW 116 til under 250.000 kroner – på Østfold-veier.

lørdag side 26

Oliven i hver dråpe

Cosimo Curti satser sammen med Hege Dehli i Papperhavn på å bli olivenmisjonærer i Norge. Olivenolje er ikke hva du tror.

lørdag side 17 - 19

Uvitende hotellkonge

Olav Thon er ikke informert om de store hotellplanene i Fredrikstad – på tross av at byen trenger samarbeid med en tung hotellaktør for å komme videre. I Fredrikstad er han fra før engasjert i Unger Fabrikker.

nyheter side 7

Innta plassene

Kjersti Hansen og Østsiden deltar sammen med 327 andre lag i helgens åpningsturnering i håndball. Arrangøren sier turneringen med 99 prosent sikkerhet er landets største.

sporten side 12 - 13

Sinds ons vertrek uit Nederland volgen we trouw de Internationale Noordzee-fietsroute tot in Kristiansand. De kustweg blijkt toch minder vlak dan we dachten. Met de regelmaat van de klok bedwingen we steile wipplanken van 10%. Onze tongen hangen tussen de Sapim-spaken! Het adembenemende uitzicht op zee-inhammen, rotseilandjes en jachthavens verzacht mondjesmaat de pijn van het uitputtende klimwerk. Autobestuurders gapen soms zo hard dat hun motor stilvalt. Daar hebben wij weinig last van ... hoewel. Na Tomb is de route zo slecht aangegeven dat het totaal in de soep draait. Het pad wordt onverhard. De kleine bosweggetjes zijn net breed genoeg voor een flinterdunne voetganger, waardoor we met onze zwaar bepakte fietsen constant vastzitten in de ondoordringbare jungle. Niet veel later stopt de wegmarkering van onze fietsroute. We vallen van de ene verrassing in de andere. Opeens staan we te midden van een golfterrein. Wat we ook doen, welke richting we ook uitdraaien, telkens 'poppen' we op uit een ander nummertje. Alle golfholes passeren de revue, maar echt schot komt er niet in de zaak. In feite hadden we beter meegespeeld!

Nadat we met onze trouwe tweewielers nog een paar keer eindigen in de garage van enkele stomverbaasde Noren, slagen we er toch in om Moss te bereiken.

De spectaculaire Noordzee-fietsroute!

Op de koffie bij Popeye

Een normale mens zou van Moss een ferry nemen naar Horten, om de drukke hoofdstad Oslo te vermijden. Aan de kade wachten twee hoogbejaarde Vikingen met hun oude zeilsloep op ons. Zij hebben gereageerd op het artikel in de krant en zich kandidaat gesteld als taxi. De twee oude snoepers trakteren ons eerst nog op een welgemeende knuffel. Ze drukken ons bijna plat en verzachten de pijn net op tijd met een zeemanskus. 'Hoe meer noordelijk jullie gaan, hoe meer ze van jullie zullen houden', zegt Harald, de Don Juan van het gezelschap.
'Dan zullen we een harnas moeten aanschaffen of ze nijpen ons in twee stukken', lachen we.

Onze Noorse zeekapiteins hebben zich heel de nacht suf gepiekerd. Hoe kan je uit de haven geraken zonder de motor te gebruiken? We krijgen een piepklein rubberen speelgoedbootje om de haven uit te dobberen. Daarna worden we opgepikt door het statige zeilschip. Ondertussen sleuren onze doorwinterde zeebonken zich een ongeluk om alle bagage en fietsen in de zeilboot te zetten. 'Niets aanraken! Geen hard labeur voor de vrouwen, daar zijn mannen voor', schreeuwen de trotse grijsaards. Ze hebben nog nooit gezeild met fietsen, maar dat kan de pret niet drukken. Iedereen zingt uit volle borst: 'I'm Popeye the sailor man' en dan heel hard 'tuut tuut'.

Nr. 242 - 128. årgang
Lørdag 11. september 2004

Moss Avis

Løssalg kr. 12,-
www.moss-avis.no

OM B
Klar f
avrei
Moss
ten. N
Dierc
og In
Wilde
men r
Johns
og Ha
Tønne

– Moss er best i verden

– og ingen kysser bedre enn nordmenn

Moss er bedre enn Belgia, Nederland, Danmark og Sverige. Dessuten er det ingen som kysser bedre enn norske gutter.

KNUT E. JOHANSEN
TERJE HOLM(foto)

Ordene kommer fra Ingrid de Wilde (42) og Nicole Dierckx (42) fra Belgia. I går dukket de opp i Moss, etter å ha passert nevnte land, i en maraton av en reise som skal pågå gjennom 44 land i løpet av fem år. Hittil har reisen pågått i fire måneder.

– I Norge har vi vært gjennom Brække sluser, innom Fredrikstad, og har havnet i Moss, før vi nå tar turen videre til Sørlandet. Av alt vi har sett hittil, er Moss det mest fantastiske. Moss er den grønne industrielle byen, med land og fjell, blått hav, flotte farger på romantiske hus, og vakre mennesker. Dessuten: Mennene hilser på oss og gir oss kyss direkte på munnen. I Sverige gadd de knapt ta oss i hånden, sier Nicole og får det hele til å høres ut som en uforskammet god turistbrosjyre.

Katolsk kostskole

Jentene har droppet ut fra sine skoleplasser ved en katolsk kirke i hjemlandet. Uten motorkraft – ved hjelp av tandem-sykkel, kano, rulleskøyter, esel, ski, seilbåt, og mer – skal de gjennomføre en reise som inkluderer korte og lengre besøk i Kina, Sibir, Canada, USA, Afrika og Russland.

– Vi sier ikke dette bare for å være hyggelige. Men Moss og Norge har vært fantastisk. Det er heller ikke noe som er farlig i dette landet. Vi føler oss trygge. Under en tur i Marokko skulle Nicole selges til en sjeik med ufattelige rikdommer. Årsaken var at hun hadde grønne øyne, som visstnok gir mange koner. Mannen på 71 år, med hele ansiktet fullt av rynker, eide blant annet over 1000 kameler. Men hun sa nei under omstendigheter som ikke gjorde at vi følte omverden som spesiell trygg, forteller de to.

Æresmedlemmer

I Søly båthavn traff de Erik Johnsen og Hallvar Tønnesson – begge æresmedlemmer av Moss Seilforening. Og nevnte herrer tvilte ikke et sekund på at de måtte gjøre besøket i Moss best mulig for gjestene.

– De skal seile oss over til Horten. Men vi kan ikke gå om bord i båten før motoren er slått av. Dette er en tur som gjennomføres uten motorisert drivkraft, sier Ingrid.

– Hva gjør dere når det snart blir full vinter i Norge?

– Har du ikke hørt om Fjordhesten? Dessuten finnes sleder og ski. Vi skal skive bok om alt vi opplever. Kart og all informasjon skal inn på sidene. Gjennom fem år skal vi – i gjennomsnitt – klare oss med til sammen 30 Euro pr. dag. Det er kostbart i Norge, men vi bryr oss i alle fall ikke om bensinprisene, sier Ingrid og Nicole.

Kjendiser i Belgia

De to jentene er ingen «hvem-som-helst» i hjemlandet. Ingrid og Nicole har egne tv- og radio-programmer, skriver reisebøker, og har egne spalter i riksavisene.

Norge besøkes for første gang. Før turen fikk de beskjed av «insidere» om å sette av ekstra tid til landet.

– Norge er neppe den mest farefulle delen av turen. Men, under alle omstendigheter, vi reiser ikke alene. To sammen gir mer trygghet. Dessuten har Nicole brunt belte i karate, og begge er vi trent i kickboksing, sier Nicole.

Reiseruten er ikke tilfeldig. I bagasjen følger turist-informasjon for hele verden, innbundet i en murstein av en bok.

Møter foreldre i Tyrkia

Men alt er ikke bare glitter og stas. Hjemme sitter de respektive foreldrene som slett ikke liker jentenes uvanlige eventyrlyst. Men Nicole sier:

– Vi har noe godt å se frem til om et par år. Da skal vi møte våre foreldre i Tyrkia. Det øyeblikket gleder vi oss til.

– Hva er det mest ekstreme fremkomstmidlet hittil?

– Turen gjennom Tyskland gikk med rulleskøyter og barnevogn. Et sted måtte vi jo ha bagasjen, sier jentene til Moss Avis.

I løpet av helgen har de syklet seg ned til småbyene langs Sørlandet og – forhåpentligvis – mottatt nye kyss fra blide sørlendinger. Til uken går turen til Setersdalen.

knut.elling.johansen@moss-avis.no
tlf. 69205018

De overtocht zelf is om het zacht uit te drukken een helse rit. De boot hangt soms zo scheef dat onze neuzen het water strelen. Kapitein Nicole sjort aan het stuur. Matroos Ingrid hangt half uitgeteld in de mast. Terwijl we uit alle macht aan de koorden trekken, liggen onze twee pacha's, excuseer, Vikingen, ongestoord van hun tasje koffie te slurpen. Hoezo, geen hard labeur voor dames? Het aanleggen zelf laten we over aan de experts. Eentje moeten we wekken. Bij aankomst worden we weer bedolven onder een bombardement van kussen en omhelzingen. Nadat we onze helden op drie Belgische kussen hebben getrakteerd, springen we dolblij terug op ons stalen ros.

In september is het toeristenseizoen gedaan. Alles gaat meedogenloos dicht. Noodgedwongen slapen we talloze nachten op gesloten campings. Zelfs de toeristische informatie, sommige wegen, benzinestations en winkels gooien de deuren dicht. Dagelijks mogen we genieten van de Noorse bezorgdheid. 'Dames, jullie zijn hier te laat. Je gaat de verkeerde richting uit. De winter staat voor de deur. Jullie zullen begraven worden onder tonnen sneeuw. Pas toch op meisjes, ga niet verder noordwaarts!' Je zou er bijna bang van worden …

In Noorwegen hebben we ook plots een manager. Eric, onze contactpersoon van DHL Fredrikstad, is niet te schatten. Hij is zo fier als een gieter en regelt aan de lopende band interviews met lokale kranten en televisiestations. We staan elke dag op de voorpagina. Tønsberg is niet alleen het oudste stadje van Noorwegen, maar ook een bedevaartsoord voor de dames onder ons. In 1953 vond Arne Gravdahl hier het maandverband uit. Dankzij de pientere Noor kunnen we elke maand genieten van dit 'vrouwelijke comfort'.

Als we in Tjølling even halt houden voor een kerkje uit de 12de eeuw, krijgt de pastoor ons in het vizier. Hij geeft een warme omhelzing en transformeert in een beroepscharmeur. Natuurlijk hangen we eraan voor een hele rondleiding. Al goed dat de kerk klein is, wat je niet kan zeggen van het hart van meneer pastoor. Wat opvalt

in de Noorse kerkjes, zijn de zeilboten aan het plafond. Elke Noorse familie heeft wel een stoere zeebonk in de rangen. Mensen bidden voor hen zodat ze veilig de thuishaven bereiken. Ingrid laat kaarsjes branden voor alle zeemannen. Ze moet hier in Noorwegen nog veel fjorden oversteken ... We beloven de pastoor om voorzichtig te zijn. De stakker is zo ongerust dat hij zo bleek ziet als een vaatdoek.
'De wegen in Noorwegen zijn smal, zeer smal! Pas toch op voor de ontelbare lange, donkere tunnels, de eenzame bergpassen en de ijzige koude', stamelt hij.
Hij neemt met beide handen zijn hoofd vast: 'Beloof me om 's nachts niet te fietsen.'
'Natuurlijk meneer pastoor', sussen we.

Het weer is al even depressief als de woorden van de pastoor. De wind brult zo hard dat we de arme man amper verstaan. De regen huilt bittere tranen. De golven geven de asgrauwe zee een donderpreek, terwijl de rotseilanden zich verbergen achter een dikke mist. We zetten met een bang hart koers naar Larvik. Het centrum van het Zuid-Noorse stadje ligt als een skischans boven ons. We jagen onze lastdieren door de 20% steile straatjes omhoog. Boven staan we voor gesloten deuren te ijsberen. In Noorwegen zijn alle supermarkten op zondag potdicht.

Op naar Langesund dan maar. Het heeft zijn naam niet gestolen, want we hebben hier zomaar even 40 km kunnen rondrijden langs de lange zee-inham. Het klimmen via een onverharde weg lijkt eeuwig te duren. De afdaling doet er nog een schepje bovenop. Al is 'de afgrond' een betere benaming. Driehoeksplakkaten met het woord 'bom' op waarschuwen de mensen. Als een bom stort je regelrecht naar beneden. Nicole knijpt bijna haar remmen over. Ingrid gaat wijselijk te voet, omdat ze 10 kg extra gewicht meesleurt. Als je dit stuk moet beklimmen, kan je beter je fiets aan de wilgen hangen, of beter nog ... verkopen!

De kustroute brengt ons door hagelwitte dorpjes, zoals Risør, waar de geest van Sneeuwwitje nog ronddwaalt. Pittoresk versierde huizen, een poederwit manneken pis, boegbeelden van een schip op de gevels en reuzengrote ruikers bloemen in de tuintjes, je droomt er helemaal bij weg. In de cafeetjes zitten naast ons wel twintig mannen met koffie en gebak. Ja hoor, hier in Noorwegen zijn het zoete mannen ...

De reis gaat verder langs Løvdal. We zijn stilaan tot over onze oren verliefd op de rotsachtige weg langs staalblauwe meren, de typische peperkoeken huisjes en de toeristische witte dorpjes zoals Arendal en Lillesand. Praktisch alle dagen staan we hier in de lokale kranten. De mensen beginnen ons steevast te herkennen en dat geeft frisse moed. Auto's claxonneren en duimen gaan de lucht in. Sommige plaagstokken roepen: 'You are not on the North Cape yet, girls!' In de supermarkt vragen ze een handtekening. Zelfs de schoolkinderen blazen hun vingers blauw. Het is enorm fijn om hier zoveel fans te hebben.

Loslopend wild

De idyllische tocht komt op kruissnelheid. We knijpen de remmen dicht voor een feestelijk gebeuren aan het kerkje van Fjaere. Er is een doop van zeven kinderen aan de gang. De mensen lopen rond in traditionele kledij. Een trots Noors koppel poseert met hun kindje voor de foto. De ijdele vader staat zelfs te pronken in zijn driekwart broek met een prachtig hemd en bloemenversiering. Het lijkt wel een aangespoelde Viking met zijn Noorse zeemeermin.

Vanaf Kristiansand verlaten we de kust om door het Setesdal te fietsen. Het wordt het sprookjesdal genoemd omdat het pas in 1939 uit zijn diepe slaap werd gewekt. Vroeger was het pad maar 30 cm breed. Verschillende reizigers vielen gewoon de afgrond in of verdronken in de woeste rivier. De zwaar beladen paarden moesten over een diagonale ladder. Ze kregen een zak over hun kop en iemand anders greep de staart. Zo werd het arme beestje stap voor stap door de ambachtelijke lift geleid. Sinds 1992 rijdt iedereen veilig door de tunnel, alleen fietsers kunnen de kreten nog horen van de weg die zo velen het leven kostte.

In het Setesdal zijn we direct de sprakeloze hoofdrolspelers in een levende tekenfilm. De donkergroene sparren nemen een bad in de azuurblauwe meren, terwijl de bloedrode huizen uitrusten in een veld van roestbruin gras. De herfstkleuren van de bomen zijn perfect in harmonie met de oker en rode tinten van de huizen. Fietsen door dit uitgestrekte dal is één grote betovering. De ronddraaiende kiezelsteentjes dansen de twist op de onverharde paden, voordat ze genadeloos worden platgemalen tussen onze spatborden. We volgen het traject van een volledig verwilderde spoorweg. Af en toe worden we wakker geschud door pikdonkere tunnels en dan scheuren we langs de kolkende Otra-rivier verder 'een avontuur van de bovenste plank' tegemoet.

Nicole kleurt het levendige sprookje in haar fantasie verder in. Ze ziet goedgemutste kabouters de deuren openen van hun grote gekleurde zwammen. Anderen staan

hout te sprokkelen en … er rijden zelfs sommige pinnenmutsen met de fiets. Haar droom wordt brutaal afgebroken als plots vier mannen uit de bosjes springen. We krijgen bijna een appelflauwte. Voor ons staan geen kabouters maar gulzige jagers. Ze mikken op alles wat beweegt in de hoop een eland te kunnen neerleggen.
'Enkel als we iets rood zien, halen we de trekker niet over', zegt een boomlange jager. 'De jachtwet schrijft voor dat alle jagers rode petten moeten dragen.'
Onze rode North Face jassen hebben ons leven gered! De schietgrage Noren staren ons fronsend na. 'Mijn naam is wel De Wilde, maar ik ben geen loslopend wild', zucht Ingrid.

We nemen het hazenpad en fietsen naar Byglandsfjord. Hier was vroeger het eindstation van het Setesdaltreintje. De klok tikt rustig verder, maar de sporen en de trein zijn al lang verdwenen. Dat kan je gerust ook zeggen van de laatste verdwaalde toeristen. Pal aan de oude sluis van Storstraumen vinden we een gesloten camping met houten hutten. We gaan op inspectieronde. Nicole ziet met haar arendsogen dat één van de deuren van de primitieve huisjes open staat. We glippen snel binnen en snuiven de duffe lucht op. Geen elektriciteit, maar wel een houtstoof met een keurig stapeltje droge houtblokken en voldoende kaarslicht om rustig ons dagboek in te vullen. Toch voelen we ons niet echt op ons gemak. We wanen ons opnieuw in het verhaal van Sneeuwwitje en de zeven dwergen wanneer we ons te rusten leggen op één van de stapelbedjes. Voorlopig echter geen pinnenmuts te zien.

Terwijl de hut het bijna begeeft onder Ingrids gesnurk, luistert Nicole in het bovenste bedje met gespitste oren. Ze heeft Ingrid beloofd om haar deze nacht niet wakker te maken.
'Wat er ook gebeurt, welke geluiden je ook hoort, trollen, zombies, het kan me niet schelen, ik wil slapen', weerklinkt Ingrids bevel.
Zintuigen laten zich niet op commando buitenspel zetten. Nicole ligt te woelen. 'Neen, ik hoor geen voetstappen, het zijn twijgen die kraken', pompt ze zich moed in. De geluiden dansen in het rond. 'Neen, ik hoor geen gehijg of gezucht, het is gewoon het gepiep van ons venster dat openstaat.' Ze steekt haar snoet nog dieper in de slaapzak en legt de oren het zwijgen op met haar vingers. Gekraak, gepiep en gehijg volgen elkaar in een hels tempo op. Dan gebeurt het. Boem! Patat! Nicole gilt het uit: 'Aaaaaaah!' Er is iets pardoes boven op haar bed gevallen.

Nicole krijgt geen tijd om van het bombardement te bekomen. 'Es tut mir leid, Fräulein. Ich bin Fritz.' Hij geeft haar een kwijlende handkus. Nicole hapt naar adem. Het plaatje wordt duidelijk. Fritz is een landloper uit Duitsland en gebruikt de hut al een tijdje als slaapplaats. We hadden de deur gesloten en geblokkeerd met onze fietsen. Onze Duitse zwerver is stomdronken door het raam binnengesukkeld en heeft daarbij zijn evenwicht verloren. Resultaat: het sprookje van Sneeuwwitje eindigt in Nicoles bed met een grote zatte prins. De innige omhelzing zorgt voor weinig vonken. Fritz ligt na enkele minuten wijd uitgespreid zijn roes uit te slapen. Hij is met Ingrid verwikkeld in een hevig snurkduel. Nicole probeert er tevergeefs een slaapliedje in te herkennen.

Hop met de geit

Onderweg begroeten we talloze huizen met grasdaken. Wat een raar zicht! De Noren planten hun tuin op het dak! Volgens de traditie is dit goed voor de isolatie. Soms groeien er zelfs bomen op. 's Nachts duikt de thermometer genadeloos onder nul, overdag flirt hij met het vriespunt. In onze drinkbussen verandert het kristalheldere water in drijvende ijspegels. In de verte pronken de hoogste bergtoppen met hun poederwit kleedje.
De provincie Telemark kondigt zich aan met een klim van 26 km. We fietsen in Noordelijke richting. Tijdens de afdaling transformeren we bijna in twee 'Ola-ijsjes'. Met bange hartjes ruilen we voor de eerste keer de nietige paadjes in voor de Noorse autostrade. De E134 is praktisch leeg. De Noren doen het op de weg ook wat rustiger aan dan de gehaaste collega-Europeanen. De maximumsnelheid is 90 km per uur, maar vaak mag de teller niet meer dan 70 aanwijzen. Ook fietsers mogen ongestoord de filevrije autostrade gebruiken.

We trappen stevig door, tot ineens iedereen de remmen dichtgooit. Van ver lijkt het alsof grote witte rotsblokken de weg versperren. Toch is er iets vreemd aan de rotsen… ze bewegen! Bij nadere inspectie zien we zeker twintig witte geiten staan die gezellig in het midden van de autostrade koffieklets houden. Er wordt langs alle kanten geclaxonneerd, geroepen en getierd, maar de witte levensgenieters bewegen geen millimeter. Als we de olijke bende naderen, lopen ze plots als gekken naar de fietstas van Ingrid. Ze rijdt met de keuken en dat is hen niet ontgaan. 'Pas maar op', roept Ingrid, 'straks belanden jullie in de kookpot.' In de supermarkten liggen de diepvriezers vol met geitenkoppen. Het is hier een plaatselijke delicatesse. Een verwittigde geit is er twee waard!

Een kassierster in de lokale kruidenierszaak trakteert ons op de ondertussen grijs gedraaide Noorse les in voorzichtigheid. 'Denk aan de koude. Pas op voor de wind. Blijf niet te lang staan. Ga zeker nooit zitten of je vriest dood. De sneeuw komt eraan. Pas toch op!' We kijken elkaar aan. Een goede verstaander heeft maar een half woord nodig en dus fietsen we rustig een kersverse helling op.

Zou dit genoeg gedroogd vlees zijn om de lange winter door te komen?

Als ratten in de val

In de volgende provincie Hordaland rijden we langs het fabelachtige Ulevangetmeer. Als fietser mag je niet door de 7 km lange tunnel. Koning auto regeert, terwijl

wij, de zwakke weggebruikers, moeten omrijden via steile en spekgladde bergwegen. Hier strooien ze natuurlijk geen zout. Wanneer we omhoog turen, zien we enkel bergen vol sneeuw.

Het landschap wordt met de minuut wilder en woester. Grote losliggende rotsen liggen te wachten op een lawine. De volgende tunnel kondigt zich aan. Deze keer is er geen enkele weg rond. De eerste meters geven onze lampjes nog een zuchtje licht, maar dan wordt alles pekzwart. Nicole slaat in paniek. De lugubere stilte wordt al snel verbroken. Ze remt en botst frontaal tegen iets aan. Toch geen trol? Of misschien wel een beschonken landloper? De grote rubberen vangrails omarmen haar. Ze bewegen als je er tegen rijdt, zodat niemand tegen de rotswand zou botsen.

De tunnel lijkt een eindeloze zwarte gevangenis. Opeens horen we achter ons een zware vrachtwagen opdoemen. 'Afstappen Ingrid!', roept Nicole als een bezetene. 'Duw je tegen de rotsen, hou je fiets als bescherming voor je uit.' Het oorverdovende geluid komt dichter en dichter. We zitten als ratten in de val. Moedeloos zwaaien we met onze fietslampjes. Het lijken suffe theelichtjes in verhouding tot de lichtzee die nadert. Plots knippert het dreigende monster met zijn hoge pinkers. 'Hij heeft ons gezien', jubelen we. Met de nodige trillingen, passeert het gevaarte ons langzaam. Onze knieën knikken van de angst. Alsof ons leven ervan afhangt, en dat is in feite ook wel zo, schieten we als twee bliksemschichten weg uit de akelige tunnel.

Een Noorse vrijer

Vanaf Odda fietsen we door één van de bekendste fruitstreken van Noorwegen. Zo'n 800 jaar geleden plantten reizende monniken de eerste bomen. Onze handen jeuken om de blozende appels te plukken, maar in geen tijd proppen enkele gulle boeren onze tas vol. Een vitaminekuur is nooit slecht!

Elke avond ziet de planning er eindeloos uit, maar elke dag moeten we het bekennen: dit is het mooiste traject. Om de haverklap stort er een waterval van de hoogste toppen loodrecht naar beneden. Als uitbundige kinderen fietsen we langs woeste rivieren waarop ze wildwatertochten organiseren.

Mooi houten kerkje in het dorpje Vik.

Een andere absolute topper is het dorpje Aga. Het wemelt hier nog van de authentieke hoogbejaarde huisjes. In het grootste gebouw is de rechtszaal. Eén keer per jaar kwam er een rechter om de beschuldigden te berechten. Nu in 2004 zitten zelfs in het veilige Noorwegen de gevangenissen vol. We doen dan ook niet anders dan rondrijden. Er staat altijd wel iets in de weg. Is het geen Nationaal Park, dan is het wel een ijsgletsjer, een fjord of een 20 km lange tunnel. De mensen van de Belgische pers vragen zich af of we hier geen Noorse vrijer hebben zitten. Wie blijft anders zo lang ronddwalen in deze vrieskoude?

Een schat onder het puin

Spijtig genoeg is er ook geen weg rond het langste en diepste fjord van Noorwegen, het Sognefjord. Op een drietal km van Aga vinden we de Velure Kro. De zaak wordt uitgebaat door ongelooflijk vriendelijke Nederlanders. We bestellen zowat de hele menukaart: hamburgers, uitsmijters, zeker zes koffies en twee overheerlijke stukken appeltaart. In al ons enthousiasme hebben we aan één ding niet gedacht: de rekening.

Schatbewaarder Ingrid is er niet gerust in. Dat is buiten de joviale Hollanders gerekend. Ze omhelzen ons innig en spreken de verlossende woorden: 'Nou meiden, je zal je geld aan andere dingen mogen uitgeven, je moet niets betalen.' Zeg nu nog eens dat die Hollanders gierig zijn!

We leggen hen uit dat we in Utne een fjord moeten oversteken zonder ferry. Honderd jaar geleden gebeurde dit met roeiboten, maar wie heeft er een roeiboot? Onze Nederlandse vrienden beginnen prompt iedereen op te bellen. Elke klant die binnenvalt, hangt eraan. 'Kan je die leuke Belgen niet helpen?' Ineens valt de naam Bjorn. Hij woont in Grimo en bezit verschillende boten. Een aanlokkelijk voorstel, dus we vertrekken.

Wanneer de redder in nood ons binnen laat, zakt de moed diep in de schoenen. Hij zit in de put. De jongen loopt er beschonken en verward bij. Twee jaar geleden is hij zijn ouders verloren. Nu wordt er gevochten om de erfenis. Hij zit met zijn blik op oneindig naar de koers te kijken. Op zijn zwart-wit televisie hangt even veel sneeuw als op de hoge bergtoppen. De antenne zit geklemd tussen de rest van de rommel in de kamer. Het heeft de aanblik van een chaotisch stilleven. Bjorn tovert een primitieve plastieken roeiboot tevoorschijn vanonder een puinhoop van ijzer.

De ferry doet er 25 minuten over om de 10 km lange overtocht te maken. We zijn er rotsvast van overtuigd dat we dit record niet zullen breken. Verbeten neemt Nicole de roeispanen vast. Ze probeert met veel flair uit de haven te manoeuvreren. Bijna ramt ze de aangemeerde jachten. Die liggen stiekem te lachen met de overijverige kapitein. Na een tijdje steekt er een strakke tegenwind op. De golven klotsen hevig tegen onze plastieken schuit. Rusten is onmogelijk. Door de hevige stroming drijven we meedogenloos terug naar het plaatsje Vik. Halfweg moet Ingrid overnemen. Het arme schaap heeft nog nooit geroeid en dat is eraan te zien. Haar roeispanen maken de meest gracieuze bewegingen, maar zelden de goede. Onze boot begint te walsen. We draaien zoveel rondjes dat ook wij stilaan dronken worden. We halen met moeite een halve knoop. Als klap op de vuurpijl laat Ingrid een roeispaan vallen in het diepe fjord. De overzet is intussen al voor de derde keer gepasseerd.

Betrapt!

De sterke stroming en de golven zijn een harde dobber, maar lang niet zo gevaarlijk als de stomdronken Bjorn. Hij zwalpt in zijn oude vissersboot steeds langszij om ons aan te moedigen. 'Het is hier 800 m diep', lalt hij. 'Hieronder liggen twintig vermolmde Vikingschepen.' We proberen de zatte trol te negeren, maar zijn woorden zijn olie op het vuur. Na twee uur beulenwerk wachten aan de overkant steile rotsen. Het is stikdonker als we aanmeren. We schuiven onze boot tussen mosselen en zeewier en beginnen te klimmen naar de kilometers hoge weg. We voelen ons smokkelaars die bezig zijn met een illegale nachtelijke transactie op enkele kilometers van de dorpsrand. Bjorn ontpopt zich zowaar tot onze levende lift. Noorse mannen, je mag ze nooit te vlug afschrijven! Hij duwt volle vitesse achter Ingrid en haar fiets. Nicole ziet ze verdwijnen in het niets. Daar staat onze waterrat, tot haar knieën in het natte gras.

Opeens stijgt een ijzige kreet op uit de duisternis. Een enorme zuignap plakt tegen Nicoles onderbeen. Een kwal? Een octopus? Of de grijpvaste tentakels van een zeemonster? Nicole schreeuwt heel de zuurstofinhoud van haar longen leeg. Wanneer ze noodgedwongen even naar adem hapt, hoort ze een luidkeels gekwaak. Een afzichtelijke kikker keelt vol overtuiging zijn slaaplied. Zou het nu toch haar prins zijn die weer verwoede pogingen doet om gekust te worden? Hij geeft alleszins niet snel op ...

Bjorn begint in de richting van Nicole te lopen. Op dat moment staat Ingrid geparkeerd in de achtertuin van een groot wit huis. Plotseling springen de automatische schijnwerpers aan. Er weerklinkt een bulderstem. 'Wie is daar? Wat doen jullie?' 'Inbrekers', roept de vrouw naar haar man. 'We bellen de politie', kermt ze als een kip zonder kop. 'Die is al onderweg', schreeuwt haar man. Nu begint ook Ingrid te kelen. Bjorn is stilaan bloednuchter door de nachtelijke chaos. Hij weet niet wie eerst te gaan redden. Welke kreet klinkt nu het ijzigst?

Gelukkig kiest hij voor Ingrid, zodat hij in het Noors kan uitleggen wat er aan de hand is. 'Neen, dit is geen georganiseerde overval', zegt onze held met forse stem tegen het koppel bange Noorse kwezels. Ze hebben nooit nieuws. Er gebeurt nooit iets. Als de politie hier uitrukt, volgt ogenblikkelijk de reporter. Zo kunnen de Noorse paparazzi hun krant opnieuw vullen met op de voorpagina ... twee zotte Belgen betrapt tussen de bloembollen! Voilà, we zijn weer nationaal nieuws.

Veel tijd om te bekomen van de Noorse western is ons niet gegund. Terug op zeeniveau krijgen we weer een klim naar 1000 m cadeau. De bergen zijn echte krengen, de zigzagbochten blijven duren. Het geometrisch bijna perfecte lijnenpatroon danst in de verte een uitdagende trollenwals. 'Zotten,

gekken, kruip in een psychiatrische instelling! Neem een auto of beter nog een vliegtuig', brullen we.

Deze maand vallen onze maandstonden samen. Een levensgevaarlijke toestand, elke vrouw weet dat. Het ruige maanlandschap en de kilometerteller die nauwelijks vooruit gaat, maken ons stapelzot. De reusachtige rotsblokken langs de weg slaan in als dolgedraaide meteorieten. We blijven maar zagen. Dat is niet eens zo erg. Er staan toch geen bomen meer. We vervloeken elke bocht. We zien alle twee wit van woede en lossen zo stilaan op in het hoger gelegen sneeuwlandschap. Elke rotsblok lijkt ons uit te dagen voor een robbertje vechten, maar we hebben het al lastig genoeg met onszelf. Alles ziet er zo eindeloos uit. Trøndheim, de Noordkaap, het ligt een eeuw van ons verwijderd.

Duizend bommen en granaten

We volgen al een tijdje de oude postroute. In het pittoreske plaatsje Vangsnes moeten we over de 10 km brede Sognefjord, de langste fjord van Noorwegen. We vinden opnieuw twee brave Noorse vissers die ons willen helpen. De mannen hebben er nochtans geen goed oog in. 'Het lukt jullie nooit', zijn hun opbeurende woorden. 'De wind staat totaal verkeerd en er is een zeer sterke stroming.' Vermits Ingrid steeds rondjes maalt als ze het commando heeft in een boot, zal Nicole het beulenwerk alleen mogen verrichten. Haar armen staan op springen van de oneerlijke strijd met het woelige water. De mannen in de vissersboot krijgen medelijden en kunnen het geklungel niet langer aanzien. 'Mogen we alsjeblieft helpen? We zouden graag morgen nog op tijd op ons werk geraken.' We denken even na. Een man, daar hangt zeker geen motor aan. Op slag hebben we een heel nieuw niet-gemotoriseerd vervoermiddel: mankracht!

Geir Steinar, een reus van twee meter en 130 kg, stapt in ons bootje. We zinken bijna naar de bodem. De roeispanen verdwijnen in een mum van tijd in zijn grote kolenschophanden. Voordat we de vissen gezelschap kunnen houden, schieten we weg. Eindelijk gaan we vooruit. Mankracht, het werkt prima.
'We gaan aan alle Belgen zeggen dat jij in je dooie eentje gratis dames overroeit', plagen we. 'Wat denk je van je nieuwe uitdaging?'
'Vergeet het', hijgt hij. Zijn wangen veranderen met de minuut in overrijpe tomaten. Door de hevige stroming ankeren we 3 km van Balestrand aan wal. En weer staat de plaatselijke krant ons op te wachten.

In Ulvastad gaan we zoals altijd lunchen in het bushokje. We genieten met volle teugen van het uitzicht op de rondhuppelende bollen wol en hun onovertroffen lijfgeur die onze boterhammen een mestsmaakje meegeeft. Vanaf 10 oktober begint het ook echt koud te worden. Vooral tijdens de afdalingen vriest onze neus er bijna af. We mogen echter de Noorse volkswijsheid niet vergeten: 'Zolang je snot niet bevriest, is er geen probleem.' Onderweg is het contrast tussen de roodgekleurde boerderijen en de spierwitte schapen magisch. We zitten gewillig gevangen tussen snelstromende rivieren, groene dalen en grillige bergen. Soms wanen we ons in Oostenrijk, zeker met al die belgeluiden. Hier dragen de koeien geen bellen, maar zijn het de schapen. De zonnestralen vergeten intussen steeds vaker om warmte te geven.

In Olden slapen we onder de Briksdalgletsjer, de grootste van Europa. De 400 m dikke gletsjerreus met 24 ijsvingers of gletsjertongen ligt in een ijzige slaap. De wandeling naar de top is een echt hoogtepunt en moet op ieders verlanglijstje staan. Vanuit een ijstunnel stroomt het blauwe gletsjerwater en ontstaat een oogverblindend gletsjermeer.
Als er nu een lawine is, blijven we alvast goed bewaard.

Als we het gehucht Skora uitrijden, zien we een oud vrouwtje aan de grond genageld kijken. Ze wijst vertwijfeld met een bevende vinger omhoog. Boven onze hoofden dansen de bochten de chachacha. We shaken stiekem mee op onze pedalen. Een poos later bereiken we een oude weg die gesloten is met een slagboom. Fietsers of wandelaars kunnen eronder en mogen op eigen risico de weg volgen. Na 25 km serieus klimmen door een kaal maanlandschap, gilt Ingrid plots: 'Een steenlawine!' Grote rotsblokken donderen de dieperik in en vallen rakelings tussen ons in. We kunnen ternauwernood het stenen buskruit ontwijken. Onze beschermengel heeft het weer druk!

We geloven best dat we nu over één van de oudste wegen van Noorwegen fietsen. Op heel de route is geen levende ziel te bespeuren. We voelen ons twee indringers, marsmannetjes die op een vreemde planeet zijn geland. Het zomer-skistation staat er angstaanjagend verlaten bij. De skizitjes maken ijzingwekkende piepende geluiden. Verderop speelt de sneeuw kat en muis met de bergtoppen. Het witte poeder spat telkens uiteen alsof je een donskussen uitklopt. Op een zucht van de top strijken we neer voor het diner. Vandaag staat er een exotisch hapje op het menu: Mexicaanse bonen en chili. Als twee opgerolde caracoles zitten we verkleumd achter een rots uit één pakje te eten. We mogen niet te lang zitten of we geraken onderkoeld, dus huppelen we maar een rondedansje of twee om ons op te warmen. De chilibonen werken ondertussen als bommenwerpers.

Belofte maakt schuld

Na de zoveelste klim mogen we eindelijk 24 km afdalen tegen 12%. We knijpen onze remmen potdicht en nog scheuren we tegen 50 km per uur door de vele haarspeldbochten. De sfeer zit erin. We daveren naar het beroemdste fjord van heel Noorwegen: het Geirangerfjord. Het zit ingeklemd tussen loodrechte 1800 m hoge sneeuwreuzen. Op de steile hellingen hangen boerderijen als zwaluwnesten te balanceren. De boeren knoopten vroeger hun schapen en zelfs hun kinderen met touwen aan het huis vast om te voorkomen dat ze in het diepe fjord zouden vallen. De enige weg naar de boerderij waren de touwladders die ze één keer per jaar optrokken om te voorkomen dat de koninklijke belastingsinners het taksgeld konden innen. In de

Zeker 15 minuten zitten we geruisloos in onze dubbele kajak. De reuzenwalvis kijkt ons aan met zijn gigantisch oog. Het is een doordringende blik, maar vijandig voelt het niet aan. De walvis is waarschijnlijk binnengezwommen via het Storefjord dat uitmondt in de Noordzee. Voordat we het beseffen duikt meneer terug onder water en besluiten we toch maar als de duivel naar de kant te roeien. Wat een ontmoeting!

Noorse hoffelijkheid

Door al die emoties staat onze blaas op springen. We kunnen nergens aanleggen. Overal zijn kaarsrechte rotswanden. Hoe lang kunnen we het nog ophouden? Het is nog ver, heel ver en een drijvend toilet is in de verste verte niet te bespeuren. Ingrid merkt wel wat anders op. 'Waarde advocaat, er waren toch geen ferry's heb je gezegd. Wat is dat dan?' Ze valt bijna uit de kajak van verbazing. Het wordt een race tegen de tijd om een botsing met de ferry te vermijden. Nicole is in haar sas. Ze besluit Ingrid nog wat verder op te jutten. 'We kunnen hier even rusten.'
Ingrid begint stilaan hysterisch te worden. 'Wat? Rusten? Het is niet het moment, zie je dan niet dat de ferry ons omver gaat maaien? Daar moet je nu toch echt een blinde mol voor zijn!', bijt Ingrid.

Nicole geniet in stilte. Haar stalen zenuwen begeven het allerminst onder Ingrids verwijten. 'Als ik nu eens stop met roeien. Zou ze dan echt door het lint gaan?', denkt ze. 'Ingrid, de Noren zijn brave mensen, die varen niet over toeristen', paait Nicole terwijl ze vergeet te roeien.
'Vooruit, roeien, straks krijg ik het aan mijn hart. Zie die golven eens', jammert Ingrid. We maken er een wedstrijd van. In feite zou de ferry winnen, maar hij heeft ons voorrang gegeven door zijn bocht langer te maken. Die Noorse hoffelijkheid toch!
'Beste Ingrid, nu hebben die mensen op de ferry ook wat langer kunnen genieten van hun rit', besluit Nicole.
'Vooruit, roeien', snauwt Ingrid.

We varen met onze laatste krachten langs de huizen van Linge. Ons waterreservoir barst bijna uit zijn voegen. Zullen we dan toch in onze broek moeten plassen? Onze magen knorren hun monotone klaaglied, een laatste wanhoopsdaad om aandacht te krijgen. Helaas, ze zullen nog uren moeten wachten. Na een tijdje zien we plots een verlaten pier opdoemen. Onze engelbewaarder heeft eindelijk onze smeekbeden gehoord. Er staan twee mensen hevig te wuiven. Ze moeten ons werkelijk uit de kajak sleuren. Alles doet pijn. We rollen op onze buik zoals zeehonden op de pier. Net dat activeert de knop van onze blaas. Ingrid voelt al iets warm worden. Unn en haar man pakken ons vast alsof ze ons al jaren kennen.

Nicole loopt in een recordtempo naar het toilet en creëert een ongeziene bruisende waterval. De bril is nog niet vrij of de volgende stroomversnelling wordt ingezet. De warme douche doet wonderen. Plots wordt er geklopt. Zou het de Kerstman al zijn? Voor ons staat een goedlachse Noor met een doos. 'Surprise!' Zonder dat ze het beseffen, geven ze ons het mooiste cadeau dat we ons maar kunnen wensen: de ingrediënten voor ons nationale, teerbeminde, en tevens enige gerecht dat we als sterrenchefs kunnen klaarmaken: spaghetti.

Opgepast: trollen!

Na de leuke verrassing en warme ontvangst, zijn de batterijen terug opgeladen. Vanuit Linge springen we terug op onze fietsen om de 40 km lange Trollenladder te beklimmen. De macabere pas van 850 m hoog zit ver boven onze fietshelmen in zijn vuistje te lachen. Het is een duivelse grijns. Nu, bij het vallen van de avond, is het een luguber schouwspel. Boven ons dreigt een thriller van een weg. Elf haarspeldbochten hangen met een hellingsgraad van 12% scheef aan de rotswand. Het is alsof een woedende trollenhand de wegen met scherpe nagels in de rotsen heeft uitgekrast. Dat moet een stomdronken trol zijn geweest, want de route barst van de onlogische kronkels.

De helse bergtoppen lijken dan weer op de tanden van de trollen, die vaak verborgen zitten achter hun lange neus en uitpuilende ogen. Dat de Noren volledig in de ban zijn van de akelige wezens, bewijzen de verkeersborden die waarschuwen voor trollengevaar. De trollen zijn de sterke schouder onder het Noorse landschap. Ze houden de wacht op de berg of staan parmantig te zwaaien in het midden van een bos. Nog vaker duiken ze als een duivel uit een doosje op wanneer je even niet aan hen denkt. Soms doemt er een verweesde steen op, die de Noren gebruiken als markering. In het halfduister lijken het net akelige, breedgeschouderde trollen op vinkenslag.

Hier fietsen we dan, dalend de duisternis in. We worden als een magneet opgezogen in de enorme borrelende ketel die 'het Trollendal' heet. Iedere bocht voelt aan als een nachtmerrie die bittere realiteit is. Het lijnenpatroon leidt recht naar de hel. We worden overmand door een huiveringwekkende angst. Alleen trollen en gedrochten voelen zich hier thuis. We denderen door de trollenpas alsof we met een stevige dosis dynamiet zijn afgeschoten. Onze fietszakken zitten beslist vol trollen. We durven niet achterom kijken, want achter-

aan op onze fiets zit waarschijnlijk de oppertrol met zijn lange staart te kwispelen en in zijn krullende neus te peuteren. Onze hartslag bereikt ongekende hoogtes. Geen enkele trol kan verhinderen dat we op 1 november 2004 Trollheim, euh we bedoelen Trondheim, bereiken, de derde grootste stad in Noorwegen. Na de Trollenladder hebben we onze portie duivelse magie wel gehad. De grootste betovering staat echter nog op het menu. Nog 1500 km tot de Noordkaap.

NOORWEGEN
A
Noordkaap
Kjøllefjord
Honningsvåg
Rolvsøya
Repvåg
Sørøya
Lebesby
Porsangen
Olderfjord
V
Skaidi
Talvik
Rafsbotn
Burfjord
Alta
DUWSLEE
naar Finland
Ringvassøy
Kvaløy
Storslett
Tromsø
Lyngseidet
Suolovuopmi
Karasjok
Birtavarre
Senja
Vesterålen
Skibotn
Masi
HONDENSLEE
grens Finland
Andenes
Andøya
Moen
Nordkjosbotn
Kautokeino
Andfjorden
Andselv
Langøya
Harstad
Setermoen
Sortland
Bø
Lofoten
Stokmarknes
Vest-Vågøya
Narvik
Bognes
Skarberget
ROEIBOOT
Moskenesøya
Uslvåg
Strinda
Værøy
Nordfold
Røst
Vestfjorden
Sommarset
Røsvik
Fauske
Bodø
Røkland
Glomfjord
Lønsdal
POOLCIRKEL
Krokstranda
Mo I Rana
Nesna
Mosjøen
Korgen
Vega
Forvik
Rossvatnet
Torfors
Vefsna
Majavatn
Terråk
Vikna
Namsskogan
Namsen
Overhalla
Harran
Namsos
Grong
Nordli
Frohavet
Malm
Åfjord
Rissa
V
Brøskift
TRONDHEIM
ROEIBOOT
Støren
Berkåk
Oppdal

Etappe 8

INFO NOORWEGEN

VERTREK: Trondheim, 10 november 2004
AANKOMST: Noordkaap, 8 december 2004
✔ **TOTAAL:** 1940 km
✔ **VERVOERMIDDEL:**
- mountainbike
- Vikingroeiboot

✔ **KAARTEN:**
- Overzichtskaart, Freytag & Berndt, 1:800.000: www.freytagberndt.com
- Deelkaart nr. 3 – Noord-Noorwegen, Freytag & Berndt, 1:400.000
- Deelkaart nr. 4 - Noorwegen-Noordkaap, Freytag & Berndt, 1:400.000

✔ **KLIMAAT:**
De beste reistijd is van juni tot september.
De donkere periode, d.w.z. per dag slechts enkele uren licht, start rond 18 november en duurt tot 24 januari. In het hoge noorden kan het kwik in januari tot -35°C dalen.

✔ **ROUTEBESCHRIJVING:**
Trondheim: haven en Nidarosdom, Rica, Rosenborg
Er zijn veel ferry's, maar vijf uren roeien over het Trondheimfjord tot Brøskift is ook niet te versmaden!
Rissa: Fosen Foldenhøgskole (goedkope overnachtingsplaats): www.fosen.fhs.no
Verrastranda:
Follofoss: één grote fabriek, en
Malm: motel
We klimmen verder met weg nr. 720 naar de schilderachtige, maar veel drukkere kustweg nr. 17
Namdalseid: met warme koffie en hotdogs
Sjøasen: : www.argard.nu
Bangsund:
Namsos: reuzegroot zwembad Oase ligt in een berg met sauna en fitnesszaal
Norwegian Sawmill Museum, kaarsenfabriek Lysstøperi: www.lysstoperiet.no
Kapteinholet
Overhalla:
Grong: Vershuset Grong: www.vertshuset.com
Iedereen komt naar hier om 20 kg zware zalmen uit de Namsen-rivier te vissen.
Vanaf hier nemen we de E6 of Artic Highway.
Harran: Kro

tip! neem het trailermenu: gebakken aardappelen, worst, hamburgers, brood en ei

Trones: , en

Namsskogan-familiepark met vele dieren: www.namskog.no
Namsskogan: en
Majavatn: zeer mooi gelegen, , en
Trofors: met hutten,
Mosjøen: pittoresk centrum met pastelkleurige huisjes en *i*
Amore: lekkere pizza
Sjøgatestraat met typische houten huizen, gezellige boetiekjes en veel koffiebars
Nordlandia: www.norlandia.no/lyngengaarden
Fustvatnet: mooi meer
waar de schat Einar lekkere koffie en wafels serveert. Je kan hier ook goedkoop overnachten.
Even verderop vind je twee campings: Aspnes en Sandvik. Er zijn ook een en luxebungalows.
Klim naar de Korgfjelletpas: motel en
Korgen: , en , klim naar
Bjerka:
Mo I Rana: staal- en steenkoolfabrieken
Hauknes Kro (5 km voor het centrum): zeer smakelijke maaltijden
Meyergården: www.meyergarden.no
Storli (na 11 km)
Storforshei: , ,
Klim door het Dunderlandsdalen: zeer mooi
Krokstranda: , , motel
Over de Poolcirkel, na 5 km Polarsirkelen en Høyfjells
Lønsdal: , aan afslag weg nr. 77 naar Zweden ligt het Saltdal Turistsenter met , en
Verderop: Polar
Nordnes: , kro
Røkland: kaarsenatellier Artic Lys waar je een eigen kaars kan maken: www.artic-lys.no.
, , en Norlandia: www.norlandia.no/rognan
Veel beklimmingen, mooie uitzichten op het Saltdalsfjord
Fauske: , , Rica Fauske, roze marmergroeven, klim van 8 km

tip! Tussen Fauske en Innhavet zijn er 13 tunnels, dit traject is levensgevaarlijk voor fietsers. De tunnels zijn zeer smal en slecht verlicht, sommigen zijn wel 3 km lang en gaan 10% steil omhoog. Een mooier en veiliger alternatief is kustweg nr. 17 tot Bodø en dan de ferry naar de Lofoten.

Sommarset: Sommersetfjord: prachtig gelegen
Na Kobbmeer is er een 4 km lange tunnel, fietsers moeten rondrijden.

INFO NOORWEGEN

Mørsvikbøtn: 🛒, ⛽, ▲, klim van 4 km aan 7%
Strinda: ▲ aan het fjord, ★ pittoreske weg naast het Sagfjord, ▲ vlak na afslag nr. 835, hierna een tunnel van 712 m
Innavet: 🛏 Halmarøy, 🛒, ⛽ en €,1 km ten noorden: ▲ met hutten, 7% steile klim
Uslvåg: 🛏, 🍴 en ▲, iets verderop ▲ Fjord: zeer mooi gelegen
Draaiend omhoog via het Tysfjord Turisthotel
Bognes: ferry naar de Lofoten (overzijde Skardberget), ▲
Skardberget: klim van 4 km aan 7%, mooi uitzicht op het fjord
Tunnel 17 is 685 m lang en gaat 9% omhoog.
Balak: 🍴, €, 🛒 en ⛽
Iets noordelijker: ▲ Balangen met hutten en een zwembad met glijbanen
Grindjorda: ★ prachtige brug
Narvik: alle voorzieningen
Bjerkvik: 🛏, ⛽, 🛒
Steile kllim van 4 km aan 7%
Gratangen: 🛏 Euro Gratangsfjellet: www.gratangsfjellethotell.no
Fossbakken: 🍷, ▲
Klim van 2 km voorbij de Polar Zoo
Setermoen: 🛏 Bardu: zeer lieve mensen, ▲ met alle voorzieningen, ★ Bardu kerk
Na 7 km Mobakken Skijumping area, na 19 km weg nr. 87: in de zomer een goed alternatief, maar in de winter veel lawinegevaar.
Andselv: alle voorzieningen,
★ Polarbadet: een reuzenzwembad
Olsborg: ⛽
Moen: ▲, 🍴 en 🛏
Klim naar het Takvatnet-meer, ⛽ aan afslag nr. 858, ★ pittoresk traject rond het Balsfjord
Nordkjosbotn: 🛏 Vollan Gjestestue: tof guesthouse, €, ⛽, 🛏 Lynskroa (na 9 km)
Juist aan de afslag naar de E8 die naar Finland gaat: ⛽, ▲ en 🛏 jeugdherberg
Skibotn: 🛒, ⛽, ▲
★ Het traject tussen Skibotn en Djuvik is een sprookje. Machtige uitzichten op de scherpe pieken van de Lynalpen.

> **tip!** Wist je trouwens dat de Noorse kustlengte overeen komt met de halve omtrek van de aarde?

33 km rond het Kåfjord
Skardalen: tunnel van 2,3 km (verboden voor fietsers)
Birtavarre: ⛽, 🛒 en een kerk
Olderdalen: €, 🛒, 🍴

> **tip!** Specialiteit Lefse: een soort witte pannenkoek met boter en kaneel, gemaakt door grootmoeder, ongelooflijk lekker! Verkrijgbaar in het ⛽.

Djuvik: kleine 🛒, klim naar
Storslett: veel 🛏, €, 🛒
Naast het Straumfjord liggen enorme zalmkooien. De zalm zou hier veel beter zijn dan in Zuid-Noorwegen …
Badderen: ⛽, klim richting
Burfjord: 🛒, ⛽, 🛏 Simonsen Gårdsferie luxe hutten (10 km ten noorden): www.simongard.no
Langfjordbotn: 🍷, 🛒, ★ langs 40 km Langfjord, machtig uitzicht op de bergen. In de zomer staan hier meterslange droogstellages voor stokvis.
Talvik: ⛽, 🛒, 🍴 en 🛏 hutten
Alta: 🛏 Nordlys Alta: www.nordlyshotell.no, alle voorzieningen
Rafsbotn: klim van 5 km aan 7%
Skaidi: belangrijk kruispunt, weg nr. 94 naar Hammerfest, de noordelijkste stad van Noorwegen
⛽, 🛏 Repparfjord Skaidi: www.skaidi.no
Olderfjord: 🛏, ▲, 🛒 zeer grote souvenirshop
★ Naast het Porsangerfjord loopt een zeer mooi traject.
De Skarvbergtunnel is 3 km lang en in de winter gesloten met rolluiken die automatisch open gaan wanneer er een auto voorstaat.
Repvåg: 🛏: www.repvag.fjordhotell.no,
▲: open tot 10 oktober
Kåfjord: ellenlange toltunnel van bijna 7 km tegen 10% omhoog, prijs: 6 €. Daarna nog een tunnel van 190 m en een tunnel van 4440 m!
Honningsvåg: ligt zeer schilderachtig.
★ Aan de haven brengen de vissers monsters van krabben en heilbot aan de man.
🛏 Rica Bryggen: www.rica.no
Klim naar de Noordkaap in steile zigzagbochten omhoog.
▲ Noordkaap met hutten.
13 km voor de Noordkaap doemt een slagboom op. Iedereen moet in de winter 75 € betalen. De bus van Honningsvåg en de sneeuwruimer zijn inbegrepen, net als de inkom, koffie en een film. In de zomer betaalt iedereen 24 €.
Noordkaap: je voelt je op het einde van de wereld!
★ Globe die de 71° aanduidt. Verder zijn er een film, 🍴, 🛒 een souvenirshop en een postkantoor. De meeste toeristen komen naar hier om de middernachtzon te zien om 23.21 uur. Deze is het mooist in mei en eind juli. Er is een bruidsuite waar je kan overnachten voor 375 €.

Etappe 8
NOORWEGEN

Fietsen door een gigantische diepvriezer

Spiegeltje, spiegeltje aan de wand, wie is de mooiste bostrol van het land? Het is maanden geleden dat we nog in een fatsoenlijke stad zoals Trondheim zijn geweest. We worden bijna zot van enthousiasme bij het zien van de lachende winkeletalages. We zijn pas helemaal rijp voor het gekkenhuis als we bij één van de winkels in de spiegel kijken. Hij barst net niet.

De trollenpas heeft ons definitief omgetoverd tot geïmporteerde Belgische bostrollen: lang en onverzorgd haar, afgedragen kleding, de gemiddelde landloper lijkt er een fotomodel naast. We hebben al een half jaar haast elke dag hetzelfde plunje aan dat schreeuwt om een nieuw leven. Het kapsel maakt de vrouw, dus een kam zal beslist wonderen doen. We strijken voorzichtig door onze tegenpruttelende haardos. Het voelt alsof je met een handzaag door een stuk ijzer gaat. Na de zoveelste poging breekt de moedeloze kam in twee stukken. Onze lokale manager van DHL vindt het welletjes geweest. Hij heeft een vriend die een kapsalon uitbaat. Tijd voor een echte make-over!

We hebben nog nooit zo'n chique kapsalon gezien. De dames die binnengaan lijken net buiten te komen uit hun derde kapsalon. We sleffen aarzelend binnen. De afgeborstelde kappers in keurige zwarte uniforms bekijken ons in shock. Het zijn precies butlers die weggelopen zijn uit een Engels kostuumdrama. 'Een oerwoud!', roept de kapper opgewonden. 'Dit zijn geen wenkbrauwen meer, maar ondoordringbare bossen!' We worden een beetje verlegen. Hij begint ons te plukken als kippen. 'Waar hebben jullie in godsnaam de laatste tijd gezeten? Op expeditie in het Amazonewoud?', zucht onze Noorse James. Hij baant zich een weg door weerborstels, linialen en knopen. Het is een gevecht op leven en dood.

We leggen voorzichtig uit dat we al zeven maanden weg zijn en de trip vijf jaar zal duren. Op slag laat hij al zijn snoeischaren vallen. Even vrezen we dat we de brave Noor een hartaanval hebben bezorgd, maar een butler hoort zijn kalmte ook in de lastigste omstandigheden te bewaren. Met veel moeite brengt hij zijn gezicht terug in de plooi en voordat we het beseffen staan we met een frisse coupe te blinken. Na de pluimpartij valt ons direct op dat we veel meer zonlicht zien. Butler James wil ons nog een verzorgende conditioner en wat gel meegeven, maar we bedanken vriendelijk. Voor luxeartikelen is er geen plaats meer in onze fietszakken. We zijn al blij dat er een paar pakken spaghetti in belanden. Als we buiten terug in de spiegel loeren, lijken de zwervende bostrollen in rook opgegaan. We zien er ook niet meer ouder uit dan onze moeders. Integendeel, we zijn op slag tien jaar jonger geworden. Misschien krijgen we nog studentenkorting?

Voordat men ons op de gevoelige plaat wil vastleggen voor de cover van Vogue, zetten we onze mountainbikes weer in gang voor de mythische tocht naar het hoge Noorden. We genieten nog even van de kleurrijke kade van Trondheim. Schattige vissersboten verkopen hun monsterachtige visbuit aan de Noorse lekkerbekken. De huisjes weerspiegelen alle kleuren van de regenboog. We vriezen het beeld vast in ons geheugen, want één ding is zeker: na Trondheim is er tot aan de Noordkaap buiten enkele piepkleine dorpjes niets meer. Zelfs de Noren noemen het de wildernis. Er is maar één weg, de 1500 km lange 'Arctic Road' of de E6 tot de Noordkaap. We genieten van een handvol bezienswaardigheden die de stad rijk is, zoals de Nidarosdom, het grootste middeleeuwse gebouw in Noorwegen waar de Noorse koningen gekroond zijn. Universiteitsstudenten bepalen het stadsbeeld. Het wemelt hier van de bars, koffieshops en gezellige terrasjes. Voor twee versgeknipte Antwerpse studentes is het toch meer een groot dorp dan een echte stad. De gezellige sfeer in het havenstadje is stilte voor de storm, want koning winter zendt zijn voelsprieten met de dagen feller uit.

Vikingen trekken ten strijde

De Noren verwachten elk moment sneeuw. De autogarages draaien overuren. Iedereen wil spijkerbanden en bereidt zich zo goed en zo kwaad mogelijk voor op de zeven maanden lange winter. Anderen staan bezeten hout te zagen om de koude winterdagen door te komen. De boeren halen hun hooibollen binnen op het tempo van een hardloper. Ook onze Kogafietsen zien eruit als sneeuwruimers. IJsbanden met de nodige nagels, spatborden waartussen kilo's sneeuw en modder kan ... en een ketting die verdoofd is met een overdosis Teflon-olie. We zien er volgens de lokale modespecialisten uit als diepvriespakketjes: warm wollen ondergoed, een dunne fleece en een oersterke, ademende regenjas.

We hebben opnieuw een droom: Trondheim verlaten met een oud Vikingschip. Na de dolle kajaktocht is de honger naar avontuur nog niet gestild, al is het vooral Nicole die haar maag hoort grommen. Na één telefoontje naar de Fosen Folkehøgskole, waar studenten in één jaar tijd een identieke Vikingboot bouwen, is het zover. Voor het Rica Hotel ligt een antieke schuit met drie moderne Vikingen op ons te wachten. Je moet het die Noorse mannen toch wel nageven. Als je ze iets vraagt, bijten ze zich er in vast tot het in orde komt.

België en Noorwegen zullen samen vijf uren roeien over het Trondheimfjord naar het dorpje Risa. In Scandinavië zijn de volkshogescholen echt uniek. Studenten tussen 18 en 20 jaar kunnen hier na hun gewone opleiding een jaar vertoeven. De scholen liggen extreem geïsoleerd, mijlenver van de moderne wereld. In een straal van tientallen kilometers kan je zelfs met een vergrootglas geen disco's, winkels of cafés ontwaren. Men komt naar hier om na te denken en te bezinnen over de toekomst. De vakken zijn er op zijn zachtst gezegd speciaal: organische boerderij, overleven in de wildernis en het bouwen van traditionele Vikingboten. Ook kunst, muziek, sport, weven of het trainen van paarden staan vaak op het programma.

Onder het toezicht van zowat heel de Noorse pers roeien we als Belgisch-Noorse Vikings de haven van Trondheim uit. Na een half uur zijn onze armen al rijp voor de schroothoop. De Noorse roeiers hebben precies longlife batterijen in hun rug. Na twee uren beulenwerk geeft hun gezicht nog geen krimp. Voor hun doorzettingsvermogen krijgen ze alvast tien op tien. Ze buigen met heel hun lichaam van voor naar achter. Daarna stoppen ze een fractie van een seconde om het lichaam te ontstressen en de spanning uit hun rug te halen. Over buigingen gesproken, als Noren elkaar begroeten buigen ze ook zeer eerbiedig, zelfs voor ons.

Het Belgische team probeert de rare techniek te kopiëren, maar daarvan zijn de Noorse roeijunkies niet onder de indruk. Hun ritmische armwerk brengt hen in een zachte trance. De duisternis valt zoetjesaan. De kadans blijft zo monotoon dat het bijna beangstigend wordt. Intussen wordt het kouder en kouder. Er zitten precies tonnen sneeuw vast in de wolken, maar daarvan zullen we vannacht allesbehalve wakker liggen.

'Land in zicht!', weerklinkt het enthousiast bij de Belgische brigade. Het Vikingschip meert aan bij een denkbeeldige aanlegsteiger. Aan de aankomst wacht ons een gratis reumabehandeling. Als moegestreden soldaten kruipen we door de modder en proberen we de zware boot door de loopgraven naar de hangar te duwen. Het militaire commando raast door ons lichaam: 1, 2, 3, blub, smak, 1, 2, 3 ... telkens zakken we dieper en dieper. We krijgen met moeite onze bottinnen uit de superlijm. Voordat we het beseffen weerklinkt het genadeschot en staat onze Vikingreus steendood te puffen in de hangar. Die avond hangen wel zeker vijftig studenten aan onze lippen. We worden bestookt met honderden vragen die we met veel liefde beantwoorden.

De melkbrigade

De volgende dagen ziet de lucht er nog onheilspellender uit. Donkere sparren zijn omringd met een sluier van wattenwolken. We trappen ons een ongeluk met de ijsbanden die we kregen van onze charmante fietsenmaker Daniel Van Campenhout. Het is alsof we met gesloten remmen rijden of met een dynamo die stokken in de wielen steekt. We zijn verwikkeld in een slakkenconcours. Officieel moet je de spijkerbanden veertig kilometer inrijden op het asfalt. Dat wordt millimeterwerk, want de nijdige lucht staat op uitbarsten.

In de provincie Noord-Trondheim sturen we van onder een barak een berichtje naar Het Nieuwsblad voor onze wekelijkse babbel. Na een kwartier breekt de hel los. Het begint eieren te hagelen. Met een oorverdovend kabaal slaan ze te pletter tegen de hut. De gure wind doet er nog een schepje bovenop. De verbinding met België valt uit en ook onze fietsen geven noodgedwongen forfait. We lopen op het gevoel verder. Onze hoofden hangen praktisch tussen onze wielen. Voor ons strooit een dikke mistnevel zand in de ogen, waardoor we zelfs ons voorwiel niet meer kunnen zien. We zoeken koortsachtig naar een huis. Ons geduld wordt beloond. Aan onze linkerkant schiet uit het niets een gigantisch gebouw uit de grond. We drukken onze onderkoelde neuzen tegen de bevroren vensters van de boerderij. Zeker twintig koeien kijken nieuwsgierig op. Dan horen we een stem uit de hemel. Het is de boerin die met opgeheven armen naar ons komt toegelopen. Zonder boe of bah zet ze ons neer aan tafel waar een dampende lasagne op ons wacht. Buiten raast de hagelstorm ongestoord verder. De koeien loeien al even hard als de storm, maar wij verwarmen ons aan het luxediner en het grote hart van onze Noorse boerin.

Boerin Beate neemt de twee stadskinderen daarna mee op melktournee. De koeien likken met hun lange tongen onze schoenen proper. Ze hebben nog nooit zo geblonken. We luisteren met kinderlijke verwondering naar de zuivelinformatie. Elke koe geeft zo'n tien liter melk. Die wordt gebruikt om kaas te maken. Daarna is het tijd voor de praktijk. Beate geeft ons een klein wit doekje. 'Clean the cow', roept ze betuttelend. Omdat we graag met een goed rapport verder op pad gaan, beginnen we de koe van boven tot onder te poetsen. Eén vraag brandt op onze lippen: hoe kunnen we een door de modder bedekte koe met zo'n klein doekje proper krijgen? We moeten niet lang wachten op het antwoord. Juffrouw Beate krijgt bijna een beroerte van het lachen wanneer ze terugkomt. 'Stadskinderen!', huilt ze, 'je moet alleen maar de uiers proper maken.' We kijken elkaar aan als twee koeien van het domste soort. Lap, dat is nu de enige plaats die we niet op een fikse wasbeurt hebben getrakteerd. De boerin zal ons nooit meer vergeten ...

Ochtendstond heeft sneeuw in de mond

's Morgens schreeuwt Ingrid alles bijeen. 'We zijn ingesneeuwd! Overal ligt er sneeuw, zelfs op de weg. Nicole, kom kijken!'
'Ja, ja, weer een truc om mij uit mijn bed te krijgen', zucht onze nachtraaf.
'Maar neen!', roept Ingrid opgedraaid. Ze doet een jas over haar pyjama en springt hysterisch op de fiets.
'Ik wil die ijsbanden direct eens testen op verse sneeuw!'
Nicole wrijft de overtollige slaap uit haar ogen. 'Ben jij nu helemaal zot geworden?'
Ingrid verdwijnt in de oneindige witte massa. Met de kajak had ze toch wat minder haast. Een landdier is moeilijk te temmen. Na tien minuten valt een poederwitte gedaante binnen. 'Geen probleem, we kunnen vertrekken', jubelt de kerstvrouw.

Onze boerin Beate staat erop dat we een bezoek brengen aan één van de kleinste schooltjes van Noorwegen. Of wil ze stiekem dat we niet verder ondersneeuwen naar de Noordkaap? The place to be is Veslebo. Tiens, het gehucht staat niet op onze gedetailleerde kaart. Negen leerlingen wachten ons vol ongeduld op. Hun leeftijd varieert van zes tot twaalf jaar. De meester tekent elk verhaal dat we vertellen op het bord. Zo wordt het nog levendiger! Vooral het berenavontuur vinden ze spannend. De kleine handjes dwarrelen door ons dik fietsboek. De kinderlijke verbazing en het ongeremde plezier hebben iets ontroerends.

Het wordt stilaan duidelijk dat onze Beate liever niet heeft dat we vertrekken. In een laatste poging om ons bij haar te houden, komt ze op een geniaal idee. 'We bouwen een netwerk op: vrouwen helpen vrouwen.' We kijken haar vragend aan. 'In de winter kunnen jullie niet buiten lunchen. Voordat je het beseft ben je doodgevroren.' Ze begint iedereen op te bellen die onze route kruist en zo gaan we van de ene vriendin van Beate naar de andere. 'De laatste moet dan zoeken naar een volgende plaats', voegt ze er vastberaden aan toe. We pruttelen absoluut niet tegen. Dit is een unieke manier om de Noren beter te leren kennen!

Onze eerste kilometers door de blubbersneeuw zijn even stuntelig als de Noorse weggebruikers. Vrachtwagens schuiven naar hartenlust tegen de reling en staan even later muurvast geparkeerd. De Viking-pechverhelping weet niet waar eerst te beginnen. Fietsen verloopt met vallen en opstaan. De weergoden doen er nog een schepje

Ons brood blijft kraakvers

bovenop. Hagelbollen tokkelen ritmisch op onze helmen. Door het staalharde geluid veranderen we in mobiele drumstellen.

Het vrouwennetwerk loopt intussen op rolletjes. Op onze lunchplaats kunnen we even ontdooien en de verbaasde Noren laten proeven van Belgische lekkernijen. Luikse stroop, speculaas en hagelslag vliegen in het rond. Het kan de Noorse vrouwen wel bekoren, maar voor het ontbijt houden ze van een stevigere hap. Zij eten 's morgens veel vis, rode biet en geitenkaas. Gezonder, het vult meer en je bespaart er beslist mee op je tandartsrekening. Bij het afscheid pakken ze ons stevig vast. 'Gottour', joelen ze. Het betekent zoveel als 'goede trip'.

's Avonds slapen we bij een deftige en statige Noorse vrouw, een echt *madammeke*. Ze lijkt als twee druppels water op Hyacinth Bouquet uit de televisiereeks Schone Schijn. 'Schoenen uitdoen! Proper binnenkomen!', klinkt het vanop honderd meter. 'The Bouquet-residence, the lady of the house speaking.' We krijgen de eer om twee paar mooie sloefen te kiezen uit haar schoenwinkel, zodat de vloer kraakhelder blijft. Uit haar beste porseleinen servies mogen we genieten van bloemkoolsoep met kaas en lamsbolletjes. Hyacinth vertelt haar halve levensverhaal, terwijl haar man het wereldrecord ja-knikken scherp stelt. Hij heeft veel weg van Prins Charles die loopt te slaapwandelen. Door de storvloed aan woorden begint ons lichaam stilaan te bedelen om slaap. Of is het die ijzige koude die ons met de dag meer sloopt?

Als we om halfacht 's morgens door het venster loeren, worden we verblind door een grijnzende lawine. Er ligt zo'n 70 centimeter sneeuw. Buiten is alles wit geverfd. De dikke sneeuwvlokken dansen elegant in het rond. Hyacinth is niet onder de indruk. Ze staat al ijverig eieren te bakken. We schuiven gewillig aan bij het koninklijke ontbijt. Het duurste vruchtensap, tien soorten beleg, kerstomaatjes, het is een maaltijd om bijna verlegen van te worden. De zilveren theelepeltjes maken het feest compleet. Nadat we elk zes dikke boterhammen hebben verorberd, brengt Hyacinth zwierig het volgende brood. 'Neem gerust lunch mee', kirt ze en hopla, nummer twee wordt soldaat gemaakt. Voordat we de sneeuw in schieten, geven we Ms 'Bouquet' nog een innige omhelzing. Met een bekoorlijk wuifhandje zwaaien we haar man Charles na. Die antwoordt met een diepe buiging waardoor hij bijna voorover valt in een dik pak sneeuw.

We fietsen door een levendige winterpostkaart. Geparkeerde auto's staan erbij als reuzensneeuwballen. De akkers en bomen zijn omhuld door een witte bruidssluier en de baan is veranderd in een eindeloze ijspiste. Eén ding is vreemd: onze ijsbanden kleven niet meer, maar voelen aan zoals gewone wielen. De sneeuwruimers werken zich uit de naad. Ze schrapen tonnen overtollige sneeuw van de baan. Telkens ze ons voorbijsteken, laten ze twee sneeuwpoppen achter. Het duurt ook niet lang of onze landkaart is totaal ondergesneeuwd. De kilometertellers verdwijnen onder een zachte witte dons en de fietszakken verkleuren in een handomdraai van zwart naar wit. Op onze helmen torent een loodzwaar sneeuwdak. Onze fietslichten moeten we met de regelmaat van de klok flink afstoffen. Ondertussen sleuren we al weken met hetzelfde brood. Gelukkig blijft het hier 'kraakvers'. We fietsen immers door een gigantische diepvriezer.

'Elk nadeel *heb* zijn voordeel', zei ooit een roemloos filosoof. Intussen vliegen de sneeuwvlokken als scherpe messen tegen onze gezichten. Onze oogbollen kermen van de pijn. We kunnen ze met moeite openhouden. Ze zijn zowat de enige vierkante centimer die niet wit ziet. Door de brandende sneeuw zijn ze bloedrood geschilderd. De wegplakkaten laten zich gewillig poederen. Het zijn witte geesten die roerloos naast de weg staan. Het is ondertussen –10°C. De Noordkaap lijkt een onbereikbare droom.

Het netwerk breidt uit

Iets voor Namsos komt een vreemde auto met een lange antenne naar ons toegereden. 'Jullie zijn live on air', luidt het. We vallen hier stilaan van de ene verbazing in de andere. De lokale radio, zelfs de krant, weet dat we hier vandaag zullen aankomen. Ze werken waarschijnlijk met spionnen. Iets later arriveert de burgemeester van Namsos met veel tamtam. 'Welkom in mijn stad', zegt hij met een trillende basstem. Wat een entree! We voelen ons echt vereerd.

De man windt er geen doekjes om. Hij vindt ons vrouwennetwerk prima, maar iets te beperkt. 'Ook de mannen zullen jullie met plezier helpen. Ze kunnen dat dikwijls nog veel beter!', zegt de Noorse hartenbreker. 'Vanaf nu heet het netwerk 'help Nicole en Ingrid naar de Noordkaap'. Iedereen die jullie wil helpen, hangt een rood stuk stof buiten', declameert hij plechtig. De brave man is een socialist in hart en nieren. Hij belt prompt naar de volgende burgervader van Grong. We zijn precies terug bezig met de Belgische burgemeester-estafette van ons vertrek, alleen fietsen de verstandige Noren niet mee.

Vanaf Grong volgen we de Arctic Highway verder naar de Noordkaap. De zo gevreesde autostrade is niets meer dan een Belgisch zijbaantje en praktisch verkeersvrij. Door de vrieskoude en het golvende parcours is ons dagelijks gemiddelde van 75 naar 50 km gedaald. De Namsos-rivier volgt ons hondstrouw. Er drijven ijssculpturen op het water. In de zomer halen ze hier zalmmonsters van 30 kg boven.

Gelukkig bekoelt intussen de liefde van de Noorse bevolking niet. Via regionale kranten zijn we in de streek bijzonder populair geworden. Het is een warm en rustig volk. We hebben nog nooit een Noor horen tieren, behalve Hyacinth als haar Charles met vuile voeten binnensloft.

Wanneer we buiten aan een restaurant in het dorpje Harran een rood tafellaken zien wapperen, staan onze zintuigen meteen op scherp. Zouden ze de krant hebben gelezen? Of hangen ze het tafellaken buiten om het stof eruit te halen? De kok stuift naar buiten. Hij sleurt ons in een oogwenk binnen. De rijzige Noor bekijkt ons van top tot teen. 'Twee vrachtwagenmenu's', roept hij zoals alleen chef-koks dat kunnen. Even later krijgen we een propvol bord met gebakken aardappelen, worst, hamburger, eieren en brood. Ongetemde leeuwen laten hun prooi niet koud worden, dus aanvallen maar. We kunnen ons nog amper bewegen door de caloriebom. Niets is te gek in Noorwegen, alles kan.

's Avonds valt ons in het dorpje Namsskogan in de witte massa maar één ding op: een grote rode mat. Veel tijd om ons vragen te stellen krijgen we niet. Een mollige dame sleurt ons letterlijk binnen. We mogen opnieuw aanschuiven voor het galadiner. Er staan soep en een rendierschotel op ons te wachten. Twee warme maaltijden op één dag. 'We zullen er niet slechter van worden', jubelt Nicole. Ze is niet altijd vatbaar voor wijze raad, maar als het over eten gaat is ze één en al oor. Het wijze opperhoofd Toni van de kampeerwinkel Base Camp in Nijlen drukte het ons op het hart: 'Sla zeker geen maaltijd over!' We volgen het zeer braaf op. Al goed dat Toni en Veerle ons ook twee skibrillen met getinte glazen opgestuurd hebben, anders zouden we verblind worden door de witte sneeuwweerkaatsing. Ook de pinnen onder onze schoenen zijn van goudwaarde, zo kussen we niet elke vijf minuten de sneeuw.

Solliciteren bij de wegenhulp

We schrijven donderdag 18 november 2004. De thermometer wijst –15°C aan. Nog 1200 km tot de Noordkaap … het blijft oneindig ver. Om 7 uur 's morgens fietsen we ingepakt als twee mummies over de verraderlijk gladde wegen. In het hoge Noorden gebruiken ze geen zout omdat binnen de kortste keren de wagens wegroesten. In plaats daarvan gooien ze op de steilste plaatsen zand. Na een glooiende helling botsen we frontaal op een lokale houthakker. De man kijkt ons met bolle wangen aan. 'Waarom nemen jullie de hoofdbaan?', vraagt hij bezorgd. 'Je kan beter deze binnenweg nemen.' Nicoles ogen beginnen te fonkelen. Hij wijst in de verte naar een platgesneeuwd pad. Hij hoeft zijn pleidooi niet verder te zetten. Voordat we het beseffen, gebeurt er iets vreemds. Het voelt alsof iemand ons met een katapult heeft afgeschoten. De route blijkt dwars over de skipiste te gaan. We bollen tegen duizelingwekkende snelheden naar beneden. Gelukkig hebben we de schans niet genomen die pal naast de piste ligt of we zaten nog salto's en flik-flaks te tuimelen. Ze zijn hier precies ook zand vergeten te strooien.

Vanaf de provincie Nordland wordt de weg heel eenzaam. Er staan praktisch geen huizen meer. De grenzeloze sparrenbossen geven een nietig gevoel. Met al die sneeuw wanen we ons in een glazen souvenierbol die je moet omdraaien waarna de sneeuwvlokken gracieus omlaag dwarrelen. Omdat alle wegmarkeringen zijn ondergesneeuwd, zit er niets anders op dan de plakkaten schoon te maken om ze te kunnen lezen. Het wordt nog een hele karwei als we alle verkeersborden moeten kuisen tot de Noordkaap! We kunnen beter gaan solliciteren bij de Noorse wegenhulp.

Het is bitterkoud en toch hangen mensen buiten hun was te drogen. Dat ze maar oppassen of hij breekt nog in duizend stukken. Zelfs in deze vrieskoude bouwen de Noren vol overgave huizen. Even verderop rijden we langs een kindercrèche. Het is een beeld om in te kaderen. De kindjes staan als Michelinmannetjes buiten te ravotten bij –15°C. Blijkbaar moeten ze een half uur buiten spelen om aan de temperaturen te wennen. Jong geleerd is oud gedaan!

We winnen elke dag de Lotto

Mosjøen, het eerste stadje na Trondheim, is zeer fotogeniek. We verdwalen tussen de fanfare van pastelkleurige houten huisjes. De naaldbomen staan er intussen elke dag bleker bij.
De boerderijen langs de weg baden in een

diepe winterslaap. Een verdwaalde hond blaft in de verte om een teken van leven te geven. Plots zien we een ondergesneeuwd blauw bord met een tasje koffie. 'Ijskoffie?', grapt Nicole. Als het over eten gaat, verandert het lachen al snel in een zaak van levensbelang. Nicole begint sneller te trappen en plaatst alvast haar bestelling: twee wafels met slagroom, vier tassen koffie, een appeltaart ... Vijfhonderd meter verder duikt een nieuw plakkaat op. Nicole plaatst een demarrage. Ineens hoort Ingrid een luide vloek. 'Ingrid, het plakkaat is doorkruist!' Ingrid voelt de bui al hangen. 'Gesloten voor het seizoen', het doodvonnis is uitgesproken. Nicole doorzeeft het reclamebord met haar ogen. Dan maar zoals elke middag troost zoeken in een bushokje met een potje babyvoeding en sportbouillon. Het is tenminste smakelijker dan die vieze porridge, een soort levende blubber waar de mensen in het noorden van Europa warm voor lopen. Het lijkt alsof ze vandaag allemaal hun portie blubber binnen hebben. De Noren zijn echt heel uitbundig: wuiven, claxonneren, applaudiseren, roepen, fluiten, we zitten precies in een etappe van de Ronde van Frankrijk. In feite hangen onze tongen op de grond, maar we persen er een glimlach uit voor de enthousiaste fans.

Juist voor Mo I Rana zien we een Kro langs de weg. Gelukkig is het deze keer geen fata morgana, maar realiteit. We bestellen uitgehongerd twee warme maaltijden. 'Dat is dan samen 25 euro', zegt de strenge serveerster. 'Amai, zo duur', denken we nog bij onszelf, tot er plots een grijze stationcar voor de deur stopt. Een gewapende overval? Een vrouw stormt binnen. Ze fluistert de kokkin iets in het oor en verdwijnt als een dief in de nacht. De kokkin stapt lachend naar ons toe en geeft ons geld terug. 'De bazin trakteert. Ze heeft het gelezen in de krant', zegt ze. Het lijkt alsof we hier elke dag de lotto winnen. We weten niet welke engelbewaarder vandaag van dienst is, maar het is een goeie, want even later schuiven ze nog koffie en dessert onder onze smeltende neuzen. Onze dag kan niet meer stuk.

Na Mo I Rana begint de klim naar de 692 m hoge poolcirkel. De thermometer wijst –20 °C aan. Onze warme kledij is eigenlijk nooit aangekomen, dus zit er niets anders op dan heel onze kleerkast aan te trekken. We voelen ons stilaan robotten. Om 5.30 uur eruit, eten om 7 uur en ... klaar voor actie! Eindelijk fietsen we over de langverwachte Poolcirkel. Het is een machtig gevoel om hier op de 66° Noordergraad te staan met onze fietsen. Weeral een obstakel minder. Nu nog de

Noordkaap! Na een eindeloze sliert van tunnels bereiken we de ijsvrije haven van Narvik. De E6 is allesbehalve ijsvrij. We zijn alle dagen verbaasd dat we niet van de bergen naar beneden schuiven. We fietsen de ijstijd in. Alles bevriest: het water in onze flessen, onze snot, de watervallen ... We fietsen soms letterlijk door een ijsgrot. De weg lijkt iedere dag te krimpen van de koude. Ook de arme schaapjes staan te rillen. Ze proberen zich moedeloos te verwarmen aan elkaar. Het is eigenlijk een echte schande om de grazende lamsboutjes nu nog buiten te moeten zien. Straks zijn ze bevroren en kunnen ze meteen in de pot.

In de ogen van de dood

Amper 400 km van de Noordkaap mogen we in het dorpje Skibotn in een soort berghut overnachten. Het is –25°C. De eigenaar moet eerst nog de weg naar onze hut vrijmaken met een bulldozer, zoveel sneeuw ligt er. Soms moeten mensen van de eerste verdieping naar beneden springen om uit hun huis te geraken. Gelukkig belanden we weer in een zacht bed. We dromen van ondergesneeuwde plakkaten, de rode loper en wafels met slagroom.

's Morgens overvalt ons een diepvrieskastgevoel. Het is volle maan. Over het woeste, boomloze landschap giert een ongeziene gure wind die door merg en been snijdt. Nu zitten we echt op de maan. Rond ons gaapt het grote niets. We proberen aan zeer warme dingen te denken, maar onze mentale veerkracht krijgt het hard te verduren. Onze ogen kleven bijna dicht van de ijslaag. Deze diepvriespaketten hebben dringend ontdooiing nodig. Elke trap wordt zwaarder en zwaarder. Onze loden ijsklompen zijn stilaan gevoelloos. Onze vingers zijn houten drumstokken die krampachtig elke beweging weigeren. Straks breken we nog in twee. We loeren om de vijftien minuten naar elkaar op zoek naar ijsplekken. Als je boven het kaakbeen wit begint te zien, begin je letterlijk dood te vriezen ...

We stampen zo hard mogelijk met onze ijspinnen in de sneeuw om het weinige gevoel in onze voeten te bewaren. De afdaling is een ware nachtmerrie. Onze remmen weigeren formeel elke medewerking. We suizen razendsnel naar beneden. De versnellingen zijn totaal bevroren. We zitten in een dolgedraaide rollercoaster. Met onze voeten doen we een laatste wanhoopspoging om de fietsen tot stilstand te brengen. Tegen 50 km per uur schuiven we via de ijsweg door de zigzagbochten. Wat we ook proberen, ons 40 kg zware stalen ros is niet tot stilstand te brengen. Tegen een moordend tempo vliegen we in een 70 cm hoge sneeuwberm.

Daar staan we dan met onze fietsen geparkeerd. We proberen ons recht te trekken in de losse sneeuw, maar we zakken dieper en dieper. In het begin lijkt het nog een

leuke scène uit de vervlogen tijden van de stille film. We voelen ons Laurel & Hardy die op sneeuwklas zijn. Hoe harder we aan elkaar trekken, hoe meer we wegzinken in de natte massa. We zijn een levende slagroomtaart die ineenzakt als een plumpudding. Ons gegiechel verandert in bittere ernst. We transformeren stilaan in diepgevroren kadavers. We moeten zo snel mogelijk uit dit diepvriesbad of we zijn klaar om als standbeelden opgenomen te worden op de plaatselijke erfgoedlijst.

De velgen kreunen onder een enorme laag ijs. We proberen met een mes alles los te krijgen. Doordat we onze handschoenen hebben uitgedaan om makkelijker te kunnen werken, zien de vingertoppen binnen de korste tijd wit. Nicole probeert met dichtgevroren ogen Ingrid te taxeren. Ze ziet een half levend lijk. Ingrids haren hangen voor haar ogen als bevroren stalagtieten. Haar wangen zien spierwit. Er is een enorme hoeveelheid gips gegoten over haar gevoelloze gezicht. We kunnen onze ogen met moeite open houden door de onstuimige wind. De doorstroming van ons bloed lijkt koppig in staking. Onze spieren wegen een ton. Met veel moeite kunnen we nog beweging krijgen in onze stokstijve lichamen. We geraken in paniek. Het einde is nabij. We beseffen het: we zitten hier machteloos dood te vriezen.

De ultieme uitputtingsslag

Het is zondag en het afgelopen halfuur is er nog geen enkele auto gepasseerd op de E6. Plots voelen we ons doodmoe. We willen even rusten, maar we weten alletwee dat dit zelfmoord is. We zullen in slaapvallen en bevriezen. Er rest ons niets. Om hulp roepen is bij voorbaat een verloren strijd. We willen huilen, maar onze tranen blijven vastgevroren hangen op ons netvlies.

Net wanneer we afscheid beginnen te nemen van alles en iedereen, rolt uit het niets een reusachtige legerauto uit één van de boswegen. Een man ingepakt als een mummie met een spierwit camouflagepak en stevige botten pakt ons vast en gooit ons brutaal in zijn tank. Met de warme as van een sigaret duwt hij op een kwetsbare plaats in de nek. 'Voel je iets? Voel je doorstroming? Voel je de warmte naar beneden gaan?', herhaalt hij keer op keer. We voelen helemaal niets. Hij begint als een gek van onder naar boven op onze benen te kloppen. Er spookt maar één ding door ons hoofd. 'Een maniak, een seriemoorderaar!' We hebben de kracht niet om ons te verzetten. Wat een einde!

De drilsergeant blijft ons maar afranselen. Om de pijn te verzachten geeft hij een warme bouillon. Dan beseffen we het. Langzaam maar zeker beginnen we te ontdooien. 'Dat was echt op het nippertje, girls', fluistert hij. 'Jullie waren bijna doodgevroren. Hier in het plaatsje Setermoen zit het grootste garnizoen van Noorwegen en die zijn hier niet zomaar', legt hij uit. Setermoen is één van de koudste plaatsen in Noorwegen. Vandaag is het –30°C, maar met de wind voelt het aan als –40°C. Alleen elitesoldaten worden hier getraind. Later worden ze overgeplaatst naar Irak of Afghanistan. 'Wanneer het kouder is dan –18°C, doet mijn korps geen fysieke oefeningen. Mijn mannen blijven normaal gezien 50 minuten buiten en dan krijgen ze 10 minuten rust. Hoeveel uren zitten jullie al buiten? Een ganse dag?', klinkt het met forse stem. We krijgen geen woord over onze blauwwitte lippen.

Een militair plan

Hij escorteert ons bezorgd naar het plaatselijke hotel dat vol zit met soldaten die als kruiers van dienst onze bagage naar de kamer brengen. We worden verplicht om direct een warme douche te nemen en in de sauna te kruipen. Die Noren, ze laten er weer geen gras over groeien.

’s Avonds worden we omringd door alle militairen. Ze geven ons ontelbare tips. We hebben er heel wat van onthouden. Hier is onze Noorse gouden raad om te overleven in de koude.

Na de survivalles trakteren de overenthousiaste militairen ons nog op enkele vreemde cadeaus. ‘Hier, speciaal soldatenondergoed in de beste wol’, roept één van de bronstige beren.
We kijken vertwijfeld naar de tochtige ... gulp. ‘Die zullen we moeten dichtnaaien’, mompelt Nicole in zichzelf. Gelukkig kan ze voor een keer haar mond houden. Ze trekt dan maar de handschoenen aan. Haar wijsvinger prijkt fier de hoogte in.
‘Waarom is die vinger apart? Om in je haar te krabben?’, lacht ze. Ze is al volledig terug opgewarmd en duidelijk in haar sas met al die mannelijke aandacht.

'No, no, lachen de militairen, to shoot! Als jullie naar Siberië trekken, moeten jullie toch kunnen schieten? Wie gaat jullie anders beschermen tegen al die beren en wolven?'
Ze willen ons zelfs camouflagepakken geven voor in de sneeuw. Nicole trekt de witte broek en de witte vest aan. Ze heeft niet veel bedenktijd nodig.
'Neen jongens, dat is voor op manoeuvres te trekken. Denk eraan, wij zijn fietsers, wij moeten gezien worden. Trouwens, wit is ons kleurtje niet, geef ons maar rood', besluit onze filosofe. Ondertussen probeert Ingrid haar stekende hoofdpijn het zwijgen op te leggen. Haar sinussen zitten geblokkeerd. Of zijn ze misschien nog bevroren?

Als Nicole in geuren en kleuren onze reisplannen uitlegt, schudden de militairen bij elke zin meer en meer het hoofd. Ze nemen stilaan de kleur aan van hun manoeuvre-outfit. 'Jullie halen het nooit. Je ziet wat er vandaag is gebeurd. Eén panne en jullie zitten muurvast dood te vriezen', waarschuwen ze. Bij Patricia, de goedlachse kotmadam van het Bardu Hotel, verschijnt een imposante rimpelmuur op het voorhoofd. De bezorgde moeder kip weigert om ons te laten vertrekken, zonder... een meesterlijk militair plan. 'We moeten de expeditie van onze Belgische *ladies* schaduwen', zegt de primus van de soldatenklas. Haar ogen beginnen terug te schitteren. De militairen moeten beloven om een oogje in het zeil te houden. Ze begint als een bezetene rond te bellen naar iedereen die ze kent en niet kent. Ze werkt blijkbaar ook voor Toerisme Finland. Na een uur zit ze al in Helsinki en wij zitten nog niet eens aan de Noordkaap ...

De liefde van de vrouw gaat door de maag

De olijke militairen hebben ons van het nodige buskruit voorzien om de laatste rechte lijn in te zetten. Onderweg fietsen we langs het knusse kerkje van het tweelingdorp Bardu – Setermoen. Stokoude kachels verwarmen het koddige houten kerkje met hart en ziel. Het plafond is versierd met blauwe bloemen. Voor de deur staan wel tien duwsleeën geparkeerd waar de oude mensen mee naar de kerk tuffen. We hebben onze koude neuzen amper binnengestoken of de pastoor sleurt ons binnen.
'Dames, na de mis worden er wafels gebakken met confituur, koffie en sinaasappelsap', zegt hij trots. 'Elke zondag is het hier wafelenbak!'Die Noorse pastoors, het lijken geboren charmeurs. 'Hoe komt het toch dat als mensen jouw gezicht zien ze direct over eten beginnen?', vraagt Ingrid zich af.
'Kan ik er wat aan doen dat er HONGER in mijn ogen staat geschreven!' Nicole heeft nauwelijks de laatste letter uitgesproken of er verdwijnt een halve wafel in de eindeloze voorraadkamer van haar maag ...

Så ble det lys i julegrana…

Midten

NYE TROMS

Lokalavisa midt i Troms

Moen i Målselv, tirsdag 30. november 2004 | Nr. 141 | Årgang 31 | Løssalg kr. 12,-

Måtte tines opp på Bardu Hotell:

Kuldesjokk for turister

Sykkelturen i minus 25 grader fra Gratangen til Setermoen lørdag resulterte i at to belgiske jenter måtte revurdere planene om Sibir. Både hender og ansikt var stivfrosne, og det var så vidt de kunne gå. – Dette var helt på grensen, sier Patricia Sørensen ved Bardu Hotell som gav dem midlertidig reiseforbud. **Side 10-11**

Ingrid De Wilde og Nicole Dierckx har så langt tilbakelagt 7.500 kilometer på sykkel.

Krever ekstra-ordinært møte

Øyvind Tollefsen (RV/SV) mener uklarhetene rundt låneopptaket til Istindportalen er så alvorlige at formannskapet bør kalles inn til et ekstraordinært møte.

www.nye-troms.no

Als we de provincie Troms uitrijden valt plots alle verlichting uit. We voelen ons twee mollen. We fietsen op het gevoel. We leven nu praktisch de hele dag in de duisternis. De Noren noemen dit de donkere periode. Ze begint op 21 november en eindigt op 20 januari. Vandaag, 1 december 2004, is het om 10 uur licht en om 13 uur pikdonker. Vanaf nu fietsen we op een oude handelsroute van de Samen, de inwoners van Lapland. Daar ruilden ze huiden en rendiervlees tegen meel, boter en gereedschap. Anno 2004 marchanderen ze met tabak en alcohol. Je zou je voor minder verdoven bij deze beklemmende duisternis.

Vanaf Alta, de hoofdstad van de provincie Finmark, beginnen de laatste gruwelijke kilometers tot de Noordkaap. Waarom duurt het toch zo lang? We banen ons een weg door de desolate toendravlakte. De wind duwt de auto's soms meedogenloos van de weg. Ook wij delen in de klappen. Het woest om zich heen slaande gevaar deelt

brutale krachtstoten uit die ons van de ene kant naar de andere kant van het wegdek slingeren. Telkens er een auto passeert, worden we bedolven onder een natte sneeuwmist. We zitten hier duidelijk in de koudste lade van de Noorse diepvries.

Miljoenen sneeuwvlokken schuifelen over de weg als wintergeesten die in een sluimerende nevel dansen. De dunne stammen van de berken staan nog krommer dan de Noorse slalomskistokken die we met onze fiets streelden op de 'houthakkers-binnenweg'. De dappere bomen houden zich kranig onder het wintergeweld. De echte Noren genieten van deze eenzaamheid. In enkele hutjes brandt er zelfs licht en dat betekent leven! Het geeft ons even een warm gevoel van gemoedsrust dat al snel aangewakkerd wordt. In Skaide nodigt de hotelbaas van het lokale pension ons uit voor een vervroegd kerstdiner. Het netwerk lijkt onverwoestbaar.

Een typisch Noors kerstdiner bestaat uit varken of lam. Het beetgare vlees wordt opgesmukt met koolrapen, zuurkool, spek, worst en gekookte aardappelen. De Belgen zouden er met Kerstmis beslist hun neus voor ophalen. Wie na deze calorie-bom nog een woord kan zeggen, wordt beloond met een licht verteerbaar toetje: rijstpap met een lekkere kwak verse slagroom. In de pap zit een amandel verstopt. Wie ze vindt, krijgt meestal een marsepeinen varkentje cadeau, kwestie van zeker niet met honger naar huis te gaan.

De laatste loodjes

De E69 brengt ons naar het grootste ijszeefjord van Noorwegen, het Porsangerfjord. Het is normaal een schilderachtig traject waarvan Picasso zou wegdromen. Al wat we nu zien is één groot zwart schilderij.
Het begint langzaam onze keel uit te hangen om een hele dag te fietsen in de duisternis. Gelukkig hebben de Noren er geweldige moppen over. 's Morgens zeggen ze goedemorgen, ze pinken even met hun ogen en zeggen dan goedenavond ...

Het monotone zwarte gordijn wordt af en toe verbroken door een eenzaam vissersbootlichtje dat verdwaald zijn weg zoekt. Om op het 'magere eiland' te geraken waar de Noordkaap zich bevindt, moeten we eerst door vijf ellenlange tunnels. De ergste kuitenbijter is 10 km lang en 10% steil. Binnen is meer te zien dan buiten. Hier branden er lampen en is het een pak warmer. We wanen ons bijna in Egypte, maar voorlopig zijn er geen lonkende farao's te bespeuren. De ingangen zijn door zware rolluiken geblokkeerd die via een sensor worden geopend. We moeten ons naast elkaar zetten. Zo hebben we de breedte van een auto en zo openen ook de deuren van het Egypte aan de Noordkaap.

Woensdag 8 december is het eindelijk zover, de grote dag. Om 4 uur 's morgens weerklinkt een hels kabaal. Brand? Een lawine? Een binnenvarende boot? Nee hoor, het is alleen maar Ingrids stem die het hoge Noorden in vuur en vlam zet. 'Vooruit opstaan!' Nicole kijkt verdwaasd in het rond. Vandaag is de dag waar we al zeven maanden naar uitkijken. We fietsen naar het meest noordelijke stukje land van Europa. Maar waarom zo vroeg? Met slaapdronken ogen krabbelt Nicole overeind. Ze doet haar schoenen verkeerd aan, twee benen geraken vast in dezelfde broekspijp en haar wollen onderbroek doet ze koppig achterstevoren aan. Het blijft maar duren. Wat wil je? Een koersbroek, een wollen onderbroek, een lange koersbroek, een regenbroek en dan zwijgen we over de bovenkant: een BH zonder ijzeren sluiting, wollen ondergoed, een dunne fleece, een mantel en nog een mantel.
'Nicole, schakel eens een versnelling hoger', zucht Ingrid.
'Een mens is al uitgeput vooraleer hij moet starten', mompelt Nicole in een soort trollentaal die ze alleen 's morgens beheerst.

Onze E69-ijsbaan kruipt in steile zigzagbochten omhoog. 'Het magere eiland' heeft zijn naam niet gestolen. Er groeit totaal niets. De kille wind sleurt aan onze fietsen. Het wordt een bikkelhard gevecht om op de zadels te blijven zitten. De mist zweeft over het lawinelandschap. De ijsregen krabt ons gezicht

Oververmoeidheid in de duistere periode

open, maar we ruiken de Noordkaap. Iedere trap brengt ons dichter bij het einddoel. Op 13 km van de Noordkaap doemt een grote slagboom op. Klokslag 12 uur is hier in de winter dagelijks een konvooi dat toeristen, gewapend met een sneeuwruimer, tot de Noordkaap brengt. Ze kijken verbijsterd door de aangedampte ruiten van de bus. Wanneer ze ons op de fiets zien verschijnen, beseffen ze het: er bestaat wel degelijk buitenaards leven.

We stijgen en stijgen. Het voelt alsof we op 3000 m hoogte zitten, maar in werkelijkheid klokken we af op 300 m. Als twee Vlaamse leeuwinnen hun prooi ruiken komt de ware aard boven. We vechten een beslissend duel uit met de weerbarstige weergoden en dan gebeurt het: in de verte brandt een fel licht. Het lijkt een gigantische wereldbol. Gelukkig hebben ze de globe verlicht of we zouden er nog voorbij fietsen. Geen goed idee als je weet dat achter de bol de afgrond gaapt en enkel de

woeste zee wacht. We peddelen in trance naar de enorme lichtgloed die fier het Noorden aanwijst. De laatste kilometer is in een oogwenk verleden tijd. We pakken de machtige bol met twee handen vast als een vriendin die we heel ons leven hebben gemist. Een machtig gevoel overvalt ons. We loeren trots naar de onmetelijke ijszee. De wereld ligt letterlijk aan onze voeten.

Na zeven maanden, 8962 km, staan we met onze Koga-mountainbikes op Europa's meest noordelijke punt: de Noordkaap. Het was een titanenstrijd. Onze gedachten dwalen af in de tijd: 600 km rolschaatsen door Duitsland, tot bloedende enkels toe, kajakken op volle zee praktisch geramd tussen de containerschepen, in Zweden een vlot bouwen met 120 loodzware boomstammen, 4218 km over de hoogste en steilste passen in Noorwegen en als klap op de vuurpijl bijna doodgevroren. Zelfs nu moeten we vechten om niet opgezogen te worden door de storm. We klampen ons krampachtig vast aan de globe. De wind huilt. Voor de eerste keer zijn het tranen van geluk. De ijszee gooit de golven te pletter tegen de Noordkaaprots. Het klinkt ons als muziek in de oren. Ons eerste doel hebben we bereikt. Het schuim van de ijszee lijkt een groot bubbelend glas champagne. Schol en ... proficiat.
We hebben het gehaald!

Etappe 10
i

INFO FINLAND

V VERTREK: Noordkaap (Noorwegen), 8 december 2004

A AANKOMST: Rovaniemi (Finland), 2 januari 2005

✔ **TOTAAL:** 964 km

✔ **VERVOERMIDDEL:**
- mountainbike: 263 km
- spark of duwslee: 683 km
- langlaufen: 18 km

✔ **GELD:** euro

✔ **BUDGET:** tussen 25 en 40 €
- Restaurant - dagmenu (tussen 11 en 15 uur): van 6 tot 8 €
- Camping (twee personen): van 7 tot 14 €
- De meeste campings zijn open tot midden september.
- Natuurcampings: gratis
  Je mag overal één nacht gratis kamperen, zolang je het maar vraagt.
  Dit is het allemansrecht.
- Hutten of bungalows: 30 tot 45 €
- Hotel (twee personen): van 50 tot 80 €
- Budgethotel: van 25 tot 40 €

✔ **BOEKEN:**
- Dominicus Finland
- Lonely Planet Finland
- Gids voor Finland – Suomiopas: www.suomiopas.fi
  Hier staan alle hotels, campings, restaurants, café's en bezienswaardigheden in. Zelfs stadsplannetjes, echt zeer praktisch. De toeristische diensten verkopen ook voor 17 € een boekje met de overnachtingsplaatsen in Finland, toch vonden we de Suomiopas nog handiger.

✔ **KAARTEN:**
- Overzichtskaart Finland, F&B, 1:800.000: www.freytagberndt.com
- Overzichtskaart: IGN Finlande, 1:750.000
- Deelkaart Genimap in 18 delen, 1:200.000: www.genimap.fi
- Savonlinna-Joensuu (in Finland te kopen)
- Fietsroutes, zoals de 400 km lange Koningsroute die begint in Helsinki: zie Cycling Finland (hier staan de zes beste fietstours van Finland in), verkrijgbaar in de toeristische diensten in Finland: www.kingsroadfinland.net, www.finland-tourism.com
- Lange afstandswandelingen: E 10 - van Kirkeness tot Helsinki

INFO FINLAND

✔ KLIMAAT:
De beste periode om het noorderlicht te bewonderen is van januari tot mei. In november en december komt de zon amper boven de horizon piepen. In juni en juli blijft het bijna een hele nacht licht en zijn er heel veel muggen. Muggenzalf Off (te verkrijgen in Finland) is niet slecht of draag een net over je gezicht. De herfst is de mooiste periode en loopt van eind augustus tot begin september. Van oktober tot november valt er veel regen. In de winter kan het kwik tot -30°C dalen en zijn veel wegen, campings en hotels gesloten.

✔ GEZONDHEID:
Europese inwoners kunnen met het formulier E 111 van het ziekenfonds beroep doen op een dokter of in het ziekenhuis worden opgenomen.

✔ TOILETTEN:
Voor het sanitair moet je bijna altijd betalen en geen klein beetje (soms tot 2 €).

✔ ROUTEBESCHRIJVING:

Noorwegen

Alta: 🛏 Rica, alle voorzieningen: www.rica.no
Weg nr. 93
Øvre Alta: twee ▲: www.alta-river-camping.no
Hier afslag naar Gargia Fjellstue: de hoteleigenaar organiseert hondensleetochten: www.gargia-fjellstue.no
Klim: 6 km aan 8%
Suolovuobme Fjellstue: overnachting (tel. 78 48 75 10), is wel gesloten in de winter. Ligt op 50 km van Alta, op 418 m hoogte.
Masi: Sami-dorpje met overnachtingsmogelijkheid op 68 km van Alta
Na 30 km splitsing weg nr. 92 naar Finland.
10 km na de splitsing
Lappoluabba Fjellstue: 🛏 berghotel
Karasjok: 🛏 Rica Karasjok, alle voorzieningen: www.rica.no, ⛽, ★ Sami-museum
Grens Finland: 🛏 grensen Hytteutleie: luxe hutten, zeer vriendelijk koppel: www.engholm.no
Voor tochten met hondensleeën, contacteer Amund Peder Teigmo via www.teigmo.no

FINLAND

Karigasniemi: ⛽, 🛒, €, ▲ met hutten.
Na 30 km: ▲ en op 45 km van de grens:
▲ Muothan Ruotitu, met chalets en 🍴
Kaamanen: ligt op weg E 75
Je vindt er 'Kotipuoti': een soort roadhouse met ⛽, 🍷, 🛏 en de post.

🛏 2 km verder ligt het Jokittorma hostel dat heel het jaar open is.
Inari: meerdere 🛒, ⛽, 🛏 Inari en *i* met de overvriendelijke Anne Harju

> 👍 **tip!** in de twee souvenirwinkels kan je de typische Sami-muziek kopen.

★ Sami-museum, net buiten het centrum:
▲ met veel hutten
Ravintola: 1 km van de E 75 is Ukonjärven Lomakylä: hier woont een Nederlander die kamers en bungalows verhuurt.
Ivalo: 🛏 Ivalo, toffe mensen
Er is een reisbureau waar je husky- en scootersafari's kan organiseren.
Saariselkä: alle voorzieningen en een skicenter met kilometerslange langlaufpistes
🛏 Riekko Hotels www.riekkoparvi.fi,
🛏 Tunturi Hotelli www.saariselantunturihotelli.fi
★ Kaunispäan Huippu (de langste glijbaan): tof voor kinderen en volwassenen. Met een plastic slee suis je als een gek de helling af, fantastisch!
🛏 In het Spa Hotel is er een tropisch zwembad met jacuzzi's, sauna en glijbanen.
18 km met langlaufski's over een verlicht parcours tot Kiilopää.
Verhuur van ski's en snowmobiles: www.topsafaris.fi
Kiilopää: 🛏 Tunturiin Fell resort: www.kiilopaa.com
Aan het hotel hangt het Ahopää hostel. Er is ook een artic zwembad.
Kakslauttanen: 🛏 Hier vind je een hotel waar je in echte iglo's kan overnachten. Er zijn zelfs een ijskapel en een ijsrestaurant. Vanuit je bed kan je naar het noorderlicht kijken, want het plafond van de iglo bestaat uit glazen vensters. Ze liggen spijtig genoeg vlak aan de E 75, maar het is wel een echte toeristische trekpleister: www.travel.fi/int/Kakslauttanen.
Over het hotel ligt een zeer grote huskyboerderij. De maximale ritafstand is 12 km.
Tankavaara: ★ goudstadje met museum en typisch restaurant: www.tankavaara.fi, www.kultamuseo.fi. ★ In het Urko Kekhonen National Park kan je kleine 'loops' met sneeuwschoenen maken. In de zomer kan iedereen naar hartenlust goudpannen.
🛏 Korundi met typische goudchalets
Vuotso: ⛽, 🍴, 🛒, 🛏 Old Inn: budgethotel dat

INFO FINLAND

vol staat met 600 teddyberen.
Portipahdam: , een groot meer waar je in de zomer een boot kan nemen naar Vuotso.
Köngäs: overnachting (alleen in de zomer) in hutten. Iedereen komt naar hier om te vissen
Madetkoski: aan de brug, , hutten, 1 km ten zuiden:
Sodankylä: Sodankulä en Bear Inn: www.hotel-bearinn.com
Ten noorden ligt het Majatalo Kolme Veljestä guesthouse
Oude kerk van 1689, museum, Pappillanniemi Nature Path van 1,9 km en talloze kunstgalerijtjes. Er zijn ook veel artiestengalerijen, , en
Orakosi: (aan de rivier) met kleine bungalows
Raudanjoki: Visatupa: een boerderij en met zeer lieve mensen: www.visatupa.fi
Käyrämö: , en motel
Korvalla: met bungalows
Vkajärvi: Ahosen lomökit : hutten (30 km ten noorden van Rovaniemi). , en
Rovaniemi: kerstdorp met het huis van de Kerstman, het elfen-postkantoor,en vele reuzegrote sneeuwmannen (een droom voor jong en oud). Door het dorp loopt de Poolcirkel. Veel souvenirwinkels, een ijscafé, een ijsdoolhof waar kinderen met een slee van een berg afglijden. Er is zelfs een Santa Park, een enorme grot waar ze het speelgoed produceren en klaarzetten voor de kinderen
Saarenkylä: Napapiirin Saarituvat, prachtig gelegen aan de Kemjoki-rivier. Heel het jaar open, ligt 7 km van het centrum van Rovaniemi: www.saarituvat.com.

Wat de douche voor ons is, is de sauna voor de Finnen!

De sauna kent een eeuwenoude traditie. Het was de meest hygiënische plek voor de bevalling, het verzorgen van zieken, zelfs voor het opbaren van de doden. Je zou er bijna koude rillingen van krijgen! Een oud spreekwoord zegt dat als drank (wodka), roet en sauna niet helpen, de ziekte fataal is. Later werden sauna's ook gebruikt voor zakenvergaderingen, het maken van bier en natuurlijk om het lichaam te reinigen, de spieren te ontspannen en de geest te verfrissen.

Een sauna is een plek om tot rust te komen en te mediteren. Hardop praten en vloeken past niet. In de Finse traditie zijn saunageesten meestal van goede aard, maar niettemin is het beter hen niet te verstoren door onbehoorlijk gedrag. Binnen is het 90°C. Daardoor voel je je de eerste minuten als een kreeft die in een pan wordt gaar gestoofd. Om de bloedsomloop te versnellen, slaan vele mensen zich met berkentwijgjes. Na een tiental minuten verlaat een normale sterveling best de sauna. De moedigsten rollen zich in de sneeuw of plonsen in het bevroren meer.

Sommigen vinden zelfs een duik in het ijskoude water niet genoeg. Ze doen er nog een schepje bovenop door twee gaten in het ijs te maken op vijf à zes meter van elkaar. De waaghalzen moeten onder het ijs van het ene gat naar het andere zwemmen. De kans dat ze het niet halen is groot, maar ach, ook het wereldrecord 'sauna zitten' willen de Finnen tot de dood toe verbeteren.

Etappe 10
FINLAND

De mooiste kerst van ons leven

Bonk! Knots! Knal! Niemand is nog veilig voor het Belgische gevaar op hun nieuwe vervoermiddel. Boef! Baf! Smak! Het is één grote chaos in het hart van de Noordkaap. Ingrid sleurt drie kerstbollen mee uit een reuzenkerstboom die in het midden van Honingsväg pronkt. Het stadje staat op zijn kop. Nicole schuift door de steile straatjes met één ski in de lucht. Ze belandt pardoes in de onschuldige visserssloepen en wordt bijna mee verkocht met de gigantische koningskrabben. Het Noorse ramptoerisme scheert hoge toppen. Tussen de mierenhoop van toeschouwers dansen twee Belgische dames een houterige ijsdans op …
een duwslee!

Op het Magere Eiland waar de Noordkaap in dromenland is verzonken, ligt het stadje Honingsväg ingeblikt tussen besneeuwde bergen. Zelfs in de duisternis is het schilderachtig. Vissersbootjes brengen monsters van krabben en heilbot naar de kade. Ondertussen worden de bevroren straatjes fel geterroriseerd door een spinnenweb van deftige, oude dames die met hun vreemde duwwagentjes door het dorp schuifelen.

We loeren als katten naar al die drukte en tegelijkertijd komen we samen op het idee om met deze 'spark', een slee die je steppend voortduwt, verder te reizen. Je kan het bijna vergelijken met de rollators voor hoogbejaarde mensen, maar dan zonder wielen. Het is een typisch vervoermiddel in heel Scandinavië, zowel jong als oud gebruikt het om zich te verplaatsen in de stad.

We mogen van een koppel de duwslee uitproberen. De oldtimers leren ons de kneepjes van het vak. 'Bij het stoppen moet je als een pinguïn op je latten staan en de hielen tegen de grond duwen', kakelt een hoogbejaarde vrouw vol overgave. 'Om bochten te maken, sleur je best als een bezetene aan het stuur. En vergeet je heupen niet, alles moet draaien. Move those hips, girls! Jullie zijn precies twee planken!' Al dansen we een hele rumba, salsa of lambada, toch razen we in elke bocht onverstoord rechtdoor. In onze dolle vlucht nemen we bijna heel de kerstverlichting mee van de ondertussen kaalgeplukte kerstboom.

Inkopen met duwslee

Na honderden tips begint het al iets beter te gaan. Vooral de vloeiende trapbeweging met onze benen laat nog veel te wensen over. We schoppen precies tegen een voetbal, terwijl de Noorse dames gracieus als koninginnen over de ijsbanen swingen. Al zijn ze 80 jaar ze blijven zo soepel als een veer. IJsprinsessen zijn we misschien nog niet, maar klaar voor de strijd zeker en vast. Oefening baart kunst!

Het is echt te koud om in –35°C verder te rijden met onze fietsen. De ketting en de versnellingen bevriezen en blokkeren om de haverklap. We slagen er in om twee duwsleeën gesponsord te krijgen. Onze keuze valt op het model Tarzan. De naam zegt alles, het meest robuuste type onder alle duwsleeën, perfect om door de Lapse wildernis tot de grens met Rusland te glijden, een traject van zo'n 2000 km.

Met vallen en opstaan

Ons vertrek op 14 december 2004 in de stad Alta is echt iets voor Candid Camera. Na één bocht ligt onze bagage van 35 kg al op de grond. Plotseling is het weer zo mild dat er zelfs sprake is van een hittegolf: 0°C. De thermometer barst bijna uit zijn voegen en dat kan je ook van ons zeggen. We zijn veel te dik ingeduffeld omdat we eindelijk ons thermisch expeditiemateriaal hebben ontvangen. Niet alleen de sneeuw smelt. Uit onze oren komt stoom. Het zweet dat van onze hoofden op de grond plenst laat nog meer sneeuw smelten. Onze duwsleeën zijn allesbehalve in hun nopjes. Ze zakken meedogenloos door de millimeters sneeuw. Het ijzer onderaan schraapt zo hard over de baan dat je er in deze exotische temperaturen spontaan koude rillingen van krijgt.

Vandaag zeggen we de Artic E6 vaarwel, de weg die lief en leed met ons deelde. Het wordt niet echt een afscheid in stijl. In het midden van de baan staat de Belgische expeditie geparkeerd op het zwarte asfalt. We zijn niet alleen ... ook heel Noorwegen valt stil. Niemand claxonneert, niemand brult. Twee brave Noren stappen resoluut uit hun auto en helpen de twee bomma's met hun duwsleetjes oversteken. Nu nog vooruit geraken! Alta heeft in feite drie stadscentra. We hopen dat we tegen vanavond toch al uit de agglomeratie zijn ...

Weg nr. 93, 'de weg van de Samen' die naar de grens van Finland gaat, is helemaal een ramp. De zandstrooiers rijden met vier auto's achter elkaar. Voor ons verschijnt het strand van Oostende. Nog een emmertje en een schupje en we kunnen een zandkasteel bouwen. Het is een hilarisch zicht. Met de ene helft van de slee hangen we op de berm waar nog een paar centimeter sneeuw ligt, met de andere helft sleuren we ons een ongeluk op de verzande baan. We hebben allesbehalve tijd om een

De Samen, een uniek volk

Het reusachtige gebied bij de poolcirkel is de natuurlijke habitat van een mysterieus volk: de Lappen. Ze zijn met 20.000 en worden zelf liever Samen genoemd. In Fins Lapland leven amper 5.000 Samen. Tegenover de 300.000 rendieren zijn ze lichtjes in de minderheid. De beestjes lopen vrij rond en zijn makkelijk herkenbaar aan de merktekens op hun oren en rug. In de herfst verzamelen de Samen hun huisdieren voor de jaarlijkse telling.

Tot in de vorige eeuw waren de Samen nog nomaden. Ze vergezelden de rendieren tijdens lange tochten door onherbergzame bossen en toendra's. Hun tenten lijken op de tipi's van de Noord-Amerikaanse indianen. Net zoals hun gevederde spitsbroeders zijn ze nog echt één met de natuur. Rendieren vormen nog steeds de belangrijkste bron van inkomsten. Alleen hebben ze het echte zwerversbestaan verruild voor een vaste stek.

Het donkere landschap verlichten ze moeiteloos door hun outfit. De kleuren van het traditionele kostuum van de mannen zijn feilloos afgestemd op de oerkrachten van het hoge Noorden. Geel staat voor de zon, rood voor vuur, groen voor het woud, blauw voor de lucht en hun wit hemd symboliseert de sneeuw.
De sierlijke rijbroek, een opvallend jasje en een muts met vier punten maken de kleerkast compleet. Door de grappige muts hebben de stoere kerels wat weg van een harlekijn.

Achter alles schuilt een diepere betekenis. Zo kan je de echtelijke staat aflezen van hun hoed! Als het koord dat eraan hangt links wordt gedragen, zijn ze nog een hapklare prooi. Hangt het rechts te bengelen, dan is meneer gelukkig getrouwd. En als het vooraan hangt? Dan heeft de heer des huizes waarschijnlijk iets te diep in het glas gekeken! De vrouwen zijn minstens even stijlbewust. Ze pronken met hun mooie jurken. Een klokkende rok, een omslagdoekje en een schattig kapje kleuren het plaatje verder in. Alles is versierd met prachtig borduurwerk. De Samen, het is een trots volk!

spontane zandsculptuur te maken, want elk greintje energie gaat naar die dekselse duwslee. We kruipen vooruit als slapende slakken. De lol is er een beetje af. Wie gaat er nu met een slee over het asfalt? Eén ding drijft ons verder. We zien er enorm naar uit om onze eerste Lap te ontmoeten. Ze moesten eens weten hoeveel we er voor over hebben! De helft van het asfalt hangt aan onze sleeën.

Een berekende gok

Het landschap bestaat uit dwergberken, mos en veenbessen. Zeven maanden heerst hier een strenge winter. Daarom duurt het voor de veenbes twee jaar om te rijpen. Al een hele dag hebben we te kampen met een hevige wind die met de minuut verderrijpt en aangroeit tot een brutale storm. Patat! Met slee en al kust Nicole het asfalt. Hopla! Daar ligt Ingrid uitgestrekt over de baan. De wind raast als een tiran over het onverschillige toendragebied. We zoeken koortsachtig naar beschutting. In kilometers valt er geen huis te bespeuren.

Als we voor de vierde keer de sneeuw degusteren, is de maat vol. Nicole bemerkt met haar lodderoog in de verte een rookpluim. Waar rook is, is vuur en waar vuur is, is leven. Tijd voor actie! Nicole laat Ingrid achter bij de bagage en vertrekt op verkenning. Ze denkt vlug terug te zijn, dus Ingrid even alleen laten is een berekende gok. Als ze een paar meter van de weg afdwarrelt, zakt Nicole plots tot aan haar heupen in de verse sneeuw. 'Zorg dat je in beweging blijft. Of doe een gezonde steptraining op de slee', mompelt ze nog met een sneeuwbrok in de mond.

Nicole ploetert met man en macht en vecht voor elke morzel grond. Als een mol graaft ze tunnels in de ondoordringbare sneeuwmassa, maar ook mollen verliezen wel eens hun geduld. Ze is bang dat Ingrid al is veranderd in een sneeuwmummie. Ondertussen heeft Nicole al een halve autostrade gegraven naar de wazige tent. Het duurt een eeuwigheid. Eindelijk komt de rookpluim in zicht. Een grote Indianentent doemt op. Onze menselijke sneeuwruimer geeft een teken van leven: 'Uch!' Ze wordt verwelkomd door een goedlachse Lap. Met handen en voeten probeert ze in gebarentaal de situatie uit te leggen. De Indianendans van Nicole bezorgt de Lap

spontaan pretlichtjes in de ogen. Zonder een letter te zeggen, bindt de Lap een paar sneeuwraketten onder zijn voeten. In een recordtijd staan we terug bij de bijna bevroren Ingrid, die ondertussen de sleeën heeft omgegooid als een buffer tegen de wind en in een klein bolletje is opgerold. Nicole is in werkelijkheid bijna een uur weggebleven. De brave Lap laat ons overnachten in zijn lekker warme Lavvu. Dit is een traditionele Sami-tent met in het midden een houtkachel. Op de grond liggen rendiervellen waar we steendood op neervallen. We zien met halfopen ogen de rook sierlijk verdwijnen in de kille hemel.

Naar meneer doktoor

Elke morgen staan we met frisse moed op. We smachten naar een straaltje zon, maar neen, ze is er niet, ze is op wintersport! We kunnen maar niet wennen aan die kille duisternis. We voelen ons slaven die een loodzware kar vooruit duwen. Al onze spieren zijn stijf, de achterkant van de knieën, de heupen, de billen, een volledige kerstlijst vol ellende. 'Het gaat veel te traag en ... ik heb geen evenwicht!', mort Nicole. Het probleem is vooral dat ze niet veel plaats heeft om haar twee maten te grote winterbottinen tussen de smalle latten te zetten. Een carrière als mannequin is duidelijk niet voor haar weggelegd.

We houden ons energiepeil boven water met soep en bouillon. In haar wildste fantasieën knalt Nicole een paar rendieren af. Nu nog fileren, grillen en flink wat pittige kruiden erbij! Ze droomt dat ze gulzig enkele rauwe brokken vlees naar binnen werkt. Het bloed druipt er van af!

Het afduwen gaat alsmaar moeizamer. We proberen een ritme te vinden, een systeem te zoeken om onze spieren in automatische piloot te zetten. Tien keer met de rechtervoet duwen en dan tien keer met de linkervoet, het lijkt kinderspel, maar het is een helse karwei.

Aanmoedigingen van loslopende honden krijgen we vandaag genoeg! Is dit onze welkomstbode voor Finland? We zien groen van jaloezie als we de honden over de sneeuw zien vliegen. 'Helaba, niet te snel, we kunnen niet volgen', roepen we buiten adem. 'Als we nu eens een hond of een rendier voor onze spark spannen, dan zouden we toch wat vlugger bollen', oppert Nicole. Wat je niet hebt, kan je niet missen, dus puffen we eigenhandig met onze duwslee de duisternis in.

Tijdens onze laatste avond in Noorwegen logeren we op een camping bij de komische Bjarne. Hij is een beetje in rouw omdat we zijn land verlaten. 'Vermits ik jullie niet kan overhalen om hier tot Kerstmis te blijven, zal ik toch mijn best doen om één van jullie wensen te verwezenlijken', zegt de charmante Viking.
Het is weer bingo, die Noren en hun eeuwige goedheid toch! Met de vliegende honden fris in het geheugen, hoeven we niet lang na te denken.
'Niet ver hier vandaan woont een dokter', vertelt Bjarne.
We kijken hem vragend aan. Een dokter? Zien we er dan zo afgeleefd uit?
'Die heeft huskyhonden en hij wil jullie meenemen tot de grens van Finland.' Joepie!

Op de lappen met de Lappen

Het plakkaat 'Welkom in Finland' is voor ons precies een grote grafzerk. Noord-Lapland ligt aan onze voeten. In de zomer zwermen hier miljoenen muggen en grazen er ontelbare rendieren over de eindeloze toendravlakte. We kijken met waterachtige ogen uit over de sneeuwvlakte waar een vreemde mist zich een weg baant door de armtierige begroeiing. Voor de eerste keer in acht maanden lopen we ook douane tegen het lijf. Ze wuiven vrolijk en doen teken om binnen te komen. 'Willen jullie een souvenir, ladies?', vragen ze hartverwarmend. Uit de kast halen ze wat stoffige stempels. Ze knallen de vochtige inkt in ons internationaal paspoort en schrijven in het Laps 'Good luck'. 'Pas maar op, er is absoluut niets de komende 100 km', waarschuwen ze.

De laatste Noor die ons bijna ontvoerde om in Noorwegen te blijven had gelijk: het is hier nog kouder! De kille duisternis doet ons hart langzaam terug bevriezen. Bibberend zoeken we een plaats om onze tent op te stellen. Langs de weg is het onmogelijk, de sneeuwberm is veel te hoog. We nemen dan maar lukraak een afslag, op hoop van zegen. Van ver tekenen zich grillige contouren af. Houten hutjes oefenen een magnetische kracht op ons uit. Wanneer we dichterbij komen, wordt Nicoles rauwe vleesdroom een ijzingwekkende nachtmerrie! Aan een lange balk

In -30°C is er geen gevaar .... voor muggen!

hangen twintig gevilde rendieren. Door de wind bewegen de ijzeren vleeshaken uitdagend. Een horrororkest recht uit de hel speelt steeds dezelfde metaalachtige deun. Zwarte raven cirkelen huiveringwekkend boven het dode vlees. Iets verder liggen de rendierkoppen als trofeeën in de sneeuw. Ingrid trapt net niet in de ingewanden. We moeten bijna kokhalzen. Buiten ons en twintig onthoofde rendieren is de slachterij totaal verlaten.

We besluiten zo ver mogelijk van deze horrorkeuken te kamperen. Het is pikdonker en ijzig koud. Bij een temperatuur van –37°C beginnen we rillend de sneeuw weg te schuppen om een platform te maken voor onze tent. We kloppen met veel moeite de sneeuwpiketten door de ijsgrond en zijgen neer in onze iglo. Elke nacht broedt Ingrid als een kloek. Niet op haar eieren, maar op haar Bausch & Lomb contactlenzen. Ze bewaart ze als een schat in haar slaapzak om te voorkomen dat het vocht bevriest.

Om 4 uur staan we kaarsrecht in onze slaapzakken. We worden opgeschrikt door een oorverdovend lawaai. Zou er een F16 vliegtuig zijn geland op een boogscheut van onze kampplaats? Een sneeuwscooter raast op enkele meters van onze tent voorbij. De Lap lacht zich een breuk als hij onze verschrikte gezichten ziet. Wie zet er nu een tent midden op een sneeuwscooterpiste! Tja, wisten wij veel? We besluiten zo vlug mogelijk af te breken voordat ze denken dat we een drive-in wegrestaurant uitbaten. Met enkele karateslagen breken we de tent in de plooi. Het bevroren diepvriespakket is te groot om ergens in te steken. Smelten zal de tent de eerste maanden niet doen. Als een kunstwerk zetten we ze bovenop de slee. Ondanks de korte nacht, beginnen we in feeststemming te komen. Kerstmis staat voor de deur en wij zijn net het land van de kerstman binnengeglipt. 'Oh, dennenboom, oh, dennenboom, wat zijn je takken wonderschoon!'

Ons eerste dorp in Finland is Inari. Er wonen zo'n 700 mensen. Als we de deuren openen van het Inari-hotel, komen we terecht in een saloon. Dronkelappen zwijmelen van de ene tafel naar de andere. Ze kleden ons helemaal uit met hun kwijlende blikken. Links aan de toog zit een man met een cowboyhoed te zingen. Aan de andere kant glijdt een ladderzatte brombeer onderuit. Hij krabbelt recht en lijkt recht op ons af te komen. Zijn ogen verraden pure lust. 'Vluchten nu het nog kan', schreeuwt Ingrid. We hollen naar onze kamer en spijkeren de deur stevig dicht. We staan elk dertig minuten te ontdooien onder de douche. Op onze kleine zwart-wit televisie voorspelt de weerman de ene sneeuwstorm na de andere.

De volgende dag verbroederen we vooral met Sato, een blonde Samivrouw die piepklein van gestalte is, maar de pit en het temperament heeft van een reus. Ze geeft ons een gouden tip. 'Willen jullie een rendier? Dan moet je één week trakteren met bier. Zo sluiten Sami-mensen de beste deals.' Gemakkelijker gezegd dan gedaan. Met lood in de schoenen slepen we ons naar de bar. We bestellen een glas melk. De personages aan de toog zijn levende stripfiguren. De drank vloeit rijkelijk. Het rendiervlees is verkocht, dus de beurzen van de lokale cowboys zijn aardig gevuld.
'Rendieren zijn zeer lomp', roept een norse man met een wilde baard. Hij tikt met zijn vinger op het hoofd, kwestie van er geen misverstand over te laten bestaan.
'Zo lomp, amai, en ze luisteren niet. Ze doen simpelweg waar ze zin in hebben', treedt de komiek van het gezelschap bij.
'Lieve dames, rendieren inspannen en iets aanleren is een onmogelijke opdracht, en daarbij ... dat gaat zomaar niet. Er zijn veel beperkingen. Je kan zomaar niet van Noord naar Zuid-Finland trekken met een rendier', vult de bebaarde cowboy aan. Zijn hangbuik lijkt bijna te ontploffen vanachter zijn half versleten geruit hemd.

Een gedrongen gestalte komt op ons afgestapt. 'Men zegt dat je de rendieren niet mag stresseren', begint hij te lallen. 'Daarom worden ze ogenblikkelijk gedood. Men kan het beest niet achtervolgen. Omdat het doodsbang is, zal het automatisch urine in het vlees pompen', besluit hij de les biologie.
'Dan proef je werkelijk urine', treedt een lange smalle bij.

'Dom dat die beesten zijn', klinkt het opnieuw rechts van ons. Het hangbuikvarken mag stilaan een ander plaatje opleggen. 'Je kan trouwens nu onmogelijk aan een rendier geraken', zegt de geblokte knorpot.
We hebben er stilaan genoeg van. Geen rendier dus. Ook de honden zijn 'druk gereserveerd' om met de toeristen kleine rondjes te lopen, dus zullen we onszelf terug moeten inspannen. Nog een extra muts over onze hoofden om het gehuil van de wind het zwijgen op te leggen en hop, daar gaan we weer.

We zijn de laatste tijd doodop. De fut is er een beetje uit. We slepen ons vooruit. We zijn al blij dat we kunnen steunen op onze slee. 'Binnenkort kunnen we niet meer alleen lopen en hebben we een stok nodig', grapt Nicole. Ingrid probeert zelfs half te slapen. Eén oog dicht en af en toe zelfs twee! Met tegenzin houdt ze toch één oog op een kier. We zijn moe, moe, moe! Je kan het duizend keer uitschreeuwen, er is maar één weg: vooruit! Niemand heeft nog energie. We zouden de hele dag kunnen slapen omdat je denkt dat het eeuwig nacht is. Niet voor niets dat vele Finnen beginnen te drinken in deze lange sombere periode.

Een magisch kerstwonder

In Ivalo is het koppen lopen aan de geldautomaat. Iedereen is op koopjesjacht en onderweg naar familie. Alle hotels zitten propvol. We maken ons klaar voor een triestige kerstavond. Over één ding moeten we ons het hoofd niet breken. Zal de kalkoen niet aanbranden? We hebben maar één bekommernis: een warme stal vinden voor Kerst.

We mijden zo veel mogelijk de hoofdweg en volgen gedwee de scootersporen. Net wanneer we denken dat we hopeloos verdwaald zijn, botsen we op een hele familie Lappen die volop hun rendieren aan het inspannen zijn voor een sledetocht. Onze ogen spreken boekdelen. 'Neem ons alsjeblieft mee! We hebben geen enkele plaats vannacht.' Timo, een Sami, staat in traditionele klederdracht met zijn typische hoed met drie punten te kijken naar onze smeekbede. Het is precies een harlekijn. De vrouwen vertellen ons later dat die drie punten het noorden, het oosten en het westen zijn. Zo kunnen de mannen hen nooit wijsmaken dat ze verloren zijn gelopen als ze te laat thuiskomen. Het is geweten, de Lappen zijn niet vies van een glaasje of twee.

We maken al gauw kennis met de familie. Het is alsof ze op ons stonden te wachten. Timo bekijkt ons doordringend. 'You want?', vraagt onze Lapse vriend schuchter. Hij kan het antwoord moeiteloos uit onze blinkende ogen aflezen. Zonder een woord te zeggen opent hij het hek en hij vangt een volgend rendier. De joviale moeder lacht uitgelaten en neemt ons in haar armen. Ze kijkt bedenkelijk naar ons en de bagage.

Daarna begint ze aan onze kleren te frunniken. De specialist ter zake inspecteert streng alle lagen. Als we onze dikke overlevingsmantel van North Face bovenhalen en onze skibroek aantrekken, knikt ze eindelijk goedkeurend. De Belgische expeditie is aanvaard. De Pooltocht kan beginnen.

Eerst nog de juiste weggezel uitkiezen. Nicole gaat meteen op zoek naar het mooiste rendier. Ingrid kiest er resoluut de sympathiekste van de bende uit. Elk rendier heeft één slee met één persoon erin. Daarachter hangt dan een ander wagonnetje met het volgende rendier. Onze trein heeft acht coupées en die zijn allemaal eerste klasse.

De rendiertrein komt traag op gang, als een stoomlocomotief. 'Moeten we niet vragen naar waar we gaan?', fluistert Nicole.
'Al gaan ze naar de Noordpool, wij rijden mee!', roept Ingrid vol overtuiging.
Als twee tsarina's installeren we ons in de rendierlimousine. Nog een dik deken voor de ladies en ho, ho, ho, we zijn ribbedebie! Ingrid straalt als de hevigste zon. Ze lacht, ze zingt en ze huilt van geluk. Nog nooit heeft Nicole Ingrid zo gelukkig gezien. Het is dan ook haar kinderdroom om ooit met een rendier te kunnen rijden.

Mirakels bestaan! Met kerst in Lapland met een Lappenfamilie op de lappen, een groter kerstwonder zullen we nooit meer meemaken.

De sneeuw kraakt zachtjes onder onze sleeën. We trekken dieper en dieper het bevroren bos in. Achter Ingrid komt een rendier speels piepen en gezellig naast haar lopen. Zo kan ze hem in alle rust bewonderen. Ze knippert een paar keer met haar ogen en knijpt zich eens stevig in de arm. 'Droom ik? Is dit realiteit?', zegt ze keer op keer. Als kind was ze verknocht aan het reclamespotje van 'Bona boter', waar heel de familie in de slee zat te blinken. Het leek voor haar het paradijs op aarde. Hier zit Mevrouw Bona in haar eigen slee! Ingrid neuriet zachtjes het deuntje van 'Bona boter'. Haar stem trilt een beetje. 'Dit is de beste kerst van mijn leven', zegt ze tegen iedereen die het wil horen. Het licht van de volle maan tovert intussen de sparren om van ijslolly's tot prachtige kristallen. We kunnen het nog steeds niet vatten. We zijn echt hier! Lapland in de winter, het is een magische droom, één langgerekte postkaart die met geen pen te beschrijven valt.

Plots stopt onze rendiertrein. Het is tijd voor een Lapse barbecue. Vooraleer we een groot kampvuur hebben, is er een traditionele Lapse manier van opwarmen: het worstelen. Toen de mannen vroeger de rendieren gingen verzamelen en voor dagen de bossen introkken, organiseerden ze al kleine gevechtjes om niet te bevriezen tijdens de avond. Vandaag staat er echter een internationaal team in de ring: Lapland – België! We kronkelen als slangen rond onze prooi, maar Timo staat stevig in zijn schoenen. Het wordt een tactisch spel. We sleuren, trekken en bijten, maar hij velt ons met een ongeziene schijnbeweging. We verorberen moedig het voorgerecht: kraakverse sneeuw. Maar we moeten het toegeven, door de worstelpartij zijn we nu wel opgewarmd.

De Lapse overwinning wordt gevierd met dikke worstjes die we aan een stok spiesen. Als ridders staan we rond het open vuur onze sabels te roosteren. Geen enkele feestmaaltijd zou op dit moment beter smaken. De feestwijn is het typische warme bessensap met pittige kruiden. Het lijkt een beetje op glühwijn, maar dan zonder alcohol. Geen probleem, we zijn al lang dronken van geluk.

De rendieren liggen als kamelen gehurkt voor de slee te dagdromen. Plotseling wordt iedereen zenuwachtig. We moeten zo snel mogelijk vertrekken. Vanwaar die haast? Ze wijzen op hun horloge. 'Hij komt', roept de familie uitgelaten. Als we aan hun blokhut staan, arriveert de kerstman met een slee vol cadeautjes. Het is in

Finland een traditie om een kerstman in te huren en de pakjes door hem te laten afgeven. Zelfs de Belgische gasten staan in zijn boek en krijgen een berg snoep.

Er lijkt geen einde te komen aan het Lapse sprookje. In de typische hut staat in het midden op de open haard een rendierschotel te pruttelen. La mamma bereidt het eten met een brede glimlach en veel liefde. We smullen van het beste rendiervlees dat we op deze trip gegeten hebben. 'Dat vlees glijdt echt naar binnen', jubelt Nicole met een propvolle mond. Het vet druipt langs haar kin naar beneden. Enfin, het is weer feest! 's Avonds proberen we aan de hand van de foto's in ons boek te vertellen over onze reizen. We hebben veel plezier, want die Lappen lachen graag! Om van Ingrid nog maar te zwijgen. Zelfs 's nachts straalt ze in haar slaap. Dit is zonder twijfel de mooiste kerst van heel ons leven.

Skipret voor gevorderden

We zijn duidelijk geen ambassadrices voor de Belgische mode. In het bekende Finse skioord Saariselkä mogen we op uitnodiging van de toerismedirecteur in één van de meest chique hotels mee aan tafel schuiven voor het kerstdiner. Beenham met wortelpuree, gedroogde pruimen en gekookte aardappelen, we verorberen het desnoods met bord en al! De hotelgasten hebben uiteraard hun beste kleren aan. Een uur voor het galadiner komen we tot de vaststelling dat we niets deftigs bij hebben om mee te pronken. 'Zwart is toch altijd stijlvol', stelt modegoeroe Nicole voor. De rest van onze garderobe moet dringend gewassen worden. Ingrid kan geen beter idee bedenken, dus besluiten we maar in ons ondergoed ten tonele te verschijnen. De zwarte, lange thermische broek en T-shirt lijken ons het enige dat geschikt is om tussen de cocktailjurken en kostuums niet al te veel uit de toon te vallen. Als we een afstandje bewaren, geloven we het misschien zelf nog!

Het is wel even wennen, zoveel volk. Ineens sta je daar tussen honderden luidruchtige skiërs. Telkens we met overvolle borden het buffet afschuimen, wordt het stil rond ons. Onze tafelgenoten die ons van dichterbij kunnen bestuderen, kijken toch wel wat vreemd op, maar ze zwijgen zedig! Ons buikje is echter zelden zo goed gevuld geweest dan de afgelopen dagen. Nu nog een lekker warm bed om het feest compleet te maken. Slaapwel!

Zondag 26 december 2004: vandaag beginnen de Olympische winterspelen, met als enige Belgische deelnemers Nicole en Ingrid. We nemen moedig de sneeuwlatten in ontvangst. De 18 km tot Kiilopää is verlicht en heeft zelfs twee diepe gleuven. Het lijkt een fluitje van een cent, op één detail na: we hebben nog nooit geskied. We weten zelfs niet hoe we die bottines op de latten moeten zetten. Na vijf minuten klikken de koppige schoenen eindelijk vast. Ondertussen razen de Finnen als gekken voorbij alsof het kinderspel is. De sneeuwbeesten hebben beslist al minstens twintig jaar ervaring. In kikvorspas hoppen we tot de eerste afdaling. Ingrid laat Nicole zoals gewoonlijk wijselijk voorgaan. Nicole zet vol overgave vinnig haar rechterski op de steile afdaling. Nu nog het linkerbeen. Dat blijft boven vastgelijmd op de berg staan. Het overijverige rechterbeen schuift als een tornado omlaag. Nicoles benen gaan verder en verder open.
'Ik ben in twee gescheurd', roept ze in paniek. Daar ligt ze dan. Volledig in de split neemt ze heel de piste voor haar rekening. Ze tuurt wanhopig naar boven.
Ingrid moet haar buik vasthouden van het lachen. 'Ze spelen een goede film op de tv', roept ze. 'Het is een stomme film.'
'Lach uzelf uit', bijt Nicole Chaplin, terwijl ze non-stop proppen sneeuw in het rond spuwt.

Gelukkig leert een brave Fin ons de eerste kneepjes van het vak. Het belangrijkste weten we al: hoe we kunnen stoppen. Iedereen haalt ons ondertussen in, jong en oud ... het is deprimerend! We krijgen al gauw spijt van onze beslissing om een nieuwe transportmethode te kiezen: langlaufen. Zelfs in de diepe sporen blijven is een nachtmerrie. We stappen meer dan we glijden. De afdalingen in de gleuf geven ons een echt bobsleegevoel. De stokken schuiven meer uit Nicoles handen dan dat ze ze vast heeft. 'Plant geen boom, maar een skistok', raadt Ingrid haar aan. Nicole loopt vuurrood aan van ergernis, tot ze ineens een pijl ziet die naar een café wijst diep onder de helling. Ze zet zich schrap en glijdt als een zeehond plat op haar buik tot aan de deur van de kroeg. De rijzige Finse gastheer gooit verbaasd de deur open. 'Jij moet wel heel grote dorst hebben', roept hij. Ingrid ligt weer plat op de grond van het lachen.

Het café zit vol gezelligheidstoeristen. Ze lopen een paar kilometer op hun latten naar de eerste hut, waar ze dan de hele namiddag blijven plakken om te monodansen. Mono's zijn de kleine botinnen waarmee de fuifnummers langlaufen. We zijn eigenlijk wel eens benieuwd hoe ze hier een wals dansen met die zware laarzen. Of was Finland vooral bekend voor zijn tangodansen?

Nog een warme koffie om ons moed in te drinken en hop, we gaan verder op ski-avontuur. Nicole blijft haar stokken in de lucht katapulteren, terwijl de latten hardnekkig kruisen. Iedereen heeft plezier in haar stuntwerk. Onze skiacrobaat eindigt in stijl. Wanneer we bijna in Kiilopää aankomen, mist Nicole weer een bocht. Ze belandt in een 3 m diepe sneeuwvlakte. Ingrid heeft op heel de reis nog nooit zo hard gelachen. Ze is helemaal verkocht aan het skiën. Nicole kan haar latten niet snel genoeg weggooien, maar eerst moeten er nog mensen ingeschakeld worden om de stunthaas te bevrijden uit een onontwarbare knoop.

Hyvää uutt Vuotta!

Onderweg naar het gouddorpje Tankavaara flikkert een vreemd klein lichtje naast de weg. Toch geen goudzoeker zeker? Een jonge kerel zit gebogen over zijn kookvuur. Hij is net als wij ingeduffeld in honderd lagen. De moedige knaap trekt een 75 kg zware slee vooruit en is onderweg van Rovaniemi tot de Noordkaap. Natuurlijk een Duitser!
Het kwik van onze thermometer staat helemaal beneden –30°C. Om 23 uur is onze fles water nog niet ontdooid en tot heel laat in de nacht genieten we van de rode gloed van ons kampvuur. Ingrid snurkt weer als een varken. Nicole laat haar vredig verder ronken, zo hebben we morgen vers gezaagde houtblokken.

's Morgens is het zo zalig om je nog eens om te draaien in de warme slaapzak, behalve voor de koffiemadame. Ingrid moet eruit om sneeuw te halen om water te koken. Ze raapt haar moed bij elkaar en pakt een sneeuwbal om haar gezicht te wassen, maar vooral om wakker te worden. 'Zal ik Nicole ook eens een koud bad geven?', vraagt ze luidop. Die ligt als een ingeduffelde mummie nog te soezen in de tent. Ingrid doet verwoede pogingen om Nicoles hoofd te localiseren. Pas als de koffie klaar is, komt er schot in de zaak. Zoals meneer pastoor met zijn wierook in de kerk rondgaat, laat Ingrid de koffiedampen door de tent dwalen. Plots komt er een oog tevoorschijn. 'Honger', klinkt het met schelle stem. Nu is er geen twijfel meer, dit moet Nicole zijn.

Onderweg glijden we langs het goudstadje Tankavaara. Ze hebben er de wereld en de tijd precies ingevroren sinds 1936, toen men hier voor het eerst goud vond. Geen enkele toerist, geen enkele goudzoeker, alles ligt er als een bevroren filmset bij. De ooit zo trotse letters van het saloon-hotel zijn begraven onder een dikke ijslaag. In de zomer bruist het hier van de activiteiten met duizenden toeristen. In de gebouwen lopen dan typisch geklede mensen en kan er naar goud gezocht worden. Het restaurant Wanha Waskoolimies barst van de details uit de goede oude tijd. Maaltijden zoals rendier en zalm worden geserveerd in goudpannen. Het menu is opgesteld zoals in de gouden tijd, met ronkende namen als 'Prospector's steak' of 'Petronella's dream', een wafel met bergframbozen.

Met volgeladen zakken, maar spijtig genoeg zonder goud, schuiven we verder zuidwaarts met de E 75 richting Rovaniemi. We sleeën door Sodankylä. Vanaf de eerste blik zijn we verkocht aan het snoezige stadje. Alle straten staan vol met gigantische sneeuwpoppen. De stad bouwt ze en de winkeliers mogen naar eigen fantasie hun sneeuwman of sneeuwvrouw aankleden. Het heeft iets hartverwarmends. De schattigste van alle sneeuwmannen knipoogt vertederend naar ons. We trakteren hem op een haastige handkus. We moeten noodgedwongen verder op pad, want voor we het beseffen is het zover: vrijdag 31 december 2004, de laatste dag van het jaar. Hoe gaan we nieuwjaar vieren? Liefst ergens waar leven in de brouwerij is, veel lawaai en veel mensen. Na twee maanden door eenzame bossen en gehuchten waarvan je de huizen op één hand kunt tellen, zijn we helemaal klaar voor actie, dans en plezier.

Via de toeristische dienst bemachtigen we een populair adres. Als we op de boerderij van Visatupa aankomen, weten we het direct: dit is een grote vergissing. Buiten het geloei van de koeien valt er absoluut niets te beleven. Elke toerist is uitgecheckt om in de stad Rovaniemi van oud naar nieuw te fuiven. Dit wordt de stilste nieuwjaar van ons leven. Triestig loeren we naar elkaar vanuit onze stapelbedden. Op de televisie vinden we ook weinig verstrooiing: een documentaire over vissen en het nieuws dat er in heel Finland praktisch geen vuurwerk wordt opgestoken uit respect voor de vele doden van de verschrikkelijke tsunamiramp in Azië. De dichtstbijzijnde discotheek ligt 80 km zuidwaarts. Als we dat met onze duwslee moeten afleggen, zijn we net op tijd voor Pasen.

Om 16 uur komt de boer ons halen om samen te eten. We veren recht en zetten ons schrap voor het feestgedruis. Tevergeefs, om 17 uur zitten we terug op ons piepkleine kamertje. Omdat de koeien moeten gemolken worden, doden we de tijd met het schrijven van vijftig postkaarten en we vullen vlijtig ons dagboek in. Om 23.30 uur, een half uur te vroeg, schreeuwt de boer 'Hyvää uutt Vuotta'. 'Gelukkig Nieuwjaar', roepen we opgewekt, maar de ijverige mier is al naar zijn stal verdwenen ... de koeien moeten opnieuw gemolken worden.

De volle maan, de duizenden sterren en het Noorderlicht zijn voor ons het mooiste vuurwerk. Klokslag 1 uur bellen we naar het thuisfront. Onze moeders zijn dolgelukkig als ze onze stemmetjes horen. Op de achtergrond klinkt muziek. Daar is leven, daar is het gezellig. Even willen we erbij zijn. Ons hart klopt tussen België en Finland. Na het telefoontje valt terug een dodelijke stilte. Nog 90.000 km en we zien ze terug ...

Twee vrouwen, één kerstboodschap

Op de eerste dag van het nieuwe jaar volgen we de langste rivier van Finland. De Kemijoki is helemaal bevroren. Via de bewegwijzerde sneeuwscooterroute glijden we richting Rovaniemi. Van heel ver schitteren de vele gekleurde lichtjes van het kerstdorp. Reusachtige sneeuwmannen leunen tegen elkaar alsof ze ladderzat zijn. De poolcirkel loopt dwars door het dorp en wordt aangegeven door een verlichte draad. Dit is opnieuw een magisch moment, want vandaag mogen we op de schoot van de kerstman zitten.

Onze eerste halte is het Santa Claus-postkantoor. Ontelbare elfjes zijn druk in de weer om de half miljoen brieven van alle kinderen in de wereld te

Waar woont de kerstman?

'Groot nieuws', schreeuwden alle krantenkoppen in het jaar 1925. 'De kerstman woont met zijn vrouw in Fins Lapland!' Sinds mensenheugenis vertellen ouders aan hun kinderen dat de kerstman in de buurt van de Noordpool woont. Voor de kleintjes bleef hij een onbereikbaar persoon, tot de krant onthulde dat de trouwe rendieren van de kerstman dol waren op het heerlijke Lapse weidegras en hij daarom op de berg Korvantunturi, de 'Orenberg', zijn vaste stek had gevonden. De oren die uit de berg steken, zijn die van de kerstman, zodat hij naar alle kinderen in de wereld kan luisteren. Pas op! Hij hoort het dus als er iemand stout is!

Binnen in de berg wonen ook zijn helpers, de drukke elfjes. Het zijn echte bezige bijen die er voor zorgen dat elk cadeautje zijn juiste bestemming krijgt. Omdat de magische plaats hoog in de bergen zeer moeilijk te bereiken was, besloot de oude man met de witte baard een eigen atelier te openen op de poolcirkel, vlakbij Rovaniemi, de hoofdstad van Lapland. In dit kerstdorp is onder andere een postkantoor waar de elfjes werken en alle brieven afgestempeld worden met een speciale 'stempel van de kerstman'. Kinderen en volwassenen uit de hele wereld kunnen hem iedere dag van het jaar opzoeken. De kerstman geeft dan een speciaal cadeau. Iedereen die in een volgend leven één van Santa's rendieren wil zijn, krijgt twee krijtstrepen op de slapen. Daar zal later een gewei uit groeien ...

sorteren. De meeste komen van Engeland, Japan en Italië. Vol verwachting staan we even later aan te schuiven in de lange rij met jubelende kinderen. Het huis van Santa is een levend sprookje: metershoge stokoude boeken, een grote opgezette muis, waardoor Ingrid bijna in de antieke luster springt, een knetterende open haard en natuurlijk de kerstman op zijn blinkende troon.

Als hij hoort dat we met een slee door Finland trekken, fronst hij de wenkbauwen. 'Meisjes toch, jullie zijn hier te laat. Jullie hadden me goed kunnen helpen met het rondbrengen van de pakjes.' Dat we daar niet aan gedacht hebben. We laten hem trots de krantenartikels zien die de lokale pers over ons schreef. Hij schuift zijn leesbril wat vooruit en kijkt ons diep in de ogen. De goede man stuurt ons op weg met een missie, een belangrijke boodschap die we overal ter wereld moeten verspreiden. 'Meisjes, zeg alsjeblieft tegen alle kinderen in de wereld dat ik zal blijven komen zolang ze dromen hebben ...' Hij neemt zijn leesbril af en veegt met een knalrode zakdoek een verdwaalde traan weg. We geven hem een Belgische zoen als blijvend souvenir. Eén ding weten we nu, de kerstman bestaat echt. Dromen zijn geen bedrog.

FINLAND
POOLCIRKEL
Vkajärvi
Kemijärvi
Joutsijärvi
Salla
Meltaus
Rovaniemi
Pirttikoski
Vanttauskoski
Posio
Korouoma Nat. Park
Kuloharju
Tervola
Ranua
Kuusamo
Loukusa
Taivalkoski
Metsäkylä
Kuivaniemi
Tannila
Pudasjärvi
Haukipudas
OULUN LÄÄNI
Oulu
Muhos
Suomussalmi
Puolanka
Ämmänsaari
Liminka
Utajärvi
Oulujoki
Vaala
Hyrynsalmi
Ristijärvi
Kuumu
Rantsila
Vihanti
Säräisniemi
Paltamo
Kontiomäki
Kestilä
Oulujärvi
Oulainen
Kajaani
Sotkamo
Haapavesi
Otanmäki
Kuhmo
Ylivieska
Kärsämäki
Nivala
Sukeva
Kokkola
Kälviä
Haapajärvi
Kronoby
Toholampi
Vieremä
Nurmes
Pyhäjärvi
Iisalmi
Lieksa
Jakobstad
Terjärv
Pielinen
Lestijärvi
Lillby
Kinnula
Pihtipudas
ITÄ - SUOMEN LÄÄNI
Pielavesi
Alahärmä
Lappajärvi
Perho
Keitele
Ylihärmä
Vimpeli
Siilinjärvi
Kaavi
Eno
Lapua
Kyyjärvi
Kuopio
Alajärvi
Ylistaro
Soini
Konginkangas
DUWFIETS
Joensuu
Seinäjoki
Suonenjoki
Pyhäselkä
LÄNSI-SUOMEN
Suolahti
Heinävesi
Rautalampi
Ähtäri
Kurikka
Laukaa
Orivesi
Multia
Jalasjärvi
LÄÄNI
Varkaus
Kauhajoki
Keuruu
Jyväskylä
Puhos
Pieksämäki
Haapamäki
Enonkoski
Kesälahti
Haukivuori
Korpilahti
Rantasalmi
Kihniö
Kangasniemi
Parkano
Mänttä
Savonlinna
Puruvesi
Niinisalo
Kuru
Punkaharju
Jämsä
Parikkala
Kankaanpää
Puula
Luhanka
Mikkeli
Näsijärvi
Otava
Länkipohja
Pomarkku
Hartola
Lavia
Kuhmoinen
Nokia
Saimaa
Mäntyharju
Lake Ladog
Imatra
Harjavalta
Padasjoki
Vammala
Viiala
Heinola
Huittinen
Lappeenranta
Lammi
Lahti
Urjala
Säkylä
Alastaro
Humppila
Hämeenlinna
ETELÄ-SUOMEN LÄÄNI
RUSLAND
Yläne
Oripää
Orimattila
Jokioinen
Anjalankoski

Etappe 11

INFO FINLAND

VK **VERTREK:** Rovaniemi, 6 januari 2005
A **AANKOMST:** Lappeenranta, 6 februari 2005
✔ **TOTAAL:** 1251 km
✔ **VERVOERMIDDEL:**
- spark (duwslee)
- kickcycle (duwfiets)
- van de firma Esla: www.esla.fi

✔ **KAARTEN (fietsroutes):**
- King's Road Bicycle Routes in Finland: Western King's Road (245 km van Helsinki naar Turku), Eastern King's Road (500 km van Helsinki tot Vaalimaa)

✔ **ROUTEBESCHRIJVING:**
Rovaniemi: grote stad met vele shoppingcentra, alle voorzieningen, inclusief kapsalon Santa Hair Center: zeer vriendelijk en ze spreken goed Engels.
Chinees Xiang Long: goede lunchbuffetten
Ounasvaara: ★ sport-en skicenter met langlaufpistes en zelfs een springschans
Lapland Hotels Sky en restaurant
Weg nr. 9421 volgt de Kemijok, de langste rivier van Finland.
Viirinkylä: 46 km van Rovaniemi, Holiday Village met bungalows
Vanttauskoski: , , en
Pirttikoski: open op zondag tot 14 uur,
Autti: aan de overkant van de brug:
met hutten, Helmi en Pauli Härkönen
Korouoma National Park: ★ een schilderachtige canyon met vele gemarkeerde wandelingen tot 30 km lang. In de winter kan je een ijswaterval beklimmen.
Posio: Holiday Resort Himmerki (5 km ten noorden van het centrum) met vriendelijke eigenaars: www.himmerki.com. De luxebungalows hebben vijf sterren. Er is een skicenter met alle faciliteiten en . Je kan er ook zwemmen in een helderblauw meer boordevol vissen.
★ Op weg nr. 863 zie je na 2 km een guitig kerkje.
Livon Helmi: overnachting in een oud schoolgebouw: www.livonhelmi.fi. Je kan er ook kamperen, er is zwemgelegenheid in het meer, een zandstrand en kanoverhuur.
Kuloharju:
Lonkusa: overnachting in rustieke hutten: www.koillismaa.fi
Taivalkoski: ★ kano- en roeiplezier op de Jokijärvi rivier

Herkko heeft een zwembad en sauna: www.hotelliherkko.com.
Weg nr. 894 tot
Metsäkylä: , en
Hoofdweg nr. 5 of de E 6, aan afslag weg nr. 8950:
Suomussalmi: 3 km ten noorden: ,
pizzeria, grote en *i*
Hotel Scandic: www.scandic-hotels.com
Er zijn ook een en .
★ The Silent People of Het Stille Volk: prachtige vogelverschrikkers. Ze staan op hoofdweg nr. 5 zo'n 30 km ten noorden van Suomussalmi in de richting van Kuusamo.
★ Het Jalonniemi-huis naast
met handgemaakte artikelen en snoep
Weg nr. 9110, een schat van een baantje
Kuumu: luxehutten Ekin Mökit: www.kuhmonet.fi/ekinmokit/index.htm
Kuhmo: Kainuu, alle voorzieningen: www.hotellikainuu.com
Kakevala (3 km ten zuiden van het centrum): www.hotellikalivala.fi
★ Kuhmo Kalevala Village: een kerstdorp met houten huizen, tof met kinderen: www.kuhmonet.fi/kalevalakyla
In Kuhmo loopt een 240 km lange natuurwandeling, dit moet echt de moeite zijn. Verder kan je met weg nr. 5284 glijden door 'teerbrandersgebied'. De Finnen impregneren hun boten en ski's hiermee.
Nurmes: zeer pittoresk centrum, ontdekt in 1876 door de Russische Tsaar Alexander II
Ravintola Nurmeshovi, vlak over Spar
3 km ten oosten ligt het Spa Hotel Bomba, met groot zwembad en jacuzzi: www.bomba.fi
Nog 1 km verder ligt het Hyvärilän Holiday center en : www.hyvarila.com
Weg nr. 5261 is een schilderachtige route langs het Pielinenmeer.
Lieksa: Hotel Puustelli: www.finlandiahotels.fi, er is ook een .
Hoofdweg nr. 73 tot Tiensuu, hierna weg nr. 5071 naast het Pielinenmeer
Vuonislahthi: , ★ Koli National Park: iedereen gaat hier skiën.
Kestikievari Herranniemi: www.herranniemi.com, mogelijkheid om paard te rijden en hondensleetochtjes te maken

INFO FINLAND

Enno: alle voorzieningen, Ravintola Kaltimonkoski: www.eno.fi/elinkeino
Joensuu: grote stad met vele houtfabrieken
Karelia, Deli China: zeer lekker eten, en
Hier wisselen we onze duwsleeën in voor kickcycles.
Weg nr. 476 met mooi fietspad
Ylämylly: alle voorzieningen
Liperi:
Weg nr. 476, zeer schilderachtig langs ontelbare meren
Heinävesi: machtige houten kerk, , , Gasthaus Heinävesi: www.gasthausheinvesi.fi
Op de meren kan je 541 km lange 'Seal Trail' roeitochten maken of kajakken: www.sealtrail.com.
Voor meer bezienswaardigheden, check www.luontoon.fi of www.erapaimen.fi.
Enonkoski: , , , Kievari Enonhovi
Savonlinna: een Sparesort met alle voorzieningen
Olavinlinna: machtige burcht waar in de zomer opera's worden opgevoerd.
Casino Hotel met : www.lomaliito.fi/casino

tip! Een tip: slaap in de Vuorilinna en je kan gratis de sauna, het zwembad en zelfs het internet van het Casino Hotel gebruiken.

Weg nr. 14 heeft veel industrie en grote bedrijven. Hierna weg nr 4792 met onderweg veel resorts en campings
Punkaharju: Kruunupuisto: ziet eruit als een revalidatiecentrum: www.kruunupuisto.fi Weg nr. 6
Parikkala: Laatokan Portti: www.wwnet.fi/laatokanportti
Imatra: alle voorzieningen
Lappeenranta: via het Saimaan-kanaal zijn er boottrips helemaal naar Vyborg en Sint-Petersburg in Rusland.
's Zondags moet je absoluut een tasje thee en een stuk cake degusteren in het chique theehuis Kahvila Majurska. Het is gelegen in een 18de eeuws houten gebouw vol met antieke meubelen, knus en gezellig!
Scandic Patria Lappeenranta
Fietsenwinkel, Toripyörä Kirkkokatu nr. 14: zeer vriendelijk
Rosso: Italiaans, deze vind je in heel Finland: www.rosso.fi.
Reisbureau Matkaverkko: kunnen visums en hotels regelen voor Rusland. Deze toffe mensen zijn gespecialiseerd in tochten door het Saimaan-kanaal naar Vyborg of Sint- Petersburg: www.saimaatravel.fi.

TYPISCHE GEBRUIKEN EN TRADITIES IN FINLAND

Hoogtepunten:

- Rendiertochten in Lapland.
- Hondensleetochten waar je zelf mag rijden.
- Het kerstdorp Rovaniemi.
- De stilte en de rust, het ontbreken van fabrieken en de praktisch verkeersvrije wegen

Bijzonderheden

- Finnen bouwen eerst hun sauna, daarna hun huis.
- Finnen spreken praktisch geen Engels.
- Postbodes zitten rechts in de auto om gemakkelijker de brieven in de bussen te gooien.
- Finnen hebben een 'miniweekend': op woensdagnacht zitten alle bars, restaurants en disco's propvol.
- Zoals in heel Scandinavië moet je vooraleer in het zwembad te duiken eerst van kop tot teen gewassen zijn, zonder badpak aan!
- In de winter heerst er vooral een zuidenwind en in de zomer vooral een noordenwind.
- Finnen zeggen niet veel. Ze zijn rustig zoals hun land, een beetje in zichzelf gekeerd en verlegen.
- Bij het praten gebruiken ze weinig gebaren, hun taal is immers rijk genoeg.

- In veel hotels kan je al om 5.30 uur ontbijten.
- Een heel grappig record is het mierenhoop zitten. Mannen zitten dan in hun blootje om ter langst bovenop de mierenhoop. Het moet enorm spectaculair zijn!
- Finnen zijn met het flirten zeer direct. Ze later er geen gras over groeien. Bij jou of bij mij thuis? Of zullen we eerst toch nog iets drinken ...
- Verjaardagen zijn maar bijzaak. Ze vieren enkel naamdagen. Elke naam is aan één bepaalde dag van het jaar verbonden. Speciale verjaardagen zoals 40 of 50 jaar worden wel gevierd.
- Bij de geboorte krijgen baby's niet meteen een naam. Ze wachten tot de leeftijd van drie maanden en kijken dan welke naam het beste bij de baby past. Bij de doop wordt dit bekend gemaakt.
- In Lapland zitten opvallend veel Japanse vrouwen. Ze geloven rotsvast dat wanneer ze het noorderlicht zien tijdens hun zwangerschap, ze een zoon zullen baren. De beste tijd om het noorderlicht te aanschouwen is van jaunari tot april.

NOG ENKELE PRAKTISCHE TIPS

- IJsbanden moet je eerst 45 km op asfalt inrijden voordat je ermee op het ijs gaat.
- Hoe een vuur maken wanneer het hout kletsnat is? Splinters hout snijden van de bark van een boom. In Finland zijn er veel schuilplaatsen waar vers hout klaar ligt. Al wat je verbrandt, moet je terug bijvullen.
- Het nummeringsysteem van de huizen zijn de kilometerpaaltjes. Zo weet je direct hoeveel km je huis verwijderd is van de dichtstbijzijnde stad. De beste tijd om het noorderlicht te aanschouwen is van jaunari tot april.

Finland, een rijke kersttraditie

Kerstmis wordt nergens zo uitgebreid gevierd als in Scandinavië. Finland spant de kroon. Eerst komt iedereen samen bij de ouders. Een feestdag is pas een feestdag als er ook een bezoek aan de sauna wordt gebracht. De volgende halte is zo mogelijk nog verrassender: het kerkhof. In Finland zijn de doden onlosmakelijk verbonden met het kerstgebeuren. Men begroet en herdenkt overledenen met veel liefde. De familie legt geen bloemen zoals bij ons, want die zouden toch direct bevriezen. In de plaats daarvan steken ze kaarsen aan die in enorme ijsblokken worden geplaatst. De kleine vlammetjes creëren warmte en gezelligheid bij de besneeuwde graven. Daarna volgt de traditionele maaltijd. Beenham, kalkoen, wortelpuree, pruimen en gekookte aardappelen staan steevast op het menu. Na het eten is het tijd voor de apotheose: de kerstman komt met zijn trouwe rendier en een slee vol pakjes aanbellen. Ho, ho, ho!

Etappe 11
FINLAND

Een hartverwarmend netwerk in Finland

De Finnen in het kerstdorp Rovaniemi zijn het roerend met elkaar eens. 'Trek naar het oosten, naar de provincie Karelië aan de Russische grens. Daar wonen de meest gastvrije mensen van ons land en er is gegarandeerd genoeg sneeuw voor jullie sleeën. Vergeet het westen! Daar leven de Zweedstalige Finnen. Het zijn snobs en betweters. Ze hebben geen gevoel voor humor!' Hun bezorgde blikken vertellen meer dan duizend woorden.

Onderweg houden we een eerste pitstop aan een piepkleine supermarkt. We schrikken ons een hoedje als uit één van de rayons plots een journalist tevoorschijn

Maailmanmatkaajat keräsivät voimia viikonvaihteen Posion Himmerkissä

– Me istahdamme potkureiden kyytiin, niin voisitteko te kyyditä meitä Taivalkosken suuntaan, Ingrid ja Nicole esittivät leikkimielisesti Reijo ja Väinö Lantolle.

Ingrid De Wilde ja Nicole Dierckx esittelivät Himmerkin Lomakeskuksen ja pian myös Elämyshotelli Kirinnön omistavalle Reijo Lantolle huikeita matkareittisuunnitelmiaan.

Erkki Ahola

Belgialaiset Nicole Dierckx (42) ja **Ingrid De Wilde** (42) aloittivat viime vuoden huhtikuussa Belgiasta alkaneen maailmanympärimatkan. Matkaajakaksikon tavoitteena on edetä lihasvoimalla 100.000 kilometriä viidessä vuodessa.

Vuonna 2009 päättyväksi asetetun matkan aikana matkaajakaksikolla on tarkoitus käydä 55 maassa. Tähän mennessä maailmanmatkaajien reitti on kulkenut Belgiasta, Hollannin, Saksan, Tanskan, Ruotsin ja Norjan kautta Suomeen.

Matkaansa he ovat taittaneet muun muassa takakenossa istuttavilla polkupyörillä, rullaluistimilla, kanooteilla, maastopolkupyörillä ja tultuaan Suomeen jouluaattona heidän tarkoituksenaan oli ostaa poro ja pulkka, jolla he olisivat matkanneet halki Lapin. Kun kukaan ei suostunut heille myymään poroa, matkaajat ostivat potkukelkat, joilla he matkaavat Imatralle saakka, josta matka jatkuu edelleen Venäjälle.

– Inarissa vietimme lähes viikon, mutta kukaan ei suostunut meille myymään poroa ja pulkkaa. Hankimme potkukelkat, joilla matka on sujunut rattoisasti, Nicole Dierckx kertoo.

Matkaajakaksikon toiveena on, että heidän edetessään lähipäivinä Taivalkoskelta Suomussalmelle, heidät voitaisiin majoittaa johonkin taloon, sillä Kurtin, Metsäkylän ja Näljängän maisemissa ei tiettävästi ole matkailukohteita, joissa he voisivat yöpyä.

– Toivomme, että alueen asukkaat laittaisivat vaikka pienen pahvikyltin tien viereen, niin silloin tiedämme, että voimme mennä taloon sisälle, he sanovat.

– Takana on jo noin 5.000 kilometriä ja edessä vielä 95.000 kilometriä. Potkukelkoilla etenemme aina Imatralle saakka, josta matka jatkuu Venäjälle ja edelleen Aasian kautta Siperiaan. Siperiasta matkaamme Yhdysvaltoihin ja sieltä Etelä-Amerikan kautta Pohjois-Afrikkaan ja takaisin Eurooppaan, Nicole ja Ingrid kertovat huimasta suunnitelmastaan kiertää maapallo.

– **Pohjois-Norjassa** pakkanen laski -25 asteeseen ja polkupyörämme jäätyivät ja niistä häipyivät jarrut. Laskeutuessamme ison mäen päältä jarrut eivät pitäneet, syöksyimme tien pientareeseen lumihankeen. Paikalle sattunut eläkkeellä oleva armeijan edustaja tuli hätiin ja antoi meille lisää vaatteita. Pian pääsimme jatkamaan matkaa, kaksikko kertoo Norjan kokemuksistaan.

Matkaltaan kaksikko pitää matkapäiväkirjaa ja heidän tarkoituksena on julkaista matkan kokemuksista muutamia kirjoja. Kirjasta saatavien tulojen lisäksi kaksikko on rahoittanut matkansa sponsorituloilla. Kaksikko on solminut kansainvälisten yritysten kanssa yhteistyösopimuksia, jotka turvaavat kaksikolle taloudellisesti matkan toteuttamisen.

Nicole Dierckx ja Ingrid De Wilde ovat kokeneita maailmanmatkaajia, sillä he ovat jo toistamiseen maailmanympärimatkalla. Aiemman matkan pituudeksi kertyi 71.895 kilometriä. Myös tämä matka toteutettiin käyttämällä lihasvoimalla toimivia erilaisia kulkuvälineitä. Matkasta kirjoittamastaan matkaopaskirjasta De FietsKuren van Nicole en Ingrid on Belgiassa ja Hollannissa tullut myyntimenestys ja kirjaa on myyty hyvin myös eri puolille maailmaa matkailukohteisiin.

Viikonvaihteessa kaksikko keräsi voimia Posiolla Himmerkin Lomakeskuksessa Kitkajärven rannalla.

Matkaajakaksikko jatkoi Posiolta matkaansa maanantaina aamupäivästä. Luistava keli maantiellä vei kaksikkoa vauhdilla kohti Taivalkoskea.

Manskracht, het werkt prima!

schiet. De plaatselijke krant heeft duidelijk haar ijverigste paparazzo het veld ingestuurd. We onthullen de geheimen van ons Noors netwerk. Hij loopt vuurrood aan. 'Finland mag niet achterblijven bij jullie netwerk. Wat zeg ik? Wij gaan dat honderd keer beter doen', roept hij strijdvaardig. We hebben duidelijk een teer punt geraakt. De rivaliteit tussen België en Nederland is klein bier vergeleken met de Finse prestatiedrang tegenover de Noren.

'De temperaturen spelen in het oosten kat en muis', zucht de reporter. 'Het kan 's morgens –5°C zijn en enkele uren later –25°C. In Karelië reizen met een duwslee is levensgevaarlijk, vooral als niemand weet waar jullie zijn. Meisjes, jullie netwerk begint hier en nu!'

Met verse moed loodsen we onze duwsleeën door de bevroren sparrenbossen. Ze zullen de komende weken het onafscheidelijke decor worden van onze Finse rondreis. De eenzaamheid overvalt Nicole. Ingrid geniet met volle teugen van de stilte. Nicole piept af en toe om te checken of ze niet slaapwandelt. Nee hoor, Ingrid glijdt met dromerige ogen als een trouwe Lassie achter haar. 'Wat een braaf kind', zegt Nicole tegen zichzelf. 'Hoe kan je zo kalm en rustig zijn?', vraagt ze aan een grijnzende spar. Nicole verveelt zich een ongeluk. Ze wil de bomen tellen, maar er zijn er te veel. Dan maar huizen tellen? Die zijn er niet. Onrustige zielen komen zichzelf genadeloos tegen in deze ijzingwekkende stilte.

'Waar blijven die helse afdalingen toch?', geeuwt Nicole. 'Een kruispunt, een parking of een rood licht zou al een hoogtepunt zijn!' Achter haar zoemt Ingrid ongestoord verder van genot. 'Ze is klaar voor een gesloten klooster', zucht Nicole. 'Ik ben gek aan het worden. Straks komen ze mij halen. Wat zeg ik? Wie zal er komen? Er is hier niemand!' Nicole zucht zo diep dat de sparren op hun grondvesten daveren. 'Stel je voor ... in België zijn ze vooral bezorgd om de ijskoude temperaturen', brabbelt ze verder. 'We voelen ons hier zelfs bij –30°C zo gezond als een vis. De droge koude is veel beter te verdragen dan de vochtige vrieskoude aan de Noorse kust. Hoe kan je hier in godsnaam ziek worden? Hier leeft niets: geen microben, geen muggen, geen bacteriën ... niets!'

Op stap met een seriemoordenaar

Een storm met een snelheid van 60 km per uur haalt ons brutaal uit het isolement. De witte tornado schept als een bulldozer het witte donsdeken van de sparren. Zelfs met onze skibrillen zien we geen verschil meer tussen de weg of het bos. Alles is poederwit. Ook Ingrid is spoorloos! Door het zware gehuil van de wind, sterft Nicoles bezorgde stem weg. Er breekt een panische angst uit. Zou Ingrid hopeloos verdwaald zijn? Nicole botst op een korrelige muur. Ze veegt haar skibril schoon en ziet plots een wit spook wriemelen door de sneeuwmassa.
'Ingrid!', roept ze opgelucht.

'Grmblgrfzmdmvl', klinkt het.
'Wil je zeggen dat we ons beter met snelbinders aan elkaar vastmaken?', vraagt Nicole bezorgd.
Ingrid knikt hevig, zodat ook haar skibril voor tien seconden sneeuwvrij is.

Met onze hoofden diep voorover gebogen, slenteren we op het gevoel verder. 'Positief denken', herhalen we keer op keer. In de verte horen we een ratelend geluid. 'Een tractor!', krijst Nicole. We spitsen de oren. Opeens zien we een witte gedaante naar een huis spurten. We hollen met onze laatste krachten achter de grillige schaduw. Door de storm blijft hij doof voor onze noodkreten. Als we het huis bereiken, worden we bijna gesandwicht tussen de deur. Een besneeuwde zilveren vos sleurt ons het warme huis binnen.
Zoals de meeste mensen in het oosten, spreekt ons gastgezin geen woord Engels. In nood begrijpt iedereen elkaar, dus mogen we al snel proeven van de Karelische gastvrijheid. Ook de Finnen buigen plechtig als begroeting. Moeder de gans staat ongetwijfeld al uren te toveren boven de ontelbare kookpotten. Dat we onszelf hier hebben uitgenodigd, zijn we al snel vergeten. Bij elke hap glinsteren Nicoles ogen als versgeslepen diamanten. De taal van de lekkerbekken is universeel. Als dank geven we onze gastvrouw nog een dikke knuffel. Het menske krijgt de tranen in de ogen.

's Morgens trekt de vrouw des huizes ons dolgelukig de eetkamer binnen en ploft twee zachtgekookte eitjes voor onze neus neer. Dit is echt de manier van reizen: elke dag met open armen ontvangen worden! Een goed gevulde maag, een zak boordevol eten en twee thermossen met kokend water zijn de afscheidscadeaus waar we helemaal niet om vragen. Het schattige moedertje pakt ons een laatste keer stevig vast. Ze blijft in de bijtende koude staan tot we helemaal uit het zicht zijn verdwenen. We staan er telkens van versteld hoe gastvrij de Scandinavische mensen zijn. Reizen is ontmoeten, steeds opnieuw afscheid nemen en verder op weg gaan. Bekommerde ogen kijken je dan doordringend aan, alsof ze de blik van het afscheid in hun geheugen willen griffen. Je wordt er stil van. Reizen is een emotionele schatkamer.

We voelen ons beresterk vandaag. We kunnen de wereld aan of beter: de sparren. Finland is eigenlijk één groot bos. Ze maken er een erezaak van om voor elke gevelde boom drie nieuwe te planten om het milieu in evenwicht te houden. Het land is beslist de beste leerling van de groene klas!

30 km voor Posio lonkt de afslag naar het Korouoma National Park, met zijn fantastische canyon. Door de onophoudelijke sneeuwlawines twijfelen we toch even om binnen te gaan, tot een ruwe verschijning opduikt. Hij heeft weinig woorden nodig

om één ding duidelijk te maken: het is veiliger als Jerommeke meegaat. Onze spierbundel moet eerst nog even naar huis. Even later is de breedgeschouderde houthakker terug. Eén ding is veranderd. Rond zijn lende hangen twee grote messen waarop zijn kolossale handen rusten. We loeren naar elkaar en denken hetzelfde: twee vrouwen, twee messen ... We laten hem wijselijk voorop lopen, zo kan hij alvast geen mes in onze rug planten.

Tot onze knieën in de sneeuw dalen we dieper en dieper af naar de canyon. Ineens stopt onze gids abrupt. Hij draait zich om en wappert wild met één van zijn messen. 'Een seriemoordenaar, ren voor je leven!', roepen we naar elkaar. We stuiven als twee bliksemschichten elk een andere richting uit. Onze hartslag begeeft bijna onder het dreigende gevaar, tot een holle lach weerklinkt. We spieden de horizon af en zien de seriemoordenaar schaterlachen. Zou het een psychopaat zijn? Veel twijfel gunt de goedlachse Rambo ons niet. Hij zakt met zijn knieën verder weg in de sneeuw en wrijft over zijn hoekige buik om de lachkrampen het zwijgen op te leggen. Hij begint ijverig houtschilfers te verzamelen. We sluipen voorzichtig dichterbij. De arme man wil ons simpelweg laten zien hoe je een vuur kunt maken met kletsnat hout. 'Je moet vooral de schors van de boom gebruiken om je vuur op te starten', zegt hij overbezorgd. In feite zijn we wat verlegen, de stadskinderen met hun argwanende stadsmentaliteit! De reus zou nog geen mier kwaad doen en van mieren weten de Finnen alles. Mierenhoop zitten is hier een nationale sport!

Mooi en meedogenloos

Het is bitterkoud op onze sleekoets: –20°C. We transformeren van vrouw naar man, met een witte baard en snor als pronkstukken. Als we niet bij de pinken blijven, staan dadelijk onze ogen vastgevroren opengesperd. Op het midden van een kruispunt eten we onze babyvoeding. Het hoogtepunt van de dag is hier een voorijrijdende auto en dat willen we voor geen geld van de wereld missen! We beginnen nu aan de papjes voor drie maanden. Dit is echt onze favoriet. We kunnen ook al vlot babbelen: 'ma-ma, pa-pa, ka-ka ...'

In de late namiddag glijden we langs een groot lichtgeel oud schoolgebouw. We kunnen onze ogen niet geloven. De oprit is helemaal verlicht met flikkerende vlammetjes. Ook bij de ramen blinken brandende kaarsen. Op de postbus schreeuwt een koddig lantaarntje 'welkom Nicole en Ingrid'.

Twee overvriendelijke schooltantes komen ons tegemoet. De sauna wordt aangezet en in geen tijd kunnen we naar hartenlust smelten. Het diner is een ouderwetse gezellige boel: vier kletsende vrouwen bijeen voor de antieke kachels. We lachen ons een kriek. 'Het stoort toch niet als we onze favoriete serie even meepikken?' Voordat ze het antwoord afwachten, zitten we zoals echte huisvrouwen het wel en wee in 'Mooi en meedogenloos' te volgen. Daarna drukt het nieuws ons met de neus op de feiten. 'Door een storm in Finland en Zweden zijn zes mensen omgekomen.'

's Morgens ontpoppen onze gastvrouwen zich tot ware gezondheidsfreaks. We schuiven de verse speltporridge in een recordtempo naar binnen en weer staan we op de eerste pagina van de krant. Onderweg zijn onze supporters hyperactief. Ze hebben blijkbaar massaal de krant gelezen. De duimen gaan de hoogte in. Ze waaien enthousiast. De Tour de France lijkt in Finland te zijn aangekomen. De Finnen lusten wel pap van onze dolle sleeavonturen. We beginnen nu eindelijk als professionele duwsleemadammen te manoeuvreren. Bergaf gaan we gehurkt zitten. Zo steekt de wind geen stokken in de wielen en glijden we aerodynamisch naar beneden.

In één van de bochten staat ineens een rendier te mediteren. We schrikken ons een bult. Het rendier loert guitig naar Nicole en beweegt geen millimeter. Misschien is het een opgezet dier? Nicole sleurt met man en macht aan het stuur. Ze kust bijna het achterste van het rendier waar het gelukkig windstil is. Vreemd, we zien nooit een rendier en nu rijden we er bijna één perte totale.

Als we in Taivalskoski één van de vele supermarkten binnenstappen, valt er plotseling een ijzige stilte. Alle ogen zijn op ons gericht. Elk gesprek bloedt dood tot de kassierster de microfoon vastpakt en in het Fins een aankondiging doet. De Finse taal is ondoorgrondelijk, maar het is alleszins geen 'droge voeding, kassa vier' dat wordt omgeroepen. We verstaan alleen 'potkukelkoilla en Belgia'. Ze heeft het dus over ons en de duwsleeën. Er galt een daverend applaus door het knusse winkeltje.

We blozen ervan. Dit hebben we nog nooit meegemaakt. Iedereen weet van ons. Blijkbaar is hier maar één krant, maar ze doet haar werk! We krijgen een dampende tas koffie en in het midden van de supermarkt wordt de tafel gedekt voor de lunch. We genieten van onze boterhammetjes en de klanten, die doneren non-stop hun inkopen aan ons: een puddinkje, koekjes, oplossoep, hoe langer we blijven zitten, hoe meer onze zakken uitpuilen. Hopla, nog een puntje extra voor de Finse gastvrijheid!

Handtekeningenjagers bij het ontbijt

In het gehucht Metsäkylä verlicht een brandend kaarsje schuchter een plakkaat. 'Welkom Nicole en Ingrid' staat er in grote letters op. Even verderop knipoogt een nieuw bord met een plannetje. 'Komaan, nog even doorbijten, jullie zijn er bijna', belooft een volgende boodschap. Het is alsof je een cadeau uitpakt en steeds weer een kleiner pakje aantreft. 'Vijfde huis rechts, kleur blauw', vertelt een volgende aanwijzing. 'Het eten is al warm', het is te mooi om waar te zijn. Nicole krijgt vleugels. Een familie met negen kinderen had over ons gelezen in de krant en ze tekenden stuk voor stuk een wegwijzertje. Het kroostrijke gezin volgt een godsdienst waar ze geen voorbehoedsmiddelen gebruiken en elk kind een geschenk van god is.

We krijgen de jongenskamer toegewezen. Onze bedden zijn precies voor kabouters. We zullen moeten slapen in chipolata-houding, opgerold als dunne worsten. De matrassen zijn duidelijk voor pluimpjes van 20 kg. 's Avonds reizen we met z'n allen, inclusief de honden, door ons boek. De buren stromen één voor één binnen. Het wordt een knusse, maar vermoeiende boel. Je kan echt niets maken van dat Finse gebrabbel. Nicole legt met hand en tand de verhalen uit. We maken tekeningetjes en we beelden uit. Het is precies een quiz en we worden er elke dag beter in! Nicole glundert. Eindelijk heeft ze haar lawaai en kan ze weer vertellen aan een geïnteresseerd publiek. We kunnen met een gerust gemoed weer de bossen in, slaapwel.

De volgende ochtend laten we de jeugd eerst ontbijten zodat ze op tijd zijn voor hun bus. Op de ontbijttafel liggen verschillende lege papiertjes. De kinderen zijn bang dat niemand hen op school zal geloven. Ze moeten bewijsmateriaal hebben, want heel Finland volgt ons! Als echte vedetten krabbelden we de papiertjes vol hand-

tekeningen. We wuiven de joelende bende na. Een kinderhand is gauw gevuld.

Naakt in de wildernis

Bomen, bomen en nog eens bomen, je wordt er stilaan blind van. De akelige stilte tovert Nicole met krachtige magie opnieuw om in een vat vol zenuwen. Ook het engelengeduld van Ingrid wordt stilaan op de proef gesteld. Om de verveling te verdrijven, besluiten we een sleerace te houden. Nicole jaagt het tempo zodanig de hoogte in, dat ze de controle helemaal verliest. Paf! Beneden stijgt een puffende sneeuwpluim op. Nicoles daverende race eindigt in een okergele brievenbus.

Bij een volgende afdaling worden we opgewacht door onze kotmadam voor vanavond. De ijdele Finse dame wacht precies op een lift. Ze springt vinnig op Nicoles duwsleetaxi. Zoef! We glijden pijlsnel weg naar haar zomerhut. We krijgen de huisregels voorgelezen en ze verdwijnt opnieuw als een dief in de nacht. Hier zitten we dan helemaal alleen, mijlenver van de beschaving. Zelfs in deze vrieskoude speelt het leven zich in de gezonde buitenlucht af. Niet alleen het toilet is buiten, ook de sauna. Als uitgelaten honden maken we elkaar kletsnat met de typische Finse douche: een kapsysteem met één ton koud water en één ton heet water. Nicole heeft een geweldig idee. 'We kunnen in ons blootje door de sneeuw rollen, zoals de Finse traditie voorschrijft.' Waarom niet? Er is hier in een straal van 5 km toch geen levende ziel.

Nicole ploft met haar achterste in een dik pak sneeuw en rollebolt tot ze volledig is veranderd in een sneeuwpop. Ingrid is minder sneeuwgek. Ze waagt zich tot aan de enkels in de sneeuw, maar alles begint te branden. Nicole kan haar lol niet op. Ze dartelt in haar Eva-kostuum door de witte wildernis en plonst onophoudelijk in de halfbevroren vijver. 'Gezond voor hart en bloedvaten', kirt ze. 'Ingrid het is waar, alles tintelt. Je voelt je herboren, tien jaar jonger.' Het is opvallend stil aan de overkant. 'Allez, waar zit je?', vraagt Nicole ongeduldig. Het warme water en de ijskoude sneeuw zijn voor Ingrid een vergiftigd geschenk. Ze laat Nicole rustig verder smelten en bevriezen. Nicole ploft nog een laatste keer in de kokende saunaketel. 'Mijn tweede jeugd is begonnen', besluit onze ijsbeer grijnzend.

Even later slaapt ze als een roos. Ingrid wordt brutaal wakker geschud door een enorm getril. Een aardbeving? Ze houdt haar bed krampachtig vast. Het getril ontaardt in een hels gerommel. Nicole soest rustig verder. Een enorm gewicht valt met een doffe plof naar beneden. 'Een sneeuwlawine!', roept Ingrid. Nicole krabbelt met een half oog open overeind. We turen naar buiten. De wind heeft de pakken sneeuw uit de hoge sparren regelrecht op ons dak gegooid. De bomen zijn helemaal beroofd van hun witte bruidsjurk. We checken verbijsterd de thermometer: 0°C. Het is zomer!

Op 20 januari 2005 knijpen we onze ogen dicht. In de lucht hangt een felle rode gloed. Het landschap baadt in zachte roze pastelkleuren. Voor ons is het een mirakel, we zien de zon! Als uitgelaten indianen dansen we rond onze slee. Wat hebben we ze gemist! Op 21 november 2004 heeft ze ons verlaten, maar echte liefde roest niet. Na eindeloze donkere maanden kunnen we ze eindelijk terug in ons hart sluiten. We fluiten en zingen van geluk. 'Mooi, 't leven is mooi, zolang er zon, muziek en kinderen zijn!'

Mooie liedjes duren niet lang. We krijgen meer en meer problemen om te glijden. Nu is het niet de wind, maar zijn het sneeuwruimers die roet in het eten gooien. Ze hebben venijnige zanderige steentjes gestrooid en een paar dikke korrels volstaan om ons te saboteren. Onze duwsleeën hebben precies een loodzware dynamo opstaan. Elke keer hopen we dat het beter gaat, maar we komen geen picometer vooruit. Nicole vloekt en knort. Het liefst van al zou ze haar sleetje recht de afgrond induwen. We zijn net slaven in de steenkoolmijn die hun karretje omhoog stuwen. De auto's vliegen voorbij en wij staan vastgenageld aan de grond. 'Mister sandman...', Nicole begint te zingen. Dat is geen goed teken. De bom barst. 'Dit zijn de laatste kilometers met die rotslee', brult Nicole. 'We moeten zo snel mogelijk wielen hebben of we liggen hier morgen nog te strompelen.'

Sterren op de dansvloer

Na ontelbare weken stilte en eenzaamheid, vallen we binnen in Joensuu, de hoofdstad van Noord-Karelië met 55.000 inwoners. Het is net alsof ze de volumeknop van de enerverende stille film volle bak hebben aangezet. Stadsbussen razen op en neer, mensen kronkelen als mieren door elkaar, winkelcentra zenden magnetische stralen uit, voor Nicole is de redding nabij. Het stadskind is terug thuis. De stad Joensuu zal alvast niet meteen de hoofdprijs voor gezelligheid krijgen. Het wemelt er van de reusachtige, lompe Sovjetachtige gebouwen. Alles oogt grijs en kil, maar gelukkig is er de warmte van het nachtleven.

Elke dinsdag is het in ons hotel 'Ladies Night'. We kunnen ons niet bedwingen. Met onze zware sneeuwbottinen trippelen we naar de tweede verdieping. Een oudbollig orkestje speelt deuntjes uit de jaren stillekes. De zaal is tot de nok gevuld met hoogbejaarde mannen en vrouwen getooid in chique kostuums en cocktailjurken. Plots valt de slaperige bigband helemaal stil en zijn alle ogen op ons gericht. De kwieke zeventigers, tachtigers en negentigers krijgen bijna een hartaanval. Zo'n jong speelgoed wordt niet elke week binnengegooid. We voelen de hete adem van de dansvloer. Het duurt welgeteld drie minuten of een kleine, ronde dikkerd swingt naar voor. Hij vraagt Nicole plechtig ten dans met een buiging waardoor zijn scheve pruik bijna op de grond tuimelt. Het orkest krijgt er vleugels van. Ze zetten een zwierige rock & roll in. Danspartner Kauko is beresterk. Hij gooit Nicole rond zijn lenden, over zijn schouders en tussen zijn benen als een volbloed professional. Nicole kust en boent elke centimeter van de dansvloer. Nog een laatste swing om de hele zaal te laten blinken ...

Ingrid krijgt het gezelschap van een lange, smalle stengel. Danspartner Yukka Pekka houdt niet van half werk en nodigt haar uit voor de lievelingsdans van alle Finnen: de tango. Hij pakt Ingrid met fluwelen handschoenen vast en sleurt haar met veel gratie en stijl door de balzaal. Ze schuiven kaak tegen kaak over de kolkende dansvloer. Enkel de roos tussen de lippen ontbreekt. Hij laat Ingrid plooien als een veer. Haar onderrugpijn van al dat geduw met de slee verdwijnt als sneeuw voor de zon. Als het slotakkoord wordt ingezet, drukt Yukka Pekka Ingrid nog eens stevig tegen zijn gilet. Voor de orkestleider het teken om het volume de hoogte in te jagen. De dansvloer staat in vuur en vlam. We hebben in maanden niet zoveel plezier gehad. Nicole wou wat volk zien, wat aandacht. Die krijgen we hier genoeg. We hebben elke man gehad. De jaloerse blikken van de oudere vrouwen nemen we er graag bij. Spijtig dat we ons dansboekje zijn vergeten, anders zouden we kunnen stoefen met onze volle bladzijdes. Voordat we een eerste *sacoche* zien rondvliegen van een giftige oude vrijster, walsen we doodmoe naar onze bedden.

Applaus voor de gladiatoren

Voor de resterende 300 km tot aan de Russische grensovergang moeten we noodgedwongen van vervoermiddel veranderen. Omdat er geen sneeuw meer ligt, kiezen we voor een modern looprek op wieltjes. De Finse firma Esla sponsert met alle plezier twee Kick Cycles. De duwslee op wielen is bedoeld voor mensen die slecht te been zijn. Geen probleem, onze leeftijd is even wisselvallig als de thermometer. Na 1.717 km nemen we afscheid van onze sleeën.

Je hoeft geen fitnessinstructeur te zijn om te begrijpen dat je totaal andere spieren moet gebruiken. Ons voetsteuntje is nu niet op de grond, maar tien centimeter hoger. We beginnen met een zware steptraining: 1, 2, op en af, 1, 2, op en af. We springen omhoog, omlaag, omhoog, binnen de kortste keren zijn we zo stijf als een plank.

De meeste automobilisten verliezen spontaan het gaspedaal als ze de twee duwkarretjes zien. Ze denken waarschijnlijk allemaal hetzelfde: twee bomma's op de baan! Je weet nooit met zo'n mensen, straks vallen ze om. Met een brede bocht wijken ze uit. Wij staan intussen als
Romeinse gladiatoren op onze stalen rossen klaar om de arena in te rijden. Het publiek applaudisseert. Duimen gaan de lucht in. Zelfs de snelheidsduivels op hun sneeuwmobiles vertragen om deze merkwaardige tantes te bestuderen. Een militair volledig in camouflagepak en gewapend met een supertelelens komt uit de bosjes om dit zeldzaam wild beter te bestuderen. Hij waarschuwt ons voor een zware storm. 'In de media vragen ze om niet met de auto te rijden', vertelt hij bezorgd. 'Wees voorzichtig!' Allez, we zijn verwittigd!

De volgende morgen ziet Hunävesi eruit als een platgebombardeerd oorlogsdorp. Alles is bedekt onder een halve meter dikke sneeuwdons. Mensen zoeken moedig naar hun ondergesneeuwde auto. Anderen lopen ijverig achter hun plastieken sneeuwruimer om simpelweg van hun huis op de weg te geraken. We besluiten het moreel wat op te krikken en zingen uit volle borst: 'Let it snow, let it snow ...'

We hadden beter gezwegen. Onze 30 cm hoge wieltjes zakken dieper en dieper weg. We wisselen onze slee in een duwkarretje met superkleine wieltjes en lap, van bijna geen sneeuw zitten we nu op skivakantie. Van een slechte timing gesproken! Mollen ja, dat zijn we, die graven ook tunnels. Hoe harder we duwen, hoe meer onze arme wieltjes wegzinken in het witte donsdeken. Plots schuift er een klein rood autootje voorbij. Een goedgemutste bomma roept iets in het Fins. We lachen en knikken. Ze wenst ons een goede reis, denken we.

We besluiten richting Säynelahti te gaan en niet naar Torvela. Na de splitsing komen beide wegen 8 km verder op hetzelfde punt samen, maar zonder het te beseffen, hebben we een levensbelangrijke beslissing gemaakt. 'Hadden jullie de andere richting gekozen, waren jullie geen levende ziel tegenkomen', horen we later. Nog nooit hebben we zoveel sneeuw uit de lucht zien vallen. Ook de zuiderwind zwelt aan. We laten alleszins een onuitwisbaar spoor achter. De tunnels die we graven zijn de loopgraven van het hoge Noorden. Onze schouders beginnen hevig te steken. Met vereende krachten sleuren we aan onze duwkarretjes die hopeloos vastzitten in de tonnen sneeuw. Tussen de minispatbordjes groeien ijsblokken. Dit is gekkenwerk. De hel bestaat!

De woedende wind torpedeert de sneeuw van de sparren op de weg. We worden langs alle kanten belaagd door gigantische sneeuwballen. De weg gaat loodrecht omhoog en zelfs de afdalingen zijn een ware verschrikking. Onze wielen zijn definitief begraven in de sneeuw. Onze voeten kreunen van de pijn. Het zal koning winter worst wezen. Nicole sukkelt bijna opnieuw in een brievenbus. We zijn sneeuwblind geworden, maar ons gezond verstand staat nog op scherp. Een brievenbus wil zeggen: leven in de brouwerij!

Een 200-tal meter van de baan staan drie huizen. Plots horen we dezelfde stem als in de rode auto dezelfde zin kwelen. 'English?', proberen we. 'Café', klinkt het uitnodigend. 'Koffie!', dat is tenminste klare taal. Met onze laatste krachten duwen we onze karren tot voor hun deur. Twee oudere zussen leven hier samen met hun vader. Het brave mens had geroepen 'Kom maar bij ons eten!' Nicole is het noorden kwijt. 'Dat ik dat niet heb verstaan', klinkt het wel tien keer. De warme maaltijd staat ondertussen gezapig te pruttelen op de stoof. We krijgen zelfs pannenkoeken met verse bessen als dessert, mmmm!

Ondertussen is de wind uitgegroeid tot een wervelstorm. De krant en de Finse televisie zenden een noodsein uit: 'Iedereen die Nicole en Ingrid ergens ten velde tegenkomt, moet ogenblikkelijk hulp bieden.' De ontroerende bezorgdheid is niet geheel onterecht, want de weg is weg! De mensen maken ons duidelijk dat we moeten blijven. We zijn ingesneeuwd. 'Dat gebeurt hier wel vaker', lachen de dames. Ook 'den bompa' blijft ijzig kalm onder de noodtoestand. Ze zijn dolgelukkig met hun rare gasten. We genieten elke minuut meer en meer van de gastvrijheid van deze lieve mensen. Wat een dag! Vandaag of morgen worden we niet meer wakker. Ons lichaam vraagt zich af waarom we het toch zo geselen, maar alle pijn is vergeten als we uiteindelijk in een warm bedje liggen.

Opgepast: overstekende oudjes

De volgende morgen wacht iedereen vol ongeduld op de sneeuwruimer. De bulldozers schuiven de sneeuw weg die tot de eerste verdieping van het huis komt. Hoera, we kunnen terug naar buiten! Onze bedevaart gaat verder. De sparren kijken ons aan met het gezicht van een lijkbidder.

Het wordt een zware dag van stilzwijgend lijden voor Ingrid en vloekend afzien voor Nicole. Tot overmaat van ramp zijn de wolken zo dik dat we niets meer zien. Telkens er een auto passeert, stuift de sneeuw als een rookgordijn over ons en verdwijnen we uit het zicht voor de volgende auto.
Nicole ziet het niet meer zitten. 'Laten we het voor vandaag vergeten en terugdraaien. Dit wordt nog onze dood.'
Ingrid wil van geen wijken weten. 'Ik ga niet opnieuw die steile hellingen opklauteren, hoor. Vanmiddag wordt het beter en komt de zon erdoor. Onze kotmadam heeft het voorspeld.'
'Jij gelooft nog in de kerstman! Straks liggen we op het kerkhof', voorspelt dramaqueen Nicole. 'Reserveer alvast maar een plaats!'

Haar woorden zijn nog niet koud of een grote vrachtwagen scheert rakelings langs ons. Net op dat moment komt er een tegenligger. 'Duiken!', roept Nicole. Als twee walvissen springen we omhoog. We ploffen op onze zij in de sneeuwberm. Die blijkt dieper dan verwacht. We zinken verder en verder weg, tot we niet meer recht geraken. Straks verdrinken we nog in de sneeuw! Van al die zenuwen krijgen we de slappe lach. We liggen als kiekens zonder kop de stress weg te gibberen tot we opeens een luidkeels getoeter horen. Het wordt bloedserieus. Onze karretjes zijn in rook opgegaan. Zijn ze vermorzeld onder de spijkerharde vrachtwagenbanden?

We turen verdwaasd naar boven. Opeens zien we allemaal handen reiken naar ons. De bezorgde bende heeft al snel in het snuitje dat de twee bomma's geen Fins praten. 'Young, you're so very young!', klinkt het. Zelfs in het Engels begrijpen we er niets van. Tot één van hen in de verte wijst. Onze duwkarretjes zijn klingel, klangel de helling afgerold en liggen ondersteboven te puffen in het midden van de weg. We kunnen met de minuut de chauffeurs hun gedachten lezen. 'Ocharme toch, we hebben twee hoogbejaarde bomma's van de weg gemaaid. Ze liggen waarschijnlijk met een gebroken bekken in de zijberm hopeloos te zoeken naar hun vals gebit. We moeten ze dringend ter hulp schieten.' Als ze ons recht hijsen, valt de opluchting van hun gezicht af te lezen. We krijgen spontaan applaus en ook de innige Scandinavische omhelzing blijft niet uit. Voordat we helemaal ontroerd worden, pakken we vliegensvlug onze steun en toeverlaat op wieltjes vast en trekken we verder. We hebben weer iets bijgeleerd: in nood duik je best met kar en al de sneeuw in.

Een moord voor een pak friet

Na Savonlinna met zijn imponerende burcht, slaan we de weg in naar Punkaharju. Van de toeristische dienst kregen we een goed adresje mee voor de overnachting. Hotel Kruunupusto is precies een bejaardentehuis. De parking staat vol rolstoelen, krukken en duwfietsen. We hebben alvast het juiste vervoermiddel bij en parkeren keurig in de rij. Het eerste blok is de psychiatrische afdeling. Gelukkig verwijzen ze ons door naar het volgende gebouw. Zo gek zien we er dan toch niet uit!

Stokoude mensen op krukken hinken krampachtig door de ziekenhuisgangen. In een versnelling of drie hoger huppelen we naar onze kamer. Daar staan twee ziekenhuisbedden met de klinkende naam A en B, waarboven een grote driehoek bengelt om je recht te trekken. Handig, want we zijn stijf, zeer stijf. Naast ons bed staat een plastieken kommetje, waarschijnlijk om een vals gebit in te leggen.

Om 17 uur is het pillenfestijn. We verzusteren en nemen een paar vitaminen om niet uit de toon te vallen. Een half uur later zitten we in de refter gezellig te tafelen tussen de derde leeftijd. Sommigen bibberen zo hard dat hun soepkom eeuwig vol blijft. Nicole besluit een handje te helpen en slurpt gulzig liter na liter soep naar binnen. Ook de hoofdschotel is voor de oudjes een processie van Echternach. Als een gier zwermt Nicole boven de halfvolle potten. De arme opa's en oma's zijn minstens een kilo kwijt, want de bediening is niet per bord.

We gaan een beetje later nog even op wandel om de berg eten te laten zakken. In één van de gangen zien we in de verte een schattige mémé in badpak rondlopen. Ja hoor, beneden is er een zwembad. Nicole is door het dolle heen. Ze neemt een fikse aanloop en valt met een luide knal in het water. De oudjes krijgen het verschot van hun leven. Een aantal broze drijvende eendjes verdrinken bijna door de tsunami die Nicole veroorzaakt.

’s Nachts brengt Nicole ook het personeel in de hoogste staat van paraatheid. Door haar gulzige soepaanval moet ze dringend naar toilet. Nu nog de weg vinden. Ze drukt op de tast de lichtknop in. Een paar seconden later valt een bataljon rood aangelopen verplegers de kamer binnen, op zoek naar een patiënt in levensgevaar.

ijsvissen is een geliefde sport in Finland.

'Oei, volgens mij heb ik op een verkeerd knopje geduwd', zucht Nicole.
'Dat is de alarmknop', zegt een blozende verpleger met trillende lippen. We proberen ons serieus te houden, maar ook de verplegers proesten het uit van het lachen. Wie overnacht er nu in een bejaardenhuis?

Maanden zijn we door Finland getrokken met een vervoermiddel waar de mensen hoogstens 2 km tot aan de supermarkt mee rijden. Na 2.058 km bereiken we de grote K-supermarkt in Lappeenranta, op 40 km van de Russische grens. Wie rijdt er nu zo ver om inkopen te doen? Maar ja, het moest een hele grote zijn om Rusland te overleven. Toch missen we nog iets. We hebben onze familie gevraagd om het inpakpapier van een pak frieten per post naar ons op te sturen, zodat we de geur kunnen opsnuiven. We zouden na tien maanden van huis haast een moord begaan voor een degelijk pak friet!

Van de duwsleeën en -karretjes nemen we nu definitief afscheid. Tot in Sint-Petersburg gaan we onze ligfietstandem weer gebruiken. In de Finse gokkantoren is het ondertussen koppen lopen. Eén vraag brandt op hun lippen: hoeveel dagen zal het duren voor de fiets van Nicole en Ingrid gestolen wordt?

Nicole voor de bevroren
Golf van Finland

INFO RUSLAND

Etappe 12

V VERTREK: Lappeenranta, Finland, 16 feb. 2005
A AANKOMST: Ivangorod, (grens Estland), 2 maart 2005

✔ **TOTAAL:** 459 km
✔ **VERVOERMIDDEL:** ligfietstandem
✔ **GELD:** Roebel
✔ **BUDGET**:
- Restaurant: 5 tot 10 €
- Hotel – twee personen: 100 €
- Budgethotel: 50 €

✔ **KAARTEN:**
- Overzichtskaart - Russe: Moscou - St.-Petersbourg, IGN nr. 3615, 1:750.000
- Stadsplan - Sint-Petersburg, gekocht in Rusland

✔ **BOEKEN:**
- Lonely Planet Russia & Belarus
- Lonely Planet St. Petersburg
- Nelles Guide Moskou en St. Petersburg

✔ **ROUTEBESCHRIJVING:**
Lappeenranta: alle voorzieningen
Weg nr. 390 richting Rusland
Nuijamaa: grens Rusland (nog 38 km tot Vyborg)
Niemand mag te voet over de grens, wel met de fiets of de auto.

RUSLAND
Vyborg: Druzhba: vriendelijk personeel, ze hebben zelfs een securityman om op de fietsen te passen.
op een boot met miniatuurkajuit (lage standaard)
Ship Korolenko
Opgepast als je wilt eten in Nord-West: het zijn echte afzetters. Eis dat je de Engelse menukaart krijgt en kijk de rekening tien keer na.
☆ Vyborg kasteel
Weg nr. 123 langs de golf van Finland.
Via straatarme gehuchten en een enorme legerbasis met antieke oorlogshelikopters naar
Primorsk: drie
Zelenogorsk: kuuroord met veel , , , ,
☆ hagelwitte stranden, een groot beeld van Lenin voor het administratief gebouw en een mooie witte kerk met gratis toilet
Komarovo: Spahotel voor kinderen, familiestranden (betalend) en luxueuze
☆ Gezellig fietspad naast de zee
Achter de hoge omheiningen leven de nieuwe rijke Russen.
Repino: , , en
Neem van hieruit de trein naar Sint-Petersburg, want de M 10 of E 18 is een echte dodenweg. Of nog beter: neem een ferry van Finland rechtstreeks tot in Sint-Petersburg!

TIPS VAN TWEE KERSVERSE TSARINA'S

- Toeristenprijzen zijn nog steeds een 'kater' van de oude Sovjettijden van Intourist. Toeristen moeten voor de ingang van een theater of museum soms twintig keer meer betalen dan de Russen. Alleen als je kan aantonen dat je hier studeert of werkt kan je tegen de lage prijs binnen.
- Belangrijk: elke toerist moet zich om de drie dagen registreren (weekend telt niet mee).
- Sint-Petersburg is veilig, maar het grootste gevaar zijn de auto's. Denk niet dat ze voor een zebrapad stoppen. Je hebt geen rechten! De baan oversteken is levensgevaarlijk.

INFO RUSLAND

Sint-Petersburg: net een openluchtmuseum
☆ Kolossale oude sovjetgebouwen, ontelbare niet te missen musea zoals de Hermitage, de chique Nevsky Boulevard en heel veel sprookjeskastelen. Je hebt minstens een week nodig om alles te zien.

☆ De Isaac Kathedraal: met een gouden koepel van 25 m, nu een museum vol prachtige mozaïeken. Een orthodoxe kerkdienst heeft een zeer serene sfeer. De open ruimte waar de mensen in rechtstaan is klein, maar de iconen en vooral de wierook en de kaarsen maken alles nog indrukwekkender. Tijdens de kerkdienst wordt heel veel muziek gebruikt, maar alleen de menselijke stem is toegelaten. Alles is mystiek, zelfs de vele kruisen en buigingen die de gelovigen keer op keer maken.

☆ Het paleisplein is één van de mooiste architecturale omsloten pleinen ter wereld. Het dankt zijn naam aan het Winterpaleis. Dit was de barokke verblijfplaats voor de Russische koninklijke familie en haar gasten. Het groene complex herbergt één van de grootste schatkamers ter wereld: de Hermitage. Zo'n 3,5 miljoen bezoekers bewonderen jaarlijks in dit museum de schilderijen van o.a. Picasso, Van Gogh, Rembrand en Rubens. Meesterwerken waar alle musea jaloers op zijn.

☆ De kerk van de Verlosser op het bloed: deze kerk in zgn. 'Moskou-stijl' wordt soms de mozaïekkerk genoemd door haar rijke kleuren en ajuintoren. In de sovjettijd werd ze gebruikt om aardappelen in op te bergen. Het gebouw is hersteld en heropend als museum.

☆ De Peter en Paul-vesting werd gebouwd om de Zweden tegen te houden. Ze geraakte vooral bekend en gevreesd door de bevolking als gevangenis voor politieke vijanden voordat ze getransporteerd werden naar Siberië.

☆ De Pieter en Paul-kathedraal heeft op het dak een 3,2 m grote engel staan. Het is de begraafplaats van alle Russische tsaren, van Peter de Grote tot Alexander III. Elke middag wordt er nog steeds zoals in de tijd van Peter de Grote om klokslag 12 uur een kanonschot afgevuurd.

☆ Zo'n 25 km ten zuiden van de stad ligt Tsarskoje Selo, het vroegere zomerverblijf van de tsaren. De hoofdattractie is het Catharinapaleis, dat Peter de Grote aan zijn vrouw Catharina gaf. Door de jaren heen werd het verbouwd en verfraaid met grandioze luxueuze ensembles, façades, zuilen, hallen en trappen van wereldberoemde architecten.

Peterhof: 30 km ten westen van Sint-Petersburg
☆ Peterhof kent een reusachtig complex van parken en kastelen. Het is vooral bekend voor zijn 150 fonteinen.
🍴, 🛏 en 🛒
Weg P 35 is kaal, kil en voert je langs een troosteloos landschap zonder voorzieningen, maar wel zeer gastvrije mensen.
Ivangorod: triestig grensdorp met 🍴, 🛏 en 🛒

TIPS VAN TWEE KERSVERSE TSARINA'S

- Elke eerste donderdag van de maand is er gratis toegang in de Hermitage.
- 🛏 Karelia Business: vriendelijk personeel, goede standaardkamers en een uitgebreid ontbijtbuffet: www.karelia.spb.ru
- Zorg dat je 's morgens vroeg ontbijt of de obers hebben alles opgegeten.
- 🍴 Chaynaya Lozhka: www.teaspoon.ru, goedkoop en lekker. Je moet aan de toog bestellen. Eerst kiezen welke vulling je in je pannenkoek wilt, dan welke soort salade, nog een kopje verse thee, niet

TIPS VAN TWEE KERSVERSE TSARINA'S

vergeten te betalen en smullen maar!

- Teremok: de naam van de ontelbare pannenkoekenkiosken in het centrum van Sint-Petersburg. Vlakbij het Moskou-station kan je ook zitten. Voor wie last heeft van heimwee: ze hebben hier zelfs pannenkoeken met chocolade!
- Voor prachtige postzegels, ga naar de filatelieafdeling van de post.
- www.baltic-bread.ru: je vindt er bakkerijen met alles waar je maar van kan dromen: brood, koeken en taarten in alle maten en gewichten.
- Laima Bistro: dit noemen ze fastfood, maar het is gelegen in een chique paleis. Je kan er bijna alles eten: soep, vlees, aardappelen en heel veel nagerechten. Eén minpunt: je moet er flink voor in de geldbeugel tasten.
- China Town: aan Sennaya Place: chique en overheerlijk Chinees restaurant.
- Arcadia Tour Group: hier hebben we ons visum voor Wit-Rusland geregeld: 25 $ voor visum, 30 $ voor voucher (duurt 5 werkdagen). Je krijgt één maand verblijf. De vriendelijke service is gratis.
- Eén van de vreemde Russische gewoontes: bij een warme maaltijd moet je alles apart bestellen: het vlees, de groenten, de aardappelen. Je moet dus drie keer de menukaart afspeuren. Het eten is echter niet duur. Voor 1 € heb je al een kotelet.
- Ook in Rusland is de sauna of 'banya' belangrijk. In de kleine dorpjes is het echt nog de badplaats. Elkaar 'geselen' met berkentakken is nog steeds een gezonde traditie om het lichaam helemaal te reinigen. Na zo'n badritueel slaap je natuurlijk als een roos!
- Russen drinken ... en hoe! Wees niet overmoedig en doe nooit mee aan een wedstrijdje van de nationale sport. Ze drinken ook veel bier en dat lijkt voor hen wel limonade. Ze hebben hier grote 1,5 liter plastic flessen met goudgeel vocht.
- Opgepast voor je hoofd! In de winter hangen de lange scherpe ijspinnen als gevaarlijke dolken aan de dakgoten! Het is levensgevaarlijk om hieronder te lopen als het begint te dooien. Elk jaar worden mensen en kinderen gedood door deze moordende ijspinnen.
- Engelstalige films worden niet ondertiteld, maar wel luidop vertaald door één man die alle rollen vertelt (ook de vrouwelijke rollen).
- Het gemiddelde maandinkomen ligt rond de 100 €. De kosten van het dagelijkse leven liggen boven het westerse niveau. Daarom hebben de Russen soms twee tot drie banen. Een dokter werkt bv. 's avonds als taxichauffeur of een notaris is ook nachtwaker. Meer en meer jonge meisjes belanden in de prostitutie om hun gezin te kunnen onderhouden en te kunnen genieten van alle nieuwe luxe.
- Vroeger werden er enorm veel boeken gelezen, maar nu staat de televisie van 's morgens tot 's avonds aan. Ze kijken vooral naar Amerikaanse soaps en actiefilms.
- Niet alleen de oudere bevolking, maar ook heel veel jeugd zoekt steun in de orthodoxe kerk.
- De beste plaats om hun zorgen te vergeten zijn de vele 'datsjas'. Dit zijn piepkleine weekendhuisjes net buiten de stad. Met duizenden vluchten de Russen samen met hun honden en katten naar de minituintjes, waar ze van alles kweken: van dille tot rode bieten.
- Het dagelijkse leven vereist van de Russen een enorme krachtinspanning. Vooral gepensioneerden zijn door de aanhoudende crisis sterk getroffen, ook in hun eergevoel. Op iedere straathoek van Sint-Petersburg staan oude vrouwen met bosjes peterselie of ze proberen hun laatste schamele bezittingen te verkopen. Vooral bij de ingangen van de metro en de kerken zitten de mensen die niets meer bezitten uit wanhoop te bedelen.

Etappe 12
RUSLAND

Lada's, paleizen en pannenkoeken

Ha, hatsjie! In plaats van romantiek, vliegt er op Valentijnsdag snot door de kamer van het poepchique Scandic Hotel. 'Hoofdpijn!' 'Wat zeg je, Nicole? Mijn oren zitten potdicht!' 'Amai, mijn keel, ik kan niet meer slikken! Ha, ha, hatsjie!' De spiegel is ook gezegend. Elke niesbui davert als een aardbeving door onze oren. We kruipen naar de badkamer. Zelfs het toiletpapier weegt te zwaar. Misschien kunnen ze ons nog gebruiken om de vloer te dweilen, maar uit Lappeenranta geraken we vandaag niet.

Nu zitten we eindelijk in een grote stad en lap, de griepbacillen vellen ons zonder genade. De bezorgde manager Tomi heeft maar één raad: 'Kruip in jullie bedden, dames!' Even later komt er een fanfare van theepotten binnengemarcheerd. Hij loert ongerust van het ene bed naar het andere. 'Zal ik de dokter halen? Jullie hebben toch geen koorts?' We kijken hem met puppyoogjes aan. 'Straks zal er iemand soep brengen. Als er iets is, bel me gerust op mijn gsm.' Gewapend met een ton toiletpapier voor onze snotneuzen, slapen we het klokje rond. We hebben dan toch Valentijnscadeaus gekregen: liters thee, dampende soep en als bonus een overbezorgde ridder, Tomi.

De volgende ochtend doen we een tweede poging om Finland te verlaten. Vol goede moed stappen we op onze gloednieuwe lange ligfietstandem. Gedaan met de bommaslee, tijd voor het echte werk. Ingrid geeft vol gas om de steile heuvel voor ons hotel te beklimmen.

'Zeg Ingrid, je moet wel trappen hé!'

'Wat? Ik duw de longen uit mijn lijf!'

We hebben het al snel in het snuitje: onze wielen draaien zot. Tot overmaat van ramp begint onze trein in de verkeerde richting te rijden. We bollen terug bergaf naar het station Scandic. We tuffen voorbij de inkomhal. Ridder Tomi die ons nog staat uit te zwaaien, moet zich omdraaien. Hij lacht zich bijna een ongeluk. 'Rijden alle Belgen achterwaarts?', vraagt hij grijnzend. 'Rusland is de andere kant uit, ladies!' Het probleem zijn de zomerbanden. We hebben dringend winterbanden nodig. Na de nodige telefoons met DHL Helsinki, beloven ze ons plechtig dat de laatste drie ijsbanden van Finland morgen om 9 uur aankomen. 'Willen de dames misschien nog een dagje blijven?' We worden rood tot achter onze oren. We waren er rotsvast van overtuigd dat we met goede noppenbanden door de sneeuw zouden geraken, maar het is noppes geworden ...

Derde dag, derde poging om Finland te verlaten. We teisteren de trappers van de tandem tot we centimeter per centimeter de loodrechte helling opklauteren. Onze hartslag schreeuwt om rust. Ook Tomi is weer op post om ons uit te wuiven. Hij ziet ons langzaam maar zeker kleiner worden, maar deze keer wel in de juiste richting. We kunnen misschien beter te voet gaan, want drie winterbanden en twee zomerbanden lijkt niet meteen een succesformule om vleugels te krijgen. De zware bagage doet er nog een schepje bovenop. We sleuren een halve supermarkt eten mee. We willen in Rusland niet sterven van de honger zoals in 1990 toen we met de fiets naar China reden. We herinneren ons nog levendig de ellenlange rijen van mensen met hun voedselcoupons voor de praktisch lege winkels. Je kreeg toen een depressie als je een warenhuis binnenstapte. Hoe zou het in 2005 zijn?

De zeldzame Finnen op onze heuvelachtige ijsweg roepen maar één ding: 'Rusland, catastrofe!' Om 16 uur gebeurt het achtste wereldwonder: we bereiken de Russische grens. We hebben vijf uren gedaan over 35 km en wat krijgen we als beloning? Files en nog eens files. Iedereen zit warm in zijn auto te smelten, wij staan te ijsberen. Volgens een absurde Russische wet mag hier niemand te voet over de grens. Met onze zes wielen lange ligfietstandem is dat geen probleem, denken we. Maar niets is wat het lijkt in Rusland. De douanier stapt uit zijn kot en brult: 'Chassisnummer van het vehikel!' Nicole loert onder de fiets en geeft zonder blikken of blozen haar oud telefoonnummer. 'De motor?', tiert de Russische tiran. Ingrid wijst kordaat naar één van de zwarte kajakzakken. 'Dawai, dawai, vooruit, vooruit', klinkt het. Op ons paspoort wordt één fiets geregistreerd, terwijl we eigenlijk met twee fietsen rijden. We moeten de Russische wiskundige logica dus binnenkort ook bij het uitrijden van het land respecteren en met één fiets vertrekken. Dit om te voorkomen dat we hem zouden verkopen. We zouden nog niet durven!

Na een tweetal uren zijn we door alle controles. Ondertussen is het pikdonker en barkoud. Nog 38 km tot Vyborg, onze eerste Russische stad. Verkeersregels bestaan hier niet. De strooidienst rijdt waarschijnlijk alleen uit bij volle maan. Spookrijden is de normaalste zaak ter wereld en de truckers kruipen zelden nuchter achter het stuur. De meeste chauffeurs rijden met drie wagens samen omdat er minstens twee de geest geven. Veel auto's staan stil en praktisch ingesneeuwd te wachten op een druppel benzine. Of zijn ze misschien gestolen? Vooroorlogse vrachtwagens en bussen daveren voorbij. We zijn doodsbang. We hebben een totaal verkeerd vervoermiddel gekozen. Een legertank was veiliger geweest. Gelukkig hebben we twee tanks vol doorzettingsvermogen. Als menselijke robots baggeren we met ons verstand op nul verder. Hier geldt de wet van de sterkste. We kunnen ieder moment platgereden worden en niemand zal er van opkijken. We hebben het nijpende gevoel dat de man met de zwarte cape en de sikkel achterop zit. We prevelen in de Russische chaos een laatste schietgebedje. Hopelijk is onze engelbewaarder ook mee over de Russische grens gesukkeld.

Zwart of wit

We zijn precies mishandeld geweest. Onze rug staat vol blauwe plekken door de diepe putten die we niet hebben kunnen ontwijken met onze zes wielen. Voor het ontbijt in Rusland geldt één gouden regel: eet vroeg of alles is op! Bijvullen staat niet in het Russisch woordenboek. Voor een licht verteerbaar ontbijt kan je best nog een paar 1.000 km verder rijden. De Russen houden 's morgens van een goed stuk vlees, aardappelen, kolen en nog van dat lekkers. De obers zitten heimelijk met overvolle borden gulzig te schrokken alsof het elke dag hun laatste avondmaal is.

In de ruïnestad Vyborg verandert de Scandinavische kleurenfilm in een dreigende zwart-wit prent. Is hier zojuist een bom gevallen? Of is de oorlog nog aan de gang? We wandelen schichtig voorbij afgepelde gevels en kapotte ruiten. Door de gaten in de muren kijken we uit op vervallen kerktorens. In onze Lonely Planet reisgids schrijven ze over een '*lovely city* gevuld met kasseistraatjes en prachtige oude gebouwen'. Degene die dit deel heeft geschreven was in een ongelooflijk romantische bui of misschien beneveld door de Russische wodka. We geloven best dat het één van de oudste steden van Europa is. Volgens onze bescheiden mening dateert Vyborg uit het stenen tijdperk. Door de wirwar van vuil schuifelen uitgemergelde zwerfhonden, ongure types, roestige Lada's en... Nicole en Ingrid.

Eén ding is veranderd: de winkels zijn overvol en maar sleuren met onze dure Finse supermarkt. Toen we vijftien jaar geleden naar China fietsten hadden de Russen nog geld, maar vond je in de winkelrekken alleen een dikke laag stof. Nu puilen de rayons uit, maar hebben de mensen geen cent. De prijzen zijn enorm de hoogte

De stad Vyborg

ingeschoten. Na een lekkere maaltijd in restaurant Nordwest worden we beloond met een peperdure rekening. Gouden raad: vraag altijd eerst de prijs en probeer het Russisch te ontcijferen of iemand het te laten vertalen. We vragen een detailrekening. De serveerster begint hevig te transpireren. Na een half uur wachten, geeft ze rood aangeslagen een andere rekening. Het bedrag is gehalveerd. De eindsom delen we nog eens in twee. 'Spasiba en de kost!', brullen we razend.

Rusland is een beproeving voor ongeduldige mensen. De sneeuwruimers komen pas in actie wanneer het stopt met sneeuwen. Soms wachten ze tot het lente is. Dan worden ze wakker en zeggen ze: 'Allez, het heeft gesneeuwd.' Je krijgt hier ook niks gedaan, als je geen banden hebt met de lokale maffia. We hebben geprobeerd een Russisch gsm-nummer aan te schaffen, onbegonnen werk. Pas nadat een 'begrijpende Rus' voor ons bemiddelde, wilde de verkoper zaken doen. Diezelfde Rus vreest dat we onze fiets eerder vandaag dan morgen kwijtspelen. Op sommige plekken is de armoede zo schrijnend dat automobilisten er zelfs niet durven stoppen. We bereiden ons voor op het ergste. Zullen we heelhuids door het land van fraude en vervalsingen geraken?

Ook van een beetje heiligschennis zijn de Russen niet bang. Onderweg peddelen we langs de kerk van Primorsk. Het vervallen gebouw uit 1904 is omgetoverd tot een bar. Waarschijnlijk voor de vele militairen die hier de grootste olieoverslagplaats aan de Oostzee moeten bewaken. In de kleine dorpjes zoals Sokolinskoe leven de mensen zonder belastingen te betalen. Ze hebben geen elektriciteit. Hun bijna op instorten staande barak verwarmen ze met een oven. De zelfgetimmerde krotten zijn knalgeel of roze geschilderd omdat deze verf het goedkoopste is. De meesten hebben een salaris tussen de 3.000 en 5.000 roebels, ofwel 70 tot 120 euro per maand. Hoe mensen hier op een paar aardappelen kunnen overleven in deze bittere koude is voor ons een raadsel. Niet voor niets vloeit de wodka hier als water.

Rusland is een land van schrijnende contrasten. De zogenaamde 'nieuwe Russen' verdienen 7.000 euro per maand. Ze leven achter hoge omheiningen, in villa's met tropische zwembaden, honderd en één alarmsystemen en genoeg personeel om een heel bedrijf draaiende te houden. Er is geen middenklasse meer. Vroeger hielpen de mensen elkaar. Een vriendenkring was broodnodig om te overleven. Nu zit er geen ziel meer in het volk. De superrijken vertrappelen de armen om nog rijker te worden. Het is hier zwart of wit, grijs bestaat niet.

Bloemen noch kransen

We koersen in rechte lijn naar de 4,4 miljoen inwoners tellende stad Sint-Petersburg, zoveel als heel Finland samen. De laatste 100 km belanden we in de race Parijs-Dakar. Lada's, trolleybussen, trams, vrachtwagens en bussen razen met tien naast mekaar als gekken door de met putten bezaaide ijsbaan. Bloemen en kransen sieren de weg. Ze onthullen het ene na het andere graf van gevallen verkeersslachtoffers. Politiemannen delen snelheidsboetes uit alsof het solden is. We fietsen over de dodenweg. Hier is geen plaats voor voet- en fietspaden of voor een pechstrook. Er is zelfs geen witte lijn. Anarchie is hier het codewoord.

Ons hart staat stil als we een vermorzeld lichaam languit over de tramsporen zien liggen. We voelen ons benauwd. De volgende krans kan de onze zijn. Ineens gooit voor ons een zware vrachtwagen alles dicht. Hij schuift over de spekgladde baan. We knijpen onze ogen dicht. Er weerklinkt een zware knal. Een piepkleine Lada zit verbrijzeld onder de moordende vrachtwagenwielen. Iedereen claxonneert en wilt er zo vlug mogelijk voorbij. Nu slaan bij ons alle stoppen door. Emoties zijn hier doodgevroren. Compleet in shock sleuren we onze ligfietstandem van de moordbaan in de sneeuwberm. We beginnen als twee kleine kinderen op onze moeders te roepen. Tranen en snottebellen versmelten tot een ijskoude massa. We willen geen meter verder.

Even later stopt er een politiewagen. In onze ogen brandt een helse angst. We wijzen met bevende vingers naar het rampenverkeer. De politieagent begrijpt ons meteen. Hij brabbelt onophoudelijk door zijn walkietalkie. Er komt een tweede politiewagen aangestormd. De redding is nabij. Met gierende sirenes en vier knipperende pinkers escorteren ze ons tot in het centrum van Sint-Petersburg. De weg des doods sterft weg onder hun wielen. Op één van de drukste kruispunten gooien ze de remmen dicht. We kijken verdwaasd in het rond. In België staat op iedere hoek een frietkot, in Rusland staan er pannenkoekenkiosken, 'bliny's'. De brave politiemannen trakteren ons op een lekkere gevulde pannenkoek met bananen en chocolade. De ultieme troost!

Met de daver op het lijf arriveren we aan het flatje van een vriend die ons staat op te wachten met twee bloedrode rozen. Op zo'n moment vergeet een vrouw toch alle ellende. Hij is apetrots met zijn belangrijke gasten. Wie wordt er nu gebracht met een politie-escorte? We zien hem ijverig telefoneren. 'Morgen komen de drie belangrijkste televisiekanalen', jubelt hij. 'Ze zullen jullie kunnen bekijken tot in Siberië!'

Bang, ziek en vooral doodmoe van alle emoties en de verschrikkelijke beelden vallen we als een blok in slaap. De mooie Russische attenties proberen onze nachtmerries om te toveren in zoete dromen. Wat een dag! Bedankt God, dat we hier nog zijn.

Isaac Kathedraal

Klant is koning

Sint-Petersburg staat bekend als een stad voor alle godsdiensten. Peter de Grote verwelkomde vreemdelingen van alle werelddelen en liet orthodoxe kathedralen, katholieke kerken, synagogen, een moskee en zelfs een boeddhistische tempel bouwen. De tsaren maakten van Sint-Petersburg de hoofdstad van hun rijk. Dat heeft duidelijk zijn sporen nagelaten. De stad ontpopt zich tot een openluchtmuseum, een mekka voor wie van architectuur houdt. De kolossale Sovjetgebouwen zien eruit als indrukwekkende paleizen. Barokke beelden van levensgrote gespierde mannenfiguren ondersteunen plechtig de machtige gebouwen. Gevleugelde engeltjes laten de sierlijke daken lachend naar de hemel opstijgen. Kathedralen met gouden koepels en statige zuilen herbergen de kostbaarste iconen en schilderwerken.

Over de 4 km lange Nevsky Boulevard paraderen de Russische dames met hun lange bontmantels en chique pelsen mutsen als ware keizerinnen. Deze belangrijke hoofdstraat staat volgepropt met galerijen, boetieks, cafés, restaurants en shoppingcentra waar de duurste merken ter wereld om aandacht schreeuwen. Tussen alle luxe staan de baboesjka's, oude Russische moedertjes die in de vrieskoude geduldig een bosje bloemen of sigaretten per stuk verkopen. In de zijstraten overleven nog enkele Sovjetwinkels. Ze hebben zo hun eigen spelregels. Het is niet de winkelier die de klant behaagt, maar de klant die iets van de verkoopster moet gedaan krijgen. Hoe

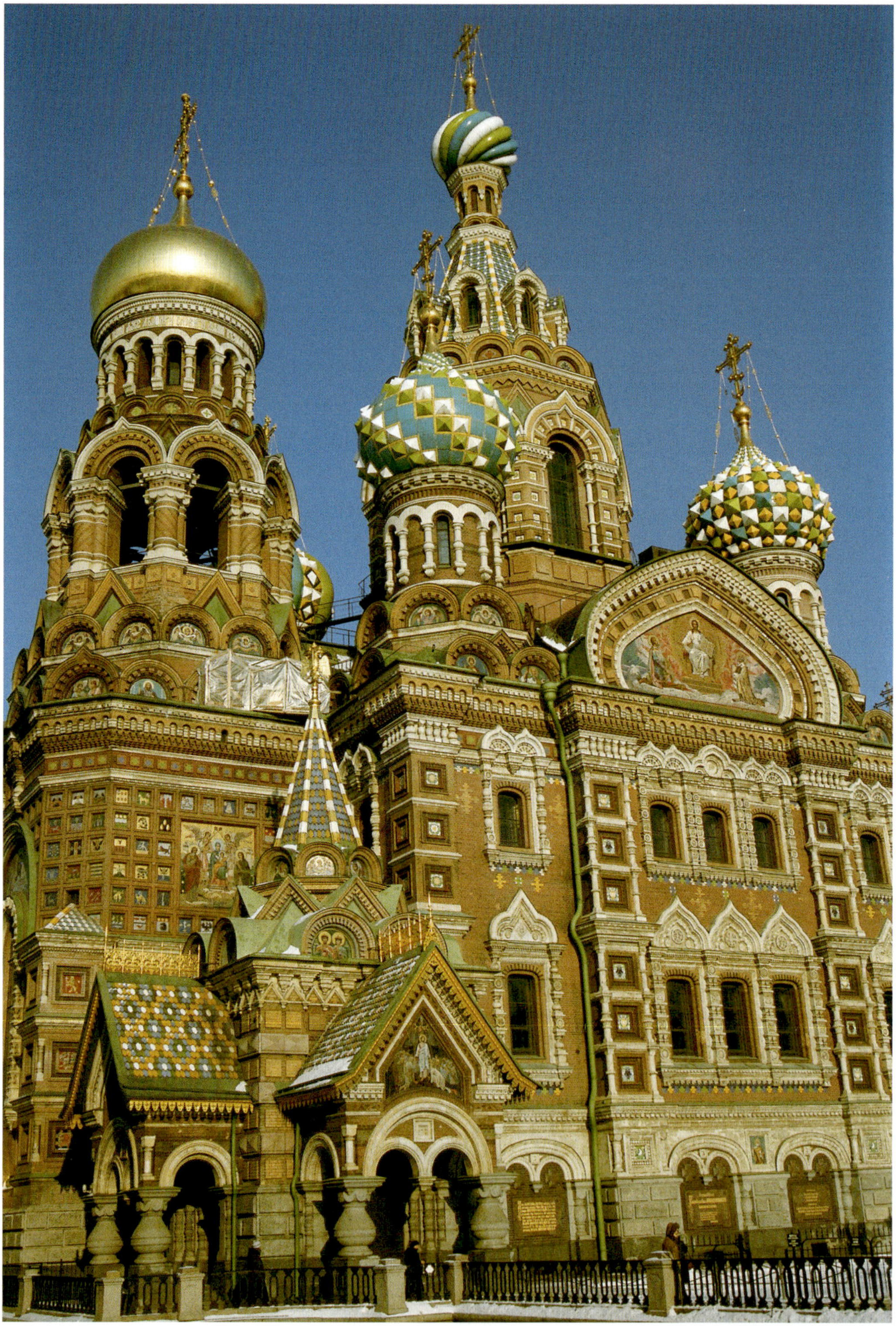

Kerk van de Verlosser op het bloed

beleefder en onderdaniger je om een product bedelt, des te sneller ze in actie komen. Zelf mag je niets nemen. Alles staat achter ijzeren tralies en moet met veel mouwvegen gevraagd worden. Hier geldt nog steeds de regel: 'De staat doet alsof hij ons betaalt, wij doen alsof wij werken!'

Aan de kleine toegangshekken van de kerken zitten oude moedertjes te bedelen. Ze hebben geen familie en hopen te overleven op een aalmoes van de gelovigen. Sommigen schrijven op een klein papiertje een boodschap of een wens. Wie arm is, moet creatief zijn.

Tsjesme-kerk

Toen wisten we nog niet dat wíj op het menu stonden!

Honds-dol

Om 6 uur 's morgens sluipen we als dieven in de nacht uit Sint-Petersburg. Het duurt niet lang of de pracht en praal wordt platgeslagen door een kaal, kil en troosteloos landschap. De weg tot het grensdorp Ivangorod is één lange roestige ketting van weggezakte vervallen barakken. Rusland is een land van gigantische tegenstellingen. Geluk en verdriet zitten elkaar constant op de hielen en het gevaar … dat duikt op net wanneer je het vergeten bent!

Uit een bosweg springen zes grote, gespierde wolfshonden. Ze hollen schuimbekkend naar onze ligfiets. Eentje springt bovenop ons bagagekarretje. Hij begint driftig aan de zak met eten te snuffelen. We zijn in geen tijd omsingeld. Doordat we zo laag bij de grond zitten, zijn we een vogel voor de kat. Ingrid zoekt koortsachtig naar onze *dazzer*, een hondenafweerwapen dat altijd werkt. De honden zijn op oorlogspad. Ze blaffen en grollen agressief in het rond. Graw! De grootste van de bende bijt recht in Ingrid haar bottine. De paniek slaat toe. Nicole draait zich om en ontwijkt zo op het nippertje een schuimende muil met vlijmscherpe tanden. Ze voelt de warme adem in haar hals branden. In een reflex grijpt ze haar helm en ze slaat staalhard op zijn snuit. De hond blaast jankend de aftocht. Nog vijf te gaan!

Ingrids razende belager hangt nog steeds in een wurggreep vast aan haar voet. Ze draait haar andere been 360 graden en trakteert de blaffer op een rake schop recht tegen het hoofd. Het strijdtoneel verandert in een spelletje Russische roulette. Hoe harder we fietsen, hoe doller de honden worden. De trapbewegingen in de lucht maken hen met de seconde agressiever. De drie overblijvers zitten ons op de hielen, terwijl nummer vier op onze bagagekar al het eten staat onder te kwijlen. Ze komen plots allemaal vlakbij. Het wordt een secondespel. Ineens klinken de verlossende woorden: 'Ik heb hem!' Ingrid is erin geslaagd om de dazzer uit onze zak te krijgen en even later gebeurt het ondenkbare: de honden blazen met de staart tussen de benen de aftocht. Zelfs onze ongewenste passagier verdwijnt in een flits. We voelen ons hart bonken in ons hoofd. Onze benen draaien volautomatisch. Het is muisstil. We denken hetzelfde. Vanaf nu hangt ons Ingrid de dazzer rond haar nek.

Rijkdom zit in het hart

In het gehucht Bol. Ruddilovo staat een oude baboesjka de overtollige sneeuw voor haar deur weg te keren. 'Hallo, wij komen uit België, kunnen wij hier ergens onze tent opstellen?', vragen we voorzichtig. 'We kunnen echt niet meer verder.' Het brave mens kijkt ons doordringend aan. Haar vinger speelt pingpong tussen de sneeuw en onze fiets. Ze doet telkens hetzelfde teken: 'Brrr koud, koud.' Ze heeft nog wel een plaatsje binnen voor twee oververmoeide reizigers.

's Nachts hebben we alle twee dezelfde nachtmerrie. Deze keer loopt het veel slechter af. Ingrid kermt van de pijn met een bloedende voet en Nicole voelt de vampiertanden van de hond diep in haar keel snijden. Het bloed gutst in het rond. Onze pyjama is kletsnat. Het zweet staat op onze voorhoofden. Plots doemt een mollige gestalte op. De baboesjka staat midden in onze kamer. We hebben waarschijnlijk hard geroepen! Bij Ingrid bedelen trillende tranen in haar ogen om verlossing. We proberen aan onze kotmadam uit te leggen wat er is gebeurd. Ze kijkt ons vertwijfeld aan. Haar armen vallen troostend rond ons. 'Dawai spat, en nu slapen hé', zegt de Russische mammie. 'Hier njet zabakas, geen honden, bij mij zijn jullie veilig. Slaapwel!'

Elke dag houden we meer en meer van de Russen. Ons moedertje is 's morgens al in volle actie. Ze schotelt ons een groot bord porridge voor. Die is hier altijd stevig en goed zoet. Ze wijst naar de pap en rolt even met haar *forsballen*. 'Ja ja, we zullen alles opeten.' Na de dosis krachtvoer zijn we klaar om erin te vliegen. Dat is buiten onze baboesjka gerekend. Ze begint net als gisterenavond het hoofd te schudden. Het arme schaap heeft waarschijnlijk zelf geen oog dichtgedaan. We horen onophoudelijk twee woorden: 'palatka' (tent) en 'cholatna' (koude). En maar schudden en knikken! Dadelijk neemt ze onze tent nog in beslag en kunnen we nooit meer kamperen in de winter.

Als ze ons ziet inpakken, gaan de armen boos de lucht in. 'Veel te veel bagage, jullie rijden je kapot! Koud, veel te koud!' Als we afscheid willen nemen, begint ze haar schort glad te strijken. Ze weet echt niet meer wat te doen. We pakken haar vast en geven een klinkende zoen. De tranen plenzen over haar wangen. 'Daswiedanje!', fluistert ze bevend. Ze blijft ons in de bittere koude nawuiven. Rijkdom zit in het hart!

Een zaak van staatsbelang

We zijn al snel terug in gedachten verzonken. Zo voelen we de koude niet. Het duurt niet lang of een vrachtwagen snijdt ons weer de pas af. Slapen die gasten of zijn ze blind? Na de nodige triestige houten huisjes, grijze Sovjetappartementen en torenhoge fabriekschouwen doemt eindelijk de grens met Estland op. Als we voorbij de eerste slagboom trappen, sleurt het Russische douanemens ons bijna tussen de slagboom. 'Dawai, njet machine!' 'Vooruit, terug, wat zijn jullie? Geen auto's, geen voetgangers, weg ermee!', brult de kwal hysterisch.
We hebben zo'n flauw vermoeden dat we de eerste ligfietstandem zijn die de grens wil oversteken. Het is verwarring troef. Na 101 telefoontjes moeten we mee door de voetgangerszone. 'Zeg madammeke, wij kunnen onmogelijk met onze tandem door het douanehuis rijden', protesteert Nicole. 'Laat staan door die smalle loketdeurtjes!' 'Njet problem', snauwt ze. Het schuim staat op haar lippen. Terug langs deze Russische vampier geraken is gelijk aan zelfmoord. Iedereen kijkt met argusogen naar onze lange vrachttrein. De bagage wordt door enkele stoere Russische mannen als een levendige ketting doorgegeven. Hopelijk verkopen ze onze zakken niet op de zwarte markt. De spanning stijgt. Onze ligfietstrein wordt boven alle hoofden gestoken. Het onvermijdelijke gebeurt. Het bagagekarretje breekt af. Dit is nu echt niet het moment om in panne te vallen. Zo geraken we nooit over de grens.

Rusland en Estland stropen hun mouwen op. Zelfs de douaniers springen in actie met een feilloze taakverdeling. De zware hamers komen uit Rusland, het fijne gereedschap wordt doorgegeven uit Estland. Iedereen hangt met zijn neus tussen onze ligfietswielen. We kijken bang naar de aangroeiende file. Niemand vloekt of sart. Wat wil je? We zitten gevangen in niemandsland. Hier staat de tijd stil. Zelfs de loketten van de douaniers zijn gesloten. Het depanneren van twee Belgische fietsers is een zaak van staatsbelang geworden …

Catharinapaleis
Sint-Petersburg

Etappe 13

INFO ESTLAND

VERTREK: Narva, 2 maart 2005
AANKOMST: Salacgriva, 22 maart 2005

✔ **TOTAAL:** 558 km
✔ **VERVOERMIDDEL:**
- ligfietstandem, paard en slee
- ligfietstandem: 510 km
- paard en slee: 48 km

✔ **GELD:** euro
✔ **BUDGET:**
- Restaurant: van 2 tot 8 €
- Hotel - twee personen: van 33 tot 60 €
- Budgethotel: +/- 15 €
- Camping: 10 €

✔ **VISUM:** Belgen hebben geen visum nodig.
✔ **KLIMAAT:** In maart en oktober heb je Estland voor jou alleen.
✔ **KAARTEN:**
- Overzichtskaart - Baltische Staten, F&B, 1:600.000
- Overzichtskaart - Estonia, ITM, 1:400.000

INFO ESTLAND

- Stadsplan - Tallinn: gratis verkrijgbaar in Estland in de toeristische diensten
- Deelkaarten - EO MAP, 1:170.000 (in Estland te kopen in de toeristische diensten): www.eomap.ee
- Deelkaarten - www.regio.ee, 1: 200.000 (in Estland te kopen in de toeristische diensten)
- Fietsroutes - Eurovelo (een Europees fietsnetwerk): www.eurovelo.org
- Er lopen twee lange afstandsfietsroutes door Estland: Eurovelo Route nr. 10: Oostzeeroute of Baltic Sea Cycle Route (ook Hansa Circuit genoemd) is 7930 km lang, de Oost-Europa Route of Eastern Europe Route loopt van de Noordkaap naar Athene en is 5964 km lang.
- Fietsroute - Nationale Route nr. 1, 980 km door Estland, ook Nationale Route nr. 3 en 4.

✔ **BOEKEN:**

- Lonely Planet: Estonia, Latvia & Lithuania
- Bradt: Estonia

✔ **ROUTEBESCHRIJVING:**

Narva: twee forten, de in barokstijl gebouwde stadshal en de prachtige orthodoxe kathedraal
Alle voorzieningen en vriendelijke *i*
Narva: www.narvahotell.ee
Volg de Nationale Fietsroute nr. 1 langs de kust (er zijn ook plaatselijke fietsroutes). Ze is aangeduid met blauwe plakkaten. Weg nr. 1 is oersaai.
Sillamäe: met ,
Toila: Spa Toila: met allerlei soorten massages en zeer goed : www.toilasanatoorium.ee
Vlakbij met hutten, park waar duizenden Duitse soldaten begraven liggen.
Schilderachtige weg van Toila tot Aa
Valaste: , hoogste waterval van Estland: Valaste (25 m hoog). In de winter is ze totaal bevroren.
Saka: Saka Cliff & Spa, zeer mooi gelegen in een park: www.saka.ee
Aa: Aa manor House: prachtige oude villa, nu een bejaardenhuis.
Hierna weg 20 met prachtig uitzicht op het Purtse kasteel.
Op de splitsing naar Moldova: (zondag open)
700 m na de afslag naar Aseri: met koffie
100 m verder in een geel huis: volkse eettent
Aseri: wordt kleistad genoemd omdat hier de rode bakstenen worden gebakken.
Fietsroute nr. 1 passeert veel scheefgetrokken barakken.

Kalvi: Kalvi Manor: het mooiste en duurste hotel van heel Estland. Een kasteel met kamers zoals in 1908: hemelbedden, delicate meubelen, gouden badknoppen, butlers en kandelaars, stoomsauna, jacuzzi, kortom: alle luxe! Er is ook een vijfsterrenrestaurant aan verbonden: www.kalvi-hotel.com.
Viru-Nigula: 13de eeuwse kerk met mooie stalen grafkruisen. Hierover ligt een .
Weg nr. 20 is saai en kaarsrecht met veel hout- en cementvrachtwagens. Een betere optie is de onverharde weg naar Malla Mansion. Overal op de elektriciteitspalen zijn er nesten van ooievaars.
Kunda: grote cementfabriek, Kunda Guesthouse, Kasemäe nr. 7, , alle voorzieningen
Toolse: spookruïne van een burcht: macaber uitzicht op de bevroren zee met grote rotsen.
Eisma: Guesthouse Külalistemaja (gelegen aan de zee): www.landvald.ee
Vainupea: guesthouse
Vihula: kasteel, , en minipostkantoor
Schilderachtig gelegen aan de Mustjoe-rivier middenin het Lahemaa National Park: www.vihulamois.ee.
Meer info over paard- en sleetochten: www.ratsatalu.ee
Sagadi: Sagadi Manor: helemaal in het roze, nu een museum: www.rmk.ee,
Palmse: Palmse Manor: prachtig geel herenhuis, gelegen in groot park, , ,
Klim van 4% naar Kolgaküla
Kolga: Kolga Manor: zeer mooie façade, maar binnen een ruïne: www.kolgahotell.ee
Kiiu: kleinste fort van Estland met (specialiteit is eierenlikeur)
Vakla: , aan de splitsing naar Kaberneeme: en
Jõelähtme: met
Kostivere: aan de rechts 1 km naar Jägalu Juga waterval: in de winter een ijsmassa
Maardu: Maardu Manor: prachtig oud huis, nu eigendom van de bank van Estland
Loo: , , met internet en postkantoor
Na oversteek van de Pirita-rivier: hamburgertent
Tallinn: hoofdstad van Estland, op 80 km van Helsinki (Finland)
De stadswandeling in de reisgids Bradt is een topper.
middeleeuwse binnenstad omgeven door 46

INFO ESTLAND

zware torens. De Alexander Nevsky kathedraal is een juweel.
🍷 Maiasmohh: zeer ouderwets en goedkoop, ideaal voor een lekkere tas koffie
🛏 Scandic Palace Tallinn: www.scandic.ee
🛏 Budget hostels: www.stroom.es, www.dzingel.ee, www.mahtra.ee of www.alur.ee
Weg nr. 15, na 3 km ⛽, voor splitsing naar Kiili: 🍷 koffiebar
Na 15 km aan afslag naar Saku: ⛽ en 🛒
Kurtna: 4 km rechts van weg nr. 15: ⛽, 🛏 Oskolt Hotel en ⛺, 🍽 Loone Bar. Aan afslag naar Seli: ⛽ en kiosk
Rapla: Vraag naar Helika Riipulk in de *i*: een echte engel
🍽 Farmburger: degelijke hamburgers
🍽 Oü Katmal Kaubandus Järvakandi: zeer lekker eten
🛏 Toitlustus (5 km ten noorden): www.nommekorts.ee
🛏 Krantsi Kõrts (1,3 km van het centrum): opgepast voor koude douche en de rekening!
Kaisma: 🛏 (5 km van de weg): hutten
Tori: ☆ de stallen van de Tori-paarden: een zeer rustig ras dat gebruikt wordt bij de politie. Zo'n 4000 € is de prijs om een paard te kopen. Meer info (Jaanus Kallaste): www.hot.ee/torihobune
Vlakbij ligt het Soomaa National Park: mogelijkheid tot kanotochten of wandelingen.
🛏 Klaara-Manni Dukkemaja: overnachting in hutten of kamers, tof koppel en handig om te weten: hun nonkel is fietsenmaker (Ilmar Roots: Selja K. 86801 Tori Vald Parnu MK): www.klaaramanni.ee.
Pärnu: gezellig, oud stadje met antieke reclameborden en veel houten huizen
i, 🍽, alle voorzieningen, ☆ Ammande Villa: prachtig houten bouwwerk
🛏 Scandic Ranna (vlak aan het strand): www.scandic-hotels.com
🛏 Piirisaare Tourist Farm (kamperen ook mogelijk): www.prn.ee/piirisaare
🛏 Lõuna Hostel
🍽 Chinees (iets voorbij het Bristol Hotel): ook lekkere Thaise en Indische gerechten
Fietsroute nr. 1 vlak naast de zee, hierna hoofdweg nr. 4, op 21 km 🛏 Matkatalu Hostel, 🛒
Uulu: 🍷
Rannametsa: fietsroute nr. 1
Häädemeeste: 🍽
Kabli: 🛒, postkantoor, museum en 🛏 Lepanina: vlak aan de zee, met 🍽, saunacomplex, tennis en minigolf: www.lepanina.ee
Treimani: natuurlijke ⛺
Ikla: grensdorp, 🛒

TYPISCHE GEWOONTES EN TIPS

- Opgepast voor grote loslopende honden!
- Restaurants zijn moeilijk herkenbaar.
  Het lijken gewone huizen omdat er geen reclameborden hangen.
- Campings zijn open vanaf juni.
- Baltische mensen groeten elkaar niet met een zoen of een omhelzing.
- Mannen geven elkaar een hand.
- Bij een bezoek worden er altijd bloemen gegeven.
  Let op: het moet een oneven getal zijn, even getallen zijn voor een overlijden.
- Altijd schoenen uitdoen voordat je het huis betreedt.
- Nooit fluiten in huis, dit brengt ongeluk.

Etappe 13
BALTISCHE STATEN

Van de hel naar de hemel

'Joepie, we zitten terug in Europa!' De beschaving lacht ons toe wanneer we over de grens van Estland bollen. Gedaan met de afgebrokkelde gebouwen en de vuile wegen. Hier zijn zelfs bewegwijzerde fietsroutes. Vanuit de grensstad Narva kan je de oude Tsarenweg volgen. Die loopt van het ene herenhuis naar het andere. Vroeger was het de mode om met paard en kar te reizen naar deze prachtige kastelen. Hoe lang willen wij al niet 'juu' zeggen en ons laten vooruittrekken?

De dame van de toeristische dienst veroorzaakt meteen een lawine van gastvrijheid. Alle manorhouses worden opgebeld. 'Overal waar jullie zullen komen, is jullie doortocht aangekondigd', klinkt het trots. We hoeven ons geen zorgen meer te maken over eten en een slaapplaats. Zo vriendelijk zijn de mensen hier.

We volgen de bevroren golf van Finland. Na het dorpje Toila passeren we de Valaste waterval, de hoogste van Estland. De stalagmieten van de 25 m hoge ijspegel blinken als geslepen dolken. Te midden van een triestig en eentonig landschap

verschijnt het prachtige Kalvi Manor, het mooiste en duurste hotel van heel het land. En wij mogen hier gratis overnachten! We stappen binnen in een sprookjeswereld en veranderen in Gravin Elisabeth II en Royal Queen Katharina XI. In onze fantasie rijden we met een gouden koets en vier zwarte hengsten tot voor de kasteeldeur. Met onze lange jurken en hoge naaldhakken trippelen we de trappen op. Twee dienstengeltjes openen de deuren. 'Wel, wel, zijn jullie die moedige Belgen die door deze vreselijke koude fietsen? Welkom in Kalvi Manor.'

De hal is een paleis. Een zware kroonluchter bengelt sierlijk boven onze hoofden. Voorzichtig beklimmen we de pas geboende trappen, omsingeld door prachtige schilderijen, breekbaar beeldhouwwerk en blinkende spiegels. De fiets deelt mee in de luxe. Hij mag wegdromen in het voorportaal tussen het fragiel porselein en de marmeren beelden. We zouden al blij zijn als we op de gang mochten slapen, onder het toeziend oog van één van de statige portretten. Als ze de deur openen van onze kamer, valt onze mond open van verbazing. Alles is nog zoals in 1908. Het hemelbed baadt in een zee van rozen. Op een delicate schrijftafel staat een telefoon die je nog moet opdraaien. De zithoek is een oase van comfortabele zetels, antieke luchters en oogverblindende schilderijen. Grote witte badmantels en fluweelzachte slippers wachten op actie. De gouden badkranen lonken uitnodigend, maar in luxe is het moeilijk kiezen.

Beneden wachten er een pracht van een zwembad, een stoomsauna, een bubbelbad en een solarium. We laten onze stijve spieren een halfuurtje genieten van al de weelde. In onze luxesuite met uitzicht op zee, fonteinen en tuinbeelden worden we bediend door ouderwetse butlers. Galant en zo stijf als een hark toveren ze een drie gangenmenu met zalmmousse en kalfsteak uit hun hoed. Het eten smelt in onze mond. Nicole is even in de rouw omdat alles zo snel op is. We dromen al luidop van het ontbijt en schrijven onze memoires met inkt en een schrijfveer op perkament. Met al die pracht en praal wanen we ons in de hemel. Hebben ze ons misschien overreden en is dit nu het ware paradijs na de dood?

Hokus, pokus, pats

Juuu! Het paard en de slee komen met dank aan de toeristische dienst elegant aangereden op het prachtige landgoed van het Kalvi kasteel. Als ware tsarinnen stappen we in. We reizen in stijl naar het Vihula herenhuis. Terwijl we door de duistere lanen galopperen, denken we aan de film 'Een Amerikaanse weerwolf in Parijs'. Dat ons paard maar braaf op de weg blijft! Vroeger werden er soms in één jaar tijd 56 kinderen doodgebeten. 'Tok, klok, tok, klok', het tempo van ons paard Topper klinkt als een euforische eindsymfonie als we aankomen aan het Sagadi Manor.

We vallen bijna flauw van verwondering. Het roze paleis schittert in de zon. We hebben een gedetailleerde kaart nodig om onze weg te vinden in de kamer. Sagadi Manor is een museum. We worden door de grote balzaal begeleid naar het blauwe salon. Natuurlijk durven we niet gaan zitten. Gastvrouw Krista wijst naar het blauwe servies op het salontafeltje. 'Willen jullie thee of koffie?' Nu zijn we helemaal royalty's, koffie in het blauwe salon! We leren hier ook alles over de liefdesetiquette. Zo hadden ze vroeger heel andere 'regels' om af te spreken of de man des huizes welkom was bij zijn lady of niet. In die tijd sliepen ze nog met een nachtmuts. Als de baas zin had, gooide hij zijn nachtmuts naar haar. Had ze geen zin of had mevrouw hoofdpijn, dan smeet ze zijn muts terug. Hield ze hem bij, dan had hij prijs!

We kunnen niet altijd prijs hebben. We brengen ook nachten door in kille grotkamers van bouwvallige kastelen zoals Kolga Mansion. In de kelders worden we getreiterd door geesten en spoken die al veel te lang geen levende ziel hebben gezien. Alles is hier in verval. Een ruïne vanbinnen, een pracht van een gebouw langs buiten. Onze dienster is precies de zus van Pietje de Dood. Ze is gehuld in een lang, zwart kleed en knielt telkens als ze ons verlaat. We horen haar botten kraken. Ze brengt het eten onder een groot tinnen deksel. 'Hokus, pokus, pats', daar is ons eten. Als we opkijken om dankjewel te zeggen, zit onze geest al terug in de keuken. Onze zwarte dame blijft bij het afruimen maar knielen en buigen. Ze is te onderdanig, volgens de Esten een overblijfsel uit de tijd dat ze rijke Russen moesten bedienen. Voor alle zekerheid blokkeren we het slot van onze grote slaapkamer met onze plastieken hamer. Klopgeesten hebben genoeg aan een sleutelgat ...

Jägalu Juga waterval

Vlak voor Tallinn, de hoofdstad van Estland, nemen we afscheid van onze zwarte hengst. We ligfietsen naar Kiiu, waar het kleinste fort van Estland en de prachtige Jägalu Juga waterval pronken. Het is een levendige ijsmassa. Reuzenstalagmieten hangen omlaag als lange witte druipkaarsen. Voor de inkomhal van het chique Palace Scandic hotel wemelt het van de pers. Kranten, televisie, ze zijn allemaal op post. We pijnigen onze hersenen over welke filmster of president straks zal arriveren. Als we de meute naderen, draaien de camera's plots in onze richting. Twintig flitsen gaan tegelijk af. We zijn verblind en stomverbaasd. De microfoon wordt bijna in

НОВОСТИ

ЧЕТВЕРГ, 31 МАРТА 2005 года • № 73 (1722) Вести

ГОСТИ

Бельгия, крути педали!

ера в гостинице *Reval Hotel Latvija* журналисты
инимали не совсем обычных гостей. Двух дам из
льгии — Ингрид и Николь — занесло к нам во вре-
я кругосветного путешествия, которое они совер-
ают на всем, что движется, но не имеет мотора: ве-
сипедах, каяке, санях, животных, паруснике и воз-
шном шаре.

«Мы уже 11 месяцев в дороге, —
сказывает Николь Дирекс, де-
нстрируя двухместный велоси-
, на котором они передвигаются
ЛР. — И за это время объехали
стран: Голландию, Данию, Фин-
ндию, Россию, Литву... Впереди
е 40 государств, а это четыре го-
долгого пути».
На родине, в Антверпене, жен-
ин с нетерпением ждут матери,
атья, сестры и многочисленные
клонники, которые заслушивают-
захватывающими дух историями
приключениях. Так, в Санкт-Пе-
бурге на двух подружек напала
я бездомных собак, похожих на

целуи и приглашали на кофе. А при
въезде в Ригу их встретила старуш-
ка, которая на ломаном английском
пролепетала: «Вэлкам то Латвиа!»
«Нас все время спрашивают: по-
чему мы странствуем 15 лет? Это
ведь наша вторая кругосветка.—
продолжает Николь. — На что всегда
следует один и тот же ответ: мы про-
стые женщины — Ингрид боится мы-
шей, а я трепещу при виде паука.
Просто нам кажется безумно скучной
оседлая жизнь в кругу семьи, детей.
К тому же ни один мужчина не станет
ждать жену пять лет, пока она шата-
ется по свету. Да и по возвращении
домой у нас полно хлопот: днями на-

Фото Айгара Янсона, A.F.I.

Пять лет в пути
без права на личную жизнь.

onze opengesperde monden geduwd. DHL Tallinn heeft ze getipt. Ze willen vooral weten hoe we in godsnaam door deze bittere koude kunnen fietsen. Al weken terroriseert een kille wind het land: –22°C 's nachts, overdag –15°C.

De volgende morgen zijn we live te gast in de bekendste ontbijtshow op de nationale televisie. We verklappen dat we enorm houden van de uitbundige Esten en vertellen terloops dat we van de hel naar de hemel zijn gereisd. Rusland was de hel, Estland is de hemel. We worden prompt gebombardeerd tot nationale helden. De Esten haten de Russen door en door.

Vihula-kasteel

Non-stop handkussen

Tallinn is de best bewaarde middeleeuwse stad in Noord-Europa en ligt op amper 80 km van Helsinki. Het is heerlijk verdwalen in de doolhof van kronkelige straatjes. Rond heel de stad staan zo maar eventjes 46 torens die ongeveer drie meter dik zijn. Tallinn had één van de sterkste verdedigingssystemen in Europa. Één van onze lievelingstorens is 'Kiek in de Kök', oftewel 'piep in de keuken'. Als je de toren beklimt, kan je in alle keukens van de huizen loeren. Niet slecht om de geheime kookrecepten te ontcijferen. Als 's avonds de antieke lantaarns van de middeleeuwse parel fonkelen, zit je echt in hocus pocus land.

Bij het uitfietsen van Tallinn, wanen we ons in de Ronde van Vlaanderen. 'Good luck, good trip', roepen de uitzinnige Esten. We smelten weg in de bittere koude als een stokoud moedertje ons fier begroet: 'Welcome in Estonia, girls!' Bij het binnenrijden van het dorp Järvakandi komen de tranen in onze ogen. Heel het dorp heeft een menselijke erehaag gemaakt. De mannen groeten stijf 'in Achtung'. De vrouwen knijpen in onze armen of nemen onze handen en drukken ze tegen hun hart. Het personeel van de glasfabriek wist via de televisie dat we door hun dorp gingen

Tallinn met zijn bombastische torens

komen en ze dringen erop aan om samen een warme maaltijd te gebruiken in hun kantine. Ze hebben hun laatste stuivers bij elkaar gelegd om ons eten te betalen. Esten zijn fantastische mensen! We vragen de dames van het postkantoor om op onze fietsen te passen. Als we na een uur terug verschijnen, plakken de neuzen van de postbedienden nog steeds tegen de vensters. Er marcheert zelfs een tante volledig ingepakt met oorlappen als een getrainde soldaat rond de fietsen. Terug op de baan gooien de mannen non-stop handkussen met twee handen tegelijk. Een vrouw zou beginnen blozen met zoveel aanbidders. Estland breekt alle supportersrecords!

In het stadje Tori genieten we van een leerrijke rondleiding op één van de oudste paardenkwekerijen van het land. De stallen uit 1856 zijn de stille getuigen van een roemrijk verleden. Hier wordt het beroemde Toripaard gekweekt. Ze zijn zachtaardig en gehoorzaam en worden vooral bij de politie gebruikt. Er zit zelfs een beetje Ardens paardenbloed in om het paard sterker te maken.

Naar Pärnu komt iedereen dan weer voor de modder. Het is al 165 jaar een bekend kuuroord. Ze schrobben onze rug met zout en leggen er nog wat modder van de Dode Zee op voor de extra vitaliteit. Onze vermoeide lichamen worden zoetjesaan herboren. Zelfs de voeten krijgen een voorkeursbehandeling. 'Amai, ik voel me minstens twintig jaar jonger', jubelt Nicole als ze buiten huppelt.
Midden op het dorpsplein in Pärnu stopt een zwarte Mercedes-sport met gierende remmen vlak voor onze voeten. Twee knappe binken in zwarte lederen broeken springen eruit en geven ons elk drie bloedrode tulpen. Geen vier, want het moet een oneven getal zijn. Een even getal is voor triestige momenten zoals een overlijden. Het is toch geen moederkesdag vandaag? 'Nee hoor, dit is voor de twee heldinnen', zeggen ze met een zwoel accent. 'Ge ziet, een mens moet zich geregeld eens laten verwennen', lachen we.

De laatste dag in Estland heeft Ingrid een dipje. Nicole wordt achtervolgd door een knor- en kreunconcert.
'Amai, ik geraak niet vooruit! Is dat nu zo steil?'
We hebben zelden op zo een biljartvlakke weg gereden, maar de zaagplaat van Ingrid draait verder.
'Ik stamp mij een ongeluk. Mijn benen zijn stikkapot.'
Door al dat gezucht schieten Nicoles haren één voor één de lucht in.
'Ik moet naar het toilet. Ik heb honger ...'
De hele elpee wordt afgespeeld. Niemand wil deze plaat kopen. Ze kraakt en ... ze blijft hangen!

Vlak voor de grens vult ons fietsspiegeltje zich met een grote lijnbus die dezelfde slenterpas aanhoudt. In het midden van de weg parkeert hij bruusk. De chauffeur kiest één van zijn passagiers die goed kan fotograferen en wandelt traag in onze richting. De fotosessie mag beginnen. De verkeersdrukte kan hem gestolen worden. Hij strijkt over zijn kleding en kamt ijdel door zijn haar. Nog even het dasje rechttrekken, zijn charmantste glimlach bovenhalen en hopla, daar staat de filmster te poseren. Ondertussen groeit de file aan als een mierenkolonie. Na de nodige handkussen stapt hij langzaam terug in zijn bus. Hij geeft nog een klank- en lichtspel met zijn toeters en pinkers en stuift met gierende banden weg. De wachtende passagiers en automobilisten laten het allemaal niet aan hun hart komen. Filmsterren hebben hier duidelijk een streepje voor.

Nicole begraven in de modder.

Op de tandartsstoel bij meneer Smirnofski

Dinsdag 22 maart 2005 is het zover: we fietsen naast de bevroren Baltische Zee naar het land met beleefde mensen, goedkope plastische chirurgie, tandartsen en naar het schijnt de mooiste vrouwen ter wereld … Via een piepkleine grensovergang rollen we land nummer tien binnen. Ook voor Letland hebben Belgen geen visum nodig. Ons eerste stadje is Ainazi. Het betekent 'eenzaam'. Eeuwen geleden was dit gebied onbewoond. Het binnenland van Letland ziet er nu nog totaal leeg uit. Ze hebben amper 2,5 miljoen inwoners en toch is het land tweemaal zo groot als België. Ook de ooievaarsnesten liggen er maar akelig en verlaten bij. Ze zijn hoog en droog gebouwd op de elektriciteitspalen en lijken op uitkijkposten van een piratenschip dat aan land is gespoeld.

Vandaag heeft Nicole het moeilijk. Ze heeft dan toch Ingrids elpee gekocht. 'Ik ben moe! Mijn tenen doen zeer!' Met zo een futloze diskjockey gaan de kilometers wel heel traag vooruit! De klim naar het stadje LimbaÏi ademt een lugubere sfeer uit. Vervallen en scheefgetrokken houten Sovjetgebouwen geven elkaar een duwtje in de rug zodat ze niet omvallen. Als je de hoofdweg durft te verlaten, beland je op ruwe grindwegen. Hier leven eenvoudige landbouwers. In Cesis, één van de oudste stadjes van Letland, bewonderen we het kasteel van de Knights Of the Sword. Het dateert uit 1209 en is één van de best bewaarde ruïnes van het land. Cesis is ook bekend voor zijn bier. In de oudste brouwerij brouwen ze sinds 1590 het lokale bruine vocht.

INFO LETLAND

Etappe 13

VERTREK: Ainazi (Letland), 22 maart 2005

AANKOMST: Zeimelis (Litouwen), 3 april 2005

✔ **TOTAAL:** 380 km

✔ **VERVOERMIDDEL:** ligfietstandem

✔ **GELD:** Lats LTV

✔ **BUDGET:**
- Restaurant: van 10 tot 20 €
- Hotel - twee personen: van 20 tot 60 €
- Budgethotel: van 15 tot 22 €
- Camping: 10 €

✔ **VISUM:** Belgen hebben geen visum nodig.

✔ **KLIMAAT:** Beste reistijd van mei tot september.

✔ **KAARTEN:**
- Overzichtskaart - Baltische Staten, F&B, 1:600.000
- Overzichtskaart – Latvija, 1:500.000 (verkrijgbaar in Letland): www.kartes.lv
- Stadsplan – Riga, 1:20.000: www.kartes.lv
- Stadsplan – Riga (gratis verkrijgbaar in de infokantoren van Letland): www.jurmala.lv
- Deelkaarten – Sigulda, 1:20.000: www.kartas.lv
- Deelkaarten - per regio (verkrijgbaar in de infokantoren), bvb. Limbazi-region: www.limbazi.lv

INFO LETLAND

- Fietsroutes – Eurovelo (een Europees fietsnetwerk): www.eurovelo.org
- Er lopen twee lange afstandsfietsroutes door Estland: Eurovelo Route nr. 10: Oostzeeroute of Baltic Sea Cycle Route (ook Hansa Circuit genoemd) is 7930 km lang, de Oost-Europa Route of Eastern Europe Route loopt van de Noordkaap naar Athene en is 5964 km lang.
- Fietsroutes in de westhoek van het land - Kolka-Sikrags-Kolka: 60 km lang

✔ BOEKEN:

- Lonely Planet: Estonia, Latvia & Lithuania
- Bradt: Latvia

✔ ROUTEBESCHRIJVING:

Ainazi: 🛏, 🍴, 🛒, ⛽
Salacgriva: *i*, 🍴 Zvejnieka Seta: zeer lekker eten, 🛏 Brize: www.brize.lv
Weg P 12 met mooie knotwilgen, is onverhard tot Korgene.
★ Uitzichten op de rivier Salaca: je kan deze rivier met een kano volgen tot Mazsalaca, ook met de fiets is het een pittoreske route met heel veel ooievaarsnesten.
Ozolaine: 🛒, klim naar
Limbazi: oude stad met alle voorzieningen
🛏 Sport Limbazi, 🍷 met warme maaltijden
Flinke klim op weg P 14, aan kruising met de A 3: ⛽
★ Gaujas National Park, ▲ met hutten: hier kan je ook paardrijden, wandelen en kajakken.
Auciems: 🍷 en klim
Cesis: 🛏 Cesis, ook bekend voor het lekkere restaurant: www.hotelcesis.lv
★ één van de best bewaarde ruïnes van het land, uit 1209 (Knights of the Sword). De stad is ook bekend voor zijn bier en de indrukwekkende stenen Sint-John kerk.
Plaatselijke fietsroute: Valmiera Cycle (42 km) is bewegwijzerd. Je kan hier ook prima wandelen.
Sigulda: *i*, 🛏 Sigulda met sauna, zwembad en stoombad: www.hotelsigulda.lv
★ Turaida Kasteel, kabelspoor naar het Krimuldas Kasteel
★ Wandelingen door het Gaujas National Park
★ Een sterattractie is het bobsleecircuit waar toeristen gerust eens mogen afglijden tegen 80 km per uur. In de zomer kan je naar beneden rollen, want dan staan er wieltjes onder de karretjes.
In deze stad kunnen sportievelingen hun hartje ophalen: rafting, mountainbiketours, kajakken, alles is mogelijk (meer info www.gnp.gov.lv).
★ Typisch zijn de 26 beelden in de Folksong Garden die de Letse levenswijsheid en volksliederen symboliseren.
Veel ▲, 🍷: voor koffie is er maar één adres: het koffiehuisje Kafijastejas Tirgotava.
Autostrade A 2 of E 77, fietsers mogen hier gerust op rijden.
Riga: hoofdstad van Letland
★ het vrijheidsmonument, de Powder-toren, de Sint-Jacobskerk, de Drie Broers, het Huis van de Kat en nog veel meer.
Riga wordt de hoofdstad van de art nouveau of Jugendstil genoemd. Mis dus zeker niet de nieuwe stad, vooral de Alberta Iela (straat) is een juweeltje.
🛏 Reval Latvija: www.revalhotels.com
🍴 Lido Atputas Centrs: buiten staat een grote molen en binnen vind je een gigantisch buffet met typisch eten uit Letland, niet te versmaden!
★ Uitstap naar Salaspils: 20 km ten oosten van Riga, hier ligt het concentratiecamp Kurtenhof. De zeven enorme granieten beelden symboliseren hoe moedig de gevangenen hun lot hebben ondergaan.
Hoofdweg nr. A 7 aan kruising met A 5: 🍷, 🛒 en 🍴 Sia Aivva, Krodzinz A7: goedkoop en sfeervol
Lecavas: 🛏 Motel Brencis (38 km van Riga): www.brencis.viss.lv
Op km 48 afslag naar ▲ en Labirinti, aan splitsing naar Code: 🍷
Bauska: ★ Rundãle Kasteel: 12 km van het centrum
🛏 Bauska: Slimnicas Street 7, 🛒, wisselkantoor voor vreemde valuta en internet
Berzi: 🛒
Adzuni: grensdorp, 🛒

BIJZONDERHEDEN IN LETLAND

- Het land heeft zeer beleefde mensen en goedkope tandartsen en bier. De Scandinaven vliegen naar Riga omdat het er goedkoper is dan in hun eigen land. Ze komen vooral voor plastische chirurgie.
- In Letland zouden de mooiste vrouwen ter wereld wonen ...
- De Letten geloven dat de geest van de overledene hen kan volgen naar huis, tenzij ze alle voetstappen uitwissen ...
- Letland is twee keer zo groot als België, maar telt amper 2,5 miljoen inwoners, waarvan er 800.000 in Riga wonen. Het binnenland ziet er totaal leeg uit.
- Letland is de nr. 4 van de traagst groeiende bevolking. Dit ligt vooral aan het zeer lage geboortecijfer. Er worden amper 20 baby's geboren op 1000 mensen.
- 60% van de koppels eindigt in een echtscheiding, één van de hoogste percentages in Europa.
- Dille doen ze praktisch in alles. Ze hebben hier zelfs dillechips!
- De Baltische mensen houden van picknicks, zelfs in de pletsende regen.
- Wanneer de zon schijnt als er een baby wordt geboren, wordt dit kind zeer gelukkig.
- Op Palmzondag slaan familieleden elkaar met katjestwijgen om het slechte eruit te gooien en het goede erin te krijgen.

Na zes maanden in een gigantische diepvriezer te hebben geleefd, duikt de thermometer op vrijdag 25 maart boven nul: +5°C. Het ideale moment om vier van onze vijf broeken uit te doen. Geen overbodige luxe, want in het stadje Sigulda stijgt de temperatuur naar ongekende hoogtes. We mogen er het snelste niet-gemotoriseerde vervoermiddel uittesten … een bobslee. Er zijn nog maar dertien van deze pistes in de wereld. Ze laten ons trots het toeristenmodel zien dat 80 km per uur haalt. Nicole is allesbehalve onder de indruk. Ze wijst naar een racemachine die een beetje verborgen in de hoek staat. De man van de bobsleepiste loopt rood aan. 'Ja maar, deze gaat 120 km per uur', stamelt hij. Nicole vliegt hem bijna om de hals. Voordat de brave man zich vragen kan stellen, springen we in de sneeuwraket.

'Vijf, vier, drie, twee, één … zoef!' We worden als een pijl afgevuurd. We razen door de smalle ijsgangen. Alles ziet spierwit. Onze gezichten nog het meest. We houden elkaar krampachtig vast als we door de bochten scheuren waar sporen zijn van sleeën die meedogenloos in de afgrond zijn verdwenen.We brullen zo hard dat onze trommelvliezen onherstelbare schade oplopen. Door de hevige druk krijgen we plotseling helse tandpijn. Een serieuze tandarts vinden zal beslist geen probleem zijn, denken we.

Wij ligfietsen naast de bevroren Baltische Zee.

Het gebouw van de tandarts van wacht is een vervallen bouwwerf. Nicole stelt alvast een eerste diagnose. Ingrids tandpijn is het ergst, dus laat ze haar wijselijk voorgaan. 'Dawai, dawai, vooruit, vooruit', brult dokter Smirnofski. 'De volgende!' Zijn witte schort vertoont uitgeveegde bloedvlekken van de vorige patiënten. Zijn vettige haren hangen slordig over een veel te grote bril met glazen waarin een goudvis zou verdwalen. De Russische Frankenstein verstaat geen woord Engels. Ingrid ploft neer in de middeleeuwse tandartsstoel. Haar probleem is zo klaar als pompwater. Er is een gat dat moet opgevuld worden. 'Gdé, gdé, waar, waar?', roept hij. Zijn mijnwerkerslampje heeft dringend nieuwe batterijen nodig. Het flikkert zo hevig als een zwaailicht van de politie.

Ingrid probeert vertwijfeld haar vinger in haar mond te krijgen. Smirnofski leunt hard op de antieke stoel die steeds verder naar beneden zakt. Hopelijk hebben ze hier stevige vloeren. De spuit met de verdoving wordt bevend klaargemaakt. Net wanneer Ingrid wil wegvluchten, haalt hij zijn gereedschap boven. Je zou er gerust een huis mee kunnen metselen, maar een tand vullen? Nicoles tandpijn verdwijnt ondertussen als sneeuw voor de zon. 'Straks vult hij Ingrids tand met één van de emmers cement die in het midden van de kamer staan', zucht ze. Zo gezegd, zo gedaan. Er wordt geklopt, geboord, gebeiteld en dan haalt Smirnofski fier een gebroken spiegel boven. 'Njet problem', roept hij. Ingrid krijgt bijna een appelflauwte. De bouwvakker heeft de verkeerde tand opgevuld, maar Ingrid zwijgt wijselijk. 'Volgende', zegt hij nors. 'Njet problem!', schreeuwt Nicole en in een ijltempo vluchten we naar buiten. Nu zitten we hier mooi te kermen van de tandpijn. We zullen de reparatie toch maar uitstellen tot we wat jongere en beter geschoolde tandartsen vinden. Letland het land van de goedkoopste tandartsen ... nu weten we waarom!

Een gezicht van perkament

De Letten hebben rare tradities. Met Pasen zit jong en oud op reuzenschommels, dan zouden ze niet door muggen gestoken worden. We hebben gewiegd tot we zeeziek waren. De vrouwen trekken op paasochtend massaal naar de plaatselijke bron. Die bezit bijzondere eigenschappen om je jong te houden. Vooral rimpels zouden verdwijnen. Minutenlang dompelen we ons gezicht onder in het ijskoude water. Helaas lopen we nog steeds rond met een perkamenten gezicht omdat we zes maanden geen crème mochten gebruiken wegens bevriezingsgevaar.

De middeleeuwse hanzestad Riga ligt aan de oever van de Daugavarivier en bezit de grootste collectie Art Nouveau en Jugendstil gebouwen in Europa. Het Belgische consulaat is er een prachtig voorbeeld van. Een van de mooiste straten is Alberta Iela. De gevels zijn versierd met reusachtige beelden van schelpen, monsters, maskers en bloemenmotieven. Een wandeling door kinderkopstraatjes met antieke lantaarns, torenhoge Sovjetgebouwen en de ene kerk na de andere brengt ons naar het intrigerende huis van de kat. De eigenaar van dit huis mocht niet intreden in de elitegilde. Uit wraak liet hij op zijn dak twee grote beelden van katten zetten die met hun achterste naar het gebouw van de gilde wijzen. Na een hele rechtszaak gooiden ze het op een akkoordje. Als hij zijn katten omdraaide, mocht hij lid worden van de gilde.

Tallinn heeft een pittoresk oud stadsgedeelte. In Riga is de nieuwe stad een lust voor het oog. Trek gerust wat extra tijd uit voor een bezoek aan de post. Je kan er trouwens alles kopen: van postzegels tot maandverband en van zeep tot een pintje bier. We hebben ons geduld twee uurtjes op de proef mogen stellen voor een getand vierkantje. Er zijn wel twintig loketjes, maar iedereen verkoopt wat anders. De ene heeft postzegels van 20, de andere van 5. Net zoals in de Sovjettijd schuiven we aan van het ene loket naar het andere. Een belangrijke tip: de postkaarten zijn goedkoper in de postkantoren. Er is één klein probleem: ze liggen heel ver. Met een verrekijker zou je ze nog net kunnen bekijken, maar met het blote oog zie je één kleurenbrij. We maken onze keuze op het gevoel. En maar wijzen: 'Die daar, iets meer naar links, nee, iets meer naar rechts.' Het mens begint serieus warm te lopen. 'Nee, naar onder. Allez, naar boven.' Doodvermoeid brengt ze de postkaarten naar ons. 'Die willen we niet, geef maar die andere.' Gelukkig steekt er niemand een sigaret op of onze postmadam was met een luide knal ontploft.

De aarde kreunt

Zo'n 18 km ten zuidoosten van Riga ligt Salaspils. In 1941 werd hier door de Nazi's een concentratiekamp gebouwd: Kurtenhof. Toen in 1944 het Rode Leger naderde, moesten de gevangenen de duizenden lijken terug opgraven, verbranden en de benen vermorzelen zodat elk spoor was weggewist. Daarna werden die gevangenen ook vermoord. Meer dan 100.000 mannen, vrouwen en kinderen, vooral joden uit Oostenrijk, België, Holland, Frankrijk en Polen werden hier gedood.

De Vernedering

In 1967 richtte men een monument op om de doden te herdenken. Een grijze granieten muur symboliseert de grens tussen leven en dood. Op de muur staat 'achter deze poort kreunt de aarde'. Zeven enorme granieten beelden tonen hoe hard deze mensen hebben geleden, maar ook hoe moedig de gevangenen hun lot hebben ondergaan. Ze wilden niet opgeven en gingen door tot het bittere einde. De ijzige stilte wordt onderbroken door een hartritme. Het geluid herdenkt de vele levens die hier brutaal eindigden. Je krijgt er koude rillingen van. Onze 'problemen' onderweg worden ineens heel nietig ...

Zondag 3 april is het startsein voor alle ooievaars om te landen in hun vertrouwde nesten die vreemd genoeg vlak bij de huizen staan. De mensen zijn fier en blij, hun woning wordt uitverkoren door de ooievaar die weer veilig is thuisgekomen na zijn lange wintervakantie. Het is een zeer oude volkswijsheid: een ooievaarsnest brengt geluk.
Ondertussen is de dooi volle bak ingezet. Er is één groot gevaar: de dodelijke ijslolly's.
Aan alle dakranden hangen grote ijspieken als dolken te wachten om onverwachts nietsvermoedende voorbijgangers te doorboren. Gisteren was er op het nieuws een grote waarschuwing: 'Mensen, loop ver genoeg van de huizen, jaarlijks vallen er vele dodelijke slachtoffers.' Dat daarvan geen letter gelogen is, bewijst het macabere verhaal van een voorbijganger. Zijn vriend was met zijn zoontje aan het wandelen. De kleine zat op een slee. Ineens viel er van een hoog gebouw een dodelijke ijspin naar beneden die het hoofd van de jongen doorboorde. Hij was op slag dood. We lopen in de dorpen steeds met onze helm op en kijken permanent omhoog om de dakranden te checken. In het midden van de straat wandelen of fietsen is toegestaan en... bittere noodzaak!

Aan de gesloten bareel van de petieterige grensovergang met land nummer 11 zijn we de enige levende zielen. Litouwen is het arme broertje van de drie Baltische Staten. Eens de grens over, is het zoeken naar de weg. We baggeren door een eindeloze mulle zandbaan. In Žeimelis, het eerste gehucht van Litouwen, staat de tijd nog echt stil. Waarschijnlijk wijst de kerkklok al jaren 16.30 uur aan. We stoppen even op het

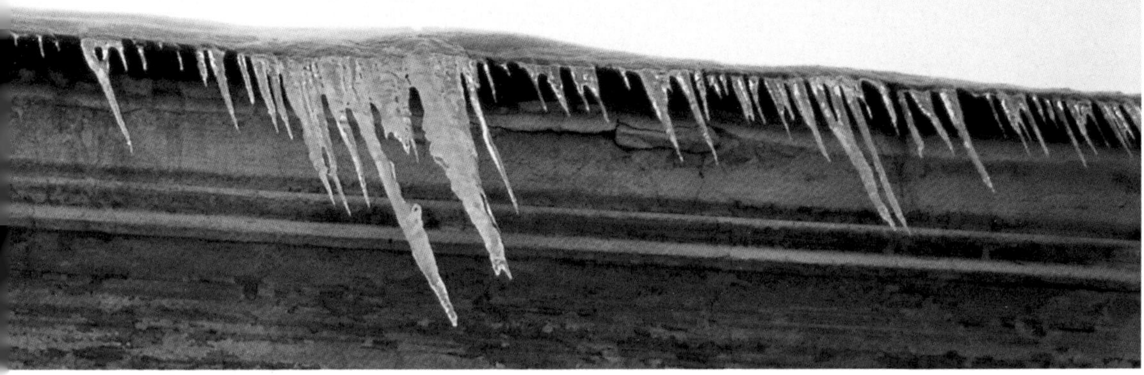

centrale plein. Het enige geluid komt uit een aftandse bar. Mannen waggelen stomdronken buiten. Ze klimmen op hun museumfietsen en zetten zich moeizaam in gang. Ze kussen waarschijnlijk meer de grond dan hun lieftallige vrouwtjes. Dit dorp valt bijna ineen. Alles hangt scheef: de straatlantaarns, de huizen en nu ook de dronkenlappen.

Het landschap is oervervelend: kilometers open velden met ingezakte hangars, oude lelijke silo's, gehuchten met afgepelde, scheefgezakte gebouwen en heel treurige mensen. Uit verveling telt Nicole de scheve elektriciteitspalen. De mensen hebben hun enthousiasme begraven. Ze moeten een bijzonder hard leven hebben. Sommigen halen nog water uit een waterput. De fut is eruit. Niet alleen bij ons. De bussen die ons voorbij slenteren kunnen het ook elk moment begeven.

LITOUWEN
LETLAND
Bauska
Kriukai
Žeimelis
Joniškis
Jurgaiciai
KRUISBERG
Biržai
Nemunelis
Mūša
Onuškis
Kratiškiai
Kučgalis
Pandėlys
Tryškiai
Venta
Kuršėnai
Pasvalys
Joniškėlis
Vabalninkas
Viešvėnai
Pakruojis
Rokiškis
Šiauliai
Pumpėnai
Antašava
Bubiai
Virvytė
Rėkyvos ežeras
Rozalimas
Smilgiai
Lėvuo
Subačius
Kupiškis
Kamajai
Radviliškis
Varniai
Vaiguva
Šeduva
Panevėžys
Šimonys
Kelmė
Dubysa
Siaulėnai
Svėdasai
Nevėžis
Miežiškiai
Šventoji
Baisogala
Tytuvėnai
Grinkiškis
Vyžuonos
Krekenava
Raguva
Šiluva
Ramygala
Anykščiai
Surviliškis
Šušvė
Skaudvilė
Truskava
Kavarskas
Akademija
Taujėnai
Viduklė
Raseiniai
Dotnuva
Aiseto ežeras
Betygala
Giedraičiai
Ukmergė
Kėdainiai
Stirnių ežeras
Molėtai
Eržvilkas
Ariogala
Josvainiai
Želva
Šimkaičiai
Bukonis
Pabaiskas
Dubysa
Jurbarkas
Raudonė
Dubingiai
Vandžiogala
Viesos
Gelgaudiškis
Nemunas
Vilkija
Jonava
Širvintos
Giedraičiai
Kriūkai
Babtai
Šakiai
Neris
Jauiūnai
Lukšiai
Nevėžis
Neveronys
Neris
Rumšiškės
Kaišiadorys
Maišiagala
Kaunas
Kauno marios
Griškabūdis
Garliava
Žiežmariai
Neris
Kruonis
Vievis
Kurdikos Naumiestis
Elektrėnai
V
Nemunas
Ažuolų Būda
KOGA-TANDEM
Prienai
Vilkaviškis
Aukštadvaris
VILNIUS
Igliškėliai
Jieznas
Marijampolė
Trakai
Birštonas
Paluknys
Baltoji Vokė
Balbieriškis
Punia
Butrimonys
Merkys
Gražiškiai
Jašiūnai
Kalvarija
Simnas
Daugai
Krosna
Valkininkai
Metelys
Šalčininkai
Dusia
Varena
Lazdijai
Seirijai
Merkys
Vydeniai
Eišiškės
Suwałki
Veisiejai
Leipalingis
Latežeris
WIT-RUSLAND
Marcinkonys
Kapčiamiestis
Druskininkai
Nemunas
Neman
Hoža
Lida

Etappe 13 *i*

INFO LITOUWEN

V VERTREK: Zeimelis (Litouwen), 3 april 2005
A AANKOMST: Vilnius (Litouwen), 12 april 2005
✔ **TOTAAL:** 414 km
✔ **VERVOERMIDDEL:** ligfietstandem
✔ **GELD:** Litas LTL
✔ **BUDGET:**

- Restaurant – lunch: van 3 tot 5 €,
- avondeten: van 9 tot 11 €
- Hotel - twee personen: van 15 tot 30 €
- Budgethotel: +/- 10 €
- Campings: vrij primitief, hutten van 5 tot 9 € en voor tent 2 tot 6 €

✔ **VISUM:** Belgen hebben geen visum nodig.
✔ **KLIMAAT:** Beste reistijd van mei tot september.
✔ **KAARTEN:**

- Overzichtskaart - Baltische Staten, F&B, 1:600.000
- Overzichtskaart – Lietuva, 1:500.000 (verkrijgbaar in Litouwen): www.kartes.lv
- Fietsroutes - georganiseerde fietsroutes in Litouwen: www.kelioniugama.lt

BOEKEN:

- Lonely Planet: Estonia, Latvia & Lithuania
- Bradt: Lithuania

✔ **ROUTEBESCHRIJVING**

Zeimelis: 🍷, 🛒
Joniskis: 🍴, 🛒, 🛏 Plügo Brobiai (4,5 km ten zuiden van het centrum), met 🍴 en picknicktafels
🍴 Uzeiga (op 11,7 km aan de afslag naar Rudiskiau): schommelstoelen in de vorm van sleeën
Jurgaiciai: ☆ De Kruisberg: een heuvel volgepropt met duizenden kruisen
Siauliu: alle voorzieningen, ☆ Fietsmuseum, Peter & Paul-kathedraal. Klim uit de stad

> **tip!** Neem zeker niet de weg naar Seduva, veel te druk voor fietsers!

Radviliskis: alle voorzieningen
Seduva: 🛏, 🛒, 🍷 en 🍴 Seduvos Malunas: bezit een grote oude molen, 16de eeuwse huisjes.
Weg nr. 144
Baisogala: 🛒, 🍷
Akademija: 🛒, 🍷
Dotnuva: ⛽, 🍷
Kedainiai: mooi historisch centrum, klim
Kaunas: alle voorzieningen, In het mooie centrum vind je heel veel bedelaars, maar ook toffe musea zoals het Duivelmuseum en twee funiculairs naar prachtige uitzichtpunten.
🍴 Chinees: Didzioji Siena Kumeliu g.7

Prienai: 🍴 Berzas
Birstonas: bekend voor zijn mineraal water en sanatoria
🛏 Druskupis en Guesthouse Audenis: www.audenis.lt, 🍴, musea
Klim met weg nr. A 16 of E 28
Aukstadvaris: 🛒 en 🍴
Trakai: ☆ Lake Stone Residence: prachtig gerestaureerd kasteel, 3 km buiten de stad: www.okmenineuzeiga.lt. Er zijn ook een 🍴 en een sauna.
Vilnius: hoofdstad van Litouwen
🛏 Reval Lietuva: www.revalhotels.com
☆ De kathedraal ziet er uit als een Griekse tempel.
☆ Peter & Paul-kerk met meer dan 2000 levensgrote beelden
🍴 Forto Dvaras: een restaurant waar ze typische gerechten serveren, zoals de zeppeling of dumplings.
🍴 Pronto, lekker eten: www.pronto.lt
🍴 Mc Donald's
Reisburau Liturimex: goed voor Russische visums
Weg nr. A 4
Start etappe nr. 14: Koga-tandem
Paluknys: 🛏 op km 36 een motel
Valkininkai: ⛽
Hier kleine schilderachtige weg tot
Varena: 🛒, 🛏, 🍴
🛏 Vytautas (Vasario 16, Osios g. 5):
Kleine asfaltbaan dwars door het Dzukija National Park. Aan de afslag naar Zervynos: een typisch dorp met houten huisjes, een toilet, picknicktafels en een koddig kerkhofje.

> **tip!** Tussen augustus en september is het grondtapijt van het National Park gevuld met champignons. Van overal stromen de mensen hier naartoe om de paddenstoelen te plukken. De meeste worden geëxporteerd naar Italië.

Marcinkonys: 🛒
Latezeris: ⛺ aan een meer
Druskininkai: een bekende bronnenstad met veel sanatoria gespecialiseerd in hart- en bloedvaten
i, ⛺, 🍷 en vele kuurcentra zoals Gydykla met modder- en mineraalbaden: www.gydykla.lt
🛏 Regina: www.regina.lt
Veel geasfalteerde fietspaden. Vanaf 🍴 Dangaus Skliautas beginnen de houten fietsroutepijlen naar Grutas Park.
☆ Grutas Park: moet een Siberisch concentratiekamp voorstellen, een bezoek waard.

Als we de manager van ons hotel willen begroeten, maakt Ingrid een grote vergissing. Hij trekt verschrikt zijn hand terug.
'Ik wil een hand geven als een vriend, dus niet door een deuropening', verduidelijkt hij.
'Hoe onbezonnen van mij', vloekt Ingrid. 'Ik had het nog gelezen bij de gewoontes van de Baltische volkeren.'
Haar woorden zijn nog niet koud of we maken al een tweede vergissing die zo mogelijk nog onvergeeflijker is. We proberen Russisch te spreken. Hij krijgt precies een slag in zijn gezicht.
'Alsjeblieft, geen Russisch, dat hebben we al lang genoeg moeten spreken. Ze zijn vriendelijk in je gezicht, maar ze duwen een mes in je rug. Zie maar wat ze nu doen met Tsjetsjenië', klinkt het fors.
Dit is een land met diepe wonden.

Een lekker ontbijt zal de gemoederen wel bedaren. We krijgen gekookte aardappelen, rode bieten en een gebakken frikadel onder onze neus geschoven.
'Sportvrouwen hebben een stevige hap nodig!', roept onze manager vol overtuiging. 'Eten jullie graag honing?' Hopla, hier gaat onze derde vergissing. Zijn vrouw komt aangedraafd met twee zware potten honing van één kilo. Likkebaarden maar!

Je eigen graf delven

Het kan bijna niet symbolischer. Op het moment dat de paus overlijdt, komen we aan bij 'The Hill Of Crosses', het belangrijkste pelgrimsoord van Litouwen. Al eeuwenlang planten pelgrims hun kruis op de befaamde Kruisberg. Hij symboliseert het lijden, maar ook de hoop en het onverwoestbare geloof van de Litouwers. Tot twee keer toe haalden de Russen de kruisen meedogenloos neer, de mensen vonden steeds de wilskracht om ze terug te zetten.

We planten ons kruis tussen een zee van 50.000 andere kruisen. We kerven onze namen erin: 'Nicole en Ingrid, wereldfietstocht 2004-2009'. Ingrid vindt het net een grafzerk. 'Nu zijn we precies echt dood', zucht ze. 'Maar Ingrid, we zijn gewoon met een heel lange pelgrimstocht bezig', troost Nicole. Rond sommige kruisen hangen wel

honderden paternosters te blinken. Door de wind produceren ze een kille, droevige, metaalachtige klank. Sommigen zijn omgevallen en de meesten zijn bedolven onder duizenden soortgenoten. Een aantal pelgrims maken hun kruis met een lepel en een vork of zelfs met twee fietsspaken. De meesten planten het ter nagedachtenis van een gestorven familielid of gewoon uit dankbaarheid. Houten, metalen, kartonnen en stenen kruisen beschermen als een grote familie de heilige berg. De Russen hebben de Baltische mensen niet kunnen kraken!

Vlak voor de hoofdstad Vilnius moeten we een 12% steile afdaling nemen. Ingrid omhelst de ligfietstandem alsof haar leven er vanaf hangt. Plots gaat er een belletje rinkelen. 'Help, Nicole! Ik kan niks doen! Mijn remmen zijn nog steeds afgekoppeld door de koude!' Haar machinist is te druk in de weer om de vele putten te ontwijken. Tegen 62 kilometer per uur davert ons 6-wielig gevaarte naar beneden. In onze ooghoek ontdekken we een witgroene politieauto. Ze stappen kordaat uit. Hun vingers wijzen streng in onze richting. Oei, oei, straks krijgen we nog een snelheidsboete! We stoppen met gierende remmen … voor de voeten van de twee politiemannen. 'Is Vilnius die kant uit?', vraagt Nicole bloedserieus alsof ze juist uit de kerk komt. De mannen knikken en staan met open monden naar ons extra large voertuig te gapen.

We fietsen via de autostrade de hoofdstad van Litouwen binnen. Afremmen doen de auto's natuurlijk ook niet. De grote wielen van de vrachtwagens bollen rakelings langs ons. De sfeer is gespannen. Nicole loert als een arend in haar spiegeltje. Gaan ze uit de weg of moeten we de zandbak in naast de weg? Een flauwe plezante toetert zo hard dat we bijna uit onze stoelen vliegen. We vrezen voor ons leven. 'Dat gaat hier niet goed aflopen', moedigt Nicole aan. 'We spelen met ons leven.' Ingrid zwijgt wijselijk. De bloemen en het kaarsje naast de weg zeggen alles. De baan rolt als een golvend lint door het heuvelachtige landschap. Nicole is triestig. Het zijn de laatste dagen met haar lievelingsfiets. Ingrid is minder in rouw. Haar trapas danst volledig paraplu op en neer. Bij elke beklimming verkrampen haar spieren compleet. Ze plaatst haar handen op het zeteltje om nog meer te kunnen duwen. Ze klemt de tanden op elkaar. 'Nog persen en ik kan bevallen', zucht ze. Waarom staan hier zo weinig bomen om de wind tegen te houden? Hebben ze er teveel geëxporteerd naar Ikea? Het is afzien. Voor elke kilometer moeten we een volledige rozenkrans bidden. Nicole begint zelfs kerkliedjes te zingen. Het einde is nu echt nabij. We tuffen een benzinestation binnen. 'Ik wil super tanken', zegt Nicole tegen een stomverbaasde pompbediende. We rijden precies op diesel.

Vilnius werd vroeger ook het Jeruzalem van Litouwen genoemd. Straatnamen waren in het Pools en in het Litouws. In het getto woonden de joden. Er staan nu nog synagogen. De KGB ondervragings- en gevangeniscellen zijn een echte nationale horrorstek. Duizenden Litouwers werden hier ondervraagd en gemarteld voordat ze naar de werkkampen in Siberië verdwenen. Anno 2005 lopen er nog mensen rond met een zwaar trauma.

De hoofdstad bezit een schat aan barokke gebouwen. Zelfs Napoleon was onder de indruk van de prachtige witte kathedraal. De snoeper wou de betoverende klokkentoren meesmokkelen naar Parijs. Tussen de kathedraal en de beltoren ligt een steen die de plaats markeert waar in 1989 twee miljoen Litouwers, Letten en Esten een 650 km lange levende ketting hebben gevormd van Tallinn tot Vilnius als protest tegen de Sovjetbezetting. De exacte plaats mag niet verklapt worden. Je moet de steen zelf zoeken en een wens maken. Hij is een symbool geworden van vrijheid en hoop.

Praktisch in elk dorp vinden we bedelaars. Sommigen zitten op hun knieën in de pletsende regen, anderen trekken aan onze mouwen. 'We hebben honger', prevelen ze. De armoede kerft zich hier op je netvlies. Vrouwen verkopen een bosje peterselie of een plastieken zak. 's Avonds zit er nog steeds een man op zijn zelfde plaats in de regen. Een buurvrouw komt een tasje koffie geven. Ze veegt de arme man zijn tranen af en pakt hem stevig vast om wat warmte te geven. Waar zou deze man vannacht slapen? Het volk is droevig, boos en heel emotioneel. Ze slepen een loodzwaar kruis met zich mee, letterlijk en figuurlijk. Het vergiftigde souvenir van jaren vernedering door het Sovjetregime krijg je maar moeilijk uitgewist.

Nicole voor het Trakai kasteel.

INFO WIT-RUSLAND

Etappe 14

VERTREK: Vilnius (Litouwen), 18 april 2005
AANKOMST: Odessa (Oekraïne), 29 mei 2005
✔ **TOTAAL:** 1960 km
✔ **VERVOERMIDDEL:** Koga-tandem
✔ **GELD:** Wit-Russische roebel: BYR
✔ **BUDGET:**
- Restaurant – lunch: van 3 tot 7 €
- Hotel - twee personen: van 13 tot 80 €
- Campings: vrij primitief

✔ **VISUM:** Belgen hebben een visum nodig, meer info: www.belarusembassy.org. Een brief van je verzekering is absoluut nodig.
✔ **KLIMAAT:** Eind mei tot september is de beste reistijd.
✔ **KAARTEN:**
- Overzichtskaart - Wit Rusland IGN, nr. 3615, 1:750.000

✔ **BOEKEN:**
- Lonely Planet: Russia & Belarus

✔ **ROUTEBESCHRIJVING:**
Hoza:
Grodna: Belarus: valt uiteen van de oudheid, zeer triestige kamers
groot stanbeeld van Lenin, de Farny-kathedraal: één van de mooiste kerken in Wit-Rusland
In boekenwinkel Ranitsa kan je Russische landkaarten kopen.
Weg nr. P 44 naar
Masty: , Nicola en broodkiosken
Weg P 50
Samaravicy: aardig dorp met proper geschilderde houten huisjes en veel zitbanken
Zel'va: , , en
Weg P 50 tot
Ruzany: , ,
Weg P 44 naar
Ivacevicy: , ,
Svjataja Volja: en

INFO WIT-RUSLAND

Caljachany: 🛒, ⛺ 2 km buiten het dorp, aan een gesloten sanatorium
Weg nr. P 6, bosweg met veel picknickplaatsen
Lanisyn: 🍴 en postkantoor

Stavok: ★ zeer mooi blauw houten kerkje
Pinsk: ⛺ (op weg nr. 6), in het centrum: 🍴, 🛒 en 🍷
Stolin: grensdorp met 🍷

TYPISCHE GEWOONTES IN WIT-RUSLAND

- De toegangsprijs van musea is soms 35 keer duurder voor toeristen.
- Koop rond Pasen een Paasbrood: het is gemaakt van een smeuïge zure deeg en er staat een groot kruis op.
- Boelbjanaja's zijn aardappelrestaurants met 101 soorten aardappelgerechten.
- In de kleine dorpjes zitten groepjes mensen gezellig samen op een bankje te keuvelen.
- Vrouwen dragen sjaaltjes met zonnige bloemenmotieven op hun hoofd.
- Een plakkaat met 'product' of 'magazin' wil zeggen winkel.
- De eetporties zijn voor uitgehongerde fietsers klein. Een gouden raad: bestel alles in viervoud.
- Kijk de bedden na in de hotels! Wij zijn er twee keer doorgezakt.
- Je moet alle dagen registreren bij de politie. Als je in een hotel slaapt doet de gastheer het in jouw plaats. Hou de papieren goed bij, want bij het verlaten van het land worden ze door de douane nagekeken. Tip: bundel ze in een hoopje, zo lijkt de stapel dikker.
- Een gouden regel voor heel Rusland: als je iets ziet, bvb. postkaarten, maandverband, een typisch souvenir, niet twijfelen! De kans is zeer groot dat je het niet meer vindt.
- Als je vanuit het postkantoor zelf je telefoonnummer draait, is het stukken goedkoper dan wanneer de operator het nummer moet vormen.

KOGA
Etappe 14
WIT-RUSLAND
OEKRAÏNE

Goedkope wodka en losse handjes

'Wegwezen en zo snel mogelijk!' We worden omsingeld door metaaldetectors en dranghekken. Gewapende bodyguards in gitzwarte pakken laten niets aan het toeval over. In één nacht is ons hotel in Vilnius veranderd in een woelige luchthaven. 'Als de bliksem uitchecken', klinkt het langs alle kanten. De normale stervelingen moeten plaatsmaken voor de grote mannen van de NATO die hier een belangrijke bijeenkomst hebben. We sluipen met de Koga-tandem door de zwaarbewaakte beveiliging. Een zee van geluid overspoelt ons. De alarmen piepen dreigende taal. Metaal hebben we genoeg. We kunnen een heel leger wapens meesmokkelen in de buizen van onze reuzentandem. De koele blikken van de bewakers scannen elke millimeter van onze metaalwinkel af …

'En we gaan nog niet naar huis, bijlange niet, bijlange niet!' Hopsasa, faldera, de Belgische vrouwenexpeditie begint aan haar tweede jaar. We zwijmelen dolgelukkig van links naar rechts over de straat. Geen enkele automobilist stoort zich aan ons gezigzag. We volgen simpelweg de traditie van het volk, want bijna elke fietser rijdt hier onder invloed. Na een paar kilometer zitten we op kruissnelheid. Nicole houdt onze tientonner stevig in het gareel. Ingrid haar euro is ook gevallen: de sleeprem staat nog aan … We genieten met volle teugen. Onze sneltrein klokt moeiteloos op 35 km per uur af. Gedaan met bomen tellen, ze flitsen voorbij.

In Marcinkonys parkeren we onze blitse tandem tegen de roestige omheining van een winkel. Het dorpje lijkt ontsnapt uit een aflevering van *Het huisje op de prairie*. De boeren rijden met paard en kar. Mannen met een botte bijl zoeken naarstig hout voor hun kachels. Elk huis heeft een waterput. Stromend water is een ongekende luxe. Vrouwen met witte kapjes en grote geborduurde schorten houden krampachtig een korfje of een hark vast terwijl ze door de kronkelende zandweggetjes slenteren. De eeuwenoude scheefgezakte houten barakken schreeuwen om een opknapbeurt. Sommige mensen zijn gehuld in lompen. Ze lopen moeizaam in hun veel te grote schoenen vol gaten. Armoede stroomt hier door elke ader.

Levenslang verminkt

Op het marktplein bezorgen we de plaatselijke drankorgels de kater van hun leven. Als de zatste van de hoop ons op de hypermoderne tandem ziet aankomen, wrijft hij zo hard in zijn ogen tot ze knalrood zien. Hij vlucht snel het café terug binnen. Hopla, daar komt al een andere verkenner buiten gewaggeld. Het lijken wel opendeurdagen. Je kan niet zeker genoeg zijn in hun toestand, dus komt ook de derde van het gezelschap eens checken of zijn kameraden geen visioenen hebben. Sommigen lopen wel drie keer binnen en buiten. Ze schudden bedenkelijk het hoofd.

Als we hen vertellen dat we naar Rusland gaan, barst er eentje in tranen uit. Het verleden snijdt door merg en been. Vijftig jaar lang gingen de mensen in Litouwen gebukt onder het regime van de Sovjet-Unie. 360.000 Litouwers werden gevangen genomen, vermoord en gedeporteerd naar Siberische concentratiekampen. 440.000 inwoners moesten hun land verlaten. Deze man is helemaal gebroken. Zijn stem klinkt als de echo van een levenslang verminkt volk. Hij pakt ons stevig vast en prevelt onophoudelijk: 'Jezus, Maria, sta ze bij!' Zijn droeve blik verscheurt ons hart.

Vroeger stond heel Litouwen vol met beelden van Lenin, Stalin en de andere voormalige Sovjetleiders. Viliumas Malinauskas, een oud worstelkampioen en de Litouwse koning van de productie van ingeblikte paddenstoelen, besloot alle beelden op te kopen. In de Sovjet Sculptuurtuin Grutas Park, in de volksmond Stalin World, staat de oneindige collectie beelden uitgestald als blijvende getuigen te

midden van een moerasachtig landschap dat Siberië moet voorstellen. In feite is het een begraafplaats. Door het park lopen kilometers prikkeldraad. Je wordt achtervolgd door kille wachttorens waaruit vrolijke Russische deuntjes weerklinken. Het is het marsritme van de doodspelotons. Op deze muziek werden duizenden onschuldige burgers afgemaakt. Via houten loopbruggen botsen we op de imposante beelden van Stalin en Lenin. Ze kijken ons ijskoud aan. In kleine musea kerven oude films de gruwelijke realiteit op ons netvlies. De mensen werden als beesten in donkere veewagons gegooid. Maandenlang moesten ze het uithouden in de gevangenis op wielen. Baby's en bejaarden overleefden de horrortrip niet. Gekneld tussen dode lichamen, stoelgang en urine, bereikten enkel de sterksten de kampen. Een kille Siberische wind snijdt onze adem af. Na de confrontatie met dit huiveringwekkende verleden zijn we al blij dat we de gruweltuin gezond en wel kunnen verlaten.

Vleeskeuring aan de grensovergang

Vrijdag 22 april 2005. Vandaag willen we echt de grens met Wit-Rusland oversteken. De Russische ambassade in Vilnius houdt al twee weken onze paspoorten vast. Volgens hen stevenen we regelrecht op een oorlogszone af. Ze begrijpen absoluut niet dat Europ Assistance ons voor zo'n hoog bedrag wil verzekeren en vinden het nog vreemder dat twee vrouwen vrijwillig hun eigen graf tegemoet gaan. De diplomaten denken vast dat we spionnen zijn. Slecht nieuws komt nooit alleen. Binnen één week vervalt ook nog eens ons visum voor Wit-Rusland. We zullen door dit land moeten racen!

Onze haren worden stilaan donkergrijs van al dat wachten. Net voordat we ons in het bejaardenhuis willen inschrijven, overhandigt een koerier van DHL onze paspoorten samen met speciale oorlogsdocumenten om door de probleemzone van Zuid-Rusland te geraken. Al goed dat we helmen op hebben. Nu nog een harnas en twee kalasjnikovs en we zijn gesteld.

De grenscontrole is een fluitje van een cent. Na een kwartiertje hobbelen we Wit-Rusland binnen. De douaniers hebben nog een paar extra routinevragen. Ons hart schakelt twee versnellingen hoger.
'Krasiwa zensky! Mooi vlees in de kuip!', jubelen ze.
'Nog niet getrouwd?', probeert de jongste van de bende.
'Die gespierde kuiten, wat een prachtige sportvrouwen', roept een andere opgedraaide hartenbreker.
Ze verdrinken bijna in hun eigen kwijl. We worden van kop tot teen gekeurd. De gluiperds maken honderden foto's met hun knipperende ogen. Hadden ze een lintmeter gehad, was ook onze borstomvang aan de staatsarchieven toevertrouwd. Ze zijn precies al de maten aan het nemen voor ons trouwkleed. Ondertussen

bedwelmen ze ons met smakkende handkussen. We krijgen een klein papiertje toegestopt. 'Ons gsm-nummer', grijnzen ze. 'Bel gerust! Wij staan paraat, dag en nacht, 24 op 24!'

Als we de grens van Wit-Rusland oversteken, belanden we in een krakende zwart-witfilm. In de dorpjes hinkt het leven honderd jaar achterop. De boer bezit hier niet eens een paard. Hij moet ocharme zelf achter zijn ploeg baggeren. Van leidingwater is er in dit tijdperk geen sprake. Er is soms maar één waterput voor een heel dorp. Roestige, vooroorlogse bussen laten een zwarte rookpluim achter en lijken elk moment uit elkaar te vallen. De huisjes zijn murw geslagen door de wind. Ze verbergen hun pijn achter felle gele, blauwe en roze verfkleuren. We voelen ons hier verlaten, alleen op de wereld. Vanaf nu kunnen we niets meer lezen en niets meer vragen. Er is niemand die ons verwacht. Het trouwe netwerk dat begon in Noorwegen heeft hier zijn laatste adem uitgeblazen.

Het grauwe land moet op bevel van president Loekasjenko gepoetst worden om straks de zestigste verjaardag te vieren van het einde van de Tweede Wereldoorlog. Ouderen, kinderen, officiële diensten, iedereen is in de weer om het land toonbaar te maken. Zelfs de graven op de kerkhoven worden verplicht van bloemen voorzien.

Doorzopen ogen vol lust

Vanaf nu is het oppassen geblazen. 90% van de Wit-Russische mannen leeft constant onder invloed. De zuipschuiten terroriseren de straten. Het zijn vrouwenzotten eerste klas! Ze sleuren aan onze armen en grabbelen begerig naar onze borsten. Ze vragen de prijs van onze fiets, maar dat is maar schijn. Uiteindelijk is er één hamvraag: 'Wat kosten wij?' Begrijpelijk dat de vrouwen hier dromen van knappe en tactvolle Europeanen. In hun land is geen enkele serieuze man te vinden! De dames hebben hier alle touwtjes in handen. Ze werken in de winkels, de post, de bank, de restaurants en de hotels. De meeste mannen zien er verwilderd en onderkomen uit. Je zou van minder aan de fles sukkelen. Wit-Rusland is immers de laatste dictatuur in Europa. President Loekasjenko regeert met ijzeren hand over zijn tien miljoen onderdanen. Die blijven werken tot ze erbij neervallen, want op pensioen gaan wil zeggen verhongeren met een loon van 45 euro!

Een walhalla voor toeristen is Wit-Rusland ook niet meteen. Ons hotel ziet er aan de buitenkant nog veelbelovend uit. Het heeft zelfs een kleurtje, maar schijn bedriegt. De 'etagemadame' begeleidt ons naar een kamer die stinkt alsof ze jaren onder water heeft gestaan. Het gele behangpapier is al lang geleden flauwgevallen. 'Vochtigheid', zucht onze Wit-Russische kamermeid. De bedden zijn volledig ingezakt en de flinterdunne matrassen hangen vol bloedvlekken. De badkamer is een stort waartussen losse roestige buizen kreunen. De kranen van onze lavabo zijn waarschijnlijk gestolen door de vorige toerist.

Zelfs met een verstopte neus vind je hier blindelings het toilet; zonder bril, zonder spoelbak, maar met een minuscuul rolletje schuurpapier. Niet te lang treuzelen is de boodschap, want het toilet is in verre staat van ontbinding. Misschien ligt er wel een lijk te rotten van een gast die niet betaalde? Enkele centimeters boven de vloer prijkt een smerig bruin bad dat waarschijnlijk net iets te vaak als reservetoilet heeft gediend. We speuren de dikke roestrand tevergeefs af, geen doucheknop te zien. Uit een bibberende buis druppelt koud, donkergrijs water. De verwarming staat af, want het is lente. Zowel buiten als binnen is het amper 2°C. Het enige wat we uit de grote televisie krijgen is een dikke witte streep. Onze fantasie wordt er niet meteen wild van. Op tijd naar bed dan maar. We zwieren de vergeelde lakens en de stoffige bedsprei op de grond en spreiden onze slaapzakken uit. Een tip voor geïnteresseerde lezers: voor deze luxe betaal je amper 80 euro!

's Nachts ontdekken we tot onze verbazing een toestel dat wel werkt: de telefoon. Die staat plots roodgloeiend. Telkens wanneer we opnemen, worden we getrakteerd op een flinke portie gehijg. Eenzame mannen krijgen via de telefoon 'hotelverwarming' aangeboden. En wat met de verkleumde vrouwen? Niet veel later wordt er fors op de deur geklopt. 'Politie', mompelt Nicole. Geen gewaagde gok, een toerist moet zich hier alle dagen laten registreren en dat hebben we nog niet gedaan. Als we de deur wijd opentrekken, tuimelen twee mannen met hun fles wodka onder de arm naar binnen. Boven hun hoofd torent een bruine pelsen chapka. Ze zijn duidelijk poepeloerezat. 'Krasiwa zensky!', brabbelen ze. Sinds de vleeskeuring aan de grens weten we wat dat betekent. Waarschijnlijk zien ze nog dubbel ook. In hun schele ogen borrelt pure lust op.

De zwaarste van de twee kolossen stelt zich voor als 'Locha'. Hij maakt aanstalten om een plechtige buiging te maken. Misschien ineens een handkusje erbij? Nicole zet resoluut een stap naar achter, waardoor ze over een fietstas struikelt en achterover in haar bed neerploft. Ook de forse Rus geraakt uit balans. Hij knalt pardoes boven op Nicole. Die steekt instinctief haar knie in de lucht, pal in zijn kruis. Het bed kan de stormachtige romance niet langer aan en zakt in elkaar. Belager Locha voelt intussen zijn mannelijkheid met de seconde wegebben. Hij kronkelt als een slang over het verfomfaaide bed. De Don Juan van Ingrid, Vladimir, is van al die kreunende geluiden zo hitsig geworden dat zijn plechtige buiging wordt geschrapt. Hij duwt Ingrid ruw de badkamer in. 'Dawai, kleren uit!', roept hij zonder verpinken. De bronstige stier vindt ondertussen nog de tijd om van zijn fles wodka te nippen. Een beetje overmoedig, want zo heeft Ingrid de tijd om een metalen emmer gevuld met roestbruin water tegen zijn gezicht te jagen. Gelukkig heeft Vladimir zijn muts juist afgezet, zodat de slag extra hard aankomt. De gulzige playboy verdwijnt bijna helemaal in het rottende toilet. Op dat moment trekt Nicole de badkamerdeur open. 'Komaan, we zijn hier weg', luidt het logische commando. We knallen de deur dicht en lopen hysterisch naar de etagemadame. Onze gendarme Svetlana is in alle staten. Ze grijpt een borstel en een ijzeren stofblik en stormt als een matador naar de oververhitte stieren.

Een spannende zoektocht wordt het niet, een bikkelharde afrekening des te meer. Nicoles Locha ligt nog altijd opgeplooid te kermen tussen het gebroken bed. In een zucht klopt Svetlana als een volleerde taekwondospecialist de stok bijna in twee op zijn hoofd. De gecastreerde stier kruipt smekend om genade op handen en voeten door de deur. De ketel van Svetlana kookt stilaan over. Ze stuift de badkamer in. Haar stok is gesneuveld in de strijd, dus klopt ze met haar stalen vuilblik de chérie van Ingrid nog dieper in het brilloze toilet. Svetlana grijpt Vladimir bij zijn nekvel en sleurt hem mee naar buiten. Ze donderen door de lange gang, waar de andere aanrander op handen en voeten de trappen begint af te kruipen. Ze gooit razend hun mutsen naar beneden, maar bewaart toch nog genoeg koelbloedigheid om de fles wodka op te rapen en weg te stoppen in haar schort. Een half uur later staat ze nog te schelden met gebalde vuisten, maar de Don Juans zijn al lang verdwenen.

Stalen zenuwen

Russisch leren op een tandem? Geen probleem! Handige cassettes, een rollende tong en een portie engelengeduld, meer heb je niet nodig. Vooral het alfabet prenten we in ons geheugen om de menukaarten en de wegmarkeringen te ontcijferen. Telefoneren met onze gsm is uitgesloten. Alleen met een Russisch paspoort kan je een startpakket voor je mobieltje bemachtigen. Dan maar naar de post, want Het Nieuwsblad wacht vol ongeduld op ons wekelijks verslag. Kraak! Middenin het gesprek wordt de lijn brutaal afgesneden. De lunchpauze van de postmadammen is heiliger dan de paus!

Zaterdag 30 april 2005, de dag van het afscheid van een verzopen land. Ze hadden het beter Grijs-Rusland genoemd. De grauwe tristesse zit hier in elke morzel grond. We hebben de dolle race door Wit-Rusland bijna gehaald: een gemiddelde snelheid van 28 km per uur en elke dag meer dan 100 km. We fietsen door Stolin, het laatste dorpje voor de grens met Oekraïne. In een donker volkscafé bestellen we twee olierijke smoutebollen met vettig vlees. Nog twee doorzichtige oploskoffies en het laatste Wit-Russische eetfestijn kan beginnen. Geen twee minuten later beginnen de lokale zatlappen te lallen. 'Vanwaar zijn jullie? Hik, burps.' Vooruit, nog een stevige teug wodka van hun 1 euro-fles. Hun losse handjes kleven al vast aan onze armen. Als vrouw moet je hier stalen zenuwen hebben.

'Pats, klingeling!' Als ze horen dat we via Oekraïne naar Turkije fietsen, laat één van hen stomverbaasd zijn fles wodka vallen. Er barst een hevige discussie los over hoe we het beste kunnen rijden. Gebulder, kloppende vuisten op tafel, er is ruzie in het huishouden. De vrouwen doen niet onder en vechten haar en pluim. Waarvoor? Joost mag het weten. Discussiëren is voor deze mensen soms het enige dat ze hebben. Onze trommelvliezen geven bijna de geest, dus vluchten we snel naar buiten. In ons kielzog volgt de hele cafédelegatie. 'Vergeet Oekraïne, de wegen zijn barslecht', brabbelen de mannen. De vrouwen doen er nog een schepje bovenop. 'Het zit daar vol met dieven en maffiosi!' Met de moed der wanhoop haspelen we de resterende 13 km naar land nummer 13 af. Als dat maar goed afloopt!

OEKRAÏNE
BELARUS
MOLDOVA
ROMANIA
Lanisyn
Pinsk
Stolin
Dubrovycja
Klesiv
Sarny
Olevs'k
Rokytne
Korosten
Marlyn
Borodianka
KIEV
Ukrainka
Pii
Kaniv
Negereka
Stebliv
Zvenyhorodka
Uman
Haivoron
Bandorovo
Balta
Kotovs
Frunzivka
Rozdil'na
ODESSA
PAARD EN KAR
MOUNTAINBIKE
A
Pripet
Horyn
Sluch
Dnipro
Pryp'yat
Desna
Teteriv
Pivdennyy Buh
Dniestr
Prut
Kyyivs'ke Vodoskhovyshche
Chernihiv
Borzna
Nizhyn
Kipti
Kozelets'
Nosivka
Bobrovytsya
Brovary
Baryshivka
Yahotyn
Boryspil'
Pereyaslav-Khmel'nyts'kyy
Kuznetsovs'k
Berezne
Kostopil'
Polis'ke
Yemil'chyne
Ovruch
Chornobyl'
Kosachivka
Orane
Desna
Nova Borova
Radomyshl'
Makariv
Boyarka
Rivne
Dubno
Slavuta
Baranivka
Chernyakhiv
Zhytomyr
Kremenets'
Izyaslav
Polonne
Reya
Andrushivka
Berdychiv
Yampil'
Starokostyantyniv
Bila Tserkva
Kozyatyn
Ternopil'
Volochys'k
Tarashcha
Bohuslav
Tetiyiv
Horodyshche
Smila
Yarmolyntsi
Vinnytsya
Nekrasove
Bar
Zhmerynka
Monastyryshche
Sokolivka
Shpola
Kam"yanka
Novomyrhorod
Borshchiv
Nova Ushytsya
Murovani Kurylivtsi
Sharhorod
Khrystynivka
Tul'chyn
Novoarkhanhel's'k
Kirovohrad
Zalishchyky
Chernivtsi
Kryzhopil'
Holovanivs'k
Pomichna
Pervomays'k
Slobidka
Lyubashivka
Vradiyivka
Yuznoukrayinsk
Voznesens'k
Nova Odesa
Veselynove
Berezivka
Ivanivka
Mykolayiv
Berezanka
Iaşi
Chisinau
Velykodolyns'ke
Bilhorod-Dnistrovs'kyy
Tarutyne
Sarata

Etappe 14

INFO OEKRAÏNE

✔ **GELD:** hryvnla (UAH)
✔ **BUDGET:**
- Restaurant: lunch van 2 tot 5 €
- Hotel - twee personen: van 8 tot 42 €

✔ **VISUM:** Belgen hebben een visum nodig. Een verblijf tot drie maanden is geen probleem.
✔ **KLIMAAT:** In het noorden is de beste reistijd van mei tot september.
✔ **KAARTEN:**
- Overzichtskaart – Ukraine, IGN nr. 3615, 1:1000.000
- Overzichtskaart – Ukraine, 1: 750.000, gekocht in Oekraïne
- Deelkaart - Noord-Oekraïne, 1:500.000, de serie bestaat uit vier delen: www.ukrmap.com.ua
- Deelkaart - Zuid-Oekraïne, 1:500.000
- Stadskaart – Kiev, 1:30.000
- Stadskaart – Odessa, 1:25.000

✔ **BOEKEN:**
- Lonely Planet: Ukraine
- Touring the Crimea: gekocht in Oekraïne

✔ **ROUTEBESCHRIJVING:**

Dubrovycja: 🛏, 🛒, 🍴
Weg P 102 met beklimmingen tot 8%
Sarny: 🛏, 🛒, 🍴
Weg E 373 afslag naar
Klesiv: 🛒, 🍷 en een kiosk met piepkleine hutten om in te eten
☆ Schilderachtige weg door bossen en meren met veel picknickplaatsen.
Rokytne: 7 km lange slechte weg (precies een Romeinse heirbaan) met grote kasseien
Snovydovyci: slechte zand- en grindwegen tot
Olevs'k: 🛏, 🛒, 🍴
Hoofdweg E 373 op 30 km van Korosten: 🍴 oude treinwagen omgebouwd tot restaurant

👍 **tip!** neem de kleine banen, op de hoofdwegen rijden de vrachtwagens als gekken!

Korosten: 🛏, 🛒, 🍴 met kleine weg naar
Marlyn: 🛏, 🛒, 🍴
Borodianka: 🛏, 🛒, 🍴
Weg T 10.11 naar
Kiev: hoofdstad van Oekraïne
🛏 Slavutych, 1 Entuziastiv Vul., tel. 555 38 59: zeer proper
☆ De Chresjtsjatyk Boulevard die in het weekend autovrij is. De Gouden Poort of de Zoloti Vorota. Verder het wereldberoemde holenklooster Petsjerska Lavra: prachtige kerken en ondergronds de cellen waar de monniken in woonden. De stad bezit wel duizend kerken. Een topper is de St.Andreaskerk, hier heb je een prachtig uitzicht op de rivier Dnjepr. Op de plaats waar het standbeeld van de vorst Vladimir staat, lieten de inwoners van Kiev zich duizend jaar geleden dopen. Ook het Podil district met oude ambachts- en kooplieden is de moeite waard. St. Sophia's kathedraal met zijn dertien gouden koepels is uniek. Voor souvenirs, trek naar Andriyivsky Uzviz: kunstgalerijen, winkeltjes en studio's!
🍴 Patio: pizza, pasta en grill
🍴 Sam's Steak House, American Grill House: www.kartamer.com.ua
🍴 Mc Donald's
Ook tof is een cruise over de Dnjepr-rivier tot Odessa: 100 € voor vier nachten. Je kan zelfs tot Yalta varen (duurt twee tot drie weken) en dan terug naar Kiev. Ook met de kajak moet de rivier te bedwingen zijn, meer info: www.ruta-cruise.com.
Weg P 12 zonder schouder tot
Ukrainka: 🛏, 🛒, 🍴
Weg P 35 steile beklimmingen aan 10% en zeer schilderachtig traject
Pii: 🛒, 🍴
Kaniv: 🛒, twee 🛏: eentje in het centrum, het andere 3 km ten zuiden aan de rivier en een park.
☆ Het graf van de lievelingspoëet en held Taras Shevchenko
🍴 Iets eetbaars vind je over de markt in Café Bravo: pizza, maar ook andere gerechten.
☆ Het traject van Kaniv tot Negereka is bijzonder schilderachtig en laat de toerist proeven van het dagelijkse leven in Oekraïne.
Negereka: 🛒, weg T 2403
Korson: 🛏, 🍴 over het busstation, weg T 2403 naar
Stebliv: 🛒, 🍴
Schilderachtige weg door een vallei met weinig verkeer tot
Zvenyhorodka: 🛒 en 🛏 (gesloten in 2005)
Weg P 2404 met zeer steile hellingen, minder mooi landschap
Uman: veel 🛏, 🍴 en 🛒
☆ Park Sofiyevka: vol met beelden, vijvers, prachtige tuinen en watervallen. Je kan er waterfietsen en roeien, tof met kinderen.
Weg T 0202 steile klim

INFO OEKRAÏNE

Haivoron: Ukraine: een krot!
Klim uit het dorp, hierna groffe kasseien tot
Bandorovo:
Weer een steile klim van 8 km over de kasseien met weg T 1605 tot
Balta: , , weg T 0201
Kotovs: Sputnik (aan het treinstation): opgepast, echte afzetters en het is een krot!
Frunzivka: , alle voorzieningen
Rozdil'na: , alle voorzieningen
Odessa: Victoria (op 200 m van het prachtige Arcadia-strand): gloednieuwe kamers met balkon. Het ontbijt is een droom: www.victoriya.com.ua.
☆ Prachtige oude gebouwen met reusachtige beelden. Derybasivska is de winkelstraat met gezellige terrasjes en cafeetjes. Een echt pronkstuk is de oude winkelgalerij van 1897. Pasazh is overladen met barokke beelden.
☆ De Samenkomst: 198 trappen die aflopen naar de haven. De trappen zijn bekend geworden door de Russische film 'Pantserkruiser Potemkin' uit 1925 waar de mensen van Odessa onder vuur werden genomen. Het meest luguber is de scène waar een kinderwagen de trappen afbolt …
Het Arcadiastrand kan je vergelijken met Las Vegas: extravagante complexen zoals een Griekse tempel of een volledig houten zeilschip liggen temidden van de wandelpromenade. Je vindt er vele restaurants en disco's met zicht op de Zwarte Zee.
Kafé Sherlock in het centrum heeft lekkere salades.
Strons House (op het Arcadiastrand): duur restaurant, maar wel overheerlijk
☆ Nog een aanrader is een bezoek aan de Catacombes waar de Partizanen zich schuil hielden. Neem minibus 84 die start aan de markt aan het station. Het dorp Nw. Nerubayske ligt op 12 km.

Levend begraven Lada's

Aan de Oekraïense grens rollen we van een tragedie in een komedie. Als ze onze tandem in het vizier krijgen, galopperen de douaniers als renpaarden naar buiten. 'Welkom in Oekraïne', zingen ze in koor. Ze bewonderen onze Koga-tandem. Niet alleen de fiets krijgt complimentjes. De mannen knijpen in onze Agu-koerstruien en kussen hun handen. 'Eta krasirva, zeer mooi!' Naar ons visum dat drie maanden geldig is, wordt nauwelijks gekeken. Vanaf het eerste moment weten we het: Oekraïne gaat ons prima bevallen.

De wegen zien eruit als emmentalerkazen. Diepe gaten van 30 cm loeren dreigend naar onze fietswielen. We zwalpen rond elke put. Ingrid smeekt bijna om tabletjes tegen de reisziekte. Knal! Die put hebben we niet gezien. Ingrid schiet zo hoog de lucht in dat ze bijna de ernstige uilen gezelschap kan gaan houden. Onze schokbrekers doen het gelukkig een pak beter dan die van de Russische wegmachines. Ontelbare Lada's liggen letterlijk begraven in de putten, omringd door hun onfortuinlijke soortgenoten. De weg herstellen is iets voor de volgende verkiezingscampagne.

In tegenstelling tot de drankorgels van Wit-Rusland zijn de Oekraïense mannen galante heren. Als we in een hotel in- of uitchecken worden onze fietstassen keurig gedragen. We protesteren absoluut niet en openen behulpzaam de deur. In een onooglijk gehucht worden we aangeklampt door een familie. Als de man hoort dat we naar Kiev en Odessa gaan, schudt hij het hoofd. 'Eerst eten, kom binnen', gebaart hij vriendelijk. De rest van de familie pakt onze fiets en sleurt ons binnen. Vijf minuten later zitten we aan een overvolle keukentafel. 'Dawa jest, vooruit eten!' Verschillende salades, vis, hun specialiteit varkensvet en nog andere vreemde spijzen worden op ons bord gekieperd. Onze gastheer haalt spontaan zijn accordeon boven en speelt een vrolijk deuntje. We neuriën gezellig mee. Ondertussen wordt de cake aangesneden. Er is zelfs pudding met kriekjes. Nicole knipoogt naar een grote mand met broden. Prompt verdwijnt er eentje in onze fietszakken. Met Pasen eten ze een zoet brood met een kruis erop en dat geven ze aan elkaar als teken van vriendschap. Met dikke kussen nemen we afscheid. Heel het dorp wuift ons uit. Oekraïne, land nummer 13, beslist geen ongeluksgetal!

Onder vuur

De hoofdstad van Oekraïne is met zijn 2,6 miljoen inwoners een bruisende oase te midden van niemandsland. In Kiev loopt iedereen op de tippen van zijn tenen, want dit jaar is de stad het decor voor het Eurovisiesongfestival. Vanuit alle werelddelen stromen de toeristen naar hier om dit live mee te maken. Onderweg geraken we gecharmeerd door authentieke spoorwachters die plichtsbewust, maar altijd veel te vroeg, de slagbomen omhoog hijsen.

Vlak voor de hoofdstad kleurt de lucht pekzwart. We worden onder vuur genomen. Vreemde helikopterachtige reuzeninsecten donderen als parachutes uit de lucht. We houden de tanden op elkaar of de gedrochten zouden nog landen in onze gapende mond. We zijn machteloos. De zwarte monsters ploffen neer op onze fietstassen en onze landkaart. Elementaire beleefdheid kennen ze ook al niet. Zonder toestemming rijden ze gratis mee met 'taxi tandem'.

Pats! Plots landt een zwarte kolos met volle kracht in Nicoles boezem. Ze krijgt bijna een hartaanval. 'Ingrid, haal dat misbaksel weg voordat het bijt!' Ingrids armen zijn net te kort om het monster een flinke tik uit te delen. Door haar bruuske beweging tuimelen we gezellig met zijn allen de gracht in. Het gedrocht is verstandig afgezakt naar de bufferzone. Even vat Nicole het plan op om het te pletten tussen haar boezem, maar dan zou ze waarschijnlijk beloond worden met een dodelijke beet.

Het zwarte pantser van de lelijkaard lijkt met de seconde groter te worden. Nicole besterft het. Vol overgave begint Nicole met haar borsten heen en weer te schudden. De inktzwarte koppigaard heeft zich stevig vastgezogen. De zuignappen zijn vastgeplakt met secondelijm. 'Het zal wel een manneke zijn', analyseert Ingrid scherp. Nicole springt hysterisch van de tandem. Nog geen vijf seconden later staat ze met haar BH als een lasso in de lucht te zwieren. De dikke zwarte pestkop wordt in de lucht gekatapulteerd. Nicole is nog niet bij zinnen gekomen en molenwiekt lustig verder met haar BH. Baf! Daar verdwijnt de volgende Lada in een diepe put. Hopla! Daar belandt een eenzame fietser ook in de gracht. En dat allemaal voor … een brave meikever! 's Avonds vindt Ingrid nog een paar verstekelingen tussen haar kleren. Allez, het is duidelijk mei!

Wassen doen we met een stuk zeep en een borsteltje

Een barmhartige Samaritaan

'Ingrid, trap eens wat harder! Of ben je in slaap gevallen?', brult Nicole streng. 140 km fietsen door felle tegenwind eist zijn tol. Nicole ziet alleen nog zwart voor haar ogen. 'Finito, het vat is af!', kreunt ze. 'Ik heb geen gevoel meer in mijn armen. Ik zet nu mijn tent, al is het midden op de weg. Dit is onmenselijk! Wat doen we onszelf toch aan?' Het arme kind heeft een serieuze inzinking. Ingrid vermant zich en neemt collegiaal het stuur over. De gietende regen snoert ons de mond. Als voorgeprogrammeerde robotten trappen we op en neer. We willen dromen van exotische warme stranden, maar de kille wind bevriest onze fantasie. Op de enkele rustplaatsen die we tegenkomen kijken de mensen van de eettentjes ons vertwijfeld aan. 'Mogen jullie niet schuilen van de trainer?', vragen ze bezorgd. Ze kijken kwaad in het rond, op zoek naar onze barbaarse coach. Hoe kan je in godsnaam aan deze mensen uitleggen dat je dit voor je plezier doet?

De nieuwe tophit 'Stop, ik ben kapot' galt non-stop uit de boxen, tot we als twee oud-strijders neerzakken voor de deur van een hotel. Het gebouw heeft precies ook een oorlog of twee meegemaakt. Ingrid doet behoedzaam de deur open. Het stof snijdt haar adem af. Ze zit op een bouwwerf. Hier is ooit iets geweest, maar dat is vergane glorie. 'Hoe ga ik aan mijn kolonel uitleggen dat haar hotel letterlijk in rook is opgegaan?', jammert ze. 'Het kot zal te klein zijn.'
Ze kamt de ruïne uit. Plots doemt er in een donkere hoek een bar op. Ingrid ruikt haar kans.
'Hotel?', vraagt ze ten einde raad. De barman wijst omhoog.
'Bedankt, er bestaat toch nog een god!'

‘Morgenvroeg is er warm water’, troost onze etagemadame. Onze beteuterde gezichten maken indruk. Ze gaat voorzichtig voelen aan de kraan en besluit de laatste man uit de badkamer te sleuren.
‘Er is misschien nog wel wat warm water over voor jullie’, grijnst ze. Tien minuten later dartelt Nicole zingend de kamer binnen.
‘Kokend water! Ingrid, loop voor je leven!’ Ingrid heeft nog juist genoeg water tot haar laatste teen …

Het is een mirakel dat we nog wakker worden. De laatste dagen is het doffe ellende. Onderweg zijgen we doodmoe en ten einde raad neer op een vieze stoep. Plots komt een dame met haar paraplu recht uit de hemel neergedaald. ‘Willen jullie bij mij thuis een stukje eten?’, vraagt de barmhartige Samaritaan. Waarschijnlijk zitten we hier zo triestig en hulpeloos dat zelfs een zwerver medelijden zou hebben. We krijgen een volledige warme maaltijd voorgeschoteld. Vooral de Soljankasoep is hemels. Het is een krachtige soep van rundvlees of vis, waar meestal tarwe- of roggebrood wordt bijgegeten. Zo’n mens verdient een standbeeld!

Het Sint-Michielsklooster van Kiev.

Dat de Oekraïners vrolijke en levenslustige mensen zijn, kan je zien aan hun vele feestdagen. De helft ervan vinden ze gewoon uit. Ook 1 april is hier een vakantiedag! Ze kijken niet op een grapje meer of minder, want als de weergoden niet mee willen vieren, nemen ze gewoon de volgende dag erbij.

Het beste en het veiligste is op zondag een hoofdstad verlaten. Ons plan is zo lang mogelijk de oevers volgen van de 1000 km lange Dnjepr-rivier. Net buiten de stad leven de rijke Oekraïners. Verleidelijke reclameborden sieren de weg: 'Koop op krediet een huis met zwembad'. Naast de baan pronken achter een veilige muur kastelen van huizen, Spaanse villa's en Zwitserse chalets, niet te geloven. Ze kunnen beter eerst de putten van de baan opvullen. We walsen van links naar rechts om met onze tandem maar niet in de diepe kuilen te belanden.

We worden beschoten!

De dagtaak van vele Oekraïners is vaak de voetafdruk van hun armoede. Zo letten de boeren onvermoeibaar op hun koeien. Dure prikkeldraad past niet binnen het budget. Wat een job, waken over een koe! Zelfs de eeuwenoude baboesjka's worden ingeschakeld. 'Dawai', rochelen de oudjes. Met hun stokken en krukken stuwen ze de koeien in de goede richting. Door al die putten, het mulle zand, de uitpuilende stenen en het ruwe asfalt, is het ons niet opgevallen dat de achterband van onze fiets een fikse bult vertoont.

Hoe meer zuidelijk we fietsen, hoe meer het landschap verandert in een jungletafereel. Vlak voor het gehucht Negeresha is de weg gevuld met gedroogde slangenlijken. De lispelende reptielen zoeken de broeierige warmte op van het asfalt. Een oerinstinct dat ze soms met hun leven bekopen, want de weinige chauffeurs die voorbijrijden doen niet de minste moeite om de beesten te ontwijken. Uit het niets kronkelt ineens een reuzenslang voor ons wiel. Nicole probeert met al haar macht de slang te ontwijken en rijdt pardoes in één van de 30 cm diepe putten. Resultaat: een ontploffing van jewelste. Even vrezen we dat we worden beschoten door een Oekraïense bende. Door de supervering vliegt Ingrid als een meikever door de lucht. Ze landt in een sloot vol met kwakende kikkers die druk aan het repeteren zijn voor het Eurovisiesongfestival. Nicole smakt brutaal tegen het afgeschraapte asfalt. Haar Agu-fietshelm heeft weer eens haar leven gered.

Van de slang is niets meer te zien. Waarschijnlijk is ze toch niet verzekerd! Behalve wat schaafwonden en een op hol geslagen hartritme, overleven we wonderwel de verschrikkelijke klap. Uit onze buitenband gaapt een opening van zeker 10 cm. Na 1.000 km is er geen greintje profiel meer te bespeuren, dat zegt genoeg over de kwaliteit van het wegdek. Normaal kunnen we wel 15.000 km doen met een buitenband!

We proberen een tekstbericht te sturen naar DHL België. Lap, geen bereik. Wat wil je, deze weg staat niet eens op onze landkaart. Waar gaan we in dit minuscule gehucht een buitenband vinden? Een jongen met een fiets uit het begin van de vorige eeuw komt ons aangapen. 'Zo een band moeten we hebben', schreeuwen we. De kerel wordt lijkbleek. Waarschijnlijk denkt de drommel dat hij zijn band moet afgeven. In een mum van tijd wordt heel het dorp binnenstebuiten gekeerd om de arme toeristen zo snel mogelijk te depanneren. Er worden twee ploegen ingezet: team A, de schoolkinderen en team B, de oud-strijders. Beiden hebben dezelfde opdracht: een buitenband vinden. Na een halfuurtje komt het team van de oude krijgers vinnig aangekrukt. Ze overhandigen ons fier een Chinese buitenband van hun museumfiets. Terwijl Ingrid de band oplegt, geeft Nicole elke oude snoeper hun hoofdprijs: een echte Belgische zoen.

De schoolkinderen troepen ondertussen samen rond ons. De juffrouwen komen ook af, want les geven aan lege schoolbanken is ook maar niets. Terwijl Ingrid ijverig het wiel losmaakt en de band eraf gooit, entertaint Nicole heel het dorp met foto's, kranten en verhalen. Ze zijn één en al oor. Als een hardnekkige fan verlegen om een handtekening vraagt, is het hek van de dam. Nicole kan voor heel de school tekenen. 'Hello Sergei, many greetings from Belgium, Nicole & Ingrid.' Nicole herhaalt het wel honderd keer, maar steeds met evenveel liefde. Nog samen op de foto en de dag kan niet meer stuk. Ingrid ligt pekzwart te vechten met de buitenband. Het kind heeft het al even druk als ... Nicole.

Misdaad tegen de mensheid

Als we op een trap even willen uitrusten, hijst een blinkende casanova met een halfopen geel hemd ons recht voordat we nog maar de grond raken. In Oekraïne mag geen enkele vrouw op stenen gaan zitten, want dan zouden de eierstokken bevriezen en kunnen ze nooit kinderen krijgen. Weer een volkswijsheid rijker! We vragen hem de weg naar Zvenyhorodka. Terwijl de blonde god over de kaart hangt, streelt hij zachtjes over Nicoles arm. Hoe langer de uitleg, hoe dieper hij afdaalt. Zijn vingers trippelen over haar rug naar beneden. 'Die heeft mij helemaal vast', fluistert Nicole opmerkzaam.

Plots pakt hij haar beide handen vast. Is het niet wat vroeg voor een huwelijksaanzoek? 'Kom naar mijn huis, rust daar maar wat uit!'

'Ga nooit met vreemde mannen mee, leerde ons ma vroeger', dus we weigeren. 'Alsjeblieft, je kan mijn dorp niet verlaten zonder dat je mijn pelmeni probeert', smeekt hij.

'Nicole, wat zegt dat vuil ventje? Moet je zijn piemeltje uitproberen?'

'Maar kind toch, je moet dringend de menukaart beter bestuderen. Pelmeni zijn

deegballen gevuld met gehakt en ajuin met daarover boter en room geserveerd', sust Nicole.'Zoiets weigeren is een misdaad tegen de mensheid.'
'Ja ja, gehaktballen', zucht Ingrid. Even later zitten we al in zijn appartement. Als Ingrid zich op de hoek van de tafel wil neervlijen, krijgt onze casanova bijna opnieuw een appelflauwte. Vrouwen mogen nooit op de hoek zitten, anders geraken ze niet aan een man ...

Elke dag houden we meer en meer van onze tandem. We zijn een perfect team, samen vechten we tegen de wind en met gebundelde krachten beklimmen we de 10% steile hellingen. Het motiveert om te blijven trappen, zelfs over ruwe kasseien die waarschijnlijk nog aangelegd zijn door de Romeinen. Met temperaturen rond 35°C beelden we ons in dat we op een kameel hobbelen door de woestijn. Na elke 100 km ontploft onze Chinese buitenband. Knal! Net voor Balta is er weer een Chinees overboord dankzij de Oekraïense miniravijnen. Onze tandem waggelt in een ganzenpas vooruit. Plots gebeurt het onvermijdelijke. 4 km voor Bandorovo valt onze boemeltrein met een doffe knal stil. We zijn precies tegen een muur gebotst. Het voorwiel schiet in de lucht en Nicole stijgt als een volleerde astronaut op naar de ruimte.

Ze landt iets minder professioneel in een cactusveld. Nicole hangt van boven tot onder vol met vlijmscherpe stekels en lijkt wel een levend speldenkussen. Ingrid is in een imposante koeiendrol gerold en stinkt uren in de wind. Niet alleen de band is naar de vaantjes. Ook ons bagagerek ligt verbrijzeld op de grond. Het is een puzzel met ontelbare ontbrekende stukken. We kijken verbijsterd rond. Ons vel hangt voor de helft aan de kasseien. We zijn letterlijk en figuurlijk uitgeteld.
'Onze verzameling blauwe plekken is verdubbeld', zucht Nicole.
'Help, Nicole, ik geraak niet meer recht. Amai, mijn rug.'
Ingrid gaat niet alleen gebukt onder kilo's stront, ze zit ook nog eens met een serieus verschot! De zon doet de steentjes in de wonden op onze armen en benen sudderen als kolen in een vuur. Een wat achterlijke madam kijkt naar de ravage en schudt hevig met haar hoofd. We krabbelen overeind en grijpen onze stevigste snelsluiters om de boel terug overeind te trekken. Het gezicht van het gapende mens verandert van zwaar betrokken tot klaar en zonnig. Met veel moeite zet Nicole onze hoogbejaarde bomma Ingrid op de tandem.
'Dat wordt een serviceflatje.'

'Lach me niet uit', zucht Ingrid.
'Ik ga een grote mand kopen om vooraan op de fiets te zetten, daar leg ik Ingrid in', fluistert Nicole tegen de verbaasde madam.
'Ons Ingrid is helemaal op. Zelfs tweedehands kan ik ze niet verkopen', besluit Nicole. Hopelijk zal de modder van de Zwarte Zee wonderen doen, maar in welke eeuw zullen we daar aankomen? En met welk vervoermiddel? Een rolstoel of een brancard?

Champagne en kaviaar

Boem! Amper 15 km verder ontploft de volgende Chinees. Als we zo voortdoen pakken ze ons nog op als terroristen! Gelukkig kosten de buitenbanden maar 2 euro of we waren al lang failliet. Ook goedkope liedjes duren niet eeuwig. De voorraad Chinese banden is net zo uitgeput als wij. Even verderop staat een boer met paard en kar te baggeren. Hij loopt met opgeheven handen naar ons toe en pakt ons overbezorgd vast. We mogen onze kapotte vracht op zijn kar gooien. De brave ziel brengt ons 3 km verder tot het gehucht Bandorovo. De school is juist uit. In minder dan vijf minuten zijn we omsingeld door de lokale jeugd. Die hebben wel zin in een handeltje. 'Wat denken jullie van dit mountainbikewiel? 20 dollar.' Het ovale wiel past in de verste verte niet op onze tandem. Een paar stoere binken komen aangesnord op gammele brommers. '150 dollar om jullie naar het volgende dorp te brengen.' Als de zwarte markt stilaan is uitgedoofd, komt plots de burgemeester van het dorp aan met … een Chinese buitenband! We spalken het steeds krimpende bagagerek en zetten onze calvarietocht verder.

We fietsen over heel de breedte van de baan. Ons voorwiel staat zo paraplu dat onze tandem erg begint te lijken op de gekke fietsen die je in Blankenberge op de zeedijk kan huren. We ruiken de Zwarte Zee al. Ondanks alles zullen we er met tegenzin onze tandem inwisselen voor de Koga-mountainbikes. We willen nog niet losgekoppeld worden. De tandem is het cement voor ons perfect teamwork. Vooral Ingrid voelt zich achteraan zo vrij als een vogel. Ze kan rustig rondkijken, eens wuiven naar de mensen en ijverig de landkaart bestuderen.

De laatste kilometers strelen we de grens met Moldavië. We schokken onder de autostrade M 13 en pats, daar gaat de zoveelste Chinese band. Met horten en stoten bereiken we de parel van de Zwarte Zee, Odessa. De stad ademt de sfeer uit van de Cubaanse hoofdstad Havana. Overal zie je machtige barokke gevels, houten balkonnetjes en ontelbare binnenkoertjes die het echte dagelijkse leven onthullen. Hier hangen de baboesjka's hun wasgoed op en sleutelen de echte venten aan hun antieke wagens. Oude trams, opgekocht in Tsjechië, rammelen voorbij. Het is een wonder dat de roestige conservenblikken nog altijd bollen.

Een zwartrijder

Odessa is gezellig en dat komt door de vele cafeetjes en terrasjes. Breedgeschouderde bomen moeten de stad beschermen tegen de verschroeiende zonnestralen. Zonder hen zou Odessa een lege woestijnstad zijn. 40°C in mei is niet abnormaal. Het Arcadiastrand kan je vergelijken met Las Vegas. Het wemelt er van de extravagante architectuur: Griekse tempels, Egyptische paleizen, zelfs een volledig houten zeilschip ligt op de wandelpromenade geankerd. Hier kan je gezellig tafelen met uitzicht op de blauwe Zwarte Zee. Aan de overkant knipoogt Turkije. De aangebrande lichamen liggen als dominoblokjes kriskras naast elkaar op het overvolle strand.

De meesten genieten van de befaamde zoete champagne van Odessa, terwijl ze met hun vrije hand gulzig een sandwich met kaviaar verorberen. Het nachtleven in Odessa is hot, net zoals de temperatuur. De mannen in Odessa verheffen luiheid tot een kunst. Ze hangen aan hun tafeltje wat te loeren en te drinken. De vrouwen zijn dan weer ultrahysterisch. Met hun minirokjes van 10 cm en hun naaldhakken van 20 cm tippelen en springen ze als gekken in het rond tot ze er bijna bij neervallen. De dames zijn hier bijzonder fier en ze lopen er enorm uitdagend bij. Je zou bijna denken dat het allemaal prostituees zijn. Misschien is het wel zo?

Tussen de drukte zitten de typische verkoopsters van zonnebloempitzaadjes. Heel Oekraïne knauwt bezeten op de minipitten om ze daarna ruw uit te spuwen als een gezonde vorm van pruimtabak. Voor diegenen die teveel gesnoept hebben, zijn er de dames met de weegschaal die gans de dag rustig wachten op een klant. Haaktantes breien op automatische piloot minibikini's. Veel stof hebben ze hier niet nodig. Bloemenverkoopsters kleuren het plaatje verder in. Iedereen zie je met een boeketje lopen. Het is dan ook het ultieme geschenk.

We stoppen gaar gestoomd voor de deur van het DHL kantoor. Na een telefoontje met onze fietsenmaker Van Campenhout beslissen we dan toch om onze tandem terug te sturen naar België en in te wisselen voor de Koga-mountainbikes. Het hoge

Kaukasus-gebergte staat op het menu en dus maken we van ons hart een steen. We zoeken troost in één van de vele imposante Orthodoxe kerken die elk uur van de dag worden platgelopen. Vooral jonge mensen zitten geknield voor één van de vele iconen. Ze kussen de beelden uitbundig. We volgen hun vroom voorbeeld en trakteren alle iconen op een Belgische smakkerd. Komaan, nog een paar extra weesgegroetjes om een visum voor Iran te bemachtigen. En onze engelbewaarders zagen dat het goed was …

Etappe 15
i

INFO OEKRAÏNE

VERTREK: Odessa (Oekraïne), 29 mei 2005

AANKOMST: grens Turkije, 12 juli 2005

✔ **TOTAAL:** 2.496 km

✔ **VERVOERMIDDEL:** Koga-mountainbikes en zeilboot

✔ **GELD:** hryvnia (UAH)

✔ **BUDGET:**
- Restaurant: lunch vanaf 3 €
- Hotel - twee personen van 20 tot 70 €
- Campings zijn meestal vieze, houten hutten

✔ **KLIMAAT:** Aan de Krim en Odessa heerst er een subtropisch klimaat, dus heel het jaar is het er goed.

✔ **KAARTEN:**
- Overzichtskaart – Ukraine, IGN nr. 3615, 1:1000.000
- Overzichtskaart – Ukraine, 1: 750.000, gekocht in Oekraïne
- Deelkaart – Krim, 1:250.000, gekocht in Oekraïne: www.ukrmap.com.ua
- Deelkaart – Zuid-Oekraïne, 1:500.000
- Deelkaart – Krim, 1:300.000: www.ukrmap.com.ua
- Stadskaart – Odessa, 1:25.000

✔ **BOEKEN:**
- Lonely Planet: Ukraine
- Touring the Crimea: gekocht in Oekraïne

✔ **ROUTEBESCHRIJVING:**

Odessa: alle voorzieningen
Kustweg tot Kobleve, hierna E 58: zeer saaie weg met eindeloze velden tot
Mykolaiv: belangrijke havenstad, Mc Donald's, veel , alle voorzieningen
Weg T 1501
Kherson: Anshana (vlak aan), Chinees: Azie
Tsiurupyns: Kobos
Weg T 2212
Skadovs: , alle voorzieningen
Kalanchak: , terug op de hoofdbaan M 24

tip! voor alle fietsers, vermijd deze weg, er is veel industrie en er valt niets te zien!

INFO OEKRAÏNE

Krasnoperekops'k: 🛏
Rozdol'ne: 🛏, vanaf hier zitten we officieel in de 'republiek van de Krim'.
Weg T 0111 tot
Yevpatoriia: poederwit strand, zwemmen is veilig, het wordt langzaam dieper, dus perfect met kinderen.
★ Gezellig centrum met kronkelende straatjes en veel kerken, veel 🛏 en 🍴
Weg P 07 tot
Saky: sanatoria voor mensen met artritis en spataders, heel veel moddermassages
Simferopol: 🛏 Ykraina: nieuwe kamers met koelkasten en vriendelijk personeel
🍴 Marakande: specialtiteit 'chasliks'
Weg M 26
Bakhchysarai: 🛏 Prival: zeer gezellig complex met kleine huisjes: www.prival.crimea.com
★ Paleis van Khan met tuinen, een harem, een moskee en nog veel meer
★ 2 km verder ligt het Uspensky holenklooster: een orthodox geloofscentrum.
Na de nodige beklimmingen zijn er de zogenaamde 'grotsteden'. Chufut-kale was de grootste. Vroeger stonden er grote verdedigingsmuren en veel ondergrondse woningen. Het uitzicht is wondermooi.
🍴 Aan de splitsing van weg T 0117 is er een wegrestaurantje.
★ Sublieme kronkelweg door de bergen naar 1200 m hoogte
Kuibysheve: 🛒, 🍴
Sakolyne: 🛏 1 km ten noorden is er een soort toeristisch complex met primitieve kamers, 🍴, 🛒
Vanaf hier 30 km klimmen, niet echt mooi. Op de top is het uitzicht over Yalta wel betoverend.
Yalta: betekent in het Grieks: rust. De bergen liggen als een amfitheater rond het vakantieresort. Hier zijn ontelbare 🛏 en 🍴.

tip! een aanrader is een bootticket te kopen heen en terug naar Alupka (3 €). Onderweg uitzicht op de meest gefotografeerde burcht van Oekraïne: het Zwaluwnest. Na een 16 km lange minicruise ankert de boot in Alupka, waar één van de meest exotische kastelen ligt.
Het Vorontsov's paleis heeft de geheimzinnigheid van een Arabisch kasteel en de elegantie van een Engels bouwwerk. Ook is er een sierlijke tuin vol bonte bloemen. Iets verder is de kabelbaan naar de 1234 m hoge Ai-Petri berg.
Hier heb je een majestueus zicht op de azuurblauwe Zwarte Zee. Een andere bootexcursie brengt je naar Hurzuf en de Nikitsky botanische tuin. Zowel het dorp als de tuin zijn een totale teleurstelling.
Beter is de uitstap naar Livadiya: kan te voet of met de boot. Mooi kasteel en tuin. Van hier kan je verder wandelen naar het beroemde Zwaluwnest.

★ Yalta bezit een spectaculaire wandelpromenade met prachtige palmen. Uniek zijn de vele kasteeldecors waar je jezelf kan omtoveren in een tsaar of een keizerin.
▲ Polyana Sharoh (5 km buiten het centrum)
🛏 Krim (pal in het centrum): één van de goedkoopste hotels
🛏 Bristol (ook in de stad, maar veel duurder): www.hotel-bristol.com.ua
🛏 Yalta (2 km buiten de stad): de 3000 kamers hebben uitzicht op zee en A/C, privéstrand, een reusachtig zwembad (zelfs eentje met dolfijnen), een casino, in feite is het een stad op zichzelf en ook nog eens een prima hotel: www.hotel-yalta.com.
🛏 Massandra: mooi koloniaal huis gelegen in een park, vlak aan 🛏 Yalta: grote ruime kamers met balkon en koelkast (4 € extra voor ontbijt).
🍴 Mc Donald's: prachtig gelegen aan de wandelpromenade
Klim met weg nr. E 105 of M 18 tot Hurzuf
Alushta: alle voorzieningen, zwart kiezelstrand
★ Uitstap naar Ghost Valley en Marble Cave, dit kan met paarden.
Klim 15% en 10 km, op km 17 klein 🍴. Tussen Alushta en Sudak: veel ▲.
Verder klim tot
Rylach: 🛏 Britanie: een privéhuis, afdingen is de boodschap, ▲
Klim 6 km, met sublieme uitzichten op de zee, steile beklimmingen tot
Morske: 🍴, ▲
Klim door wijngaarden en rotsen naar
Sudak: alle voorzieningen
★ machtig fort, kastelen, kerken en tempels
🛏 Bastion (vlak aan het fort): proper met een zwembad: www.hotel-bastion.info
🛏 Nadia: ligt vlak aan een waterparadijs
Klim 8 km
Shcebetovka: 🍴

INFO OEKRAÏNE

✯ Hierna fietsten we naast het natuurreservaat Kara-Dag: iedereen maakt hier wandelingen door vreemde rotsformaties van Kurortne naar Koktebel.
Koktebel: Karagol (vlak aan het busstation)
Primorsk (aan het strand) met zwembad
Klim 4 km
Feodosiia: alle voorzieningen
✯ Musea, kerken, moskeeën, oude huizen en 's avonds livemuziek op alle terrasjes
Weg M 17 tot Primors'k: hier verlieten we de Zwarte Zee Kustweg.

tip! vergeet de kanaalweg bij nat weer. Hij is onverhard met tonnen los zand en loopt parallel met de hoofdbaan van Feodosiia tot Kerch.

Lenine: , , , .
Gornostaevka:
Kerch: grensstadje met alle voorzieningen
Ferry naar Rusland (4 km) , prijs per persoon: 4 € (+2 € per fiets)
Wij varen mee met de zeilboot van toeristen.

TYPISCHE GEWOONTES EN TIPS VOOR OEKRAÏNE

- Oekraïne is het land van goede boter, 'smetana' (zure room) en dille, dit gooien ze overal met overmaat in. Ze houden enorm van meelspijzen zoals 'vareniki': een deeg uit kwark en kersen waarover ze rijkelijk zure room gieten.
- Opgepast voor de verschrikkelijk slechte wegen met diepe gaten van 30 cm.
- Grafzerken sieren de banen. Ze rijden dan ook als maniakken.
- Er zijn nog spoorwachters die de slagbomen manueel bedienen.
- In de bossen ligt veel zwerfafval.
- Op zondag een grote stad verlaten is het veiligste voor fietsers. Dan is er praktisch geen verkeer.
- Koeien worden door de mensen bewaakt. Er is geen prikkeldraad.
- Zonnecrème is zeer moeilijk te vinden. Probeer je geluk in een stad bij een apotheker.
- De ijsjes zijn overheerlijk omdat ze gemaakt worden met echte volle melk.
- Bloemen zijn altijd het beste geschenk om af te geven.
- Vreemd: iedereen droogt zijn natte zwembroek rechtstaand. Er is geen haar op hun hoofd dat eraan denkt om op de droge handdoek te gaan zitten.
- Varkensvet is een delicatesse.
- Het deeg van het brood is meestal zuur van smaak.

Etappe 15

OEKRAÏNE
Z. RUSLAND
GEORGIË

Wie niet horen wil, moet voelen

Dertien geen ongeluksgetal? Laat ons niet lachen! Oekraïne wordt als land nummer 13 langzaam maar zeker een onheilsplek. Eerst jagen we onze tandem te pletter in de oneindig diepe putten van de Oekraïense wegen en als klap op de vuurpijl zitten onze Koga-mountainbikes muurvast bij de douane. Op hun curriculum vitae staat bandiet of maffialid. Sommigen wanen zich zelfs president van het land. Corrupte handeltjes zijn hier de zuurstof van het dagelijkse leven. Ze eisen zonder blikken of blozen 300 dollar invoerrechten. Na tien dagen mouwvegen verschijnt er uiteindelijk een sportieve douanier!

Door de vele rampzalige accidenten met de tandem zit Ingrid met een serieus verschot. Ocharme, ze is precies een hele dag op zoek naar kleingeld. Een medewerker van DHL heeft een gouden tip. In Odessa is er een rugspecialist die bekend staat als 'de tovenaar met de rubberen vingers'. Ingrid loopt niet meteen warm voor een Oekraïense magiër. Na het bezoek aan de gekke Letse tandarts Smirnofski, die de verkeerde tand had gevuld, is haar vertrouwen in de lokale medische wonders diep onder het vriespunt gezakt, maar de pijn wint het van het gezond verstand.

We staan oog in oog met een boom van een vent: meterslange armen, diepliggende oogkassen en abnormaal grote handen. Specialist Vladimir doet in verhakkeld Engels teken om voor hem op te lijnen. Ingrid kruipt bijna onder het tapijt van angst. Wat volgt tart elke verbeelding. Met kronkelende vingers begint hij Ingrids rug te bespelen. Het is alsof Mozart een wervelend concerto op viool brengt. Het gebouw, of wat er nog van overschiet, wordt mee gemasseerd. Er is passie in het spel. Vladimir pakt Ingrid stevig vast en draait haar volledig binnenstebuiten. Het is een worstelpartij voor fijnproevers. Met een vurige zwaai gooit hij Ingrid op het bed. De apotheose nadert. Hij legt haar in een onontwarbare knoop, rolt haar terug af als een bol garen en trekt haar in één ruk kaarsrecht. Tovenarij bestaat echt. De knagende pijn is helemaal weg. Ingrid is minstens vijf centimeter gegroeid. Gedaan met naar wisselgeld te zoeken!

Vladimir houdt niet van half werk en geeft nog wat wijze raad mee:
Les 1 – Verstevig je buikspieren, het halveert je rugklachten.
Les 2 – Hang aan elke deur. Hangen is goed voor het lichaam, zolang het niet aan de toog is. We vinden het toch een beetje gewaagd. Met al die antieke deuren hier liggen we binnen de kortste keren met scharnieren en al op de grond.

Een dodelijk spelletje roulette

Om Odessa te verlaten heb je tien paar ogen nodig. Niet alleen de drukte maakt ons gek. We missen onze gezellige koffieklets samen op de tandem. Apart op een mountainbike, het is even wennen. We fietsen onder pompende gasleidingen en langs mistroostige Sovjetappartementen. De roestige dieselbussen verblinden ons telkens als ze vertrekken met een dikke zwarte rookpluim. Pal voor onze neus maakt een overjaarse trolleybus een spontane knieval en zakt in het midden van de baan in elkaar.

Het landschap tussen Odessa en de Krim is vlak en overladen met monsterachtige silo's en wiegende korenvelden. De verveling wiegt ons bijna in slaap, maar net wanneer we dromenland willen binnenfietsen, belanden we in een macabere dodendans. Na Kalanchak achtervolgen de honderden grafzerken pal naast de weg ons als een dodelijke ketting tot de grens van Rusland.

Mensen die zijn omgekomen bij een ongeval worden ter plekke begraven. De roekeloze voorbijrijdende auto's doen ons de graven bijna kussen. Ze duwen ons steeds verder tussen het bleke onkruid, de gebroken bierflessen en de zonnende slangen. In het rondwaaiende stof staan mensen met een vis in de hand te wachten op een potentiële koper.

In Simforopol verandert het droevige, eentonige landschap in prachtige groene bergen. We maken ook kennis met de eerste toeristen. Ze leren ons een belangrijke levensles: schud nooit te hard met een pak hagelslag! Het kletterende geluid van de korreltjes oefent een magnetische kracht uit op … Nederlanders. 'Hallo België, wat eten jullie? Oh, wat lekker!', jubelen twee uitgehongerde kaaskoppies. Het duurt exact een minuut voordat ze gezellig een stoel bijschuiven. Ondertussen is hun eerste boterham met muizenstrontjes al bijna opgeschrokt.

'Nou, is er ook een bakje koffie? Dat gaat er altijd in!' Gelukkig hebben ze het chocoladen goud gevonden, want van de toeristische attracties worden ze niet meteen opgewonden. Uit Yalta, de parel van de Krim, zijn ze zelfs weggevlucht. 'Te druk en te veel toeristen', meldt hun zelfgeschreven reisgids. Terwijl wij kastelen, kerken en burchten bezoeken, speuren de olijke Nederlanders naar paddenstoelen en vlinders. Waarschijnlijk draaien ze die 's avonds mee in de kookpotten. De sobere Nederlanders delen de Oekraïense restaurantporties in twee, wij verslinden er minstens vier. Er is toch een groot verschil, maar ach, het blijven je buren!

Midlifecrisis

Yalta, het Benidorm van Oekraïne, lonkt. Nog een 30 km steile klim van 10% en een afdaling met zo'n 300 bochten et voilà! Hier zou de bomma haar ogen nogal de kost geven. Op de wandelpromenade kan je je verkleden in tsarina's, ridders, nonnen, motorrijders of piraten. Uiteraard ontbreken ook de aangepaste decors niet. Ze denken werkelijk aan elk detail: pruiken, hoeden, handschoenen … We voelen ons kinderen in een veel te grote speelgoedwinkel en snoeren ons in een baljurk met een lange rosse krullenpruik. Gewapend met een waaiertje rusten we op delicate Louis XIV-stoelen. Enkele voorbijgangers kussen de grond aan onze voeten. De twee fiere jonkvrouwen amuseren zich te pletter. Nog een laatste foto en we zijn klaar voor het nationaal museum voor stapelgekke toeristen.

Het Zwaluwnest

Na zowat alle kastelen, kloosters en botanische tuinen bezocht te hebben en een stevige zwempartij met de kwallen van de Zwarte Zee, vertrekken we richting Zuid-Russische grens. Tijdens de moordende beklimmingen hebben we genoeg tijd om het landschap te bewonderen. Het Krimgebergte loopt met zijn rotsachtige pieken als een vlijmscherpe muur langs de kust.

'Lang zal ze leven, lang zal ze leven ...' Op 15 juni 2005 is het de verjaardag van Nicole. Als kers op de taart passeren we het verlossende bordje van Sudak. Hier hangt één van de meest indrukwekkende forten ter wereld spectaculair te balanceren op een 600 m hoge berg. Er zijn twee routes naar de top: een gezapig toeristisch pad of een extreem avontuurlijk traject met een kabel. In de middeleeuwen klauterden de ridders via de supersteile klif omhoog om indruk te maken op de jonkvrouwtjes. Vandaag is de route niet meer echt in de mode, behalve bij overmoedige jonge kerels, professionele klimmers en ... feestvarken Nicole. De kabel die steil in de afgrond tuimelt steekt haar ogen uit. Wat Ingrid ook probeert, niets kan Nicole tegenhouden.

Wie niet horen wil, moet voelen. Als we halfweg 300 m hoog bengelen, slaat plots de paniek toe. Onze handen branden. De ruwe kabel heeft er diepe blaren in geschroeid. We durven niet meer naar beneden kijken. Ons lichaam bevriest in de gloeiende zon. Onze benen zijn verlamd. Nicole gaat al biechten bij God de vader. 'Ik had beter geluisterd naar de goede raad van Ingrid', zucht ze. 'Wat wil ik hier eigenlijk bewijzen, dat we op 43-jarige leeftijd nog jonge veulens zijn?' Een grafzerk als verjaardagscadeau, er zijn leukere verrassingen!

Gelukkig zorgen onze trouwe engelbewaarders ook voor een onvergetelijk geschenk. Plots duikt er recht uit de hemel een stel doorwinterde klimmers op. De mannen achter ons hebben geen vertaalboekje nodig. Onze angstige gezichten spreken boekdelen. Er wordt tegen ons achterste geduwd, terwijl de bovenste ploeg ons als katrollen omhoog hijst. We zijn twee uitgetelde geluksvogels die meter per meter aan de dood ontsnappen. Na de uitputtingsslag, omarmen we minutenlang onze galante redders. Ondanks alles is het uitzicht op de top een droom. De azuurblauwe kust ligt aan onze voeten. 'Zeg Nicole, uw midlifecrisis heeft ook bijna mijn leven gekost hé', zucht Ingrid. Allé, dan toch een perfecte verjaardag die boven de grond eindigt!

Overdaad schaadt

In het grensstadje Kerch maakt Nicole (weeral) een grote vergissing. Terwijl ze als een vlijtige studente luidop de menukaart ontcijfert, heeft ze niet door dat alles wat ze juist heeft vertaald ijverig naar onze tafel wordt gebracht. De bestellingen blijven maar komen. Schatbewaarder Ingrid voelt de bui al hangen. Zonder het te beseffen, heeft Nicole de halve menukaart besteld. Gelukkig is die niet al te uitgebreid. Als twee opgeblazen voetballen dribbelen we op de muziek van Britney Spears tot aan de grens.

We spatten bijna uiteen voor de voeten van de douane. De Oekraïense douanier is niet meteen de plezantste thuis. Hij kent maar vier woorden: 'Hoeveel dollars hebben jullie?' We verlaten meneer zijn land. Wat maakt het uit hoeveel geld we hebben? Ons woordenboek is vandaag beperkt tot drie woorden: 'Visacard, njet dollar!' De sjacheraar zoekt gewoon een reden om zijn zakgeld aan te spekken. Na wat over en weer pingpongen, laat hij ons met veel gezucht en geblaas door. We hebben land nummer 13 dan toch in levende lijve verlaten.

De Russische douanier is nog dommer dan hij eruitziet. Hij wil ons een transitvisa geven, terwijl in onze paspoorten een toeristisch visum voor één maand staat. Na drie uren wachten, horen we eindelijk het verlossende geluid van de stempel. Ons geluk is van korte duur, want 10 km verder worden we opnieuw grondig gecontroleerd. Precies of we hebben op die 10 km al een dozijn kalasjnikovs opgeladen!

INFO ZUID-RUSLAND

Etappe 15

✔ **GELD:** roebel (RUB)

✔ **BUDGET:**

- Restaurant: van 5 tot 7 €
- Hotel - twee personen: van 23 tot 40 €
- Camping – kleine, vieze en hete houten hutten: niet echt gezellig

✔ **VISUM:** Belgen hebben een visum nodig.

✔ **KLIMAAT:** Beste reistijd van juni tot september.

✔ **KAARTEN:**

- Overzichtskaart - Caucasus: Georgia, Armenia, Azerbaijan, F&B, 1:1000.000
- Regionale Atlas - Krasnodarski (verkrijgbaar in Rusland)

✔ **BOEKEN:**

- Lonely Planet: Russia & Belarus

✔ **ROUTEBESCHRIJVING:**

Fontalovskaja: , en , in Koeigoeri 8 km NO

Weg M 25: veel campings, met hete, vuile en mugrijke hutten. Dit is de Russische versie van een camping. Er zijn pensions, maar die nemen geen toeristen aan voor één nacht.

Je kan best vrij kamperen in de duinen.

Temjok: 10 km voor het dorp ligt een minihotel

Anapa: wit strand, ontelbare en en een waterpretpark vol glijbanen en zwembaden

In haarspeldbochten omhoog tot Verhnebakanskij

Novorossijsk: een drukke, ongezellige stad met alle voorzieningen. Er zouden passagiersboten moeten vertrekken naar Istanboel in Turkije.

Een uitgelaten ontvangstcomité

Ons plan is kristalhelder: zo snel mogelijk de tent op het strand neerpoten. De Russische versie van kamperen is knorren op een veldbedje naast de Lada of in een aftandse hangmat. Hun chalets zijn slecht onderhouden kippenhokken. Een warrig spoor van bierbakken en wodkaflessen wijst ons de weg naar het strand. Er staan zowaar enkele tenten, die volgeplakt zijn met een grauw behang van plastiek zakken. De muziek uit de cassettespelers en autoradio's klinkt oorverdovend. We nestelen ons zo ver mogelijk van de goedkope discotheek. Onze laatste piket steekt nog

INFO ZUID-RUSLAND

De reis duurt 36 uren en kost ongeveer 60 € (vertrek op dinsdag). Vanaf hier begint de bekende Chernomorsky Chausseé: de Zwarte Zee Kustweg gebouwd in 1890. Deze loopt helemaal door tot in Georgië. De stad barst van de reusachtige oorlogsmonumenten.
Klim van 6 km die in haarspeldbochten steil omhoog gaat, toffe uitzichten op de haven
Kabardinka: strand en zee 🍽

tip! op vele restaurants staat er bv. 70 roebel per 100 gr als je iets bestelt. Vraag nog eens extra de prijs of je staat net zoals wij voor een zeer onaangename verrassing.

Gelendzhik: 🛏 strandresort met alle voorzieningen
★ historisch museum en bootexcursies
🍽 Robin Basket: roomijs
Kronkelweg met vele steile beklimmingen tussen de bossen. Naast de weg vind je fruitverkoopsters.
Arhipo-Osipovka: 🛏 Roza Vemrov met koelkast, A/C en alle voorzieningen.
Er was zelfs een zwembad.
Veel steile beklimmingen en honingverkopers
Dzubga: 🛏 Nairi aan het busstation: A/C en een koelkast
Vuil strand met bergen afval en vlooierige zwerfhonden. In de zee drijft de olie van de speedboten.
Na 5 km: 🍷
Klim boven de grillige kliffen, op deze weg vind je veel ▲. Na 🍷 Delfin een zeer lange klim voorbij een kartingparcours.
Novomihajlovskij: klim tot km 26
Ol'ginka: klim en rechts mooi kerkje met gouden koepels
Op km 35 uitzicht op de zee en nog vele beklimmingen
Neboer: dolfinarium, hierna (perival Azoukoe) bergpas tot
Tuapse: verschrikkelijke oliehavenstad, met veel fabrieken, straathonden en dronken mannen, alle voorzieningen
8 km supersteile klim en daarna nog eens 17 km klim tot
Sepsi: alle voorzieningen
Klim van 7 km
Lazarevskoe: alle voorzieningen
Golovinka: aan de Leningstraat: 🛏, strand en veel 🍽
Bijna altijd klimmen tot
Soci: belangrijkste vakantieoord, het wordt vergeleken met Daytona Beach in Florida.
Prachtige strandboulevard met 🍽, 🛒 souvenirshops en discobars. Er zijn ook veel sanatoria voor mensen met longziekten, musea, excursies naar watervallen en nog veel meer.
🛏 Zhemchuzhina: aanrader! De kamers hebben zicht op zee en er is een gigantisch zwembad. Verder een privéstrand met zetels en een hemels ontbijt voor 6 €. Er vertrekken boten naar Trabzon in Turkije en een hoovercraft naar Batumi en Poti in Georgië.

tip! wie van Soci naar Georgië wil fietsen door de onstabiele zone van Abkhazië (een traject van 250 km tussen Soci en Batumi): vraag eerst aan de plaatselijke ambassade hoe de huidige toestand is.

niet in de grond of in de verte barst de Apocalyps los. De bliksem voert een huiveringwekkende dans uit over de Zwarte Zee. Het lugubere spektakel komt recht op ons af. De bijtende wind rukt onze tent bijna aan flarden. Veldbedden en autodeuren klappen machteloos dicht. Een eenzaat in een hangmat draait pijlsnel rondjes tussen de takken. Die heeft geen druppel alcohol meer nodig.

Hoe minder tellen tussen de bliksems, hoe dichter het gevaar. Eén, twee … pats! Een felle flits verlicht onze tent als een robuuste laserstraal. Het noodweer zit ons op de hielen. De regen valt met bakken uit de hemel. Langs alle kanten hollen mensen hulpeloos achter plastiek zakken en de rest van hun inboedel. De camping verandert in geen tijd in een slagveld. Het oudere koppel naast ons houdt krampachtig hun gebroken tentstok vast, terwijl een andere tent ligt te dobberen in de gitzwarte zee en na twee minuten naar de bodem zinkt in ware Titanicstijl.

De golven hebben precies groeihormonen gekregen. Nicole besterft het.
'Ingrid, we zijn toch uit land 13, hé?'
'Rusland telt eigenlijk niet mee, want we zijn er al geweest.'
'Waar zitten we nu dan?'
'In land 13 bis', besluit Ingrid.
Haar woorden zijn nog niet koud of een krachtige golfslag beukt tegen onze North Face-tent. Paniek alom. In ijltempo breken we af. We binden de tent stevig vast rond onze heupen, een gouden tip van Base Camp. We zijn doodmoe, maar in nood lijkt de energiereserve eindeloos. We proberen de woeste zee te bedwingen met een reuzengolf van solidariteit. Mannen dragen onze fietsen naar de baan en wij duwen mee om de auto's los te krijgen uit de diepe modderzee.

10 km voor de stad Temyok vinden we een minihotel. Een slaapwandelende kerel in gestreepte pyjama met een kaars in de hand, brengt ons via de brandladder naar een kamer die meer weg heeft van een serre. Het stulpje staat vol met plantjes. Een nest van bloeddorstige muggen is ons uitgelaten ontvangstcomité. We spuiten muggenspul tot in onze haren, maar vechten tegen de natuur is op voorhand verliezen. Met een tergend 'Welkom terug in Rusland'-gezoem worden we in slaap gewiegd.

's Morgens aanschouwen we de ravage. Ingrid wint met 34 muggenbeten. Nicole behaalt met 21 prikjes een mooie tweede plaats. We trippelen naar de keuken voor een typisch ontbijt: kotelet met eieren en sla. Je zou er bijna vleugels van krijgen, mocht de wind geen stokken in de wielen steken. Vandaag hanteren we de '5 km-politiek'. We rijden ieder 5 km op kop om de wind te breken. Mensenlief, een kilometer is lang!

Bruinbakken op de pornoset

De zogenaamde resorts die we tot nu toe hebben bezocht, zijn niet meteen het neusje van de zalm. Alles is oud en roestig. Het water is oliezwart. Je blijft er wel goed in drijven. De stranden zijn storthopen. In een straal van 10 km is er geen vuilbak te bespeuren. Je mag met je stranddoek heerlijk mijmeren over het paradijs tussen de kapotte wodkaflessen, rottende visgraten en donkerbruine bananenschillen. De vlooiige straathonden vleien zich gemoedelijk neer op onze handdoek. Met onze badpakken zijn we wellicht de meest preutse madammen van Zuid-Rusland.

Monokini's zie je hier niet, maar het stukje textiel dat ze bovenaan dragen kan je enkel met een vergrootglas waarnemen.

Ook de strandgewoontes zijn op zijn zachtst gezegd nogal vreemd. Als de waterratten uit de zee komen, drogen ze zich rechtstaand. Daarbij nemen sommigen de gekste poses aan. De ene staat met de armen in de lucht om de oksels te laten bruinen, terwijl de andere met de benen volledig in de split de binnendijen laat grillen. Waarom ze niet met hun natte broek op hun handdoek willen gaan liggen, het blijft een raadsel.

Zonnecrème heb je hier amper nodig. De Russische walrussen blokkeren met hun reusachtige wodkapens vakkundig het zonlicht. Oudere vrouwen defileren in een string waar dertien afleveringen vetrimpels over hangen. Een kilootje meer of minder, niemand geneert zich. Ze leven vandaag, want morgen is er misschien niets meer. Deze levensfilosofie is nog een oude Sovjetsouvenir.

Vanaf de stad Novorossiysk met de talloze monsterachtige oorlogsmonumenten begint de bekende Zwarte Zeekustweg, die helemaal doorloopt tot in Georgië. Het liefelijke weggetje op onze landkaart is in werkelijkheid een 500 km lang kronkelend serpent dat steil door de bossen glijdt. Heel Rusland rijdt deze baan plat. Iedereen jaagt zich af om zo vlug mogelijk aan te komen in Sochi, de Russische versie van Miami Beach. Rechten heb je hier niet. De Russen hebben zo hun eigen verkeersregels: inhalen doe je bij voorkeur op een helling of in een haarspeldbocht, over smalle wegen scheur je best met drie tegen 120 km per uur en wanneer er toch een tegenligger durft opdagen, duw dan de uiterst rechtse partij meedogenloos in het onkruid.

Vertragen of remmen is uit den boze in deze dodelijke autorace die elke minuut agressiever wordt. Een vooroorlogse blikken bus borstelt onze fietstassen af. Hebben ze hier echt geen respect voor een mensenleven? 'Als er nog iemand durft te claxonneren, haal ik zijn stuur eruit', brult Ingrid. 'Sochi is toch een badplaats en geen bergresort? De ingenieur van deze weg zal wel een zatte Rus geweest zijn: wij moeten kronkelend omhoog terwijl de trein waterpas over het strand rijdt!' Een volgende conservenblikken bus verkoopt ons een flinke dreun. Nicoles stoppen slaan door. 'Moordenaars, maniakken, doodrijders!' Ze stampt met volle kracht tegen het roestige blik. Resultaat: de bus geeft geen krimp en Nicole heeft een dikke teen. 'We hadden beter wel kalasjnikovs over de grens gesmokkeld', zucht ze. 'Dan kon ik alle banden lek knallen.'

Terwijl de oververhitte chauffeurs water over hun kokende motors gooien, loopt ons zweet als een waterval van boven naar beneden. Allez, weer een bezienswaardigheid meer! In deze agressieve verkeershel plegen werkmannen praktisch zelfmoord. Ze hebben enkel een minuscuul wit vlaggetje om aan te geven dat ze een middenstreep schilderen. Er is geen signalisatie, niets. Even wachten om door de wegenwerken te geraken staat ook niet in het Russische instructieboekje. Hopelijk werken de arme arbeiders niet aan de weg naar de poort van Sint-Pieter!

Twaalf uur oorlogszone

We rijden onverschillig langs de grauwe oliehavenstad Tuapse: uitlaten van ontelbare auto's, rook van fabrieken, lawaai van claxons, ellenlange files, mistroostige flatgebouwen en twee doodvermoeide fietsers. De vlooienhonden zien er nog zieliger uit dan wij. De meesten hebben een manke poot of een staart die in rook is opgegaan. De inzet van de bots- en knotswedstrijd was hoog, maar na ontelbare steile beklimmingen bereiken we het belangrijkste vakantieoord van het Sovjetrijk: Sochi. We schuifelen uitgeteld over de boulevard met chique restaurants, flashy disco's en lonkende souvenirkramen. Er is zelfs een klein zandstrand. Het is meteen duidelijk: Sochi is the place to be om Ingrids

verjaardag te vieren! Zelfs in de zee is onze jarige niet veilig. Speedboten scheuren rakelings langs de doodsbange Ingrid. De bananenboten katapulteren mensen in de lucht alsof ze elke vijf seconden over een zeemijn varen. Parachutes vallen als vliegen neer in de kolkende zee. Ingrid is al blij dat ze op haar verjaardag levend en wel aan land spoelt.

We haspelen de laatste 37 km af naar de betwiste zone van Alkhazia. Het regent lavabo's. Tussen bliksem en donderslagen door watertrappelen we tot aan het douanehok. Een engerd schiet ons neer met zijn uitpuilende ogen. Plotseling duiken er uit de mistige nevel twee zwarte gedaantes op ons af. We willen ontsnappen, maar twee seconden later plakken geweren tegen ons gezicht. Zijn dit guerrilla's? Willen ze ons gijzelen en daarna een smak losgeld vragen aan ons land?

Ze duwen ons brutaal in een klein gebouw. De oorlogsdocumenten waar we zoveel moeite voor hebben gedaan, zijn rijp voor de prullenmand. Om door Alkhazia te geraken is een speciaal visum nodig. Dat hebben we natuurlijk niet. Wat nu gezongen? We mogen het land niet in en ook niet uit. Ons Russisch visum verstrijkt om middernacht. Ineens hebben we het geniale idee om onze krantenknipsels te tonen. Wie niet waagt, niet wint. We vertellen in geuren en kleuren over onze onderneming en zonder het te weten hebben we een gevoelige snaar geraakt. Sport opent hier alle deuren. Ze willen onze reis niet verknallen met hun nietige 250 km lange oorlogszone!

Na uren discussie valt het verdict: we moeten in twaalf uren door hun gebied fietsen, onder begeleiding van één militaire escorte. Als opgejaagd vee razen we tegen 25 km per uur door de vele checkpoints. Het bulderende onweer stuwt ons voort langs het mooie Kaukasusgebergte dat zich verstopt achter een groot regengordijn en een dikke mistnevel. Bom, bom, bom! Het geluid van de donderslagen klinkt als rake geweerschoten. Bij elke controlepost ontspint zich een discussie, waarna we met onze soldaat verder door het noodweer sukkelen. Losgerukte takken zweven als zwaarden over onze waterweg. We willen stoppen, maar telkens worden we aangepord: 'Dawai, dawai, vooruit, vooruit!' Wat een ellende!

Iets voor Sokhumi, de hoofdstad van Alkhazia, belanden we in een controlepost voor een portie zeer straffe zwarte thee en kurkdroog brood. Nu voelen we ons helemaal gevangenen. Uitgehongerd eten we alles op, waarna we als straathonden om 2 uur 's nachts worden buiten gegooid. De ijskoude regen doorweekt onze ogen. Nicole bibbert als een puppy. 'Ik ben ziek, ik denk dat ik koorts heb!' Ze staat boordevol vreemde rode plekken. Misschien een voedselvergiftiging of vlooienbeten? Ingrid ziet krijtwit. Hoelang nog vooraleer onze doodvermoeide lichamen het definitief begeven?

Knock-out in Georgië

Alkhazia was ooit het juweel van de Sovjetunie, met prachtige resorts, paleizen en sanatoria waar leiders zoals Stalin kwamen uitrusten. Rond 1921 werd het een onafhankelijke republiek. In september 1993 brak er een hevige strijd los en werden alle Georgiërs verdreven. Velen stierven tijdens hun vlucht door de besneeuwde bergen. We voelen ons ook vluchtelingen. We worden net zoals de Georgiërs opgejaagd om zo vlug mogelijk door deze onrustzone te zwemmen. De weg is één reuzenplas.

INFO GEORGIË

- **GELD:** lari (GEL)
- **BUDGET:**
  - Restaurant – lunch: van 3 tot 5 €
  - Hotel - twee personen: van 16 tot 40 €
- **KLIMAAT:** De beste reistijd is mei, juni en september. In juli en augustus is het er ondraaglijk warm.
- **KAARTEN:**
  - Overzichtskaart – Caucasus: Georgie, Armenia en Azerbaijan, F&B, 1:1000.000
  - Overzichtskaart – Georgia, ITM, 1:625.000
- **BOEKEN**
  - Lonely Planet: Georgia, Armenia & Azerbaijan: www.lonelyplanet.com
  - Bradt: Georgia with Armenia: www.bradt-travelguides.com

- **ROUTEBESCHRIJVING**

Adler: grensdorp, met een gewapende soldaat werden we geëscorteerd tot Zugdidi. Meestal is het toegelaten om de rit in omgekeerde richting te maken. In 2005 waren speciale documenten noodzakelijk.
Sokhumi: alle voorzieningen
Zugdidi: alle voorzieningen
Poti: alle voorzieningen
Hier komen de boten aan van Soci in Rusland.
Weg M 2 naar
Kobuleti: ongezellige stad vol met betonflats, alle voorzieningen
Hierna zigzaggend klimmen door een subtropisch woud met bamboe en fruitbomen
Tsikhisdziri: ★ ruïne van een Byzantijns fort uit de zesde eeuw
Op km 87,5 is er een gezellig theehuisje.
★ Op km 93 kan je genieten van prachtige botanische tuinen.
Makhindjauri: ★ Op km 97 staat een gebouw met een prachtige houten veranda.
Batumi: Mercury met minizwembad en A/C: www.mercury.ltd.ge
Metropol: de baas geeft handkussen
David: veel te duur voor wat het is
Oscar en Beso: goedkoper en proper
★ 's Avonds verandert de wandelboulevard in een kleine kermis met suikerspin-, hotdog- en oliebolverkopers. Zelfs de kindermolens ontbraken niet aan het decor.
★ Musea, kerken en een moskee
De betere stranden vind je in Gonio en Sarpi ten zuiden in de richting van de Turkse grens.
★ Uitstap: 9 km ten noorden liggen botanische tuinen in Mtsvane Konski (Green Cape) met een prachtig uitzicht op de Zwarte Zee. De tuinen liggen op een aangename hoogte, geweldig om hier te picknicken en de plakkerige hitte van de stad te ontvluchten.
De wandelpaden zijn echt steil en niet geschikt voor oudere mensen. De weg naar de Turkse grens is zeer schilderachtig met veel watervallen.
Gonio: ★ Fort met 18 intacte torens en binnen een festijn van bloemen en planten
Sarpi: grensdorp met redelijk propere kiezelstranden

Snorkels, badpak en een rubberen boot zouden geen overbodige luxe zijn. Onze spatborden laten een mini Niagara-waterval achter. We zijn verzonken in ons eigen wereldje en dromen van betere tijden.

Ineens horen we achter ons een kolossale zucht. De grond davert en beeft. Het klinkt alsof iemand ons heel snel wil inhalen. We draaien ons verschrikt om! Door het overtollige water is een enorme spar ontworteld en pal achter onze fietsen omgevallen. Het onweer lijkt hopeloos verdwaald in het Kaukasusgebergte. Of zijn de weergoden boos op ons omdat we het lef hebben om door dit verboden gebied te rijden? Vlak voor de Inguri-rivier stopt onze soldaat. Zijn treurige ogen vertellen alles. Het liefst zou hij met ons meegaan. In de Georgische checkpost over de rivier genieten we letterlijk van een grenzeloze gastvrijheid. Niet enkel thee, maar een hele warme maaltijd wordt met veel liefde geserveerd. Eén van de soldaten heeft bij vrienden in het gehucht Rukhi een slaapplaats geregeld. De vriendelijke familie verwelkomt ons al op de weg. We leren al snel dat buitenlanders hier worden beschouwd als eregasten. Het brengt zelfs geluk om toeristen in huis te halen. Leve het bijgeloof!

De bezorgde mama Pepella fladdert als een vlinder boven onze bedden. Wodka is hun levenselixir en Nicole wordt gezegend op haar hoofd met een flinke scheut van de doorzichtige alcoholbom. Daarna mag ze een heel glas wodka opdrinken. 'Wodka maakt alle bacteriën kapot', lacht Pepella. 'Ook die vreemde rode plekken zullen morgenvroeg verdwenen zijn.' Voor de Georgiërs is wodka het medicijn bij uitstek. Het helpt bij elke kwaal, behalve bij een kater. 's Nachts wordt Nicole drijvend in het zweet wakker. Onze goedlachse Pepella huppelt de kamer binnen met ... een verse fles wodka. Ze smeert Nicole opnieuw van kop tot teen in. Eentje is geentje, dus duwt ze Nicole nog een boordevol glas wodka in de hand. Met resultaat, de zatte fles valt knock-out op bed neer in een diepe slaap.

Tegen de middag zwijmelen we naar beneden voor een typisch ontbijt: een ovaal brood met in het midden een spiegelei waarin een klont goede boter schoolslag zwemt met daaronder een reddingsboei van 200 gr kaas. Onze Pepella is een professionele vetmester! Wanneer een koppel trouwt, blijven de kinderen soms nog jaren bij de moeder van de jongen wonen omdat er geen geld is en weinig woningen beschikbaar zijn. De vrouw des huizes wordt op handen gedragen en is de meest geëerde persoon van de familie. Ze lost alle problemen op. In Georgië zijn er veel minder scheidingen dan in andere Sovjetprovincies. De moeder vecht als een leeuwin om alle huwelijksdrama's te vermijden.

Leven om te eten

Onze overvriendelijke gastvrouw heeft familie in Poti en stelt voor om daar te slapen. Met twee broden, vier tomaten, bergen kaas en zeker 1 kg walnoten watertrappen we met onze mountainbikes verder naar Poti. We kunnen onze fietsen nog juist recht houden met de gratis supermarkt aan boord. Onderweg proeven we gulzig van het mysterieuze land. De Georgiërs zijn de meest gastvrije mensen op deze aardbol. Mensen sleuren ons in huis en proppen ons vol met heel kruidige lamsbrochettes. In de pikante Georgische keuken wordt kwistig met knoflook, rode peper en zout gestrooid.

Georgiërs leven om te eten. Tijdens het Sovjetregime was Georgië het enige land dat geen honger had. Ze hebben allemaal een stukje grond met eigen groenten, fruitbomen, schapen, kippen en een koe. Het tafelen is een drie uur durend ritueel. De vrouwen zweten liefdevol achter het fornuis. De eerste toost is altijd op de vrede en moet je in één teug opdrinken. Je kan hem niet weigeren in een land met zo veel onrust. De tweede toost is op de vriendschap. Zo gaan ze lustig verder, tot iedereen onder zijn stoel ligt.

Na de gevarenzone opent zich voor ons een verborgen parel. Georgië is zonder twijfel één van de mooiste landen op deze trip. Weelderige theeterrassen bemannen de mosgroene heuvelruggen van het imponerende Kaukasusgebergte. Watervallen slingeren als bruidssluiers gracieus naar beneden. Wuivende palmbomen, verzorgde wijnplantages en een azuurblauwe zee … we zitten in een subtropische sprookjeswereld. Ook de wegmarkeringen hebben iets mysterieus. Gelukkig zijn ze tweetalig, want het zijn echte rebussen. Het Georgische geschrift is een warrige spaghetti van krullen en komma's.

Ook de mensen zien er anders uit: zwart haar, bruine ogen, donkere huidskleur. Ze leunen meer aan bij de Iranezen dan bij de Russen. Hun goedheid staat geschreven in hun droevige, vermoeide ogen. Hun onrustige land is straatarm, dat voel je in elke vezel van je lichaam. In het stadje Batumi aan de Turks-Georgische grens zwerven zigeunerbendes rond. Een agressieve jonge vrouw met haar kind op de heup pakt Ingrid vast en sleurt aan haar arm: 'Geef me geld, geef me geld!' Aan Nicole trekken andere snotters. We wrikken ons moeizaam los en snellen naar ons hotelletje. 's Avonds zoeken we tevergeefs naar onze gsm. Hij is weg. De kleine ritssluiting van onze rugzak stond open en dat was waarschijnlijk voldoende voor de vlugge kleine vingers van de zigeunerkinderen.

In een recordtijd van één week verlaten we met de gele, de groene en de bolletjestrui van de ronde van de Zwarte Zee land nummer 14, Georgië. Met een moordende, plakkerige hitte als afscheidscadeau wuiven we Batumi uit. Na 20 km kussen we de grens met Turkije. Met veel zwier wuiven we met onze Belgische paspoorten. Het bevel is duidelijk: 'Sesam, open U!' De ijzeren poorten vliegen open met een schreeuwerige, metaalachtige klank. Voor we het beseffen vallen ze met een dof geluid dicht. Er is geen weg meer terug. De bakermat van het ooit zo machtige Ottomaanse Rijk ligt aan onze oververhitte voeten …

Etappe 16
TURKIJE

Een verrassing van formaat

Hebben brave Belgen een visum nodig voor Turkije? We dachten het niet! Laat half Rusland maar aanschuiven. Wij zijn zeker van ons stuk. Toen we in 1990 naar China fietsten, mochten we Turkije zo binnen. Op naar het gezelligste terrasje om ons laatste Georgische kleingeld over de balk te gooien! Nog een triomfantelijke zwaai met onze Belgische paspoorten en ja hoor, we worden gepromoveerd naar het douanegebouw.

Voor de toeristische dienst staat een lege rij met … twee vrouwen met een fietshelm.
'Wij zijn van België, waar moeten wij door?', vraagt Nicole enthousiast.
'Wij hebben geen visum nodig', jubelt Ingrid.
De douanier geeft ons vriendelijk een mooie landkaart van Turkije.
'Wat een service!', mijmert Ingrid.
Hij begint wat te ratelen tegen een collega. 'Jullie hebben net zoals de Russen een visum nodig van 25 dollar', zegt hij doodleuk.
We staan aan de grond genageld. 'Zeg ventje', roepen we in het plat Antwerps, 'geen gezever! Wij zijn al in Turkije geweest en Belgen hebben 100% zeker geen visum nodig!' Hij wrijft zich door de haren.
'Bij ons lukt dat niet; geen zwart geld, geen gezellige bijverdienste. Wij doen niet mee aan afzetterij en corruptie! Al heb je negen kinderen, drie schoonmoeders en een zieke koe, wij betalen niets!'
Zijn mond valt open van verbazing.
'Bel maar eens naar één van je commandanten!'

We worden naar een volgend gebouw geloodst. Het plakkaat 'Welkom in Turkije' schemert voor onze ogen.
'Wat een welkom!', roepen we furieus.
'Thee?', paait de commandant.
Onze mond is kurkdroog.
'Pas nu maar op Ingrid, ze willen ons met een theetje sussen', bemoedert Nicole.
'Suiker?', vraagt hij charmant.
'Al doen ze een ton suiker in het miniglaasje, ons krijgen ze niet van ons stuk!'

Er wordt driftig getelefoneerd. Wie weet belt hij naar zijn vrouw om te vragen wat de pot schaft? Of bestelt hij nog wat kilo's thee?
'België visum 15 dollar voor 3 maanden', klinkt het plots. Niet te geloven, we zijn van 25 dollar gezakt naar 15. Zijn het solden vandaag? Afdingen op een visum dat je niet eens moet hebben, kan het nog gekker? 'Idioten, mafkezen, geldwolven', in gedachten schrijven we een heel woordenboek vol koosnaampjes voor de Turkse douane.

Vooruit, zet ons maar af!

De grote baas komt zich met de zaak bemoeien. Niet dat we hem vertrouwen, want hij ziet er amper 18 uit.
'Belgen hebben een visum nodig, 10 dollar', mompelt hij. De prijs blijft maar zakken! 'Nog wat thee?', slijmt de commandant.
'Zeg manneke, wij zijn geen planten hé!'
Onze stoppen draaien door. 'Helaba kereltje, hebben wij geen recht op een telefoontje?' Spijtig genoeg is onze gsm juist gestolen. Gelukkig krijgt Ingrid een geweldige inval. 'Mag ik de computer gebruiken? Ik mail naar Europ Assistance.' Brutaal pakt ze het klavier van één van de douaniers af. De lange rij wachtende Russen wordt met de minuut ongeduldiger. Wat Ingrid ook doet, het lukt maar niet om een bericht door te sturen. Waarschijnlijk hebben ze een geheime knop die berichten van koppige Belgen automatisch blokkeert.

Na onderonsjes met een half dozijn commandanten, begint Ingrid stiekem te twijfelen. 'Misschien hebben we toch een visum nodig?', zegt ze voorzichtig.
De bom van Nicole ontploft in al haar glorie. 'Kind, ge valt me tegen! Zomaar opgeven, zomaar toegeven. Ik dacht dat ge uit ander hout gesneden waart', kijft ze.
Net voordat we elkaar in de haren vliegen, komt één van de commandanten de brand blussen. 'Are you joking? Spelen jullie een spelletje?'
Dat noemen ze nog eens olie op het vuur gooien! 'Ja, wij zitten hier voor het plezier onze tijd te verspelen. We zoeken nog juist twee spelers om te kaarten!'
We zullen dag en nacht moeten fietsen om op tijd in Trabzon te geraken. Het killerinstinct in onze blik zegt genoeg. Iedereen blaast met zijn mond vol tanden de aftocht.
'We fietsen gewoon door de grens. Ze schieten toch niet op ons!', roept Nicole.

Genoeg stoere taal, besluit Ingrid. Ze is zoals altijd de slimste en besluit toch maar te betalen. Driftkikker Nicole blijft buiten bij de fietsen. Straks stelen de bloedzuigers ook nog onze wielen. Dat noemt zich dan politie! Als Nicoles ogen pistolen waren, had ze het bord 'Welkom in Turkije' al lang doorzeefd.
Ook Ingrids goede wil kent zijn grenzen. Aanschuiven bij de vegeterende Russen vertikt ze, dus loopt ze zwaaiend met de papieren groene mannen naar de douaniers.

'Vooruit, zet ons maar af voor 20 dollar!' De douanebeambte neemt grijnzend het stapeltje dollars in ontvangst, maar de lijdensweg is nog niet voorbij.

Als ze een postzegel van 15 dagen in ons paspoort kleven en met een balpen er slordig 90 dagen bijschrijven, wordt Ingrid hysterisch.
'Zo geraken we niet uit Turkije, ze zullen denken dat wij die 90 dagen er zelf hebben opgekribbeld. Ik wil een andere zegel!'
Ze klopt non-stop met haar vuisten op de toonbank, een voetbalhooligan is er een broekventje tegen. Iedereen gaapt verbijsterd naar onze boze blauwhelm.
'Wij hebben geen zegels voor 90 dagen, alleen voor 15 dagen', fluistert de eerste douanebeambte die zijn spraakvermogen heeft teruggevonden.
'Allez, ze hebben geen zegels!', brult Ingrid. 'Ik kan er misschien een zegel van *den bond* voor grote gezinnen opplakken?'
Ze rukt het paspoort van de toonbank en loopt naar Nicole. 'Ik heb twee keer slecht nieuws', krijst ze. 'We geraken het land niet in en zeker niet uit!'

Voor de tiende keer passeren we het bord 'Welkom in Turkije', dat ons recht in het gezicht staat uit te lachen. Een soldaat kijkt vluchtig naar onze zegel en ja hoor, de roestige poort van Turkije gaat definitief open. Drie uren heeft het lijdensproces geduurd. Al goed kregen we niet levenslang!

Ochtendstond heeft goud in de mond

Het spectaculaire landschap is de spreekwoordelijke pleister op de wonde. Watervallen kletteren gracieus omlaag. De beboste rotsen geven ons een welgemeende welkomstknuffel. Het schilderachtige tafereel wordt in het stadje Hopa met één penseeltrek beklad. Als we aan een strandcamping de prijs vragen voor een overnachting, blijken de solden al lang voorbij.
'5 miljoen', knort de verfrommelde gastheer.
'Wablief? Daar kunnen wij in België een huis mee zetten!', schreeuwen twee razende katten. Onze woede heeft ons verstand de pas afgesneden. We zijn te moe om te discussiëren en bollen het af.

Het wordt donker, maar het warme maanlicht en de fonkelende sterren zijn het perfecte kalmeermiddel. Het ritme van onze pedalen en onze gedachten zijn één. We willen zo vlug mogelijk naar Trabzon, want voor de tweede keer op onze tocht komt het team van Radio 2 ons bezoeken. Iets voor Pazar zetten we onze tent op aan een verlaten strandje. De golven van de Zwarte Zee wiegen ons zachtjes in slaap.

Om 4 uur zorgt het ochtendgezang van de imam voor de automatische wekker. We veren goedgemutst en boordevol energie recht. Vandaag willen we koste wat kost aankomen in Trabzon. Eerst stoppen we voor 'egmek', een ovenvers Turks brood. Het is om duimen en vingers af te likken. Zelfs zonder iets ertussen is het precies een *pateeke*. We wisselen ons geld en wat blijkt? 1,6 miljoen Turkse Lire is 1 euro waard. Lap, de camping heeft ons helemaal niet afgezet. 3,1 euro voor een nachtje kampeergenot was echt een spotprijs!

We rijden door drukke dorpjes waar een gezellige chaos heerst. De schoonheidsprijs zullen ze niet meteen krijgen. De ijzeren pinnen die uit de huizen steken zijn een doorn in het oog. Achter de lelijke, onafgewerkte betonblokken schuilt een strategie. De mensen moeten hier geen of belachelijk weinig belastingen betalen als ze nog aan het bouwen of verbouwen zijn. Je zou voor minder je woning half afgewerkt laten.

Een laatste klim brengt ons naar het drukke centrum van Trabzon. Bekaf loeren we naar het thrillerverkeer. De lokale minibusjes, *dolmus*, hebben hun naam niet gestolen. Ze razen als dolgedraaide mussen achter, door en bijna over elkaar. Voetgangers leggen hun leven in de waagschaal door simpelweg de straat over te steken. Vandaag is het Ingrids beurt om een hotel te zoeken. Ze valt letterlijk achterover van de prijzen. 59 miljoen of 37 euro voor een budgetkamer!

Tranen van geluk

'Radio 2, altijd dicht bij jou!' Donderdag 14 juli 2005 is het zover: Cathérine Vandoorne en Peter Verhulst van het programma *Niets is Zeker* komen op bezoek voor een gezellige babbel. Om 21 uur landt het vliegtuig. We bespringen Peter en Cathérine als wilde beesten. Van het schrikken laten ze alles uit hun handen vallen. Radio maken, het blijft een harde stiel. De goedzakken hebben een typisch souvenir uit België bij. Lang moeten we niet nadenken. 'Een pak friet met mayonaise', roepen we in koor. 'Of nee, pralines van Leonidas!'

'Draai jullie eens om', zegt Cathérine. Wat volgt kan zelfs de beste romanschrijver niet verzinnen. We staan in trance te bibberen op onze benen. Dit is niet echt, we dromen. Onze moeders zijn meegekomen naar Turkije! We zijn een moment verdwaald in hun betraande gezichten, maar al snel voelen we een pompende adrenaline door ons lichaam stromen. Overmand door geluk katapulteren we ons in hun armen. Minutenlang klampen we ons als huilende plakijzers vast.

Nicole in de armen van haar moeder

'Maar moeder, met uw gezondheid mocht ge toch niet reizen van de dokter', stamelt Nicole stomverbaasd. Dat is buiten de waard gerekend. Ze had de dokter omgekocht met een stortvloed wijze woorden en een mobiele apotheek: een volle lading cortisone, allerlei puffertjes tegen haar chronische astma en allergieën en een zuurstofmasker. Het zomerprogramma draait rond moeders die hun bekende dochters bezoeken in het buitenland. De bezorgdheid van de dokter was geen partij voor de mooiste verrassing van onze wereldreis! Moeders en de liefde voor hun dochter, dokters hebben er in de verste verte geen remedie tegen.

Terwijl Ingrid veilig in haar moeders armen ligt, speuren haar vochtige ogen vurig naar haar pa die geduldig zijn toer staat af te wachten. Ze kan niet wachten om hem een omhelzing van jewelste te geven. Ingrid is in de zevende hemel. Ma en pa zijn echt hier en ze zien er nog zo goed uit, precies twee jonge veulens! Ook onze ouders gooien kwistig met complimentjes.
'Maar meisjes, jullie zien er supergezond uit!' Ingrids moeder kan er niet van over. 'Ons Ingrid is gegroeid en zo slank!' Tja, dat komt ervan als je aan alle deuren gaat hangen. Ook Nicoles moeder heeft nog niets aan spontaniteit ingeboet. 'Nicoleke toch, als ik u zie, sta ik precies naar een breedbeeld-tv te kijken!' Tja, dat komt ervan als je heel de menukaart bestelt.

Ingrid in de armen van haar ouders

Ondertussen weent Radio 2 mee van geluk. We tateren overgelukkig allemaal door elkaar. Een kakelende kippenren is er een gedrilde legertroep tegen. Als we de koffers van onze mama's willen nemen, vallen we bijna omver. Naast een mobiele apotheek hebben ze ook nog een halve supermarkt mee: speculaas, peperkoek, chocolade, siroop, we zullen het eerste jaar niet verhongeren!

Eén man, één harem

's Avonds hossen we van de ene slaapkamer naar de andere. We lachen ons een kriek. We lijken wel pubers op scoutskamp. Pas na middernacht hebben we elk ons eigen bed gevonden. Bij het ontwaken stralen we even hard als de Turkse zon. Met zijn allen gezellig aan de ontbijttafel, het is puur genieten. We wandelen naar de ontmoetingsplaats waar elke Turk komt om even uit te rusten: het feeërieke Ataturkpark met het reuzenbeeld van Ataturk.

Het twee uur durende programma van Radio 2 is helemaal aan ons gewijd. Voor onze moeders is het meteen de vuurdoop met de microfoon, maar ook wij struikelen geregeld over onze woorden. Het gesprek is een emotionele rollercoaster. Bij de vraag of ze hun dochters missen, schiet het gemoed vol en rollen dikke tranen over hun wangen.

De vragen vliegen hen om de oren. Denk je dat ze het vliegtuig mee terug nemen? Zijn jullie fier? Moeder Adrienne vindt dat Nicole Ingrid mee heeft gesleurd in het hele avontuur. Overbezorgde mama's nemen ook al eens een loopje met de waarheid …
We hebben de beste moeders. We willen ze voor geen goud omwisselen.
'En wij hebben fantastische dochters', klinkt het in koor. Ze hebben beloofd om op ons te passen als we niet meer kunnen', verklapt Adrienne.
'We kopen een mobilhome', grijnst Nicole. 'Iedereen kan mee. We begraven er eentje in Australië, een andere in Afrika … Teruggaan naar België voor een begrafenis is te duur.' 'Over mijn lijk', knort Gaby. 'Ik wil niet begraven worden in vreemde grond. Ik wil naast onze pa liggen in Oostende.'
Er wordt wat afgelachen. Adrienne is van één ding 100% zeker: ze komen veel vroeger terug. Moeder Gaby brengt haar in enkele seconden veilig met de voetjes op de grond. 'Adrienneke, geloof me, ze zullen nog langer wegblijven. Ik ken mijn welp!'

De schatten van Radio 2 geven ons 's namiddags vrijaf. Vader Roger zwermt met vijf vrouwen rond de bazaars. De ogen van de Turkse mannen vallen bijna uit hun oogkassen van respect. Papa Ingrid wordt langs alle kanten belaagd door Turkse fans. 'Hoe kan je die allemaal onderhouden? Word je niet moe van al dat gebabbel?', klinkt het groen van jaloezie. We kuieren hand in hand met onze moeders en voelen ons als kinderen in een snoepwinkel. Moeder Gaby vindt het hoog tijd om een BH of twee te passen. Een groepje gesluierde vrouwen wijst haar attent op de videocamera. 'Pas op voor de mannen die in de winkel rondloeren', fluisteren ze met knalrode wangen. In de verte klinkt gefluit op de vingers. De vrouwen blokkeren vakkundig het zicht met hun lange kleding. Een vrouw in BH is absoluut taboe. Moeder Adrienne springt intussen van de ene rok in de andere en dingt af als een doorwinterde zakenvrouw. Vader De Wilde wacht buiten braaf op zijn uitgelaten harem en knikt 'ja' op elk bevel van Adriennes vurige blik.

In elke winkel is het 'tea time'. 'Welkom in Turkije', roepen ze langs alle kanten.
'Zeg pa, hebben jullie een visum moeten betalen voor Turkije?', vraagt Ingrid.
'Natuurlijk kindje, iedere Belg betaalt 10 euro bij het binnenkomen', bevestigt Roger. 'Waarom vraag je dit nu ineens?'
'Oh, euh, zomaar ...', stamelt Ingrid.
De verkopers bezitten naast een onmetelijke gastvrijheid ook nog eens een flinke dosis mensenkennis. 'Jullie zijn tweelingen', schreeuwen ze als ze Nicole en haar moeder door de winkels zien paraderen. Ze wijzen non-stop naar het gezicht van Ingrid en haar vader. 'De appel is niet ver van de boom gevallen', luidt de terechte analyse.

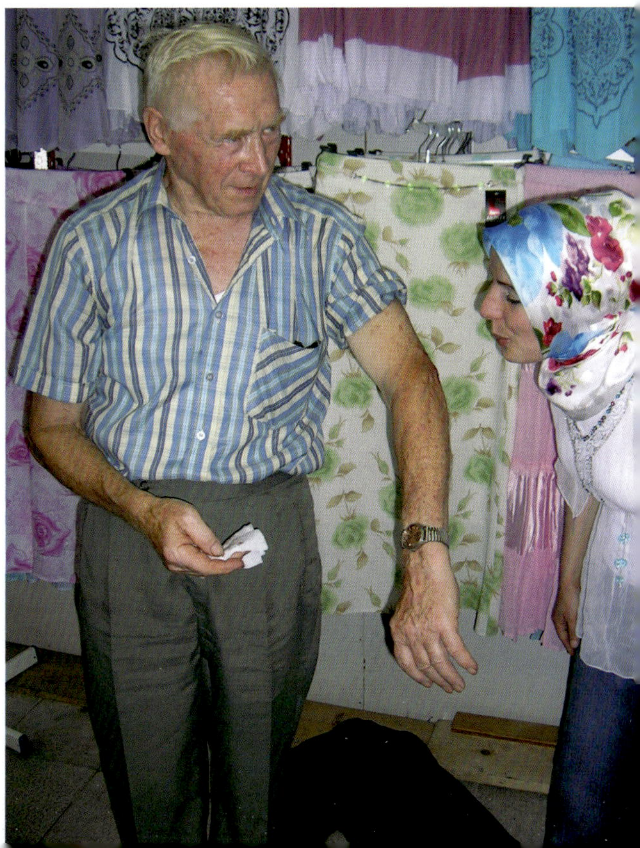

Terwijl we in de zoveelste winkel de hele garderobe passen, slaat plots het noodlot toe. Roger zakt pardoes door zijn stoel en belandt met zijn elleboog op een scherp stuk beton. De Turkse vrouwen schieten meteen in actie. Ze helpen de arme Roger van de grond en beginnen liefdevol op de wond te blazen. Een jonge Turkse schone gooit een halve fles eau de cologne over de wond, terwijl twee anderen haastig zoeken naar een verband. Rogers harem blijft intussen ongestoord verder winkelen. Shoppingmoeheid zal iets voor het hiernamaals zijn. De Turkse vrouwen begeleiden Roger naar de eerste de beste apotheker voor een steriele windel. Alle klanten wachten geduldig tot zijn elleboog tiptop is verzorgd en dit voor de prijs van 0 euro. In Oost-Turkije is een toerist nog een eregast, vooral als hij met een imposante harem rondzwerft.

Onze moeders komen ogen tekort. Ze bestuderen de piramides van olijven, de emmers met fetakaas en de schapenkoppen die als trofeeën op de stoelen staan. De goedlachse Turkse mannen knipogen erop los en roepen voor de honderdste keer de begroeting 'Welkom in Turkije!', terwijl ze vastplakken aan hun vertrouwde glaasje thee.

Een onverwoestbaar team

Iedereen is hondsmoe. We besluiten te picknicken op de kamer van Ingrids ouders. Twee vettige warme maaltijden op een dag, hun arme magen hebben het al moeilijk genoeg met al die emoties. Turkse broden, choco, salami, kaas, boter ... Een sterren-

Moeder Gaby, onze trouwe medewerkster Christine, moeder Adrienne, Radio 2-team: Sarah De Schepper, Cathérine Vandoorne, Peter Verhulst en vader Roger De Wilde

restaurant is er niets tegen. Iedereen heeft zijn taak. Papa Roger mag het brood snijden. Mama Adrienne maakt koffie met haar spiraal. Wij doen de inkopen en mama Gaby eet haar buikje rond. We zitten op het bed als een bende zigeuners. Gezelligheid en plezier kennen geen rang of stand. Ook goede ideeën niet. We hebben het perfecte team gevonden voor de laatste zeiletappe van onze wereldreis van Zuid-Amerika naar Afrika. Roger is de groentekuiser. Adrienne kookt en Gaby mag gratis en voor niks haar grootste hobby beoefenen: boenen en kuisen. En wij? Wij zijn de matrozen. Nu nog enkel een kapitein en een schip ... We hebben in maanden niet zoveel gelachen. We leggen onze doodvermoeide, maar overgelukkige moeders onder de wol en treuren om één ding: 'Waarom moet je 's nachts je tijd verspillen met slapen?'

De volgende dag staat er een klepper van formaat op het programma: een bezoek aan het Grieks-orthodoxe Sumelaklooster. Het hangt als een arendsnest over een 300 meter hoge rots. Sinds 1923 hebben de monniken het klooster verlaten. Voor Nicoles moeder is elke uitstap naar een klooster een hoogtepunt. Ze heeft er in haar jeugd even aan gedacht om non te worden. De zoektocht naar haar jeugdige verlangens wordt haar bijna fataal. Middenin de kilometerslange trappenzee die naar de ingang voert, krijgt Gaby een zware astma-aanval. De plakkerige warmte doet haar longen totaal dichtklappen. Ze ziet lijkbleek en kan geen stap meer zetten. Peter en Nicole slaan de handen in elkaar en maken een levende stoel. Ze dragen haar 500 trappen omhoog tot de ingang van het klooster. Het zweet rolt de trappen af. Iedereen is apetrots dat ze het toch heeft gehaald. We zijn een onverwoestbaar team. Nicole geniet zo van de aanwezigheid van haar moeder dat ze haar zelfs tot in België had gedragen.

Vaderlandse gastronomie

Wat eet een Belg op een mooie zomerzondag? Frietjes met kip natuurlijk! In een piepklein eetkraampje draaien de goudbruine kippen sappig in het rond. Een goed pak friet met mayonaise en een krokant kipje, dat zou smaken! Helaas zit alles vol. Als we rechtsomkeer willen maken, houdt de kok ons tegen. 'Wacht!' Een groepje jongens aan het achterste tafeltje wordt zonder pardon buiten gekegeld. Ze verslikken zich bijna in hun laatste kippenbout. Twee mannen ruimen in ijltempo de tafels af en hopla, het smulfestijn kan beginnen! De kok spurt naar zijn kiekens en hakt ze onverbiddelijk doormidden. We vallen gulzig aan. De eerste beet van het hemelse vlees smelt in onze mond, maar de eerste friet is een catastrofe. Ze zijn koud en niet doorbakken. Een schending van de Belgenrechten! Dat laten we niet zomaar gebeuren! We lopen naar de kok en vragen naar zijn friteuse. Die staat voor het uitstalraam het stof van zich af te blazen. We leggen in alle bescheidenheid uit dat Belgen specialisten zijn in de edele kunst van het frieten bakken en bieden gratis bijles aan.

FRIETEN !

Stap 1:
warm eerst je olie flink op.

Stap 2:
bak de frietjes twee keer.

Stap 3:
als de goudbruine beeldhouwwerkjes bovendrijven, zijn ze gaar.

Stap 4:
serveer met een royale klad mayonaise.

Als we de knapperige friet met onze vingers in de zelfgemaakte mayonaise onderdompelen, beseffen we het nog eens: Turkije, het is even thuiskomen ...

Afscheid nemen raak je niet gewoon

Het afscheid is nog moeilijker dan bij ons vertrek op 17 april 2004. Nicoles moeder moet beloven om niet triestig te zijn.
'Als je eenzaam bent, denkt dan aan onze dolgelukkige momenten in Turkije', troost Nicole.
'Beloof om voorzichtig te zijn en geen onnodige risico's te nemen', huilt Gaby.
De tranen stranden op haar trillende lippen. We nemen snikkend afscheid en moeten het bekennen: bijna zaten we mee in het vliegtuig ...

Voor Ingrid is het afscheid een harde dobber.
'Wees flink', fluistert Roger zachtjes.
Als je horoscoop kreeft is, is emotionaliteit je tweede natuur. Een kreeft is vergroeid met haar thuis. Ingrid heeft heel de nacht geweend. Van blijdschap, omdat ma en pa zijn overgekomen, maar ook van droefheid, ze zijn toch zo snel weer weg! Het aanschuiven bij de paspoortcontrole is een sentimentele marteling.

'Pas toch op! Wees voorzichtig!' Ingrids moeder probeert zich kranig te houden, maar tranen laten zich niet bevelen.
'Je wilt toch niet mee naar huis, hé?', vraagt pa De Wilde voor de tiende keer.
'Dan zullen we alleen terug moeten', zucht hij. 'Pak mij nog maar eens goed vast!'
Ingrid snikt het uit. Ze is bang dat ze hen misschien nooit meer zal terugzien. Haar liefste pa zal 80 jaar zijn als ze terug thuiskomt ...
'Pas goed op elkaar!', roepen de moeders in koor.
'We doen ons best', beloven we snotterend.
Roger zegent Ingrids voorhoofd met een kruisje. 'Doe geen domme dingen en pas op voor het verkeer!'
Het zijn de laatste woorden voor hun schaduw onvermijdelijk verdwijnt achter de incheckbalie.

Met elk een witte zakdoek hangen we aan de prikkeldraad van de vlieghaven. We blijven wuiven tot we niets meer zien en nog lang daarna. Je weet maar nooit dat het vliegtuig terugdraait. Bedankt Peter en Cathérine, onze batterijen zijn terug opgeladen. Een mooier geschenk hadden jullie niet kunnen meebrengen!

Afscheid van het Radio 2-team

TURKIJE
GEORGIA
ARMENIA
IRAN
IRAQ
SYRIA
Kobuleti
Batumi
Tbilisi
Kura
Gyumri
Yerevan
Sarpi
Hopa
Borçka
Artvin
Fener Burnu
Tirebolu
Vakfikebir
Rize
Pazar
Ardahan
Çildik Gölü
Giresun
TRABZON
Ikizdere
Yusufeli
Göle
Akyaka
Kars
Harşit
Çoruh
Gümüşhane
Ispir
Tortum (Meer)
Şebinkarahisar
Bayburt
Uzundere
Karakurt
Kelkit
Horasan
Kağizman
Dumlu
Igdir
Aras
Refahiye
Aşkale
Karasu
Erzurum
Pasiner
Erzincan
Eleşkirt
Doğubayazit
Firat (Euphrates)
Tuzla
PAARD EN KAR
Hinis
Gütbulcik
Ovacik
Peri
Patnos
Malazgirt
Tuneceli
Erciş
Keban Baraji
Karasu
Adilcevaz
Özalp
Murat
Elâziğ
Ahlat
Van Gölü
Karakaya Baraji
Hazar Gölü
Tatvan
Erçek Gölü
Van
Maden
Bitlis
Malatya
Ergani
Dicle
Batman Gölü
Kozluk
Hizan
Gevas
Çermik
(Tigris)
Silvan
Şirvan
Başkale
Kurtalan
Diyarbakir
Siirt
Great Zab
Batman
Çatak
Siverek
Bismil
Kâhta
(Tigris)
Dicle
Şirnak
Hakkâri
Yüksek
Atatürk Baraji
Derik
Cizre
Şem
Viranşehir
Midyat
Çukurca
Mardin
Kiziltepe
Şanliurfa
Nusaybin
Ceylanpinar
Suruç
Akçakale

Etappe 17

INFO TURKIJE

VERTREK: Hopa (Turkije), 12 juli 2005
AANKOMST: Doğubayazit, 20 augustus 2005

✔ **TOTAAL:** 1152 km
Koga mountainbikes: 1115 km
Paard en kar: 37 km

✔ **VERVOERMIDDEL:** • Koga-mountainbikes + paard en kar

✔ **GELD:** Turkse Lira (TRY)

✔ **BUDGET:**
- Restaurant: lunch van 3 tot 5 €
- Hotel - twee personen: van 37 tot 80 €
- Budgethotel: van 20 tot 32 €
- Camping: voor een bungalow 5 €, per tent 3 €

✔ **VISUM:** Belgen kunnen bij aankomst een visum kopen.

✔ **KLIMAAT:** Voor Oost-Turkije is de beste reistijd van mei tot juni. In juli en augustus kan het +45°C zijn.

✔ **KAARTEN:**
- Overzichtskaart – Oost-Turkije, 1:800.000, gekocht in Turkije

✔ **BOEKEN:**
- Lonely Planet: Turkey
- Footprint Handbook: Turkey
- Nelles Guide: Turkije
- Elmar Reishandboek: Turkije
- Dominicus: Turkije
- Kosmos taalgids: Wat & Hoe

✔ **ROUTEBESCHRIJVING:**

Hopa: ▲, 🛏 en alle voorzieningen
Rize: het theecentrum. Thee wordt verscheept naar alle delen van Turkije. Ook hazelnoten groeien hier massaal. Alle voorzieningen.
Of: Hier afslag naar het schilderachtige Uzungöl gelegen op 1100 m.
Veel 🛏, 🍴 en 🛒 souvenirshops
✯ gezellige wandeling rond het meer
Steile klim naar
Trabzon: 🍴 Mc Donald's, 🛏, ▲, alle voorzieningen

> **tip!** 🛏 Nur Hotel: kamer nr. 502 met uitzicht op de moskee, A/C, vriendelijke eigenaar Ali en lekker ontbijtbuffet

🛒 professionele fotowinkel Dogu Color
🍴 Dürüm Rifat aan het Atatürkpark: heeft A/C en ze hebben zelfs een prijslijst.
Voor uitstappen: Eyce Tours, vooral manager Volkan heeft een hart van goud en is zeer professioneel: www.eycetours.com.
✯ Uitstap naar het Grieks-Orthodoxe Sumela-klooster: 20 km van Trabzon, het ligt op 1300 m als een arendsnest op een verticale rots. In 1923 verlieten de monniken het klooster.
🍴 aan de voet van het complex: de Sumela-mix met schapen- en kippenvlees is heerlijk!
✯ Ayasofya Museum: een 13de eeuwse kloosterkerk (Heilige Wijsheid) met imposante fresco's van Adam en Eva. Naast de kerk ligt een theetuin waar de plaatselijke vrouwen breiwerk maken. Thee drinken onder de mooie schaduwrijke bomen op het Atatürkplein is pure gezelligheid.
Voor een proper strand neem je best een minibusje naar Akçaabat, op 20 km van Trabzon. Aan de tweede moskee zijn steile trapjes naar een privéstrand. Paraplu's en ligstoelen zijn hier gratis als je iets drinkt.
Aan de vlieghaven ligt een groot zwembad, tof met kinderen. Er zijn ook een 🍷 en 🍴. Kustweg oostwaarts, na 60 km afslag nr. 925 richting Ispir
Ikizdere: 🛏, 🍴, 🛒
Klim van 30 km langs een schilderachtige canyon vol grillige rotsen, halfweg 🛏.
Van de kust tot de 2600 m hoge Ovitdagi Geçide Pas is een beklimming van 70 km.
Ispir: bergdorp op 1300 m, alle voorzieningen
✯ mooi vervallen fort, nu omgebouwd tot een moskee
✯ Vanaf hier de spectaculaire weg D 50, een must voor elke fietser. Geen verkeer, wel puur natuur. Een onaangetast sprookje door een ruwe onverharde canyon met rotstunnels en puntige rotsen.
Na 30 km afslag naar Camikaya: ligt 3 km van de weg. Hier vind je alle voorzieningen.
Na 50 km aankomst in
Köprügören: 🍷, nog 30 km tot Yusufeli. De kloof wordt nog grilliger. Naast de rivier vind je subtropische planten en zelfs rijstvelden.
Tekkale: 🛏, ✯ kerkruïne en nog een handvol beklimmingen tot
Yusufeli: alle voorzieningen
✯ Een wildwatertocht op de Coruk Rivier is echt tof. Hier starten ook veel trektochten.
🛏 Barhal: heeft een zeer gezellig eetterras met uitzicht op de woeste rivier.
700 m buiten het dorp: ▲ Greenpiece met houten open bungalows vlak aan de rivier.
🛏 Barcelona Hotel met A/C en zwembad: www.hotelbarcelona.com.tr

INFO TURKIJE

Ishan: neem hier weg nr. 060 via Oltu en Naman, dit alternatief is veel mooier en rustiger dan hoofdweg 960 naar Erzurum (ongeveer 150 km lang).
Morkaya: 🛒, 🍴, vele zware beklimmingen tot
Tortum: turkoois meer, felle klim 8 km omhoog
Uzundere: 🛒, 🍴 Asmali Konar (op km 70): bekend voor zijn gegrilde sateetjes, kraaknette toiletten en schaduwrijke tafels. Na 18 km kom je in
Tortum: 🛒
Dumlu: 🛒 en zware klim tot
Erzurum: gelegen op 1853 m, alle voorzieningen
🛏 Polat: proper met ontbijtbuffet

👍 **tip!** de ambassade van Iran is één van de beste plaatsen om aan een Iranees visum te geraken. Prijs: 50 € + twee foto's (voor 1 maand verblijf in Iran). Je moet één week wachten. Voor de dames: ga in chador naar de ambassade!

🛒 In het centrum loopt de Cumhumyet cad: een gezellige winkelboulevard.
🍴 Salon Asya: zeer lekker eten, o.a. overheerlijke linzensoep en rijstpudding
De Domate Kebab is een sensatie met schapengehakt, yoghurt en gegrilde tomaten.
Weg D 100 met steile klim door een monotoon plateau
Pasiner: een skicenter met alle voorzieningen
Horasan: 🛏 en alle voorzieningen
✯ Hierna terug schilderachtige weg nr. 080 door een kloof en een verlaten kerkhof. Rotsen hebben de vorm van uitgestrekte vingers. De bergen zijn net piramides.

Karakurt: 🍴, 🛒
✯ Majestueus landschap vol rotsen met een olifantenvel, maar geen schaduw voor de fietsers.
Steile klim van 4 km naar
Kağizman: 🛏, 🍴, alle voorzieningen
Cumaçay: 🛒 en militaire controle, serieuze klim tot
Tuzluca: zeer vuil dorp met heel vervelende kinderen die om geld vragen.
🛏 zeer eenvoudig
Vanaf nu uitzicht op de 5137 m hoge Ararat.
Klim naar
Igdir: 🛏 Olimpia: kamer nr. 507 heeft uitzicht op de berg Ararat.
🍴 Tarihi Hasankeyf: gelegen in een typische woning
20 km lange klim naar de 2110 m hoge Cilli Geçidi Pas
Doğubayazit: 🛏 Nuh-Doğubayazit: alle luxe, afdingen is nodig: www.hotelnuh.8m.com
🛏 Ishakpaça: klein, simpel en goedkoop
🛏 Grand Derya (onze aanrader): kamer nr. 301 met groot balkon en frontaal zicht op de berg Ararat.
🛏 Evin: lekkere kebabschotels en vriendelijke bediening
Wisselkantoor Atlas: correct en vriendelijk. Er is ook een 🍷 met internet.
✯ Het Ishak Pasa Paleis (5 km ten oosten van het centrum): een absolute toeristische topper. Het straalt een mythische kracht uit en is machtig gelegen op een desolaat plateau.
Vlakbij liggen een natuurlijke ⛺ en een 🍴.
Gütbulcik: grensdorp

BIJZONDERHEDEN VAN TURKIJE:

- Turkije ligt voor 97% in Azië en voor 3% in Europa.
- Gastvrijheid is één van de bouwstenen van de Turkse maatschappij. Zelfs de armste boer zal zijn gasten het beste voorschotelen.
- Schapen zijn de belangrijkste vorm van veeteelt. Turkije is de grootste wol- en katoenproducent van Europa.
- Aan een moskee kan je altijd drinkwater vinden.
- Geneesmiddelen zijn zeer goedkoop.
- De prijslijsten in de hotels zijn pure decoratie. Goed afdingen (tot 50 % en meer van de vermelde woekerprijzen) is de boodschap!
- Bij het eten geven ze altijd gratis brood.

Bloedhete passie en intriges

Etappe 17
TURKIJE

'Als je ergens in Turkije een Iranees visum wilt regelen, dan moet je in Erzurum zijn', lezen we in een boekje. We ruiken meteen onze kans. Nicole bespeelt Emir, de consul van de Iranese ambassade, via de telefoon vakkundig met haar fluwelen stem: 'Wij zijn brave meisjes die verblind zijn door de schoonheid van Iran en wij staan te popelen om de historische rijkdom van uw land te bezichtigen!' Hij blijkt niet ongevoelig voor haar charmes. Na een paar poeslieve telefoontjes mogen we de aanvraagformulieren voor een Iranees visum komen invullen.

De eerste indruk zit goed, een hele sprong vooruit. Toen we vijftien jaar geleden met de fiets naar China reden, strandden we aan de balie van de Iranese ambassade in Istanboel. We hadden nochtans lange kleding aan, maar omdat we ongetrouwde vrouwen waren, ging de zaak niet door. Anno 2005 zijn we nog steeds olijke vrijgezellinnen, dus niet direct het positieve rolmodel om een Iranees visum te bemachtigen. Mister Emir laat ons zelfs vrij om met lange of gewone kleding te komen. We moeten geen seconde nadenken. Natuurlijk gaan we in zwarte chador. De papieren moet je persoonlijk binnenbrengen en dan word je meteen gekeurd.

In de Turkse bazaar kopen we twee nonnenkappen, twee lange broeken, maat XXL en twee tenten van mannenhemden, ook XXL, ze hebben geen grotere maat. Daaronder een stel zedelijke kousen en onze zware botinnen. Als ze nu nog vormen kunnen zien, hebben ze een bewonderenswaardige fantasie! We zijn juist twee boerendochters die regelrecht van het erf komen. Een jonge olifant past perfect in deze kleding. In al die rollen katoen ons in 38°C voortbewegen, het is een uitputtingsslag.

We kruipen schuchter door de smalle bazaarsteegjes. Op een tweede carrière in het klooster mogen we nog even wachten, want langs alle kanten strooien de mannen met welgemeende complimentjes. 'Amai, wat staan jullie mooi met die hoofddoeken! Ze passen prima bij jullie ogen!' Vreemd, zien onze ogen ook roze? Er wordt onophoudelijk op de vingers gefloten. 'Cok güzel', zeer mooi!' Hoe meer we aan hebben, hoe meer de mannen naar ons kijken. We leven in een omgekeerde wereld!

Het Iranese visum: aflevering 37

Als we met heel onze kleerkast binnenrollen in het consulaat, gaat onze Emir plat op de buik. Hij is nog net voldoende bij bewustzijn om zijn collega's erbij te halen. Hun lol kan niet op, twee Belgisch-Iranese vrouwen met een neus voor de Iranese mode. 'Dat hoefde toch niet', lacht hij. Wij weten wel beter. Al één goed punt, het volgende ligt binnen handbereik. Als een raaf speurt de consul ons paspoort af. Nee hoor, geen stempel van Israël. Mocht die erin gestaan hebben, konden we al terugdraaien. 'Thee?', vraagt hij opgewonden. Dat gaat hier de goede richting uit.

Na de positieve keuring is het tijd voor de moeilijke vragen. We geloven onze oren niet, het is een kruisverhoor om U tegen te zeggen.
'Hoeveel geld nemen jullie mee?'
'Kennen jullie iemand in Iran?'
'Welke grens steken jullie over?'
Onze theekopjes blijven maar vol door de hevige transpiratie.
Dan volgt de strikvraag. 'Hoe gaan jullie door Iran en hoe gaan jullie buiten?'
We verklaren plechtig dat we met het openbaar vervoer door Iran trekken en dat we te voet de grens over gaan. Als ze zouden weten dat we met ezels willen rondtrekken, mogen we ons visum op onze buik schrijven.

We moeten nog tien dagen wachten op het verdict van de consul in de Iranese hoofdstad Teheran. Waren we mannen geweest, hadden we al tien visums gekregen. Ongehuwde vrouwen, het blijft hen dwarszitten. Ondertussen werken we druk aan een plan B en C, stel dat ons charmeoffensief toch geen succes wordt. Plan B is een invitatie krijgen van DHL Iran. Plan C is de reis op zijn kop te zetten en via Syrië eerst beginnen met Afrika. Duimen maar!

Thee en nog eens thee

Samen met de imam die zijn gelovigen oproept, verlaten we, na duizenden kilometers rond de Zwarte Zee gefietst te hebben, de kust. De kaarten liggen allesbehalve goed: van op zeeniveau moeten we naar 2600 m, een klim van 70 km. Op de afslag naar Rize kopen we alvast een extra groot brood. Een oudere man komt vanachter zijn theeglaasje gehold om onze fiets vast te houden. Het zijn toch wel schatjes. Je mag niet naar hen loeren of ze nodigen je uit voor thee en thee is er vandaag genoeg. Onderweg volgen we precies een theekuur. We fietsen voorbij fabriekjes waar alle vrouwen en kinderen, gebukt in de brandende zon, op de hoge theeterrassen de tere, lichtgroene blaadjes knippen. Tijdens hun monnikenwerk zitten de mannen gemoedelijk het afgewerkte product te degusteren in de cafeetjes of op het dorpsplein. Hier is het de traditie dat de vrouwen werken op de plantage en de mannen het uitleggen ... Dat is ook een werkwoord

Langs de Lyderrivier opent zich een tropisch paradijs. Een weelderig terrasvormig gebergte, met op alle niveaus vinnige theepluksters, schittert als een ruwe diamant. Als we ons fototoestel bovenhalen, roepen ze al giechelend: ‘Kom, probeer het ook eens!’ De mannen fluiten hun vingers blauw, terwijl wij onze vingers bijna afknippen met de speciale schaar. Hun aanmoedigingen zijn hartverwarmend. Grote vrachtwagens rijden op en af naar een verzamelpunt waar de ijverige pluksters wachten om het gewicht in hun boekje te noteren. Vanuit de minifabrieken worden de theebladeren verpakt en verscheept naar alle delen van Turkije.

De woeste rivier zigzagt door de steeds hogere bergen. De toppen spelen verstoppertje achter de wolken. Watervallen storten naar beneden en moskeeën prijken als trofeeën in de hoogte. Na een 70 km lange klim staan we op de 2600 m hoge Ovit Dagi Geçidipas. We hebben zeker een kwartier nodig om bij te komen. Een hemelse spectaculaire afdaling van 30 km stuwt ons door een ruwe rotscanyon. Meer dood dan levend arriveren we in het roestige bergdorpje Ispir.

Een driedubbele zonneslag

De piepkleine weg van Ispir naar Yusufeli gaat door een betoverende kloof waar ruïnes van Armeense kerkjes en kastelen op de uitkijk staan. Een lange wenteltrap brengt ons in hogere dimensies. Enorme rotsblokken balanceren op de rand van de afgrond. Sommigen bespioneren ons als struikrovers om op een onoplettend moment toe te slaan. De toppen van het gebergte zijn weggeplukt uit de Far West: grillig, dramatisch en ruig. Alleen de Indianen ontbreken. We duiken door kleine rotstunnels en wanen ons dan weer in Zwitserland. Zelfs de koeien zijn present. De houten

chalets lijken meer op vervallen stallen, maar de natuur is een streling voor het oog. De weg wordt slechter en slechter. We hotsen en botsen over losse stenen die van de bergen naar beneden zijn gerold en ploeteren door de zoveelste rivierbedding. Net als we de moed bijna hebben opgegeven, ligt achter de volgende bocht Yusufeli ingeblikt tussen het gekartelde gebergte.

Tijdens een zware klim in Oost-Anatolië naar het turquoise meer van Tortum geeft de zon plankgas. Het is het meest geïsoleerde en bergachtige gebied van heel Turkije. Hier leven weinig mensen. In de winter is het barkoud, –20°C, in de zomer is het een bakoven, +45°C. De zon brandt zo fel dat we elk uur onze armen met een crème van factor 40 moeten insmeren. We hebben bonkende hoofdpijn. De zonnestralen priemen meedogenloos door de gaten van onze helmen. We drinken emmers water, maar onze mond blijft kurkdroog. Er valt geen enkel stukje schaduw te bespeuren. Het water in onze drinkbussen is zo heet dat we terplekke een theehuis kunnen openen. Onze lichamen weigeren ook maar één graad af te koelen. We stuiken bijna bewusteloos neer. De mineraaltabletten van Base Camp proberen ons zoutgehalte op peil te houden. Dit is pure zelfmoord!

'Nicole, ik ga flauwvallen', roept Ingrid. Nicole is net op tijd om haar op te vangen of ze had het smeltende asfalt gekust. We hebben waarschijnlijk al een driedubbele zonneslag! Met koersbroek en T-shirt springen we in een uitnodigend meer. Onze oververhitte lichamen rillen als jonge hondjes in deze drijvende diepvries. We schuilen tot 16 uur achter een barak. De thermometer blijft vastgeroest op 45°C.

Om het meer te verlaten wacht er een loodzware klim. Als we die nu doen, kunnen we beter meteen de begrafenisondernemer bellen. Om 18 uur is het nog steeds 35°C. We slenteren omhoog. 's Nachts teistert een stekende hoofdpijn onze moegetergde lichamen. Heeft het zandmannetje ook een zonneslag opgelopen?

Waren we maar cactussen …

Overvolle vrachtwagens tuffen ons onderweg naar Erzurum moeizaam voorbij. De chauffeurs zitten gevangen in een stoomcabine. Het asfalt zweet mee. Onze wielen kleven vast aan de plakkerige peklaag. Lap, nu moeten we nog harder trappen! Vandaag hebben we petjes op en daarover onze helmen. Nog warmer, maar nu kunnen de dodelijke zonnestralen onze hersenen tenminste niet meer gaar koken.

Het gehucht Dumlu is een fata morgana voor twee uitgedroogde Belgische gazelles. We rijden een koelkastenwinkel binnen. Een lekkere Cola Turka in de ene hand, een ijsje in de andere. Naast ons houdt de tweeliter fles water de wacht. ‘Komen die uit de woestijn?’, horen we de kijklustige dorpsbewoners fluisteren. Onze opgezwollen gezichten kunnen elk moment openspringen als overrijpe tomaten. Na de vochtkuur begint de fruitkuur. Ons lichaam hunkert naar … nattigheid: perziken, meloenen, tomaten en nog voelen we ons twee uitgedroogde druiven, platte vijgen, verwelkte bloemen. Waarom zijn we geen cactussen of kamelen? Waarom moeten we zoveel drinken en toch nooit plassen? Het vocht verdampt gewoon door onze verbrande poriën.

Het landschap droogt samen met ons uit. Een boomloos plateau kondigt het conservatieve stadje Erzurum aan. Door de stoffige straatjes lopen de vrouwen ingepakt in hun pekzwarte chadors. Het zijn net vleermuizen die met hun tanden het zwarte laken bijeenhouden.

Hun doordringende ogen lichten een minuscuul tipje van de sluier. Dat mag de Iranese ambassade vandaag ook doen.
Maandag 8 augustus 2005 is een hoogdag, een nationale feestdag, de dag van de overwinning. We maken een rondedans in ons bloedheet kamertje. De muggen dansen vrolijk mee in het stoffige sardienenblik. Na een telefoontje naar de ambassade van Iran krijgen we het verlossende nieuws: we mogen onze visums afhalen.

Mister Emir van het Iranese consulaat komt lachend naar ons toe. Zijn ogen stralen als de ster op de fiere Turkse vlag. Hij laat prompt koekjes en thee aanrukken. Het visum is één maand geldig, maar een verlenging is geen probleem, verzekert onze overgecharmeerde consul.

Na Erzurum beginnen we aan het laatste stukje Turkije dat over een immens plateau van 2000 m ligt uitgesmeerd. De hoogvlakte is een dambord vol herders, zwarte koeien en witte schapen. De nomadententen staan als kalkwitte standbeelden tussen de hooibollen die kriskras de eindeloze velden vullen. Zonnebloemen supporteren ons vooruit. De schaarse bewoners leven bijna allemaal onder de grond in donkere kleikrotten. Gastvrijheid wordt hier met de paplepel ingegoten. Ze trakteren ons op ayran. De vaste, zoute yoghurt is een wondermiddel tegen de hitte. Als we het eten, krijgen we rillingen over heel ons lijf. Het is precies of je even in een koelkast duikt. De zeldzame automobilisten stappen uit en vragen ons waar we in godsnaam mee bezig zijn. Soms vragen we het onszelf ook af ...

Kuitenbijters

De Arasrivier volgt ons na Horasan als de grootste fan. We duiken in een smalle kloof waar een verlaten kerkhof al eeuwen ligt te rusten. Gaargekookt bereiken we het minidorpje Karakurt. De mannen schuiven de stoelen bijna op de weg. We mogen onze tent boven op het dak plaatsen. 'Zo hebben jullie een windje', zegt onze spontane papa Mustafa. De volgende ochtend mogen we twee keer ontbijten. Mustafa is niet meteen onder de indruk van onze muesli met melk. Hij holt naar het restaurant om lamssatés met een flinke scheut olie te bakken. Een royaal stuk Turks brood erbij en nog een halve fles olie om het af te leren en smullen maar! Onze overbezorgde chef-kok ziet erop toe dat we alles tot de laatste kruimel verorberen. Heel het dorp is op post om ons uit te wuiven. In hun ogen fonkelt bewondering, in de onze pure dankbaarheid.

Als we langs het majestueuze gebergte glijden, overvalt ons een gevoel van eindeloosheid. De rotsen hebben een olifantenvel: hard, ruw, vol rimpels en groeven. De zon roostert onze armen als brochettes. We moeten ze telkens opnieuw invetten om niet aan te branden. Er is geen millimeter schaduw om even uit te rusten. We voelen ons plat gestoofd. In ons hoofd spelen reclamespotjes over ijskoude drankjes. Onze tong voelt aan als een opgedroogd zeemvel. Het koude spuitwater in onze thermossen is een gouden schat die we met een engelengeduld bewaren in een gesloten brandkast. 'Opsparen', beveelt ons verstand. 'Opdrinken', smeekt ons lichaam.

De dorpjes liggen volledig gecamoufleerd tussen het hooggebergte. Vandaag is het 'cadeaudag'. Alle auto's stoppen om iets te geven: de ene komkommers, de andere kilo's perziken, eentje wil zelfs thee zetten. Dat doet de zon wel voor ons. Eindelijk is er een oase met bomen en een vleugje schaduw. We laten ons voorzichtig in de bruine rivier zakken. Misschien dringt er zo wat vocht door onze uitgedroogde poriën. Terwijl de laatste druppels van onze kostbare flessen water door onze keel lopen, dansen koelkasten vol met verkwikkende frisdranken voor onze ogen.

Aan de splitsing van Kağizman kruisen we een benzinestation met een lege ijskast. Verdorie toch! De oververmoeidheid druipt van onze gezichten. Een bezorgde man schudt bedenkelijk het hoofd. 'Die twee krijg ik met geen stokken uit mijn stoel', hoor je hem luidop denken. Hij wijst met een bevende vinger naar de helling in de verte. 'Kağizman rampa!', zegt hij beteuterd. De beklimming wordt een 4 km lange ramp. Als twee bejaarden proberen we onze gebroken en opgebrande lichamen in de juiste cadans te krijgen. Een uur later dwalen we als geesten door het dorp. De hotelprijzen zijn weer een raadsel. We hebben amper de fut om geld boven te halen, laat staan om deze prijsrebus op te lossen.

Atelier van de ezelzitmaker.

Op zoek naar iets eetbaars worden we achtervolgd door hunkerende ogen. We lopen op een bloedhete catwalk. De hoofden boven de volle theeglaasjes veren op bij elke stap die we zetten. 'Hello tourist, merhaba! What is your name? Where are you from?' We zijn de enige vrouwen in dit mannenbastion. Terwijl de heren ons aanstaren, werken kleine knaapjes zich de ziel uit het lijf. Een vrachtwagen wordt vol gestouwd met zware watermeloenen door vijf jongetjes van acht jaar, een schande! Ook de schoenpoetsers puffen onder het juk van de kinderarbeid. Met hun zelfgemaakte bak vol schoenblink vragen ze verlegen of onze sandalen opgeblonken moeten worden. Hoeveel zouden ze hiervoor krijgen? Ze smeren met hun vingers de schoenen in. Borstels vermijden ze omdat er teveel schoensmeer inkruipt.

Ons hotel zit vol met oudere Turken die stuk voor stuk het wereldrecord rondlummelen verbeteren. Hun deuren staan uitnodigend open. Hun ogen zijn echte kuitenbijters. 'Cok güzel, zeer mooi!', roepen ze. En maar handkusjes gooien! Na twee uur wachten is de thermostaat van onze douche op temperatuur. We lopen zedig door de gang, anders krijgt ons kwijlend bejaardenhuis nog een beroerte! Op de kamer afkoelen zit er ook niet in, het is precies een crèche. Hier zitten we op onze plaats, want we slapen als baby's.

Het hurktoilet, je trouwste vriend

Bloep, plats, brrr. De volgende ochtend vechten we een spurtduel uit naar de vuile hurktoiletten. We voelen ons zo zwak, zo moe. Ons hoofd staat op barsten. Zou er vannacht iemand door het venster gekropen zijn om ons te drogeren? Of is het toch de zon die de definitieve genadeslag heeft toegediend? De diarree is verwoestend. Alles stroomt er vlotjes uit. Onze kotbaas Salamatin staat met een theepot in de gang wortel te schieten. Hij wijst grijnzend op zijn horloge. Zijn ogen beginnen nog meer te stralen als hij hoort dat we een extra nacht blijven. Hij zet onze kamerdeur op een kier en plant zich neer op de enige nog in plastiek verpakte stoel. Zijn ogen springen van het ene bed naar het andere. Hij is duidelijk fier op zijn Belgische prijsduiven! Om de vijf minuten knijpt hij zijn vingertoppen samen van opwinding en hij prevelt de onvermijdelijke twee woorden: 'çok güzel!' Onze paspoorten verraden dat we nog ongetrouwd zijn. De curieuzeneuzemosterdpot vist ook uit dat we geen kinderen hebben. Nu liggen we nog beter in de markt! Ineens blijkt hij een verborgen miljonair te zijn. 'Ik heb dit hotel, negen winkels en een hart van goud. Ik ben ook een appartementsblok aan het zetten', voegt hij eraan toe om nog meer indruk te maken. Hij heeft blijkbaar ook een mobiele apotheek. Als hij hoort dat we diarree hebben, tovert hij uit zijn broekzak wat gekleurde pillen tevoorschijn. De Turken hebben dan toch ook zo hun probleempjes …

We kunnen maar niet geloven dat we zo lang hebben geslapen. Hoe slecht we ons ook voelen, toch willen we buitenlucht. Compleet gedrogeerd zwijmelen we door de chaotische, stoffige straten naar de theetuin. Volgens de wet van de Islam is dit het terrein van de mannen. De wetten zijn simpel. Het huis is het domein van de vrouw en de buitenwereld is de speeltuin van de mannen. Als vrouwelijke toeriste mag je wel een tafeltje bezetten in de theetuin. We bestellen een colaatje. Hopelijk zal dit onze darmen volledig 'zen' maken. Ondertussen blijft in ons hoofd non-stop de bliksem inslaan.

Het claxonneren van de auto's, de loeiende politiesirenes en de gierende remmen beuken als hamers op onze schedels. Als de moskee aan het avondgebed begint, zakken we bijna door onze ellebogen. Dan maar terug naar onze bakoven. We hebben nog geen hap gegeten, dus kopen we een brood en een pot choco. Het hurktoilet blijft onze trouwste vriend, al zouden we ettelijke Turkse miljoentjes neertellen voor een wc-bril. Een mens raakt totaal uitgeput van boven dat gat te hangen. Onze darmen klinken als verstopte rioolbuizen: bloep, plats, brrrr, het toilet hangt van onder tot boven vol. We mogen geen vinnige bewegingen maken of onze sluitspier begeeft onder de druk, met alle gevolgen van dien ...

's Morgens maakt Ingrid een beginnersfout. Ze paradeert in haar korte koersbroek richting toilet en dat is onze kotmeneer niet ontgaan. Er wordt driftig in de vingers geknipt: 'Cok güzel!' Zijn plaat blijft maar hangen. De man dankt Allah op zijn blote knieën, want nu heeft hij ook nog een glimp opgevangen van haar stevige dijen. Vijf minuten later klopt hij op de deur.
'Douche?', vraagt hij onderdanig. 'Moet ik de motor aanzetten voor warm water?'
'Niet nodig', mompelen we.
Drie minuten later komt hij weer piepen. 'Thee?'
'Nee, dank u.'
De deur is nog niet dicht of daar is hij weer: 'Koffie?'
Moeten we dit nu vervelend of vertederend vinden? Is hij alleen maar bezorgd of wil hij alleen ... nog maar eens loeren?

Gestalkt door een witte Renault

Op weg naar Doğubayazit hebben we het al snel in de smiezen: we worden gevolgd. Een witte Renault, bestuurd door een goedlachse, ronde Turk, steekt ons zes of zeven keer wuivend voorbij. Met een koffer boordevol moed houdt hij halt. De sluwe vos begint met een digitaal toestel foto's te nemen van de omgeving. De voorspelbare vraag blijft niet uit. 'Mag ik met jullie op de foto, ladies?' Telkens hij de beelden op het scherm toont, komt de gluiperd stiekem tegen ons aanschurken. Na een foto of

Blijf jezelf

Heel Turkije heeft ons al gewaarschuwd voor de beruchte 20 km steile klim naar Doğubayazit, onze eindbestemming in Turkije en de poort naar Azië. We peddelen tussen grote lavablokken de verschroeiende hitte aan flarden. Voor ons doemt de 5137 m hoge Ararat op. De hoogste berg van Turkije staat ons te verleiden als een gigantische Cornetto. In onze wildste dromen likken we hem verlekkerd op.

Het landschap wordt nog ruiger. Het is machtig, je zweet achterlaten op een plaats waar oude caravaanroutes over de bergen trokken op weg naar het oosten. Mount Ararat is er moe van geworden en slaapt vredig onder zijn donsdekentje. Volgens gelovigen zou de berg de laatste rustplaats zijn van de Ark van Noach. 'En de ark rustte in de zevende maand, op de zeventiende dag van de maand op de bergen van Ararat (Gen. 8:4)', onthult de bijbel. We voelen ons op slag dichter bij God. De Armeniërs vereren de berg als de moeder van de wereld. Dit gebied was vroeger trouwens Armeens terrein.

Eén van de zijderoutes loopt dwars door Doğubayazit. De naam heeft een mythische bijklank. Het is een onbeduidend dorpje op de kaart, maar het heeft een strategische positie. Vroeger moest iedereen tol betalen aan Emir İshak Paşa, zo kon hij zijn 14 vrouwen onderhouden die veilig opgeborgen waren in de haremafdeling van zijn prachtig paleis. Het mystieke slot ligt geïsoleerd op een rots tussen ruwe en kale bergen. Het ademt macht uit. Als je de indrukwekkend gedecoreerde deuringang

binnenstapt, licht het paleis nog een tipje van de sluier op over de sfeer die hier gehangen heeft. De legende vertelt dat de architect die dit pareltje ontworpen had uit 'geestdrift' gedood werd door zijn heerser om te voorkomen dat hij nog eens zo'n majestueus gebouw zou ontwerpen …

We beklimmen de heuvels en genieten van het dramatische uitzicht op het sprookje van duizend en één nacht. We schilderen in onze gedachten het Oosters kasteel in ons gouden boek van herinneringen. We houden van dit ruwe landschap. Het ontdekkingsbloed stroomt pijlsnel door onze aderen.

Op 37 km van de grens met Iran laten we onze Koga-mountainbikes achter, want in Iran is het niet gepast om als vrouw te fietsen. Er zit maar één ding op: sterke ezels op de kop tikken. Ons traject in Iran is een dikke 3000 km lang, maar we breken ons nog het meest het hoofd over onze outfit. Even denken we eraan om onze blonde haren en wenkbrauwen zwart te verven, maar enkele Iranezen houden ons net op tijd tegen. Ze verzekeren ons één ding: 'Blijf jezelf!' We gaan veel meer hulp en steun krijgen als we duidelijk als toeristen door het land reizen. Nu nog oppassen voor witte Renaults …

Etappe 18
WEST-IRAN

Verdwaald in een zwarte kleerkast

Berg Ararat

In Doğubayazit begint de volgende uitdaging: 'zedelijk' door Iran trekken. Om 6 uur 's ochtends staat de vriendelijke Ali ons met paard en kar op te wachten. We springen op het stoffige vehikel en hobbelen voor de laatste keer voorbij de reus Ararat. In onze korte koersbroek, want de Iranese grens ligt nog op 30 km. De witte nomadententen lichten het monotone landschap op waar herders van midden juni tot eind september met hun ontelbare schapen ronddwalen. Onze hartjes bonken nog harder dan de kletterende hoeven van ons paard. Na een maandenlange lijdensweg boordevol telefoons naar ambassades en consulaten, staan we voor de hoge tralies met wachttorens die Turkije als een ijzeren sluier afschermen van het mystieke Iran.

De Turkse douane is in rouwstemming. Ze kunnen niet begrijpen dat we hun land omruilen voor de Iranese gevangenis. 'Blijf bij ons!', roepen ze wanhopig. 'Iran is strikt islamitisch. In Turkije zijn vrouwen vrij, vergeet Iran!' Onze Ali blijft wachten alsof we ineens van mening zouden veranderen. We vluchten voor de laatste keer naar de Turkse hurktoiletten. Terwijl we onze nonnenkappen, onze tentbroek en ons XXL hemd aantrekken, paraderen Iranese vrouwen uitdagend in pikant uitgesneden decolletés. Ze steken de Turkse grens over om letterlijk het juk van de gitzwarte

sluier af te werpen. Het is de wereld op zijn kop: de Westerse dames trekken een halve kledingwinkel aan, zij gooien alles uit!

Na de keuring bij de Iranese zedenpolitie mogen we de grens over. Er valt een dreigende schaduw van zwarte chadors over ons. We zijn ingecheckt in een gigantisch gesloten klooster. De thermometer wijst 47°C aan. We zitten in een zwarte sauna. Eruit ontsnappen is je doodvonnis tekenen. Het zweet doet onze bottinnen verzuipen. Onze rugzakken zijn moordend hete lastpakken en plots totaal uit de mode.
De strikte Islamitische wet adviseert dat je als vrouw die naar Iran reist geen enkele man in de ogen mag kijken. Je moet als het ware door hen heen zien. Het best van al loer je naar hun schoenen, als een soort deurmat. Onderdanigheid is hier een levenskunst.

Bloedheet en bloedserieus

Mohamed, de vriend van onze Turkse Ali, staat ons over de grens met paard en kar op te wachten. We steken vriendelijk onze handen uit om dag te zeggen, maar nog sneller trekken we ze terug weg. Als vrouw mag je geen vreemde man aanraken, zelfs een hand geven is een eeuwige zonde. Het is voor twee enthousiaste Westerse vrouwen op zijn zachtst gezegd even wennen. We gaan zo ver mogelijk van hem zitten. Tijd voor de tweede poging. We waaien als kokette dames voorzichtig met onze handen.
'Salaam, Hello', zingen we in koor.
Het voorzichtige antwoord blijft niet uit. 'Salaam, Aleikum', fluistert Mohamed, terwijl hij een halve meter achteruitdeinst.
Voor de rest van de rit naar Maku heeft hij zijn tong ingeslikt. We weten niet wat we

mogen doen. Elke vorm van spontaniteit bevriest genadeloos in deze 45°C warme kachel. De Iranezen spreken ook bijna geen Engels. Ze zijn veel serieuzer en stugger dan de Turken, maar achter die façade gaat vast en zeker een gouden hart schuil, daar zijn we van overtuigd.

De grensstad Bazargan bestaat uit één lange straat met primitieve garageboxen waar ze auto's herstellen. Is dit Iran? We hadden ons het land van de oliebaronnen veel rijker voorgesteld. De zijstraten zijn stoffige puinhopen met losse stenen. In het midden van de chaos duikt een grote waakvlam op, waarschijnlijk olie of gas. Het openbaar vervoer is belachelijk goedkoop. Een liter benzine kost 800 rial of 10 eurocent, een fles water 2500 rial of 30 eurocent. Hier geldt de wet van de schaarste. De meeste toeristen reizen door Iran met een privétaxi. Voor 130 km betaal je amper 8 euro.

Na 14 km stopt onze paardentaxi in het spectaculaire stadje Maku, dat vredig ligt te dagdromen in een oogverblindende rotscanyon. Vanaf nu mogen we zelf op zoek naar een traditioneel vervoermiddel. De mooie, jonge meisjes die de kamers van ons hotel schoonmaken, kijken ons triest aan. Ze puffen onder hun zware, zwarte katoenen sluiers en waaien met hun kappen om een zuchtje afkoeling te vinden. De airco mag alleen op als de gasten in de kamer zijn. We hebben amper een voet binnen gezet of hopla, daar vliegen onze nonnenkappen. Alles plakt. Onze ogen bliksemen de berg kledij morsdood. We zouden hem het liefst van al opstoken, salut en de kost! We zijn welgeteld één dag in Iran en we haten onze zwarte kleerkast al als de pest. We sluiten ons op en we komen niet meer buiten. Dit land is ondraaglijk: puffende hitte en ijskoude wetten die van het leven een dwangbuis maken. We missen de vrolijke Turken. De Iranezen geven een droevige eerste indruk. Wat wil je, als je je leven moet slijten achter een donker gordijn.

Wij bestaan hier niet

De zware rimpels op onze voorhoofden verraden kopzorgen. Waar gaan we in deze onherbergzame woestijn in godsnaam water en ezels vinden? De mensen verzekeren ons dat hier geen balkende viervoeters leven. 'Probeer jullie geluk in Tabriz', luidt de wijze raad. De stad ligt 250 km ten zuiden van Maku. Daar is ook het eerste DHL kantoor. Na één telefoontje zijn onze problemen op slag verdwenen. De manager, mister Kamal, belooft plechtig om ons te helpen bij de ezeljacht.

Tabriz was vroeger een oase. Nu is het een stad met meer dan een miljoen inwoners. Voor de automobilisten is een zebrapad wegversiering. Voetgangers riskeren hier hun leven. Als de auto knippert met de pinkers, hebben ze je opgemerkt. Dat wil niet zeggen dat je veiligheid gegarandeerd is! Wie oversteekt en begint te lopen, graaft zijn eigen graf. De chauffeurs voelen zich uitgedaagd. De jacht is geopend. Ze racen achter je aan tegen een hels tempo. De schrik op de gezichten van de arme voetgangers is hun grootste genot. Dan rijden ze nog wat harder. Ingrid panikeert. Ze begint toch sneller te lopen en wordt aangereden. Dan gebeurt iets waarvan je ter plekke zou doodvallen van ergernis. De chauffeur verontschuldigt zich tegenover Kamal en die mag de arme Ingrid de boodschap overbrengen. Het woord wordt nooit rechtstreeks naar een vrouw gericht. Ook als we ergens iets willen eten, vragen ze aan Kamal wat onze hongerige magen verlangen. Wij bestaan hier niet.

Een tip om de verkeerschaos te bedwingen, is gewoon kordaat oversteken. Doe op jouw beurt alsof ze niet bestaan! Over je heen rijden zullen ze niet doen. Ze leven in een te streng regime. Dat blijkt uit alles. In de stadsbussen zitten de mannen vooraan, de vrouwen moeten achteraan instappen en plaatsnemen. Een ijzeren hek in het midden van de bus smoort elk contact tussen beide geslachten vakkundig in de kiem. Als we een gezamenlijke taxi willen nemen, moet iedereen van stoel veranderen tot hetzelfde geslacht naast elkaar zit. Het is een hele krachttoer om de juiste schikking te hebben, maar de passagiers zitten dan ook heel dicht bij elkaar. Stel je voor dat er iemand romantische avances zou maken?

Iran is voor een vrouw tot hiertoe één van de veiligste landen ter wereld. 'Zolang een jongen en een meisje niet getrouwd zijn, mogen ze elkaar niet aanraken', weten enkele universiteitsstudentes te zeggen. Alcohol en satelliet-tv zijn totaal verboden, maar de vrouwen krijgen wel het beste zitje in een voetbalstadion. 'Op een van de mannen gescheiden tribune hé', benadrukken de meisjes. 'Als we ons niet aan de

Iranese dresscode houden en toch een streepje bloot tonen, riskeren we stokslagen van de zedenpolitie. Of erger nog: een gevangenisstraf', fluisteren ze ons toe. Allez, gelukkig hebben we onze voorzorgen genomen!

Ingewanden: een delicatesse.

De stad Tabriz valt direct in de smaak met zijn brede, schaduwrijke boulevards. De meeste Iranezen spreken ons van ver aan. 'Do you speak English? What is your name?' Ze willen hun weinige Engels oefenen. Hier zijn toeristen een uitgestorven ras, een speciale soort, een rariteit.
De overdekte bazaar is een absoluut hoogtepunt: 35 km lang en 7000 winkels. Een droom voor elke vrouw! Het is een echte shoppingsstad met 101 steegjes. In de tapijtstraat kan je Perzische matten zien maken, herstellen en verkopen. De kruidenstraat betovert je neus en biedt voor elke kwaal een oplossing. In de goudstraat struikel je bijna over de kostbare juwelen. Absolute blikvanger is de suikerstraat. Echte ambachtsmannen kloppen met een minihamertje, veel liefde en een geduld dat van een andere planeet komt, grote klompen suiker fijn tot klontjes. Het zijn vierkante witte parels. Ze schitteren, blinken en smaken ongetwijfeld zoeter dan zoet.

Kamal is tijdens onze gezellige slentertocht tot één conclusie gekomen: we zien er veel te conservatief uit.
'Kijk eens rond dames, je kan ook moderne sluiers kopen', verklapt onze modespecialist. Dat laten we ons geen twee keer zeggen! Nicole kiest een trendy beige sjaaltje, Ingrid een fris lichtgroen.
'Koop ook maar een tweede outfit', fezelt Kamal.
Niet onterecht, want onze witte blouse is net iets te doorschijnend voor het vrome

Iran. In een winkel zien we een ouderwets geel kleed met bloemen. We vallen bijna flauw van de lelijkheid.
'Zelfs al was dit het laatste stukje stof ter wereld, ik zou er nog niet in rondlopen', zucht Nicole.
'Ja maar, je mag hier niet aantrekkelijk zijn. Eigenlijk is dit wat we nodig hebben', merkt Ingrid op.
Zo beschaamd als wat schuifelen we de winkel binnen om het oerlelijke kleed op de kop te tikken. De verkoper is op slag verliefd, de commerçant. In de bazaar draaien de mannen zich continu om en gooien gemeende complimentjes ...
Wat een vrouw lijden kan!

Een bezoek aan de enorme 14de eeuwse citadel leert ons dat een chador ook zijn pluspunten heeft. Als mensen vroeger iets mispeuterd hadden, werden ze van op de citadel naar beneden gegooid. Eén vrouw zou de meedogenloze val overleefd hebben door het parachute-effect van haar chador. Legendes, ze zijn de regenboog in een donker bestaan.

Knibbel, knabbel, knuisje

Op 50 km van Tabriz ligt het bergdorpje Kandovan. Hier leven de mensen in grotwoningen zoals in het Turkse Cappadocië. Tegen de flank van de berg staan geërodeerde puntige spookrotsen netjes naast elkaar. De grillige steenmassa is ontstaan na vulkaanuitbarstingen. De typische 'pinnenmutsenhuisjes' bestaan uit één kamer waar heel het huishouden zich afspeelt op de grond. Via supersmalle paadjes klimmen we steil omhoog. Zonder het te beseffen, staan we op het dak van iemand uit te hijgen. We kruipen tussen alle spleten en klauteren tot we op de 'stoep' staan van het hoogste huis. Bij zonsondergang veranderen de rotsen in hologige skeletten die in vuur en vlam over hun spookstad waken. Mensen die hier leven hebben een keihard bestaan. In de winter is het bitterkoud, in

de zomer gloeiend heet. Oude mensen strompelen door de losse stenen omhoog. Oud worden is hier een straf.

Twee Belgische steenezels

We vinden eindelijk de eerste ezels, maar helaas kunnen de mensen ze niet verkopen omdat ze als waterdragers fungeren over de steile wegen. Op de terugweg naar Tabriz houden we halt in een dorpje waar een vriendelijke oude meneer toch een prachtexemplaar zou hebben staan. Na een fikse wandeling door een dorre appelboomgaard, opent hij de staldeur. Als de ezel ons ziet, gooit hij pardoes met zijn kop de deur dicht. We openen voorzichtig terug de stal en dan gebeurt het ondenkbare: het onbeleefde beest spuwt recht in ons gezicht. De verbaasde boer wordt ongemakkelijk.
'Dit heb ik nog nooit meegemaakt! Jullie zijn de eerste toeristen in zijn prille leven!', troost hij.
'Amai, begroet iedereen zijn toeristen zo?', jammeren we.
'Het is een jong beestje', probeert hij verder. Aha, daar zit het probleem. De playboy wil niet op stap met twee oude taarten. Ons eerste interview met een ezel is een regelrecht fiasco. Bestaat er dan geen liefde op het eerste gezicht in de ezelwereld?

Geen nood, volgens de oude man zijn er in een ander dorpje drie gezonde ezels te koop. 'De kandidaten zijn al opgezadeld zodat jullie direct kunnen vertrekken!'
We haasten ons opgewonden naar het bergdorp. Daar staan zowat alle inwoners opgelijnd voor het spektakel. We kiezen snel elk onze ezel. Nicole valt voor een bonkige zwarte boulette, Ingrid kiest een lichter exemplaar. Op elk potje past een dekseltje, zoveel is duidelijk. Met frisse moed bestijgen we de versufte ezels.
'Juu, vooruit, komaan!' Geen beweging. We duwen en trekken aan hun oren en staart, het beeld blijft stilstaan. Het volk groeit met de minuut, onze zenuwen met de seconde. De ramptoeristen hebben de tijd van hun leven. We laten ons niet intimideren en kiezen resoluut voor een nieuwe tactiek: omkoperij. We houden een worteltje voor zijn neus. Hap! De oranje lekkernij verdwijnt vliegensvlug in hun grommende maag.
'Allez, nu heb je iets gekregen, vooruit, juu!'

Een aantal vrouwen houden hun buik vast van het lachen. Het volk begint de ezels aan te moedigen. Tja, hoe zeg je 'juu' in de Iranese Farsitaal? Ineens trekken de balkende ezels zich op gang. De pret duurt niet lang, want na 300 m valt de ezelkaravaan stil. Wat we ook doen, de koppigaards blijven staan. 'Zo koppig als een ezel', het spreekwoord klopt als een bus. Ondertussen zijn ook de mensen van de omliggende dorpen gearriveerd om de kolderfilm te bekijken. 'Twee Belgische steenezels' is nu al een bestseller! Na drie uren zijn onze stemmen zo schor als iets. We zijn steendood van onze ezels vooruit te porren. Ook zij zijn moe. Hun grootste levenswerk bestaat blijkbaar uit stilstaan! Dit wordt niets. Als we telkens drie uren moeten zagen voor 300 m, halen we de grens van Pakistan pas in een volgend leven.

'Jullie hebben kloeke muilezels nodig, die weten tenminste waar het gaspedaal staat', roepen de dorpelingen.
We gaan goedgemutst op ontdekkingstocht. Een graatmager beestje kijkt ons verward aan. 'Eén brok spieren, geen grammetje vet', bluft de eigenaar.
Als Nicole op de muilezel stapt, zakt het arme dier helemaal door zijn poten.
'Ingrid, vanaf nu eet ik geen gram chocolade meer. Weeg ik nu echt zo veel?', jammert Nicole.
'Het probleem is de muilezel', sust Kamal. 'Hij is oud en versleten.'
Waarschijnlijk werd het slappe beest al gebruikt tijdens de Ming-dynastie. Het wordt een hopeloze zaak. Als we zo voortdoen, plunderen we de hele Iranese veestapel.

Pokeren met eenoog

Nieuwe miserie, nieuwe ideeën. Waarom geen paard en kar? 'Aan de rand van Tabriz hebben veel mensen een groentetuintje en daar zijn paarden te koop', onthult Kamal. Hij laat ons even verstoppertje spelen, terwijl hij gaat informeren naar de kosten. Ze mogen ons absoluut niet zien, anders schiet het prijskaartje de hoogte in.
Plots komt Kamal met een smile van hier tot in Teheran op ons afgelopen.
'You have a horse!', jubelt hij.
'Ja, maar Kamal, we willen het wel eens eerst bekijken.'
Het moet een schoon beestje zijn, maar vooral: het moet klikken.

Vol aandacht kijken we naar het vreemde paardendefilé. Uitgemergelde scharminkels waarvan de jukbeenderen vlijmscherp uit de karkassen steken, kraken voorbij. In Iran werken ze alleen met hengsten en ze geven hun paard ook geen naam. Ingrid is meteen verliefd op een witte Arabische hengst die bedeesd over de catwalk paradeert.

'Oh, Nicole die is knap! Hij ziet eruit als een prins!'

De eenogige baas ruikt geld. 'Ah, mijn goudhaantje! Hij is amper vijf jaar oud. De harde werker is ijzersterk en van niets bang', kirt hij.

'Eerst zien, dan geloven', mompelt Nicole.

Het beest heeft het temperament van een dode pier, maar liefde maakt blind. Ingrid zit in hogere sferen. Ze heeft zelfs al een troetelnaam bedacht: Prins. Eerlijk gezegd weten we niets van paarden.

'De buitenkant ziet er prima uit', lacht Ingrid. Het innerlijke zal dan wel volgen.

De prijs is belachelijk laag: 200 euro. Voor 20 euro extra krijgen we er een roestige, afgedankte fruitkar met vier derderangsautobanden bij. Je zou voor minder euforisch worden, maar veel te goed is half zot. Voordat we de twee miljoen rial neertellen, willen we toch eerst terugkomen met een veearts. Dan kan onze uitgelaten eenoog ineens de wielen een tweede jeugd bezorgen, want die staan zo los als het gebit van een kind dat in de tandenwissel zit.

We hadden het kunnen denken. Als we de volgende ochtend op het erf aankomen, blijken de aandelen serieus gestegen te zijn. De ogen van de boer rollen als telramen.
'Je krijgt geen centiem meer', bluffen we kordaat.
Het wordt een spelletje poker. De deur van de gammele stal knalt dicht. Tijd voor nieuwe onderhandelingen.
'De riemen om het paard in te spannen kosten één miljoen rial', liegt de zakkenwasser. 'Het is echt leder! Kijk eens wat voor kwaliteit!'
Ze waren versleten en uitgerafeld, maar onze geldwolf had zijn tickets voor Las Vegas al besteld. Er ontspint zich een verbaal steekspel. Vijf andere oude geldgieren omringen ons en proberen elke keer als we naar adem happen de doodsteek te geven met hun donkere ogen. Kamal wijkt niet van onze zijde en vecht als een echte vent voor elke cent. De discussie laait zo hevig op dat zelfs het potje van de anders zo rustige Kamal stilaan overkookt. Na drie uren gepalaver is het zover: voor vier miljoen rial, 400 euro, krijgen we ons stalen ros, inclusief kar en 'gouden' riemen.
'Mijn werkuren zijn gratis, omdat jullie het zijn', grijnst eenoog.

Niemand is volmaakt

'Vergeet dit paard', zegt de dokter overtuigd.
In al onze impulsiviteit hebben we de keuring door de veearts niet afgewacht om de deal te sluiten.
'Het heeft net zoals zijn baas maar één oog.'

De bollen in de voorste benen blijken geen extra spierbundels te zijn, maar artritis. Een bit moet je niet in zijn mond steken, want tanden heeft hij ook niet meer. Naar de leeftijd kunnen we stilaan raden.
'In mensenjaren zou ik afklokken op 80 jaar', zucht de dokter.
Het beest kan elk moment doodvallen.
'Het heeft een paar mankementjes, maar niemand is volmaakt', filosofeert Ingrid. 'Heeft u niet wat multivitaminen en ontstekingsremmers?'
De dokter begint ineens blauwe kringen te maken op het paard.
'In elke cirkel moet je een injectie geven', beveelt hij.
'Allez dokter, dat durven wij niet', zegt Ingrid verontwaardigd.
'Je moet doen alsof je met een vogelpikpijltje in zijn vel gooit', motiveert het medicijnenwonder.
We moeten 's morgens en 's avonds zijn benen masseren.
'Hij kan elk moment sterven', zegt de dokter voor de tiende keer.
Nicole wou dat ze doof was.
'Het is zo'n braaf beestje. Het klopt niet met zijn hoofd en het schopt niet', mijmert Ingrid.
'Natuurlijk niet ... bejaarde mensen spelen ook geen voetbal meer', bromt Nicole.

We moeten veel leren. Om te beginnen: hoe krijgen we hem ingespannen? Er zijn ontelbare riemen en knopen. Terwijl eenoog het spinnenweb ontrafelt, maken we met ons digitaal toestel lustig foto's als geheugensteuntje. Ook de roestige fruitkar heeft zo zijn mankementen. De wielen rijden allemaal een andere richting uit. Echt comfortabel, laat staan zedig, is het ijzeren zitvlak ook niet bepaald. Maar net als alles begint tegen te steken is er ... Kamal! Een vriend van hem, mister Farhad, is een ingenieur en tovert de hoogbejaarde kar om in een superdeluxe huifkar. Hij heeft zo zijn geniale ideeën. Waarom er geen achterzetel van een Citroën op lassen? Om heelhuids door de kale en droge steppe te geraken, spannen we een knalgeel zeil, kopen we nog enorme koelboxen, een paar watercontainers en kilo's eten voor onze witte Prins. De race kan beginnen!

Mister Kamal in wit hemd inspecteert onze paardekar

Etappe 19

INFO NOORD-IRAN

VERTREK: Doğubayazit (Turkije), 20 augustus 2005

AANKOMST: Teheran, 4 oktober 2005

✔ **TOTAAL:** 1377 km

✔ **VERVOERMIDDEL:**
- paard en kar: 702 km
- ezels: 300 m
- rolstoel: 67 km
- ligfietsen: 608 km

✔ **GELD:** rial (IRR)

✔ **BUDGET:**
- Restaurant: lunch vanaf 3 €, ontbijt 1 €
- Hotel - twee personen: van 14 tot 25 €
- Budgethotels: vanaf 8 €
- Camping: als je toch wil kamperen, vraag dit dan aan een boer. Er zijn praktisch geen campings.

✔ **VISUM:** Belgen hebben een visum nodig.

✔ **KLIMAAT:** Van juni tot augustus kan het tot 50°C zijn. Van december tot februari is het in het noorden dan weer heel koud. Beste reistijd van maart tot mei.

✔ **KAARTEN:**
- Overzichtskaart - ITM Iran, 1:2.500.000
- Overzichtskaart - Iran 2005 (gekocht in Iran): www.gitashenasi.com
- Deelkaart - Ardabil provinces, nr. 206: www.gitashenasi.com
- Stadsplan - Tabriz (gekregen bij de toeristische dienst)

✔ **BOEKEN:**
- Lonely Planet: Iran
- Dominicus: Iran
- Bradt: Iran
- Lonely Planet: woordenboekje Farsi

INFO NOORD-IRAN

✔ ROUTEBESCHRIJVING:

Bazargan: grensdorp, 🛒, 🍴, 🛏

Maku: spectaculair gelegen in een rotscanyon op 1630 m

🛏 Makoe Tourist Inn: kamers met A/C, koelkast, alle luxe, vriendelijk personeel, toch oppassen:
er komen vreemde taxen bij de rekening van het restaurant …

★ Excursie naar de zwarte kerk of Qareh Kalisa: ze ligt 65 km van Maku. Voor 80.000 rial of 8 € neemt een taxi je heen en weer, inclusief wachttijd voor het bezichtigen van de katholieke kerk.
De dorpjes in deze omgeving stammen precies uit het stenen tijdperk.

Tabriz: uitstap 250 km van Maku

★ Een hoogtepunt is de 35 km lange bazaar met 7000 winkels ondergebracht in een oude karavanserai (een overnachtingsplaats op de vroegere karavaanroutes van Marco Polo).

★ Machtige moskeeën en de Arge E Tabriz: een 14de eeuwse citadel waar ze vroeger gevangenen afgooiden.

🛏 Morvarid (budgethotel): kamers aan de straatzijde, veel te veel lawaai, zeer warme douches en westerse toiletten: www.HotelMorvarid.com

🛏 Kosar: Franse toiletten, gezellig 🍴

🛏 Azarbayan en Sina: te duur en onvriendelijk

> **tip!** in *i* werkt Nasser Khan: hij spreekt goed Engels en kan al je trips organiseren of problemen en vragen oplossen.

Kandovan: 50 km van Tabriz

★ Hier leven de mensen in puntachtige spookrotsen. Echt de moeite!

Maku: vertrek met paard en kar

Jolfa: alle voorzieningen

★ 7 km ten westen liggen aan de Aras-Rivier een gebroken brug, een canyon en een ruïne van een karavanserai.

> **tip!** de weg naast de Armeense en Azeraijaanse grens is geweldig voor fietsers. Weinig verkeer, lieve mensen, wel veel politiecontroles. Geen 🛏 of ▲, maar het volk laat je gratis kamperen op hun erf.

Siyah: 🛒

Khoda Afarin: afslag naar Kalybar, een zeer steile weg vol beklimmingen (80 km)

★ Babak Castle: de indrukwekkendste fortruïne van Iran. Hier starten ook veel wandelingen (twee uren tot de top van de burcht).

> **tip!** doe deze uitstap niet met mist. Er zijn al veel toeristen verdwaald!

Aslanduz: 🛒 rechts in de richting van Ardabil

Meshginshahr: 🛏 Savalan, alle voorzieningen, einde van onze tocht met paard

Ardabil: ★ Sheikh Safi Od-Din Mausoleum: de Allah-Allah toren is prachtig. Hij dankt zijn naam aan de blauwe stenen die een eindeloos kettinggeschrift weergeven met de woorden 'Allah is de grootste'.
De stad is bekend voor zijn peren en appels.

★ de besneeuwde berg Sabalan (uitzicht vanaf het centrum)

START ETAPPE 21: LIGFIETSEN

Hir: 🛒, vanaf hier serieuze klim tot

Kivi: schilderachtig dorpje, gelegen op een heuvel, 🍴, 🛒
Het baantje naar Khalkhāl is een droom voor elke fietser. Het slingert dwars door een kloof met veel druivenverkopers.

Khalkhāl: 🛏, 🍴, 🛒
Steile klim, verder onverharde weg met grote stenen tot

Masuleh: een groene oase vol bomen en watervallen. Het toeristische dorpje ligt geplakt tegen de berghelling en is volgepropt met 🛒 souvenirshops, 🍴 en 🛏. De witte huisjes hangen als het ware aan elkaar zodat je het dak van het ene huis moet gebruiken om in je eigen huis te geraken.

Fuman: ★ prachtige wandelboulevard met palmen en rondom theeterrassen

🍴 De Gilan of 'klucheh fuman', typische koekjes gevuld met walnootpasta, zijn een delicatesse en verkrijgbaar in veel bakkerijen.
De weg van Fuman naar Rasht is oersaai en druk.

Rasht: 🛏 Golestan: kleine kamers, proper en goedkoop
Dit is een goede plaats om je visum te verlengen. Op één dag kan je het regelen, 10 € voor

één maand verlenging. Waar? In het politiekantoor (Municipality Building), Shahrdari Square tussen 8 en 14 uur.

tip! vergeet de weg tussen Rasht en Qazvin. Hij is moordend druk. Al het verkeer van Teheran zit hierop en alle grote firma's zijn er gevestigd. Vlak na het plakkaat 135 km Qazvin zeer steile klim met mooi uitzicht op de rivier.

Rostam Abad: Hier staat een reclamebord met een reuzengebit (Clinica Dentist): zeer grappig!
Rudbar: Iedereen stopt hier om bokalen olijven en olijfolie te kopen.
Weg nr. 495 loopt door een mooie kloof.

tip! neem de weg aan de overkant van de rivier, voorbij de kerncentrale tot de grote stuwdam (Sefiruddam). De hoofdweg zelf loopt door drie lange tunnels, fietsers kunnen er rond lopen. Na Majil verandert het landschap in een semiwoestijn.

Lowshan: schilderachtige weg door twee lange tunnels, klim tot Kuhin. Vanaf nu terug monotoon landschap.
Qazvin: Iran: 's nachts zetten ze de A/C af, de prijzen swingen de pan uit, een afknapper!
Alborz: vriendelijk, ontbijt inbegrepen
Markazi: goedkoop en correct (onze keuze)
Karaj: alle voorzieningen
Teheran: hoofdstad van Iran
Didaniha: Europees eten, lekker
Pizza Pishkhan: goede frieten en kippenvleugels
Uitstap naar Esfahan en Shiraz
Esfahan: is de juweeldoos van Iran, een absolute topattractie!
Het Imam Square: het tweede grootste plein ter wereld staat vol met machtige paleizen, moskeeën en betoverende koepels. Onder de vele arkades werken kunstenaars aan prachtige Perzische tapijten.
Als 's avonds de ontelbare fonteinen spuiten, kan je eten in een oosters paleis-restaurant waar je aan een lange tafel bediend wordt. Je hebt een prachtig uitzicht op het Imamplein en de Sheikh Lotfollah-moskee.
Ook tof is de grote boulevard Chahar Bagh die vol staat met winkeltjes.
De winkelstraat komt uit op de Zayandehrivier met zijn sprookjesachtige oude bruggen. Na zonsondergang zitten de mannen te nippen van hun waterpijpen. Ook de bazaar en de vrijdagmoskee zijn de moeite.
Een attractie op zichzelf is de Armeense wijk met vele prachtige kerken, zoals de Vankkathedraal. Het interieur staat vol met schilderijen van gruwelijke taferelen. Nu weten we meteen wat ons te wachten staat in de hel ...
Buiten de stad liggen de Manar Jomban of dansende minaretten. Elk uur klimt er iemand omhoog en begint te schudden aan de minaret.
De begraafplaats van de slachtoffers van de Iran-Irak oorlog Golestan-e Shohada is zeker de moeite waard. Rijen en rijen reuzenfoto's van kindsoldaten vertellen je de zinloosheid van de oorlog.
Pars: vriendelijk en goedkoop, de baas spreekt goed Engels.
Shiraz: de geboorteplaats van de dichters Saadi en Hafez.
Shiraz Eram en Sasan Tourist: onvriendelijk,en duur, te mijden!
Bagh-e Eram: een paradijselijke tuin vol tropische bomen, fonteinen en bloemen en het majestueuze Qajar paleis. Opgepast: afdingen aan de kassa is de boodschap.
De Nasir-ol-molk Moskee is een pareltje met zijn glasramen in prachtig houtsnijwerk.
De Bazar-E Vakil: prachtige binnenpaviljoenen en vijvers.
Weer zo'n droomplekje is Serai Mushir: een gerestaureerde karavanserai met veel winkeltjes.
De koninklijke burcht of Arg-E Karim Khani domineert de stad met zijn 14 m hoge ronde torens. Ze staan zo scheef als de toren van Pisa.

tip! Pars Tourist Tour & Travel verkopen een zeer professionele toer voor 8 € naar Persepolis en Necropolis (halve dag): www.key2persia.com.

Persepolis was de belangrijkste ceremoniehoofdstad van het Perzische rijk. De ruïnestad is het best te begrijpen met een goede gids.
Necropolis is de begraafplaats van de koningen. Op 65 m hoogte zijn vijf kruisen uitgehouwen in de rotsen.

Etappe 19
NOORD-IRAN

Trauma's vergeten vraagt tijd

We keren terug naar het grensdorp Maku. Met een paard inchecken in een hotel is geen sinecure. Prins krijgt de tuin en wij mogen voor de laatste keer genieten van een echt bed met een warme douche. Terwijl de imam de gelovigen voor dag en dauw wekt voor het ochtendgebed, worden we opgeschrikt door een luid kabaal …

De hotelbaas klopt onze kamerdeur er praktisch uit. 'Kom zien', stamelt hij met trillende stem. Ons paard heeft zich bijna opgehangen! Het ligt languit verstrikt in het koord dat we rond de boom hadden gespannen. We hebben hem veel te veel ruimte gegeven. Terwijl de hotelbaas met een mes het koord doorsnijdt, proberen wij ons paard terug op zijn vier benen te krijgen. Allez, we hebben nog geen meter afgelegd en hij heeft bijna de geest gegeven. Onze uitgehongerde Prins heeft de zomertuin omgetoverd in een kaal winterlandschap. Alle planten en bloemen zijn opgegeten. Er hangt geen blad meer aan de bomen. De trouwe viervoeter is ook een eerste klas grasmachine.

Pipo de Clown en Mamaloe

De zenuwen gieren door ons lijf. Zouden we het paard alleen kunnen inspannen? Zoveel riemen, zoveel lussen, we zijn helemaal de kluts kwijt. Gelukkig is Prins zo braaf als een hond. Je kan er echt alles mee doen. We hopen dat hij meer dan 5 km zal afleggen, zodat we minstens het stadscentrum kunnen verlaten. Na 20 minuten zwoegen is het zover: onze Prins staat voor onze koets. Eindelijk kunnen we de verlossende oerkreet lossen: 'Juuuuu!' We voelen ons echt in een episode van Pipo de Clown en Mamaloe met hun woonwagentje. Hier dromen we al heel de reis van: even uitrusten en niets doen.

Zou onze Prins ook zonder zijn eenogige baas willen starten? Nicole imiteert feilloos de forse stem van de oude dikkerd: 'Weuh, weuh, ah, ah!' Tot onze verbazing komt er nog beweging in ook! We draaien gezellig een paar toertjes bij het eerste ronde punt. In minder dan een minuut ligt heel het verkeer lam. De politie moet ingrijpen, want het wordt de gechoqueerde Iranezen te veel. Twee vrouwelijke toeristen met een witte schimmel en een knalgeel huis, ze vinden ons de stunt van de eeuw.

We voelen ons twee Belvédèremadammen, verwende snobs uit Beverly Hills: sjaaltje op het hoofd, zonnebril en maar wuiven uit onze 'Cabrio' naar de nieuwsgierige fans. We doorkruisen de onherbergzame provincie Azarbayan. De woeste Arasrivier scheidt als een drijvende Chinese Muur de Russen van de Iranezen. We kunnen de Armeniërs bijna een hand geven. 'Juu, juu, vooruit Prins!', luidt het onophoudelijke commando. De moeizaam galopperende toerist in eigen land kijkt gefascineerd rond. Het schijnbaar vredige parcours is militair gebied. De torenhoge checkposten zijn met een ongekende precisie om de zoveel meter in het land vastgebeiteld. Al gauw passeren we een eerste controle. De militair staat met open mond te gapen. Het is beeld zonder klank. Zwijgen is toestemmen, dus we slenteren rustig verder.

Prins heeft steeds de neiging om rechts af te slaan. Wat wil je? Met zijn linkeroog ziet hij geen steek. Als het om eten gaat, is hij recht door zee. Even ritselen met een papiertje of onze frigobox openen en zijn paardenverstand slaat op hol: 'En ik? Krijg ik niets?' Een paar seconden later kijkt hij guitig naar achter om te zien wat voor lekkers er deze keer op het menu staat. Zelfs onze driesterrenbehandeling en de pracht en praal van een paar versterkte forten kunnen niet verhinderen dat hij doodop is. Kamal heeft voor ons een paar Farsizinnetjes opgeschreven en die blijken van goudwaarde bij het zoeken naar een slaapplaats. 'Waar is een veilige plek om te slapen? Waar is eten voor ons paard? Is dit proper drinkwater?' Poëtisch is het niet, doeltreffend des te meer. De mensen vechten bijna om ons in huis te halen.

'Bij mij ben je veilig en er is eten voor je paard', roept een joviale man met een ezel. 'Niks van', lacht een andere kandidaat. 'Ik heb juist een schaap geslacht! Ik woon vlakbij.'
Zelfs de politie nodigt ons uit voor een nachtje brommen in de checkpost. Onze Prins is te moe voor het charmegevecht. 35 km per dag is voor hem een dubbele marathon.

'Ga dan maar met Ali mee, hij is een brave en vrome gastheer', adviseert de agent.
Ali spreekt een mondje Engels en is zo fier als een pauw: toeristen in zijn huis!
'Je hebt toch vrouw en kinderen?', polsen we uit veiligheid.
'Ja, ja, geen probleem', lacht onze kersverse gastheer.
We klimmen naar een petieterig, straatarm dorpje met verschrikkelijk slechte straten. Als we aan zijn huis komen, gaat de buitendeur direct op slot.

Red ons uit deze hel

Ook hier geldt de universele wet: schoenen uit voor de deur. Binnen ontbreekt elk stukje meubilair. De grote Perzische tapijten kleuren moedig het sobere decor. Hier

wordt op gegeten, geslapen, geleefd. Heel het dorp komt plechtig binnen. Zeker veertig mensen stromen binnen voor het diner. In Iran ben je echt een gast! Maar dan wel één die zich aan de lokale gebruiken moet aanpassen. Telkens er een man verschijnt, moeten alle vrouwen rechtstaan, ook al is het gewoon familie. De oude vader en de moeder worden verwelkomd als koning en koningin. Iedereen staat recht uit respect en wij moeten een zwarte chador aantrekken om de vorstelijke ontvangst nog wat extra cachet te geven. De vrouwen komen aangesloft met dampende thee. Het tapijt is het ideale decor voor een ingetogen eetfestijn: rijst en een beetje kip.

's Avonds verandert de eetkamer in een slaapkamer. De matrassen worden afgerold en de vrouwen gooien hun sluier even af. Het voelt alsof een loodzware last van hun schouders valt, maar zelfs 's nachts zijn ze goed ingeduffeld in lange zwarte gewaden. We trekken zedelijk onze pyjama aan. De andere dames leggen hun hoofddoek binnen handbereik als een zwartgeblakerde teddybeer. Zouden ze weten wat vrijheid is?

Bij het ochtendgebed veren ze als robotten recht. Op het commando van een zware mannenstem vijzen ze hun hoofddoek op en rennen ze de kamer uit. Je raadt het al, ook bij het ontbijt moeten de heren gediend worden. De ogen van de jonge meisjes kruisen bij het buitengaan verlegen onze slaapdronken pupillen. Hun droevige blikken vertellen het onzegbare: 'Red ons uit deze hel!'

Het ontbijt wordt plechtig geserveerd op een groot 'tafellaken'. Voordat het theedrinken kan beginnen, leggen de Iranezen een suikerklontje in de mond. De reusachtige zeemvellen broden zijn soms wel een halve meter groot. Je moet het kartonbrood nat maken en daarop komt brokkelige geitenkaas en zachte honing. Daarbij krijgt iedereen nog een halve maan watermeloen om de grote dorst te stillen.
Even checken of onze witte hengst nog leeft. Ja hoor, hij hinnikt vrolijk. Zou hij ons al een beetje kennen? Zijn buik is op één nacht veranderd in een opgeblazen ballon. De gulzigaard heeft een hele bussel stro naar binnen gewerkt. Voordat hij helemaal ontploft, geven we hem een vrachtwagenband gevuld met water, kwestie van de hooibol wat te laten zakken.

We voelen ons klaar voor de strijd, maar toch hebben we het gevoel dat we al vanaf de start iets belangrijk zijn vergeten. Als we ons in positie zetten om de steile, onverharde bergweg af te glijden, valt onze rial meteen: we hebben geen remmen! Alsof het hier allemaal nog niet spannend genoeg is ... De hoeven van onze Prins schuiven behoedzaam over de steentjes, maar een groot avonturier blijkt de trouwe viervoeter niet te zijn. Hij gaat doodleuk op zijn achterste zitten. Volgens Nicole heeft hij nog in het circus gewerkt. We trekken onze clown terug op gang. Samen met gastheer Ali en drie kloeke mannen proberen we hem af te remmen door vanachter aan de kar te hangen. Dit is vermoeiender dan fietsen, hoewel dat in 47°C met een halve katoenwinkel aan ook geen plezierritje was geweest.

Een erectie om U tegen te zeggen

'Grootmoeder komt eraan', buldert Ali plots. Hij wijst met zijn vinger naar een reusachtig gebergte. We staan oog in oog met de onverzettelijke grootmoederberg, een helling die zo steil is dat je er duizelig van wordt. Onze Iranese redders in nood bestellen een tractor om de huifkar over de stugge bommapas te brengen. Ali en Nicole trekken grootvader Prins te voet over 'grootmoeder'. Het is beulenwerk, maar de spectaculaire weg verzacht de pijn. De Arasrivier davert pijlsnel door haar bedding. Vlijmscherpe bergen tekenen met bibberende lijnen poederwitte portretten in de lucht.

Het volk denkt dat we vluchtelingen zijn. Onderweg houden ze ons tegen om kilo's tomaten en watermeloenen te geven. Ook onze Prins deelt in de cadeautjesronde. Op een baal hooi meer of minder kijken de bezorgde Iranezen niet. De schatten leggen stiekem ovenvers brood in onze koets! Betalen mogen we niet, sommigen geven de 'twee arme Belgische vrouwen' zelfs geld!

Na een paar dagen rondtrippelen gebeurt het: 'Knal!' Onze band is ontploft. Gelukkig hebben we een reservewiel bij.
'Tijd voor ontbijt', oordeelt Nicole. 'Eerst even waaien met de handjes.'
Ja hoor, daar stopt al meteen een Iranese vrachtwagen.
'Yok problem', zegt de struise trucker.
In minder dan tien minuten is de job geklaard.
'Wat een godsgeschenk!', jubelt Nicole alias madame Belvédère. 'Stel je voor dat we de band zelf moesten vervangen? Onze nagels hadden kunnen breken!'

Nicole vindt het wandeltempo wat laag. Ingrid geniet van het zalige nietsdoen, maar ook zij kan niet ontkennen dat onze hengst met de dag dikker, ronder en luier wordt.
'We moeten hem strenger aanpakken!', roept drilsergeant Nicole.
Prins tovert zijn meest provocerende slenterpas tevoorschijn. De ballerina huppelt tegen 5 km per uur.

'Vooruit, Prins, good boy!'
Onze monden zijn kurkdroog van hem vooruit te jagen! Met de zweep dreigen is een twijfelachtige noodoplossing. Ons beestje is al doodsbang als hij onze arm in de lucht ziet gaan. Waarschijnlijk is hij door eenoog mishandeld geweest.

Ingrids stem is nog altijd het handigste middel om onze Prins helemaal in vervoering te brengen. Telkens ze 'Good boy... very good boy' zegt, krijgt meneer een erectie van jewelste en die verdwijnt niet op één, twee, drie. De kinderen in de dorpjes vinden het maar een vreemd zicht. Nicole wordt intussen overvallen door moederlijke gevoelens. 'Ik ga hem eens goed vastpakken om hem wat af te koelen', fluistert ze. Net wanneer ze zich omdraait voor een innige omhelzing, bijt Prins letterlijk van zich af. Het moederinstinct van Nicole wordt beloond met een zuigkus die haar buik omtovert in een mijnenveld. Het voelt alsof haar ingewanden eruit komen. Het bloed hoopt zich op. Gelukkig heeft hij geen tanden. Een blote buik in het openbaar is net iets te hard het lot tarten, dus glippen we ergens binnen om de schade op te meten. Naast Nicoles navel tekent zich een blauwzwarte vlek af die een stevige inwendige bloeding verraadt.
Was onze Prins te opgewonden geworden of wou hij de genadeloze drilsergeant haar verdiende loon geven?

Stront aan de muur

Als we kamperen is Prins onze wekker. Hij wrikt zich elke nacht los uit onze amateuristische knopen en bonkt met zijn hoofd op de tent op het ritme van het ochtendgebed. 'Vooruit opstaan, geef mij eten!', hinnikt meneer subtiel.
Onderweg klampt een vrouw in zwarte chador ons aan.
'Kom toch binnen!'
Wanneer we even rondsnuffelen in het eenvoudige huisje, duikt plots een babe in een pikante minirok op met tien lagen make-up over haar gezicht.
'Hallo, waar is je moeder naartoe?', vragen we verlegen.
'Ik ben het', kirt de zwarte mummie van tien minuten geleden.
De donkere gordijnen draagt ze alleen als er mannen in de buurt zijn. We worden met de neus op de feiten gedrukt: dit is een land van uitersten. Ook de gebeurtenissen in het buitenland zijn taboe. De satelliet-tv staat vakkundig verborgen in de woonkamer.

We trekken ons op gang langs de smalle grensweg. Alle vrachtwagens uit Azerbeidzjan moeten rondrijden via Iran. De grens met Armenië is al jaren gesloten door de koude oorlog tussen moslims en katholieken. In het dorpje Düzal sluiten we de deal van ons leven: 1,5 euro voor een tweedehandsband voor onze huifkar. De euforie duurt niet lang, want iets verderop doet een militair met een brommer ons stoppen. We loeren eerst

naar zijn strepen. Hij heeft er veel, dus is het de moeite om halt te houden. 'Paspoorten', brult hij. De streber pent heel ons visum over. Het is de eerste keer dat ze ons checken, maar het begin van een oervervelende traditie. Nog geen 200 m verder horen we opnieuw het irritante geluid van het brommertje. 'Nummer visum?', luidt het bevel. Pfff.

Om 18 uur stoppen we in een zeer primitief dorpje. De mensen zitten hier letterlijk in de stront. Het dorp lijkt één grote koeienvlaai. De uitwerpselen van de schapen worden met de hand op de krottige kleihuizen geplakt om te drogen. In de winter is dit hun brandstof om te koken. Het dorp ligt begraven onder bergen uitwerpselen die ze als een hooibol bijeenrijven. De stinkende strontheuvels worden omringd door tonnen afval: flessen, glas, plastiek, een containerpark lijkt er een showroom tegen. Hoe kunnen ze hier leven? Waarom laat de overheid dit toe?

Op wandel met kalkoenen ....

Van vluchteling tot superster

De harde en schuchtere gezichten zeggen genoeg. De ontgronde mensen schamen zich. Ze zijn straatarm. Hier kan je niet spreken over een levensstandaard. Hier is geen standaard. In Iran sterven er jaarlijks meer dan 1000 mensen door het slechte water. Het wordt net zoals in Oost-Turkije in de doofpot gesmeten. Hun gastvrijheid verliezen de Iranezen zelfs niet in de meest mensonwaardige omstandigheden. Een berooide man doet teken dat we gerust onze tent op zijn vieze erf mogen opstellen. 'Ik heb een schaap en een ezel', zegt hij trots. We krimpen bijna ineen van medelijden en dankbaarheid. Net als we onze tent willen opstellen, blinken er twee gewapende soldaten voor onze neus. Hier mogen we absoluut niet slapen, zoveel is duidelijk. Ons paard en de huifkar moeten bij de arme familie blijven. We worden hardhandig geëscorteerd naar een priester die ons een kamer naast de moskee geeft. 's Nachts houdt een soldaat op zijn brommer trouw de wacht, terwijl hij van zijn waterpijp lurkt om de slaap te verjagen.

De arme man had 's morgens ons paard gewassen. We zijn diep ontroerd. Ze hebben niets en ze geven alles. Zo'n zestal km voor Khali begint alles serieus uit de hand te lopen. Vanaf nu is de politie onze schaduw, vrijheid bestaat niet meer. De mensen hebben nog nooit een toerist in levende lijve gezien. Dat lijf, daar kunnen ze maar moeilijk afblijven. Terwijl ze met honderden rond onze koets samentroepen, pakken oudere vrouwen ons innig vast om ons van kop tot teen te betasten. Ze wrijven driftig over onze borsten. Sommigen kussen ons op de mond. We bevriezen van schaamte. Het blijkt een lokale gewoonte te zijn om belangrijke mensen zo te onthalen. Van vluchteling naar superster, het is even wennen.

De kinderen springen op en neer op de huifkar. Hun haren staan stijf van de vuiligheid. Ze wringen ons paard bijna de nek om, dat veel te braaf is om zich aan de pesterijen te storen. De uitbundigheid loopt uit de hand. De wilde en achterlijke gezichten zijn blijvende littekens van een armtierig, ongeletterd leven. Auto's en brommers claxonneren onophoudelijk, terwijl heel het dorp ons omsingelt. We krijgen het benauwd en bevrijden ons met veel moeite uit de verstikkende mensenhoop. De kinderen blijven ons nalopen. Net wanneer we na 5 km denken iedereen afgeschud te hebben, beginnen de brommers te ronken. Eentje grijpt bij het passeren Ingrids armen vast. Hij zou beter moeten weten. Een vreemde vrouw zomaar aanraken is een inbreuk op de Koran. Hij begint wanhopig 'Kiss, kiss' te roepen. Als we duidelijk laten merken dat zijn kinderlijke gedoe geen indruk maakt, toont meneer zich wel een heel slechte verliezer. Hij begint prompt met stenen te gooien. Al goed dat we een zweep bij de hand hebben!

We kunnen ons beest niet laten stoppen of we worden bijna gelyncht van enthousiasme. Ze kunnen het gewoon niet vatten. Het nieuws van onze aanwezigheid verspreidt zich als een lopend vuurtje. Zelfs de Iranese telvisie komt ons filmen, om nog maar te zwijgen over de dolgedraaide Iranezen die helemaal vanuit Teheran komen om 'de attractie' te bewonderen.

Rond 18 uur komen we hondsmoe aan de checkpost voor Ustelin. De politiemannen laten ons zowaar de tent opstellen.
'Straks vliegen we weer weg', zucht Ingrid.
Haar woorden zijn nog niet koud of daar staat de commandant.
'Veel te gevaarlijk met dit weer! Het zit hier vol schorpioenen en wilde beesten.'
We breken met tegenzin af. Onze hengst mag overnachten bij de wegpatrouille. De gezagvoerder escorteert ons naar het bergdorp Ustelin. De onverharde weg gaat loodrecht de hoogte in. Door de stukgereden straten lopen watervallen. Het dorp staat door de felle regen volledig onder water. Hij duwt ons in een krot zonder ramen. We voelen ons bekeken zoals leeuwen in de dierentuin. Honderden neuzen

steken door de open tralies. Hier willen we geen seconde langer blijven. Beestachtige kinderen trekken onze armen bijna uit ons lijf. We zijn moe en sterven van de honger.

We vluchten terug naar de wegpatrouille. De brave soldaten zijn niet ongevoelig voor onze smeekbede en stellen voor de tweede keer de tent op. Ze brengen zelfs kip, aardappelen en brood. Vanuit de zetel van onze huifkar genieten we van het hemelse diner in 'hotel Police'. We krijgen zelfs begeleiding van een gewapende soldaat als we naar het natuurlijke toilet gaan. Even vrezen we dat hij mee achter de boom zal kruipen, maar nee hoor, hij checkt alleen of er zeker geen gevaar is. Heel de nacht patrouilleren er twee soldaten rond de tent. Er moesten eens slangen of schorpioenen rondkruipen. We slapen als rozen. 's Morgens breken de soldaten de tent in stijl mee af. Ze vouwen ons tentdoek in de plooi alsof het om de Iranese vlag gaat.

Weigeren, weigeren en nog eens weigeren

Dagelijks worden we gevolgd door gemotoriseerde politiemannen die ons escorteren door hun district. Onze vrijheid is zodanig beperkt dat we zelfs niet alleen naar de winkel mogen. Telkens we in een andere regio komen, staat de politie ons op te wachten en wordt er afgetekend. Kamperen moeten we in de buurt van één van de vele checkpoints, achter prikkeldraad en met schildwachten, akelig en zeer ongezellig. We voelen ons meer en meer staatsgevangenen.

Vlak na de afslag van het dorp Aslanduz verlaten we de woeste Arasrivier. Links komt de Kaspische zee om de hoek piepen. Het is het grootste zoutmeer ter wereld. 'Kom toch een theetje drinken en wat brood eten', roept een mollige vrouw langs de weg. Ze sleurt Ingrid mee. Nicole parkeert het paard en geeft het zijn welverdiende hap. Ondertussen wordt de woning van de gastvrouw platgelopen. Ook de politie zet zich mee op de mat. Ingrid voelt de ogen van de oudste man van het gezelschap bijna door haar priemen. Ze krijgt een onbehaaglijk gevoel. Zit ik niet correct? Zweetvoeten? Is mijn hoofddoek te ver afgezakt? Ze begrijpt er geen snars van, maar het antwoord maakt haar nog ongemakkelijker. De oude flierefluiter ziet haar wel zitten als tweede vrouw. Ingrid verslikt zich bijna in haar thee. Hij is 75 jaar, maar hij ziet er 103 uit! Ze probeert beleefd te weigeren. De vrouwen bezwijken bijna onder het plezier. Voor hen is Ingrid al deel van de familie.

De vraag wordt herhaald en herhaald en … herhaald. In Iran moet je alles drie keer weigeren of drie keer vragen om te laten zien dat je het echt meent en het geen beleefdheidsantwoord is. 'Blijf je hier wonen?', vragen de ginnegappende dames. Ingrid stikt bijna in een stuk kartonbrood. Ze zoekt Nicoles ogen om de violen gelijk

te stemmen. 'Weiger niet één, niet drie, maar desnoods twintig keer', ik wil geen last met die *ouwe*', fluistert ze binnensmonds. Zo gezegd, zo gedaan. In ons hart zijn we deel van de familie, maar onze oude vrijer wuift ons toch maar uit met een beteuterd gezicht. We springen gehaast terug op onze kar. De politie staat klaar om ons te laten aftekenen. Zodra de avond valt, zijn we terug staatsgevangenen: hier overnachten we en nergens anders.

Een verloren strijd

Wanneer we een dorp verlaten, staat de politie al klaar om ons door het volgende district te escorteren. Tot we in een desolaat gebied komen dat tegen de Kaspische Zee aanschurkt. Geen politie te zien. 'Die hebben we weer goed afgeschud', jubelt Nicole. Om 5 uur 's avonds bereiken we een smoezelig dorpje dat op het eerste zicht een prima kampeerplaats lijkt. In de verte zien we een reusachtige stofwolk. De uitgelaten inwoners naderen met rasse schreden. Op dat moment komt er uit de andere richting politie aangeraasd. De hoeders van de wet zien er deze keer wel heel gewelddadig uit. In hun spoor volgt een legertje uit de kluiten gewassen soldaten. Wat zich dan afspeelt, konden we in onze engste dromen nog niet bedenken.

Ze gaan naar de juichende bewoners en beginnen meedogenloos met knuppels op hen te rammen. De mensen roepen ons iets toe, maar we verstaan hen niet. Ze doen het teken alsof onze keel gaat overgesneden worden. We kunnen geen kant uit. Ons verstand begeeft het onder de druk. Zouden de altijd zo vriendelijke Iranese locals ons een kopje kleiner willen maken? We kunnen het maar niet begrijpen. De baas van de politie wendt zich zenuwachtig tot ons. 'Luister, ze gaan jullie kapotmaken!', roept hij. 'Mijn soldaten zullen het paard later brengen, jullie gaan 20 km verder in een hotel slapen, dat is veiliger.' Het klinkt als een bevel van een bende gepatenteerde leugenaars. 'We willen hier slapen', zeggen we met onze laatste dosis moed. Er barst een discussie los. We moeten beter weten. In Iran discussiëren met een man, het is bij voorbaat een verloren strijd.

Als we weigeren om in zijn auto te stappen, gaat hij helemaal door het lint. Zijn kompanen poken met hun geweren in onze rug. Ze duwen ons brutaal op de pick-up. De huifkar die maximum 20 km per uur haalt, wordt eraan gebonden. Ons paard blijft achter. We voelen ons rotslecht. Tegen 90 km per uur razen we als gekken over een onverlichte weg. Na tien minuten breekt het karretje af.
'Wie gaat dat maken?', lijkt de grootste van de bende te brullen.
De agressiviteit die van hun gezichten spat is niet van deze wereld. We krimpen ineen van angst. Na een half uur knoeien is de kar gemaakt.
'Rij toch wat zachter!' We durven de woorden niet eens uitspreken.
We daveren verder, tot het karretje voorgoed om zeep is. Samen met al onze bagage

zakt het in elkaar. Ondertussen is het pikdonker geworden. Er breekt terug ruzie uit, maar de toon verandert. Ineens beginnen ze met een duivelse grijns te lachen. De commandant fezelt wat tegen zijn kompanen. Er begint er één zich in de handen te wrijven, terwijl een andere naar zijn kruis graait.
Hij wijst naar ons. 'Jullie, naar het bos!', dreigt de commandant.
Dit kan geen politie zijn. We zitten als ratten in de val.

Nadenken kunnen we niet. De soldaten nemen Ingrid bij de keel voor een meedogenloze tocht naar het bos. Nicole zit verstrikt in het web van de commandant.
'Ingrid, we moeten een noodplan verzinnen', roept ze.
In een vlaag van helderheid rakelt Ingrid onze Iranese gsm op om Kamal te bellen. Als toerist kan je normaal nooit een Iranese gsm krijgen. De profetische Kamal had er ons één gegeven voor noodgevallen. 'Big problem', kan ze nog juist zeggen voordat de telefoon uitvalt. De soldaten zijn allesbehalve onder de indruk van haar noodsein. Ze beginnen Ingrid te bepotelen.
'Ze gaan ons verkrachten, kapotmaken en morsdood begraven', roept ze. Haar woorden sterven weg in het gehijg van de gewelddadige verkrachters.

Nicole raapt haar vrouwelijke charmes bij elkaar en gaat poeslief naar de commandant. 'Sorry voor ons gedrag', liegt ze.
Als verontschuldigingen niet helpen, is het tijd voor plan B.
'Luister, ik moet iets tonen', zegt ze.
Net wanneer ze de krantenartikels wil bovenhalen, rinkelt de telefoon die ze van Ingrid bemachtigd heeft. Kamal snapt het direct en vraagt om de commandant door te geven. Zijn stem barst van woede.
'Big boss from DHL Teheran', zegt Nicole en ze geeft de griezel de telefoon.
Die begint hevig te zweten. Blijkbaar heeft Kamal op een weerbarstige toon duidelijk gemaakt dat ze hier mensen de dood injagen op wie heel Teheran wacht. Intussen zit Ingrid klemvast in de greep van de seksmaniakken. Als ze haar hoofddoek brutaal aftrekken, is Ingrid helemaal een vogel voor de kat. Een blonde vrouw! Een sluwe hand verdwijnt diep in haar blouse. Ingrid verdedigt zich met een laatste uppercut, maar ze heeft geen verhaal tegen het brute geweld. De grootste van de drie werpt zich op haar en scheurt Ingrids T-shirt en BH aan flarden. Haar adem wordt volledig afgesneden onder het gewicht van de gigant. Ze heeft de kracht niet meer om hulp te roepen, laat staan om weerstand te bieden.

Na de telefoon stuift de commandant met Nicole het bos in. Ingrid ziet met dichtgeknepen ogen hoe hij de loop van zijn geweer in de lucht zwaait.
'Hij gaat me de kop inslaan!', krijst ze.
Nicole wil hem nog tegen houden, maar dan knalt het geweer plots tegen de stomverbaasde reus die op een zucht lag van een beestachtige verkrachting. Het

bloed gutst uit zijn neus. Voor de commandant het signaal om nog een paar rake klappen uit te delen. Plots horen we zijn schedel kraken. De maniak valt bewusteloos neer op de grond. Er stroomt bloed uit zijn oren. Dit zijn beesten, verkrachters, sadisten, moordenaars! De commandant snauwt naar de rest en ze verdwijnen als dieven in de nacht. Verdoofd en compleet in shock huilen we bittere tranen. We moeten hier weg. We stouwen onze rommel in de kar, maar na amper een kilometer zakken we overmand door emoties en pijn machteloos in elkaar. We proberen bibberend de kar in het bos te trekken om de sporen uit te wissen. We verstoppen ons in de duisternis en houden heel de nacht snikkend de wacht. We zijn doodsbang dat ze van gedacht veranderen en terugkomen om ons af te maken.

Weggaan is mentaal kapotgaan

De volgende morgen strompelen we met nog flarden kledij aan naar het dichtstbijzijnde dorp. De baas van het lokale hotel haalt meteen de politie erbij, echte deze keer. De agenten geloven hun oren niet.
'Wij zoeken al jaren naar een bende levensgevaarlijke vrouwenhandelaars die zich als neppolitie voordoen', zegt de verbouwereerde agent.
Ze snappen niet dat we hieruit zijn geraakt.
'Dat paard van jullie, doe geen moeite, dat is dood', zucht hij.
De mentale slachtpartij maakt ons helemaal kapot.
'Een paard verdwijnt zomaar niet', jammeren we.

We sukkelen in een woelige slaap. We worden geteisterd door de ergste nachtmerries. We zweten, we huilen, we roepen. Onze ogen zijn vastgekleefd aan de deur. De volgende dag staat er een vrachtwagen voor het hotel. Ons paard kijkt recht in onze ogen. De politie en de bewoners houden ons met man en macht tegen als we naar de camion willen. Als overbezorgde moeders slaan we ons een weg door het volk en openen de deur. Uit de roestige truck vloeit bloed. We gapen regelrecht in zijn diepe wonden. Ons paard ziet niet wit maar rood. Zelfs de ingewanden zijn zichtbaar.
'Hij is aan het doodbloeden', krijst Ingrid. 'We hebben dringend een veearts nodig! We geven geld, breng ons weg!'

Als we in het ziekenhuis aankomen, blijkt de apotheek van de veearts uitverkocht te zijn. We mogen de hele santenkraam zelf gaan kopen! Terwijl ze het paard vastbinden aan een roestig dubbel rek, gaan we op zoek naar windels, cortisone en spuiten.
'We werken hier zonder verdoving', zegt de tactvolle dokter.
Het verdict is hartverscheurend: twintig hechtingen. Bij elke steek kruist de blik van het paard Ingrids rode ogen. Onze Prins gooit onophoudelijk verwijtende blikken:

‘Laat jij dit toe?’ De veearts lijkt een menselijke stikmachine. Zonder genade naait hij onze trouwe reisgezel helemaal dicht.
‘Het paard kan hier niet blijven’, zucht de veearts moedeloos. ‘Hij kan elk moment sterven. De verzekering van ons ziekenhuis kan daar niet voor opdraaien.’
Is elk greintje menselijkheid plots uit dit land verdwenen?
We lopen wenend de nacht in naar een naburige weide. We kloppen de dazen weg met een militaire precisie. We wijken geen centimeter van onze Prins. De woorden van de veearts spoken als een tijdbom door ons hoofd.
‘Als hij heelhuids de nacht doorkomt, is er nog een waterkans.’
De analyse van de politie was duidelijk. Prins is brutaal mishandeld met loodzware ijzeren staven. De sadisten, de rotzakken, hoe kan je zo onmenselijk zijn? Gewoon uit frustratie omdat ze ons niet konden verkrachten of verkopen!

’s Morgens worden we opgemerkt door een jonge gast uit Teheran. Hij spreekt perfect Engels en daardoor komen zijn woorden extra hard aan.
‘Ik geef jullie één raad: verdwijn uit Iran!’
We krijgen een krop in de keel.
‘Als je denkt dat dit het einde is, heb je nog niets gezien. De echte hel moet nog losbarsten. Ga naar Teheran en neem een vlucht uit het land!’
Zijn stemt trilt na.
‘Maar, wij moeten zorgen voor ons paard’, snikt Ingrid.
Hij kijkt ons meewarig aan.
‘Dat zal ik wel doen, komaan, ga gewoon weg. Ik kan niet meer zeggen.’
We voelen ons deserteurs, lafaards buiten categorie. Ons hart breekt voor de zoveelste keer in 72 uren.

Als we onze Prins ergens moeten achterlaten, is het wel bij deze goede jongen. Zijn blik verraadt een dreigende miserie die alles wat we tot nu toe meemaakten tot een voetnoot zou herleiden. We moeten weg. We gaan weg. Weggaan is mentaal kapotgaan. We volgen zijn gouden raad en vertrekken richting Teheran. We werpen een laatste handkus naar onze onverwoestbare Prins. Wat wou de jongen ons in godsnaam vertellen? Zou de mensenhandel één van de duistere geheimen zijn van Iran? Wilden de brave zielen in het dorpje ons gewoon waarschuwen? Onuitgesproken woorden zijn krachtige marteltuigen.

Trauma’s vergeten vraagt tijd.

Stiekem kan hier alles

Zot zijn doet geen zeer. Wie haalt het in hemelsnaam in zijn hoofd om naar Teheran te reizen? De hoofdstad van Iran is één van de meest vervuilde steden ter wereld. Een mierennest van 14 miljoen mensen die dagelijks door de smog kruipen en worden vergast door 2 miljoen auto's, er zijn gezelligere oorden op de wereldbol.

We bekennen: we zijn compleet op van de miserie. Bloed, pijn, aanrandingen, onze gedachten zijn blijvend getekend door de Iranese hel. Ingrid staat op de rand van een zenuwinzinking. De hypergevoelige kreeft voelt zich machteloos door al het onrecht. Onze Prins heeft zich niet kunnen verdedigen tegen de beestenbeulen die zich politiemannen durven noemen.

Gelukkig klikt het direct met de mollige mister Ali, de manager van DHL Teheran. Als de lachebek onschuldig vraagt hoe het met ons gaat, vuurt hij het definitieve genadeschot af. Ingrid barst in tranen uit en zakt letterlijk door haar benen. Ze krijgt de betraande ogen van onze Prins, toen de dokter zonder verdoving zijn been dichtnaaide met twintig hechtingen, niet weggewist. De verwijtende ogen van de lijdende witte knol vreten aan haar als een kanker. Mister Ali schat in een oogopslag de toestand in. 'Jullie hebben rust nodig. Ik boek wel een hotelletje vlak bij ons kantoor.'

Als de deur van de hotelkamer dichtklapt, doet de spiegel ons in één oogopslag volledig aftakelen. We zien er barslecht uit. De geplande drie dagen die we zouden blijven, worden een twee weken lange beproeving. We proberen de voorbije terreurdagen te vergeten, maar ook fysiek gaan we er stilaan onderdoor. Ingrids knie steekt hevig en klopt van de pijn. Als je een emotioneel dier bent, kan de oorzaak psychologisch zijn, maar een slopende schakel van doktersbezoeken, scans en foto's verraadt dat er meer aan de hand is. Ingrids mentale veerkracht bereikt een eenzaam dieptepunt. 'Straks kan ik nooit meer gaan en ons paard staat daar helemaal alleen', jammert ze.

We krijgen de ene tegenslag na de andere te verwerken. De wonden van ons paard zijn diep geïnfecteerd. Ze moeten de hechtingen terug openen. De dokter twijfelt of hij ooit nog zal kunnen lopen. Ingrid is er het hart van in. Ze lijdt mee met haar Prins. Ook haar knie weigert te beteren. De dokters tasten in het duister. Misschien zit er water in of is de meniscus gescheurd. Onze verzekering Europ Assistance heeft de diagnose al lang gesteld: 'Met een gescheurde meniscus moet je naar België overkomen!' Ingrid wil van geen wijken weten. Haar paard heeft haar nodig. Hij overleeft het niet zonder haar!

Veel tijd om te piekeren krijgen we niet. Daar is de volgende tegenslag al. Pakistan weigert formeel om een visum te geven zonder aanbevelingsbrief van de Belgische ambassade. Die vertikken het om zo'n brief te geven voor Pakistan. 'Levensgevaarlijk en kidnappingen à volonté', luidt het oordeel. Pakistan wil de brief gebruiken als paraplu. Het is voor hen de ideale dekmantel. Alleen al aan de grens zijn zeker meer dan 2000 Iranese politieagenten gedood. 'Vergeet Pakistan, je kan je beter ophangen', voegt de Belgische consul eraan toe.

We zijn beland in een sukkelstraatje zonder einde. De toestand van Ingrid verergert met de minuut. Ze kan haar knie niet meer plooien. Een trap is een onoverkomelijke hindernis.
'Moet ik in een rolstoel verder?', zucht ze. 'Misschien sterft ons paard en moet ik geopereerd worden?'
De toekomst ziet er pikdonker uit.
'Een rolstoel? Dat is ook een ongemotoriseerd vervoermiddel', denkt Nicole luidop. Gelukkig is er nog de trouwe rots in de branding: Peter Schevenhals van DHL Brussel. Onze steun en toeverlaat laat weten dat hij een goed woordje zal doen bij de ambassade en de visumaanvragen voor India en Pakistan in Brussel zal regelen. We sturen onze paspoorten terug naar België, maar ons hart blijft gevangen in Iran.

Meisjes met typisch brood.

De paardenfluisteraar

Na één week Teheran zitten we nog steeds op dezelfde hectare grond. We beginnen langzaam maar zeker de muren van onze hotelkamer op te lopen of in Ingrids geval af te hinkelen. Ze kan geen meter meer afleggen.
'Overvliegen naar België voor een operatie, ofwel tien dagen platte rust en medicatie', luidt het advies.
Ingrid moet geen twee seconden nadenken. Met de geïnfecteerde wond van onze Prins gaat het van kwaad naar erger.
'Hij ligt volledig plat in de stal', meldt de dokter.
Paarden zijn enorm gevoelig voor stress. Na zo'n trauma zou je de moed voor minder opgeven.
'Mag ik het paard laten inslapen?', polst de dokter voorzichtig.
'Nooit!', steigert Ingrid. 'Dokter, je moet beloven om je uiterste best te doen! Ik heb ooit gelezen dat spreken met het paard kan helpen.'
Tja, onze Prins ligt daar maar zielig alleen.
'Laat me met hem praten', snikt Ingrid.
De verbaasde dokter plaatst zijn gsm tegen het oor van het paard.
'Good boy, very good boy!'
Vanaf dat Prins Ingrids stem hoort, schieten zijn oren in de lucht. De gezellige babbel werkt beter dan het strafste medicijn.
'Hij staat recht', jubelt de dokter. 'Ongelooflijk, er is een wonder gebeurd!'

Paarden zijn zoals mensen: ze hunkeren naar liefde. Ach, onze Prins mist gewoon zijn twee prinsessen!

Om de pijn te verzachten, levert SOS Iran de allernieuwste rolstoel uit Duitsland. Het heeft veel weg van een kindermodel: oud, versleten en vooral veel te smal. De Iranese vrouwen komen dan ook tot aan onze schouders. Qua breedte kunnen ze gerust met twee in ons lichaam. De rolstoel blijkt verborgen kwaliteiten te bezitten. De rit naar het kantoor van DHL gaat volledig bergaf en wordt in een snelheidsrecord afgelegd. De wielen piepen en kraken onder het gewicht. Eerst vallen de reflectoren eraf, daarna vliegen de vijzen in het rond. Dan slaat het noodlot toe: stuurvrouw Nicole staat te blinken met alleen de handvaten in haar handen. In volle vlucht rolt de stuurloze Ingrid naar beneden. Uit de open riolen klautert een ontvangstcomité van tientallen volgevreten ratten. Door haar lichaam soepel te manoeuvreren, ontwijkt Ingrid wonderwel de riool. Twee van de wieltjes breken af en rollen over de drukke straat. Het razende verkeer kijkt verbouwereerd naar de rolstoelrodeo. Pats! Ook het parkeren gebeurt in een recordtijd. Met een smak ploft Ingrid tegen een boom. Nicole wordt ter plekke afgedankt als verpleegster. De rolstoel of wat er van het zelfbouwpakket overschiet brengen we in duizend stukken terug.

Shocktherapie of sekstherapie?

Zowel voor Prins als voor Ingrid beginnen zware beproevingen. Tijdens een oervervelende test spuiten ze liters vloeistof in haar knie. 'Zo kunnen we de meniscus beter zien', verklaren de dokters. Ingrids been lijkt een aquarium waarin precies 101 vissen van haar voet naar haar bil zwemmen. Ze zit nachtenlang krijtwit recht in bed te kermen van de pijn. Haar bilspieren hebben veel weg van een slappe vochtige spons. Nicole voelt zich al even slecht omdat ze alleen maar lijdzaam kan toezien hoe Ingrid achteruit gaat.
Een tweede dokter zorgt voor een sprankel hoop: 'Je hebt synovitis.'
In mensentaal: Ingrid heeft waarschijnlijk een zeer zware ontsteking en een klein scheurtje aan de meniscus.
'Rust, rust en nog eens rust', luidt de wijze raad van de antieke dokter. 'Neem je ontstekingsremmende pillen, doe er alle dagen gel op en volg fysiotherapie.'
'OK, dokter!'
We kruipen naar een aftands hospitaal van de regering. Hier heb je een aparte ingang voor vrouwen en mannen. Twee zwarte vrouwelijke cipiers controleren of elke centimeter van het lichaam wel bedekt is. Als de zedenpolitie groen licht geeft, mag Ingrid naar een kamer vol middeleeuwse toestellen.

De fysiotherapie heeft meer weg van shocktherapie. Telkens de antieke zuignappen op haar knie worden geplaatst, knipperen de zaallichten aan en uit. Het lijkt wel een

elektrische stoel die van het ene moment op het andere in een diepvries verandert. Ingrids gebit danst een hele opera in haar mond. Net wanneer Ingrid bijna is versteend, rollen twee kreunende satellieten binnen. De monsters produceren een Saharawarmte waarvan je na een paar minuten een appelflauwte krijgt. Ingrids hoofddoek is een eersteklas zweetvod. Tot overmaat van ramp wordt haar rechterbeen gevoelloos.
'Zou het dan toch waar zijn?', panikeert Ingrid. 'Betekent dit het einde?'
Voor het vertrek zei een vrouw op een diashow tegen Ingrid: 'Jij gaat de lange reis niet halen. Je rechterbeen is bezworen met flebitis.' De akelige profeet deed sterrenkunde en las de kaarten. Je weet dat het larie is, maar toch vreet het aan je. Misschien sprak haar glazen bol wel de waarheid?

Geen tijd voor bijgeloof. Mister Ali heeft ondertussen de tweede beste kniespecialist van Iran opgetrommeld. De beste is gevlucht naar Amerika. De knappe dokter weet van aanpakken en heeft geen last van bescheidenheid. Hij heeft naar eigen zeggen half Iran verzorgd tijdens de Irak-Iran oorlog. Na een heel kruisverhoor komt hij ter zake.
'Hoe oud ben je?'
'Euh, 43', mompelt Ingrid vertwijfeld.
'Je weet toch dat zo maar stilvallen op jouw leeftijd fataal kan zijn', dreigt de oorlogsheld. 'Wees blij dat je nog geen hartaanval hebt gehad.'
'Ook dat nog', zucht de aangeslagen Ingrid.
'Gooi al die smerige pillen weg en koop een fiets!'
Wat? Een fiets kopen? We geloven onze oren niet. De dokter komt op dreef.
'Alles zit muurvast. Die autozetel op de paardenkar was veel te laag. My dear lady, uw ligamenten werden samengeperst als een appelsien. Door de draaiende fietsbewegingen zal het vocht zijn weg vinden naar de urine.'
'Hopelijk komt het niet uit mijn oren', knort Ingrid.

De Iranese wonderdokter laat zich niet uit het lood slaan.
'Hoe is het met jouw seksleven?', vraagt hij doodleuk.
De mond van assistente Lilla valt wagenwijd open.
'Een stevige vrijpartij is goed voor je botten! Boven de 40 jaar kan je als vrouw niet genoeg van bil gaan. Je krijgt er een goede bloedcirculatie van, om maar te zwijgen van de flinke blos op je wangen en de eeuwige glimlach!'
Om een lang verhaal kort te maken: al haar kwalen gaan op slag verdwijnen. We kijken hem vol ongeloof aan.
'Jullie zijn gestrest, dames.'
Lilla krijgt haar mond niet meer dicht. De streng Islamitisch opgevoede assistente heeft dit nog nooit meegemaakt, maar de dokter wil van geen wijken weten.
'Ga naar je hotel, gooi de gordijnen dicht, kleed je uit, zet de muziek keihard en dans

naakt. Bel daarna de kamerdienst en de boys zullen je 100% roomservice geven', besluit hij zijn doktersbriefje.
Lilla verlaat de kamer in shock. Plots wendt hij zich met opgeheven vinger tot Nicole.
'Als je niet oppast, ben jij de volgende. Je knie heeft een deftige massage nodig van een doorwinterde fysiotherapeut'. Allez, dat weten we ook! Een verwittigde vrouw is er twee waard!

Afscheid van een Prins

Teheran wordt te klein. Ingrid moet en zal Prins bezoeken. Er is geen houden aan het kind. De hereniging is een emotioneel succesverhaal. Ingrid vliegt rond zijn nek. Prins is in de zevende hemel. Zijn ogen stralen en zijn oren staan ineens flink rechtop. Hij geeft Ingrid een oneindige serie kwijlkussen. Nicole wordt beloond met een rake kopstoot. Volgens de veearts zal onze Prins nooit meer een zware kar kunnen trekken. Ingrid zal pas op haar twee oren slapen als we voor het uitgedoofde beestje een goede thuis vinden.

Ondertussen zitten de nepcommandant en zijn manschappen die Prins zo hebben toegetakeld in de cel. Het is een kleine pleister op een gigantische wonde. Het schorremorrie heeft nog andere daden op hun geweten. Er wordt zelfs van mensenhandel gesproken. De toeristische informatiedienst heeft ons gevraagd om een rapport te schrijven over de gebeurtenissen. De gedetailleerde robotfoto die Nicole zorgvuldig met een stortvloed aan woorden inkleurde was van levensbelang.

Engelbewaarder Peter, onze trouwe luitenant bij DHL Brussel, heeft ook niet stilgezeten. We hebben onze paspoorten terug. De visums voor Pakistan en India zijn in orde. En er is nog beter nieuws! Een goede vriend van onze Kamal heeft een thuis gevonden voor Prins: een opvangcentrum voor gehandicapte jongeren. Prins houdt zielsveel van kinderen. Elke zondag mag hij op pad met zijn nieuwe vriendjes. We zijn zeker dat onze witte hengst hier van een welverdiend pensioentje zal genieten. Voor de kleintjes is hij een godsgeschenk. Ze zullen hem serieus in de watten leggen. Met liters traantjes nemen we voor de laatste keer afscheid van onze trouwe viervoeter. Het voornaamste is dat onze Prins nu veilig en gelukkig is.

Omdat we toch drie dagen moeten wachten voordat de ligfietsen uit België aankomen, stelt DHL Teheran voor om ons mee te nemen op excursie naar Isfahan en Shiraz. De twee prachtige steden liggen toch te ver van onze route en Ingrid ... die mag gezellig meebollen in haar spiksplinternieuwe rolstoel, maar eerst bestelt ze een veiligheidshelm, een bit, arm- en kniebeschermers en ... een andere verpleegster!

In de voetsporen van Marco Polo

Isfahan is de juweeldoos van Iran. In het centrum van de oude zijderoute hangt nog de mystieke sfeer van het oude Perzië. Sjah Abbas de Grote bracht handelaars van over de hele wereld naar zijn nieuwe hoofdstad en bouwde prachtige Islamitische gebouwen in schitterende geelblauwe mozaïekstenen. Het Imam Square is het tweede grootste plein ter wereld. Het is een magische plaats waar je steeds weer terugkomt en waar je muisstil van wordt.

In de ontelbare arcaden vind je beslist een oosterse schat van Ali Baba. Met een engelengeduld en een superfijn penseeltje schilderen kunstenaars miniatuurwerkjes op kameelbeen, klokken en pennenhouders. Alles blinkt en schittert. Natuurlijk ontbreken de prachtig versierde Perzische tapijten niet aan het decor. Verkopers rollen de kostbaarheden geduldig open voor het kritische oog van de kandidaat-koper. Tijdens de nodige tasjes thee sluiten ze de beste deals. Zorg dat je grote dorst hebt, want naarmate de liters vloeien zakken de prijzen.

De blauwe mozaïekkoepel van de Imam Moskee is een reusachtige blinkende kerstbol die het grote plein charmant domineert. Het prachtige huwelijk tussen blauw en geel wordt bezegeld door geglazuurde tegels en mozaïeken waarop het eindeloze kettingschrift 'Allah is de grootste' prijkt als een blijvende getuige. De hoge ranke minaretten zijn identieke, fijne edelstenen met houten balkonnetjes op de top. Hier klopt het religieuze hart. Zelfs de lucht is heilig. Koepels filteren gracieus het invallende zonlicht en trakteren je op een verse dosis energie. Alles is groots: de gewelven, de koepels, het binnenplein, alles straalt tomeloze macht uit.

Je moet echt gaan zitten of je wordt helemaal omver geblazen door de schoonheid. Je waant je Marco Polo op één van de karavaanroutes, een ontdekkingsreiziger die 1000 dagen door een dor en desolaat landschap heeft geploegd om nu te ontwaken in dit oosterse sprookje. De zonsondergang doet de ranke minaretten en de pompeuze koepels baden in een warme, rode gloed. Aquaductbruggen zijn feeëriek verlicht. Op de pittoreske terrasjes van de theehuizen nipt de lokale bevolking massaal aan hun waterpijp. 's Avonds ontwaken de fonteinen in al hun glorie. Het Imamplein wordt ondergedompeld in een mystiek bad van geuren en kleuren. Je wordt er als toerist zeer nederig van.

Een perfecte manier om je dag te eindigen is afdwalen naar een oosters paleis-restaurant versierd met gekleurde glasdecoraties en prachtige wandtekeningen. Net zoals alle Iranese families doen we onze schoenen uit en ploffen neer op een bed met een Perzisch tapijt. We bestellen een traditionele maaltijd: veel groenten, gefrituurde hapjes en schapengehakt met weinig kruiden. Op de specerijentempels van Pakistan en India zullen we nog even moeten wachten.

De stem van een gebroken volk

Een bezoek aan Isfahan is niet compleet zonder af te dwalen in de bazaar. We gaan deze keer recht op ons doel af. Via een doolhof van straatjes vol potten en pannen,

schoenen, tapijten en alles wat een mens zich kan indenken, komen we uit bij de afdeling hoofdsjaaltjes. Hebben we al verteld dat we ons nu bij het dragen van de verplichte hoofddoek vrouwelijker voelen? Bizar! Je voelt je bijna een prinses. Vooral de verfijnde sjaaltjes met sierlijke belletjes en glitters hebben dat tikkeltje extra. Straks hebben we een hele garderobe vol. Waar is de tijd dat we ze wilden opstoken? Nu zijn ze een deel van ons geworden.

Tapijtverkopers zijn suf gediscussieerd

Op de Manar Jomban, beter gekend als 'the shaking minaret', klimt elk uur iemand naar boven die dan heel hard begint te schudden. Het is een plezierig schouwspel: twee waggelende minaretten die een vrome wobbeldans uit hun stenen toveren.

Buiten de stad liggen de immense begraafplaatsen waar de slachtoffers van het bloedige conflict tussen Iran en Irak rusten. Rijen van graven met levensgrote foto's van de gevallen soldaten geven een bitter beeld van een zinloze strijd. Anonimiteit bestaat hier niet, confrontatie is het sleutelwoord. Voor de graven prevelen roerloze zwarte standbeelden gehurkt een huilend gebed. Moeders lijden nog dagelijks onder het verlies van hun zoon. De tand des tijds kan diepe wonden maar moeilijk helen. Jonge meisjes in strikte zwarte chador lezen rechtstaand voor uit de Koran of citeren verzen. Poëzie is hier de stem van een gebroken volk. Een familie zit met zijn vieren stokstijf

opgelijnd voor de foto van een piepjonge soldaat. Sommigen waren nog kinderen. Je krijgt kippenvel als je rij na rij voorbij de ingekaderde foto's loopt. Lijden is hier persoonlijk. In vergelijking met de triestige soldatenkerkhoven van bij ons met alleen een kruis, krijg je hier een emotionele klap in het gezicht. Familie is heel belangrijk in Iran. Ook al ben je er niet meer, elk gebed schreeuwt het uit: 'Je hoort er nog altijd bij!'

De volgende halte is Shiraz, de geboorteplaats van de wereldberoemde Perzische dichters Saadi en Hafez. Iranezen zijn verliefd op poëzie. Ze leren hele gedichten vanbuiten die ze hartstochtelijk declameren voor de geïnteresseerde luisteraars in parken.
Geschiedenis en aardrijkskunde waren onze favoriete vakken. We herinneren ons nog de verhalen van het grote Perzische Rijk. Als we de indrukwekkende ruïnes van Persepolis bezoeken, stappen we regelrecht terug in zo'n geschiedenisles. Persepolis werd door Darius I gebouwd als ceremoniehoofdstad. We staan vol bewondering voor de 'Poort der Naties'. De ingang wordt vakkundig bewaakt door zestien meter hoge zuilen waarin gevleugelde stieren met mensenhoofden dreigen. De magnifieke reliëfbeelden tonen afbeeldingen van alle volkeren. Indiërs, Arabieren en Afrikanen wandelen hand in hand in dit feest van de lente en de vrede. Allen hadden ze kostbare geschenken van hun land bij om aan de koning te geven. Sommige schonken

Persepolis

een stier, een kameel of een ezel, terwijl anderen de vorst inpalmden met fijne gewaden en juwelen. Respect voor de koning was een erezaak.

Als koning van zo'n groot rijk wou je voor altijd vereeuwigd worden op een plaats waar iedereen naar kan opzien. In Necropolis, de begraafplaats voor de koningen, zijn op 65 meter hoogte in de steile rotsen vijf grote kruisen uitgehouwen. Binnenin is er een geheimzinnig rotsgraf met verschillende kamers. Statige reliëfs beelden de koning uit die gedragen wordt door zijn volk. Andere vorsten lieten hun overwinningen vastbeitelen voor het nageslacht. Bescheidenheid overleeft de geschiedenisboeken niet.
Het verwoestende bezoek van Alexander De Grote betekende het einde voor de parel van de Perzische architectuur. Persepolis brandde volledig af en werd later letterlijk bedolven onder stenen en zand. De tijd heeft heel veel kleur weggeveegd, maar we schilderen de machtige stad moeiteloos terug met onze fantasie.

Een dokter met goesting

De fysio in Teheran was een totale flop. Misschien omdat het een staatshospitaal was met bedeesde tuttebellen die ons masseerden met slappe pollekes? Shiraz is de uitgelezen stad voor een nieuwe poging. Volgens onze reisgids hebben ze hier de beste

ziekenhuizen en dokters omdat het een kweekvijver is van universitairen. Nicoles boodschap aan SOS Iran is duidelijk: 'Wij willen een man met sterke handen!' Zoals steeds verhoren de vriendelijke Iranezen onze gebeden. We mogen naar een privé-kliniek, na de openingsuren. De laatste verpleegster dwarrelt juist buiten als we binnenglippen. De fysiotherapeut, mister Nousha, staat ons op te wachten met open handen en de grootste glimlach van Iran.
'Na één sessie met mij zullen jullie je op slag tien jaar jonger voelen', orakelt hij. 'De komende 100 jaar zullen jullie geen kwaaltje meer hebben.' Onze Nousha schuwt de gewichtige woorden niet. We zoeken elkaars ogen en lezen onze gedachten: 'Jongen, droom verder!'

We worden elk naar een totaal verschillende kamer geleid, vreemd. Hij laat Ingrid onder de ultrasound opwarmen, maar dat heeft Nicole niet meer nodig.
'Een stevige massage en wat manipuleerwerk zal mirakels verrichten', zegt hij kordaat. Nicole ligt languit gestrekt in haar lelijk bloemengewaad en haar korte koersbroek.
'Waar is je man?', vraagt Nousha met een dreigende interesse.
'Ik ben niet getrouwd, dokter.'
'Tiens, tiens, kinderen?'
'Neen, ook niet!', roept Nicole.
'Boyfriend in Iran?'
Het kruisverhoor gaat nogal vooruit.
'Neen, daar begin ik niet mee.'
Ondertussen begint hij aan een vurige massage. Zijn handen dartelen onder Nicoles kleed. Met een duizelingwekkende precisie bewerkt hij haar borsten en buik. Even vlug plakken zijn handen terug waar ze moeten zijn.
'Vies, vuil ventje', mompelt Nicole.
'Are you relaxed?', vraagt de nietsvermoedende massagespecialist.
'Niet echt', zucht Nicole.
'Wacht even!'

Een paar seconden later komt Nousha met een groot vibratietoestel aangelopen. De gezonde rode blos op Nicoles wangen verdwijnt als sneeuw voor de zon. De viespeuk steekt zijn vingers in het rare vibratieding en begint bibberend over haar benen en billen te hobbelen. Nicole ziet er eerst nog de lol van in, maar als hij telkens verkeerd afslaat en stil valt op haar vagina heeft meneer weer zijn eigen ruiten ingeslagen.
'Daar zitten ook spieren', zegt hij grijnzend.
Dit is de druppel. Nicole gooit hem uit het niets in een verstikkende judoklem. Kermend van de pijn rolt Nousha over haar. Wat volgt zou zelfs een seksuoloog op rust de wenkbrauwen doen fronsen. De kreunende dokter en zijn razende patiënt

zitten in de raarste posities verstrengeld om uit elkaar bevrijd te worden. In al die opwinding scheurt Nicoles kleed.
'Wat denk je van een paar spierversterkende borstoefeningen?', daagt hij uit.
Meisjes plagen is liefde vragen. Nicole bekijkt hem met een ijzige blik.
'Mijn probleem ligt heel, maar dan ook heel wat lager!', krijst ze.
Pruillip Nousha staat erbij als een gecastreerde stier.

Energie heeft Nicole genoeg gekregen. Ze trekt als een razende furie de draad uit van de toestellen waaraan Ingrid ligt te bengelen.
'We zijn hier weg', beveelt Nicole.
'En mijn massage dan? Mijn probleem is heel wat groter', jammert Ingrid.
'Liefste Ingrid, dit is geen kinesist maar een sekstherapeut!', roept Nicole. 'Ga mee naar het hotel en ik bestel wel roomservice. Je krijgt als hapje Mustafa, als voorgerecht Papak en als hoofgerecht Ali.'
Ingrid kan al lang niet meer volgen.
'Als je honger nog niet gestild is, heb ik nog Balthazar als dessert!'
Raar maar waar, na de onvergetelijke sessie bij Nousha is Nicoles probleem miraculeus opgelost. Hoe verzinnen ze het toch? Een massagespecialist blijkt een professionele seksmaniak te zijn. Stiekem mag hier alles.

INFO OOST-IRAN

VERTREK: Teheran, 4 oktober 2005
AANKOMST: Mirjaveh, 17 november 2005
✔ **TOTAAL:** 1823 km
✔ **VERVOERMIDDEL:** • ligfietsen
✔ **KAARTEN:**

- Overzichtskaart - ITM Iran, 1:2.500.000
- Overzichtskaart - Iran 2005 (gekocht in Iran): www.gitashenasi.com
- Deelkaart - Yazd province nr. 396
- Deelkaart - Esfahan province nr. 243
- Deelkaart - Sistan-Va-Baluchestan provence nr. 378

✔ **ROUTEBESCHRIJVING:**
Teheran: info zie deel 1
Qom: tweede heilige stad van Iran, alle voorzieningen
Kashan: prachtige oasestad
Sayyah: www.sayyahhotel.com
Golestan is goedkoper.
✯ de bazaar: het uitzicht vanaf het koepeldak is de moeite (vraag aan de verkopers waar de trap is).
✯ De stad bezit honderden traditionele villa's. Wij bezochten Khan-e Ameriha: een paleis met

prachtige tuin en mooi interieur. Khan-e Borujerdi vonden we minder indrukwekkend.

★ Khan-e Tabatabei is subliem met prachtig schilder- en pleisterwerk.

Vanaf 18 uur opent het restaurant in de binnenkoer. Geweldig om je dag hier af te ronden.

★ De oude muren rond de woestijnstad ademen een mystieke sfeer uit.

Abyanez: ★ het schilderachtige modderdorpje bezit typische kleihuisjes en een 'vrouwen en mannen-deurklopper'. Vrouwen zijn gehuld in chadors met bloemenmotief, mannen in zwarte pofbroeken. Het dorp ligt geplakt tegen een 3899 m hoge bergheuvel waarop de ruïnes van een kasteel rusten.

🛏 Abyaneh heeft ook een goed 🍴. Speciaal is de Fesenjun: een lekkere dadelsaus.

De 25 km lange afdaling van Abyanez tot Natanz is een verademing.

Natanz: 🛏 Saraban, 🛒 en 🍴

Steile klim naast de Dasht-e Kavir woestijn met machtige ruige bergen. Na het plakkaat Mordeh Khort: troosteloos landschap.

Milajerd: 🛒

Ardestan: 🛏 Ardestan Tourist Inn

Na'in: 🛏 Na'in Tourist Inn: 🍴 serveert smaakloos eten.

★ De Jameh Mosque of vrijdagmoskee is een van de oudste in Iran. De Narenj qaleh (2 km ten westen) is nog een overblijfsel van een oude karavanserai en is één brok mystiek. De totaal verlaten ruïne-bazaar heeft een spookachtige sfeer over zich.

> **tip!** in oktober hebben de fietsers die van west naar oost rijden overwegend meewind. Vanaf nu veel grazende kamelen naast de baan.

Ardakan: 🛏 Ardakan Tourist Inn

In tweelingdorp Meybod: ★ Narin Castle: oude karavanserai met prachtige ronde torens.

🍴 Een kameelkebab is een echte lekkernij.

Yazd: heeft de best bewaarde oude stad van Iran.

🛏 Kohan: kleine kamers met tv, koelkast en A/C: www.kohanhotel.com

🛏 Malek-O-Tojjar: kamers hebben nog oude tekeningen op het plafond: www.yazdmarketing.com

🛏 Silk Road: onze keuze, gezellige binnenkoer met een goed 🍴, grotkamers zijn klein met A/C.

Silk Road Traveller: organiseren twee uur durende kameeltochten voor 80 €: www.silkroadtraveller.com

★ Badgirs, de vroegere windtorens die nog steeds worden gebruikt, zorgen ervoor dat het kleinste zuchtje wind in de huiskamers terechtkomt.

★ Het watermuseum: er lopen 50.000 ondergrondse kanalen of Qanats door heel Iran.

★ De prachtig verlichte Jameh Mosque is ronduit indrukwekkend.

> **tip!** bij zonsondergang begeef je je best naar het Amir Chakhmaq Complex. Beklim de reuzentrappen en geniet van het sprookjesachtige uitzicht over de woestijnstad Yazd.

★ Towers of Silence, de oude begraafplaats van de Zoroastrians.

Mehriz: 🛏, alle voorzieningen

Zein-o-din: 🛏 Hier kan je in een karavanserai overnachten. Wij vonden dit te modern, te toeristisch en heel duur (90 € per kamer).

Kermanshah: 🛏 ook een oude karavanserai, maar nog authentiek en niet modern zoals Zein-o-din.

Anar: 🛒, 🍴

Rafsanjan: produceert pistachenoten en bezit veel kopermijnen en industrie.

🛏 Rafsanjan Tourist Inn

Kabutar Khan: 🛒, 🍴 hamburgertent

Baghin: 🍴, 🛒

Kerman: 🛏 Akhavan: ziet eruit als een paleis, maar de prijzen zijn goedkoop. De hotelbazen zijn knettergek en de ober lijkt op Manuel van Fawlty Towers. Het 🍴 is ook voortreffelijk.

Jalal Tourist Guest House: hij doet trips naar de Kaluts (50 € voor vervoer en overnachting in tenten). Een vriend van hem, Hussein Vatany, is een zeer goede en zonnige gids.

★ Bazar-Evakil: met enkele traditionele theehuizen en de goudbazaar (Bazar-e Zargaran)

★ Hamam-e Ebrahim Khan: enkel voor mannen en wordt nog steeds gebruikt, prijs 2 €.

★ Het Hamum-E Ganjali Khan, een museum over de openbare badplaatsen, is een bezoek waard. Het staat vol met levensgrote poppen die heel het proces en de werking van een badhuis uitbeelden. Met kinderen is een bezoek aan het ijshuis geweldig. Moayedi Ice House: binnen is een

INFO OOST-IRAN

reusachtig ballenbad (alleen open in de voormiddag).
Mahan: Mahan Tourist Inn: heel vriendelijk personeel

tip! als je een bewijs kunt voorleggen dat je ook in een andere Tourist Inn hebt geslapen, geven ze korting.

★ Bagh-E Shahzade: een tuin met fontein en een paleis met een theetuin. Er is ook een mausoleum: Aramgah-E Shah Ne'Matollah Vali. In de winter is het omgeven met besneeuwde bergtoppen.
Vanaf hier uitstap naar de Kaluts: klim naar 2700 m (laatste stuk is een verlichte tunnel van 1,2 km).
Shahdad: bekend om zijn lekkere appelsienen die in oktober worden geoogst. Het is tevens het eerste dorp na de grote Lutwoestijn, dus alle karavaans stopten hier om terug op krachten te komen.
★ oude karavaanserai in Shafi Abad met grote ronde torens en ondergrondse waterkanalen
★ 28 km verder liggen de zogeheten Kaluts: door wind en water geboetseerde zandkastelen (over een afstand van 145 km). Vooral bij zonsondergang zit je bijna in een sciencefiction film. Reuzenpaddenstoelen, sfinxen, duivelse gezichten en andere buitenaardse wezens kijken je dreigend aan. Dit is echt niet te missen.
Zeker 15 km lange klim van Mahan richting Rayen.
Na 13 km theehuis en politie-checkpost.
Na 60 km afslag naar
Rayen: 25 km van de hoofdweg, meestal bergaf
Rayen Arg: kleine stoffige kamers
★ Arg-e Rayen: Hamid Reza, de eigenaar van het hotel, heeft een sleutel van het enorme fort. 15 torens met een dikte van 3 m omringen dit immense kasteel. De bazaar is nog intact. Vroeger woonden hier families in huisjes van maximum drie verdiepingen, alleen de schoorstenen staan nog recht. Aan de mooie klok van de moskee sloegen we af naar Deh Mirza: 23 km over een prima asfaltbaan. De gehuchten komen precies uit het stenen tijdperk. Muurtjes omringen de kleiwoningen om het zand buiten te houden. Voor fietsers is de looproute van Rayen naar Bam een droom. De hoofdbaan wordt platgereden door vrachtwagens met stenen en cement.
Op de hoofdbaan klim tot het dorp
Tahrud: , , zachte klim tot
Bam: ★ De belangrijkste bezienswaardigheid Arg-e Bam, een machtige citadel, zakte als een kaartenhuisje in elkaar. Iedereen leeft nu nog steeds in tenten en containers. Het enige dat nog rechtstaat zijn de vele dadelbomen.
, met , Akbar Tourist Guesthouse: onze keuze

tip! Tussen Bam en de grens met Pakistan hebben gewapende drugsbendes vrij spel. Bomaanslagen en kidnappingen zijn geen uitzondering. Veel Afghaanse vluchtelingen leven hier in tentenkampen. De kinderen gooien met stenen en zijn zeer agressief. 's Nachts kan je je het beste wegsteken achter de zandduinen en geen vuur maken. Het veiligste is een bus te nemen tot Zahedan. Of vraag aan de politie of het veilig genoeg is om verder te fietsen. We hebben jullie gewaarschuwd.

Vanuit Bam vertrekt een zeer smalle eenbaansweg door een troosteloos, desolaat landschap. Een treinspoor van de hoofdstad Teheran tot de grens van Pakistan is in aanleg ...
Rostam Abad: , , , buiten de stad lag een koddige groene 'stoepa'.
Fahraj: , politiepost
Misschien is het beter om een bus te nemen van Bam tot Fahraj. Het verkeer valt hier praktisch stil, maar echt veilig is het niet. Je wordt niet omver gereden, dat is al iets! Juist aan het plakkaat 'Zahedan 185 km' is er drinkwater in een moskee. Op 155 km ligt het mooiste stuk. Via een zigzaggende beklimming fiets je door roodbruine bergen met korte tunnels.
Op 115 km stond bovenop de pas een theehuisje.
Nosrat Abad: , ,
Op 65 km is er opnieuw een moskee met drinkwater. Op 40 km vind je een grote militaire checkpost. Op 25 km nog eens drinkwater in een moskee. Klim op 15 km en weer een politiepost.
Zahedan: hoofdstad van de gevaarlijke provincie Sistan Va Baluchestan, alle voorzieningen
Zahedan Tourist Inn Guesthouse: duur, maar proper, Amin: goedkoper

tip! pas op 's avonds, de stad is meer een roversnest.

Na 40 km moskee met drinkwater
Mirjaveh: Mirjaveh Tourist Inn: geen warm water en geen sleutel op de kamers, ,
Vanaf hier nog 15 km tot de Pakistaanse grens.

IRANESE GEWOONTES EN TRADITIES

- Alcohol is verboden.
- Fietsen is voor Iranese vrouwen totaal ongepast.
- Satelliettelevisie is ten strengste verboden.
- Iranezen staan niet graag in de rij en kruipen graag voor.
- In 2005 zakten de prijzen voor toeristische attracties van 30.000 real naar 5000 real (of van 3 € naar 0,5 €). Toeristen moesten zo maar eventjes 30% meer betalen dan de inwoners.
- Voor 3 € kan je in Iran een bustrip van 7 uren maken. Kies zonder twijfel voor een Mercedes of Volvo, de rest zijn roestige bakken. Er rijdt zelfs een hostess mee die koekjes en water aanbiedt (hebben ze ons verteld!) Nog meer goed nieuws: ze houden zich trouw aan 90 km per uur.
- Een typisch ontbijt bestaat uit zwarte thee met een flinterdun zeemvelbrood met daarop honing en fetakaas.
- Een simkaart voor een gsm kost 1000 $.
- Op de stranden zijn er afgebakende zwemplaatsen voor de vrouwen. Ze zwemmen volledig bedekt met hoofddoek en lang kleed.
- Sport is voor de vrouwen geen evidentie. Ze moeten altijd alles bedekken.
- De winkels en banken zijn gesloten op donderdagnamiddag en vrijdag.
- Altijd schoenen uitdoen aan het begin van het tapijt om te vermijden dat straatvuil binnenkomt.
- Vrouwen moeten steeds sokken en nylons dragen. Blote tenen kunnen mannen seksuele fantasieën geven ...
- Het beste geschenk om af te geven zijn bloemen of chocolade. Maar het belangrijkste is dat het zeer mooi ingepakt is!
- Geef gerust een compliment over hun mooi huis, maar zeg niet 'Wat een rustieke tafel!' Zolang het niet vastgenageld is, zouden de brave Iranezen alles afgeven.
- Vermits iedereen op sokken door het huis loopt, zijn er altijd speciale slippers om naar het toilet te gaan.
- In alle hotelkamers is er een teken in de richting van Mekka om te bidden.
- Varkensvlees eten is verboden.
- De lokale Coca-Cola heet Zam Zam en is enorm lekker.
- In de warmte is het goed om Doogh te drinken. Het is een soort yoghurt met water en het laat bijna onmiddellijk je temperatuur zakken.
- Bij het theedrinken steken ze eerst een suikerklontje in hun mond.
- In 1990 mocht er niet geluisterd worden naar zangeressen.
- Er is bijna nooit toiletpapier, wel een sproeier.
- Iranezen houden van picknicken. Spijtig genoeg laten ze al hun afval rondslingeren in het schaarse groen!

Etappe 21
OOST-IRAN

Het web sluit genadeloos

Ingrids probleem een godsgeschenk? Misschien, want door de twee maanden achterstand op ons reisschema hebben we de verschrikkelijke aardbeving in Noord-Pakistan ontweken. Spijtig dat je niet af en toe door een glazen bol kunt loeren …

De Allah-Allah toren in Ardabil

Na de adembenemende magie van Isfahan en Shiraz, keren we helemaal terug naar Ardabil, het punt waar we ons paard hebben achtergelaten. De met sneeuw bedekte berg Sabalan waakt over de gezellige historische stad. We kruipen vol goede moed op onze twee ligfietsen. De eerste weken zal Ingrid zonder bagage rijden om haar knie te sparen. We hebben veel vragen en nog meer twijfels. Hoe gaat de mannenpopulatie reageren als ze twee vrouwen onzedig met de benen in de lucht voorbij zien fietsen? Zullen we de immense Lut-woestijn bedwingen of zal de woestijn van de leegte met zijn extreme temperaturen, schaarse dorpjes en de levensgevaarlijke drugsoorlog ons de definitieve genadeslag toedienen? Zullen we de Pakistaanse grens halen en zonder kleerscheuren door de broeihaard van rovers en bandieten geraken? Eerst maar bidden tot Allah dat de knie van Ingrid het niet totaal zal begeven …

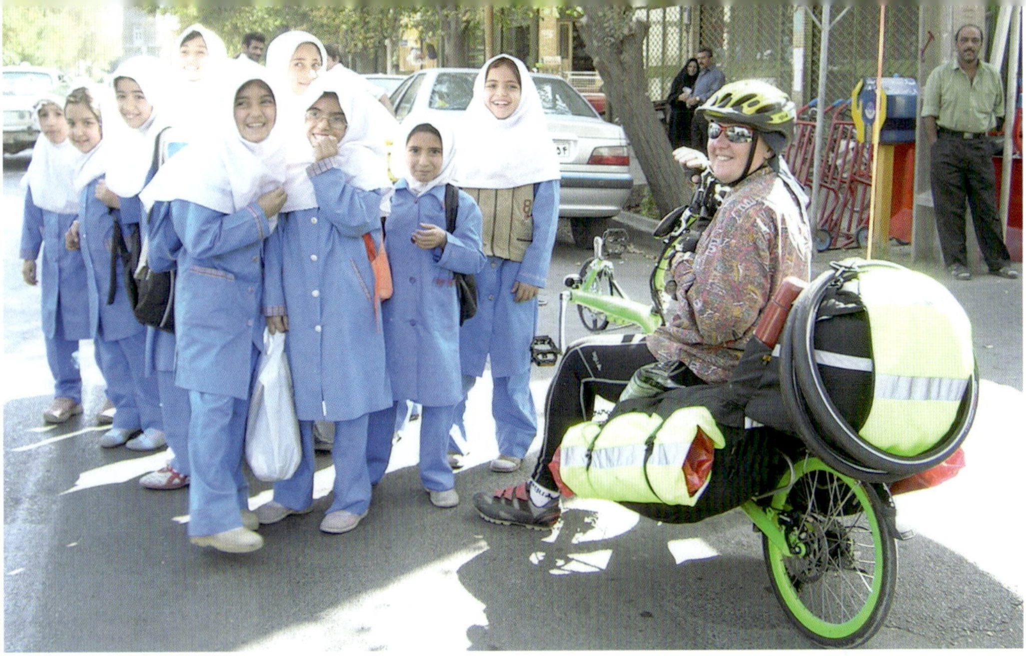

Historische hartkloppingen

Als we de stad uitrijden veroorzaken we een massale verkeerschaos. Alle bussen, vrachtwagens en auto's vallen plots zonder benzine. Ze kunnen niet lang genoeg gapen naar onze futuristische, blitse ligfietsen. Door de kier van hun ramen schieten de volleerde paparazzi in ijltempo foto's op plaatsen waar het niet moet. Sommigen lopen hysterisch achter onze fietsen tot ze er bijna bij neervallen. Het is een gezellige mediastorm voor een monotone stilte.
Dagenlang peddelen we door een saai en kurkdroog landschap. De wind raast als een tornado door de wijde vlakte waar eenzame kuddes schapen en koeien grazen. Onze enige tegenliggers zijn dode honden of driepotige scharminkels die blaffend hinkelen over de stoffige banen.

Om uit Khalkhal te geraken, heb je maar één versnelling nodig: de kleinste. De kale knikkers van bergen kijken neer op de vierkante gemotoriseerde slakken en twee praktisch stilstaande fietsers die traag naar boven kruipen. De weg kronkelt door een prachtige kloof. Een tip voor wie zich niet kan

Warme bakker

bedwingen om het Iranese avontuur aan te gaan: de baan naar Masuleh is een onverharde verschrikking. Doe het jezelf niet aan, autojeeps rijden er drie uren over. Maar de volhouders worden beloond met een oase van groen. Het wondermooie bergdorpje Masuleh is de uitlaatklep voor alle Iranese gezinnen. Hier wordt er massaal gepicknickt en genieten ze van schaduwrijke bomen, aangename temperaturen en verfrissende watervallen.
Zeven meter onder zeeniveau puft het plakkerig warme stadje Rasht. We voelen trommelgeroffel door de lucht vibreren. Rasht is 'the place to be' voor de verlenging van ons visum. De charmante Emir van het consulaat in Turkije heeft niet gelogen. We krijgen probleemloos een maandje langer Iranees reisplezier.

Om 3 uur 's nachts worden we gewekt door een stem uit de hemel. Diep vanuit de Dasht-E Kavir, de Grote Zoutwoestijn, weerklinkt een intens gezang. Het vreemde spektakel duurt wel twee uur en galmt uit alle moskeeën van de oasestad Kashan. Op 5 oktober begint de Ramadan. Het is vasten geblazen. Eén maand lang mag er van zonsopgang tot zonsondergang niet gegeten worden. Ook voor niet-moslims is het verboden om te eten voor het oog van de vasters. Slechts enkele gelukzakken ontsnappen aan de Ramadan: meisjes in verwachting, menstruerende vrouwen, reizigers en oude en zieke mensen. Geen nood, we vallen bijna in alle categorieën.

Hongerige magen worden niet zomaar op hun wenken bediend. De sleutel tot het eten zit verborgen achter deuren en vensters van de restaurants die nu met krantenartikels zijn beplakt. De hamburgers worden hier afgeschermd van de buitenwereld gebakken. Een half zoutvat, een snuif peper en goed wat paprika zijn geen overbodige luxe om het kebabvlees zelf op smaak te brengen. Veel sterren krijgt de saaie en smaakloze Iranese keuken niet!

Luxueuze fietsenwinkel

In de bazaar van Kashan klopt het hart van de oude specerijenkaravaans. Je voelt de geschiedenis van de koepels neerdwalen: flarden van oude tekeningen, gebroken mozaïektegels, afgepelde arken en bogen, gebarsten spiegeltjes en versleten traplopers. Ondertussen betasten de vrouwen de nieuwste trend die sinds duizenden jaren zwart is. Handig, hier ben je altijd in de mode!

De woestijn gaat op vakantie

Vanaf Natanz is een toiletstop zelfmoord. We fietsen regelrecht door het betwiste 80 km lange nucleaire gebied waar president Bush op gefixeerd was. Hoge wachttorens gewapend met sterke verrekijkers houden ons nauwgezet in het oog. Legertanks patrouilleren van links naar rechts. Je zou hier bijna letterlijk in je broek doen van de spanning.

De eerstvolgende winkel ligt pas 200 km verder, daarom sleuren we elk met tien liter water. De zonnestralen schroeien onze haren bijna van onze hoofden. Plots zweeft een vreemde bruine mist over de woestijn. Als het gevaarte de weg oversteekt, kunnen we geen steek meer zien. De woestijn lijkt op vakantie te gaan en bedelft onze weg onder bergen zand. Door de korrelige volksverhuis moeten de auto's resoluut remmen. Onze kettingen ratelen als droge koffiemolens. Spijtig genoeg zijn we weer vergeten om ruitenwissers op onze zonnebrillen te zetten. Met knarsende tanden banen

Op zoek naar een streepje schaduw

twee blinde Vlaamse mollen zich een weg door de zandpiramides. We proberen onze ogen te beschermen door gehurkt het hoofd in de handen te verstoppen, toch eten we kilo's zand. Na dertig minuten is de woestijnrazernij gedaan. De zandstormen komen en gaan als Belgische regenbuien. Het zand is overal tussen gekropen. Vooral de ogen van Nicole zijn vuurrood van de stoffige korrels. Ingrids contactlenzen van Bausch & Lomb zijn van goudwaarde. Ze vormen een prima afweerschild.

In het dorp Milajerd stormen we de enige winkel binnen om onze zandbak door te spoelen met vier flessen Zam-Zam Coca-Cola. De naam van het suikerige goedje doet ons denken aan onze reddende engel Kamal. Ze zijn beiden even zoet! 's Avonds toveren we het lokale hotelletje om in een zandstrand, maar dat is het minste van hun zorgen. Als we durven vragen naar een aircokamer pakken de baliemensen verwonderd hun hoofden vast. 'Het is maar 35°C, er werkt nu geen airconditioning, het is winter!' Winter? Welke temperaturen hebben ze dan in de zomer, 50°C?

De weg naar het adembenemende modderdorpje Abyaneh is puur genieten. Het ligt op 2500 m hoogte. Vanaf onze ligfietsen lijken de bruine bergen nog hoger, nog dramatischer, nog grootser. Abyaneh is nog echt. Het is nog niet bedorven door hordes toeristen. Alle huizen zijn gebouwd uit donkerbruine modderstenen. De antieke houten balkonnetjes balanceren boven de enge steegjes. Het chocoladen dorpje is gebouwd tegen de flank van de 3899 m hoge berg Kuh-e Karkas waarop verschil-

lende oude ruïnekastelen een oogje in het zeil houden. De traditionele felgekleurde bloemetjeschadors van de vrouwen doen het dorpje helemaal opfleuren. Wat een contrast met de brede zwarte pofbroeken van de heren!‹

De decoratieve deuren zijn een attractie op zichzelf. Ze bezitten twee verschillende deurkloppers: een korte dikke en een lange smalle. Zo weten de dorpelingen of een man of een vrouw deurtje klop doet. De dikke is voor een vrouw en geeft een totaal andere klank dan de lange smalle van de mannen. Vroeger was het moslimregime nog strenger en was de deurknop van levensbelang. Als een man aanklopte, moest de gastheer opendoen en wist de vrouw dat ze zichzelf moest terugtrekken in haar zwarte schelp.

Een ezelafstapje

Via een labyrint van verschillende waterkanaaltjes wandelen we door de vruchtbare tuintjes vol abrikozen en sappige appels. De dorpelingen vertrappelen elkaar om onze zak te vullen met de gratis vitaminekuur. De mensen zijn wat vreemd. Ze spreken alleen tegen zichzelf, maar ze hebben een hart van goud. Door de hoge gemiddelde leeftijd lijkt het dorp een onaangetast bejaardenhuis.

Oude Karavanserai

Zwijgen is een nationale sport

Onderweg naar Nain, de belangrijkste halte op de oude karavaanroute, vliegt onze kilometerteller er bijna af. We haspelen de rit van 85 km af in een recordtempo van twee uur. Nicole is in haar nopjes. 'Niet stoppen, niet drinken, gewoon doorgaan. De wind zou eens moeten draaien', roept ze ondeugend. Iets of iemand wil dat we zo snel mogelijk arriveren. Misschien zijn het de spoken die in de ruïnestad Nain leven? In onze fantasie zien we ezel- en dromedariskaravanen gepakt en gezakt voor de muren van het Narenj Galehkasteel wachten. Stof en zand van vergane zielen kruipen door de verlaten modder- en kleisteegjes. Imposante ruïnekastelen kijken bedroefd op ons neer. Vanuit de luchtgaten van de lege gangen van de overkoepelende bazaar fluit de wind een weemoedig deuntje. De stad huilt om haar vergane glorie. 's Middags spookt het in de totaal verlaten en lege ruïnebazaar. Het zonlicht priemt door de ronde koepelgaten. Het lijken wel dwaallichtjes van de vroegere pelgrims op de karavaanroute. Stilaan verovert de zandzee het dorpje Nain en versmelten ze tot één geheel. Elke dag houden we meer van de woestijn. Het is als graven in het zand: je vindt steeds een nieuwe schat!

We volgen al vanaf de Turkse grens de Zuidelijke specerijenroute van Marco Polo. Om de 35 km verrijst een gigantische ruïne uit de woestijn. Zo ver konden de kameelkaravaans wandelen in één dag voordat ze noodgedwongen moesten rusten. Op deze karavanserai kan je altijd water vinden via de oude ondergrondse waterlopen. Meer dan 50.000 van deze kanaaltjes vloeien door Iran. Mensen moeten soms honderden trappen afdalen om het water uit de reservoirs op te diepen.

De zandkastelen zijn prima kampeerplaatsen. De muren houden het stof en zand buiten en niemand kan je hier zien. Het veilige gevoel is een stoffige illusie. Midden in de nacht schrikken we wakker. Onze zandburcht wordt belegerd door duizenden

voetstappen. Nu is het gedaan met ons! We zitten in het gebied van de drugskaravaans. De drugs komen van Azië over de grens naar Iran. De slimmeriken proppen de bulten van de kamelen vol met drugs en naaien ze dan dicht. Een betere weg om de politie te ontlopen bestaat niet. De kamelen kennen de weg door de woestijn blindelings. Om de zoveel kilometer tankt het bultige drugstransport eten en drinken bij. Waarschijnlijk staat onze tent pal op zo'n bevoorradingsplaats!

De voetstappen komen zo dicht tot ze onze tent strelen. Pffff, met onze plastiek hamer, spuitdeodorant en een zakmes van 5 cm zullen we niet ver geraken tegen een leger drugsbaronnen. Hopelijk hebben de junkies zichzelf platverdoofd! We zeggen geen woord. Door onze stemmen zouden ze direct weten dat we vrouwen zijn. 'We zijn omsingeld', merkt Nicole scherp op. Vreemd genoeg rolt er bij onze belagers ook geen woord over de lippen. Zwijgen is hier een nationale sport. Als we schelle klanken horen, is er geen twijfel meer. De gluiperds gaan met onze ligfietsen aan de haal. Behoedzaam piepen we door de ritssluiting. We staren recht in een leger bloedrode ogen die ons al even bang en nieuwsgierig aangapen. Onze drugsmokkelaars zijn niets anders dan enkele honderden schapen vergezeld van hun junkiekoning: meneer de herder! De jongen proest het uit als hij onze krijtwitte gezichten ziet. Hij maakt direct een kampvuur en straffe thee zodat de toeristen terug wat kleur op hun wangen krijgen. Het geblaat van de schapen en onze spontane bodyguard wiegen ons zachtjes in slaap.

Een priester als waakhond

In Yazd arriveert de bagage van Ingrid. Wonder boven wonder heeft haar knie stand gehouden. De seksdokter had dan toch gelijk: draaiende bewegingen doen wonderen. Yazd is de oudste woestijnstad ter wereld. We zijn er stiekem verliefd op. Eeuwenlang trokken karavanen vanuit Yazd door de woestijn naar Centraal-Azië,

Pakistan en India. Nu is het een belangrijk textielcentrum, vooral befaamd voor de zijdeproductie en de speciale tapijtknoopkunst. De sobere traditionele kleiarchitectuur doet de karavaanstad bijna verdampen in de woestijn. Typisch voor Yazd zijn de badgirs, windtorens die wat koelte moeten brengen in een stad waar het in de zomer tot 50°C wordt. Ze zijn een oude vorm van airconditioning. Onderaan staat een bassin met koud water dat de lucht afkoelt. De torens vangen het minste woestijnzuchtje op en circuleren de wind in de huiskamers. Het is een ingenieus werk en de perfecte verfrissing na alle oogverblindende schoonheid.

Badgirs, windtorens die wat koelte in de huizen brengen.

De lokale schoonheden zijn wekelijks present voor de traditionele koppelingsceremonie. Vrijdagochtend komen veel meisjes naar de machtige Jameh Moskee of Vrijdagsmoskee. Ze beklimmen de talrijke trappen en dragen een slotje rond hun sluier. Van boven op de minaret gooien ze het sleuteltje naar beneden dat neerploft op de binnenplaats. Wanneer een jongen het sleuteltje oppakt, komt het meisje naar beneden en laat ze hem het slotje rond haar sluier openen. De nieuwe prins krijgt snoepjes van haar en wie weet wat nog? De lokale mensen zijn er rotsvast van overtuigd dat het koppel weldra zal trouwen.

Donderdag 3 november 2005 is het groot feest. De Ramadan eindigt en iedereen loopt elkaars deur plat. De bakkers kloppen overuren. Volgens de traditie koopt iedereen een doos gebakjes met tonnen crème fraîche die ze samen met vrienden opsmullen. Ingrid is het gewicht van de bagage duidelijk niet meer gewoon. In het midden van een rondpunt kiepert ze om en ja hoor, twee auto's stoppen om ons elk een slagroomtaart te geven, de perfecte pijnstiller!

Buiten de stad Yazd staan de torens der stilte. Volgens het geloof van de Zoroastians mochten dode lichamen niet begraven worden. De aarde was heilig en geen plaats om onreine lijken aan toe te vertrouwen. Ze werden in een zittende houding geplaatst en achtergelaten in de open torens zodat de gieren het vlees van de beenderen konden afpikken. Een priester was de waakhond van dienst. Hij wachtte aandachtig welk oog de gieren eerst uitpikten om de informatie aan de rouwende familie door

te spelen. Was dat het rechteroog, dan had de ziel een goede toekomst. Was het eerst het linkeroog, dan zag het er barslecht uit.

Ambetante ambulancier

Wij hebben onze twee ogen meer dan nodig. In Iran kan je de hoofdwegen beter vermijden. Vrachtwagens en bussen suizen er als moorddadige woestijnratten tegen 140 km per uur langs je oren. De onverharde zijwegen zijn het enige alternatief. We hotsen en botsen met onze ligfietsen over losse stenen, diepe putten en scheefhangende wegen. We lijken de paus in zijn hoogdagen, zo vaak kussen we moeder aarde. In een minuscuul gehucht smakken we vlak voor het 'openbare café' op de grond. Zeven mensen ingepakt als frisco's zitten gehurkt thee te drinken. 'Chai?', roepen ze in koor. Af en toe vallen heeft zijn charme: eerst *pateekes*, nu gratis thee!

We peddelen verder langs Rafsanjan, de stad van het groene goud. Met 20.000 ton pistachenoten is het de grootste producent ter wereld. 60 km ten zuiden liggen de rijkste kopermijnen die moeder aarde in de aanbieding heeft. Men vindt er evenveel koper, goud en zilver als drugs in de woestijn. Vlak voor de binnenkomst van de stad Kerman doet een ambulance teken om te stoppen. We laten ons niet uit het ritme halen. De ambulancier steekt zijn stethoscoop en bloeddrukmeter uit het raam.
'Stop, ik wil jullie helpen! Ik ben een dokter!', gilt hij.
We bekijken elkaar.

'Zien we er dan zo slecht uit?'
Hij blijft aandringen.
'Nee, nee, we voelen ons prima', roepen we voor de tiende keer.
Opeens wappert een bos verwelkte veldbloemen uit de ambulance.
'Zeg Ingrid, dat zijn toch geen bloemen voor op ons graf hé?', zucht Nicole.
'Denkt die gezellige nu echt dat ons laatste uur is geslagen?'

De bloemist laat er geen gras over groeien.
'Zal ik de sirene aanzetten en jullie begeleiden naar het hotel?'
'Awel merci, nu zijn we al spoedgevallen!', schreeuwt Ingrid.
Ook in Iran gaan stervenden voor. Wat we ook zeggen, het mag niet baten. Op de snijdende toon van de cupidosirene en opgejaagd door de knipperende lichten maait onze 'redder van dienst' praktisch iedereen van de weg. De verkeerspolitie ruikt ons van ver en laat het verkeer voor wat het is. Ze springen plichtsbewust op hun brommer om ons mee te begeleiden naar het hotel. Hopelijk zitten daar geen uitgehongerde gieren op ons te wachten. Onze aangroeiende escorte scheurt vooruit. Elke minuut telt. Wel, wel, zelfs de president van Iran krijgt minder aandacht. We bestijgen met wankele benen de hoteltrappen. Het begeleidingscomité volgt gedwee in ons kielzog. De baas verplicht ons meteen te gaan zitten. Gelukkig haalt hij geen stethoscoop boven, maar heerlijke thee en koekjes. De spiegel is de perfecte reflectie van onze overmoed. We moeten het toegeven, onze gezichten zien lijkbleek. Als

De Kaluts, natuurlijke zandkastelen.

ze van iedereen die er wat bleekjes uitziet een spoedgeval maken, zal de staat vlug failliet zijn. Waarschijnlijk was de ambulancier smoorverliefd en draaiden zijn hormonen op hol!

Een beleefd voorspel

Als we in het woestijndorpje Kerman door de goud- en koperbazaars slenteren, beleeft Ingrid de schrik van haar leven. Een jonge flierefluiter die de puberteit amper is ontgroeid, probeert Ingrid tegen beter weten in aan te raken. Hij doet verwoede pogingen om in haar achterste te knijpen. Nog eentje die in de knoop ligt met zijn hormonen. De zoveelste poging wordt hem fataal. Ingrid grijpt hem bij zijn kleed. Meneer wordt vuurrood.
'Ik was het niet!', snikt de huichelaar.
'Het zal de Heilige Geest geweest zijn', brult Ingrid.
Ze trakteert hem op een paar rake linkse vuistslagen. Het is een beleefd voorspel voor het echte werk. Uit het niets fladderen een tiental vrouwen in donkere chadors op hem af. Ze hebben meteen door wat er aan de hand is. De razende zwarte weduwen kloppen alle lucht uit hun handtassen leeg en slaan tot er geen greintje hormonen meer door zijn lichaam stroomt. Nicole heeft bijna medelijden met de jongen. Ook de mannen blaffen dreigende taal. De mensen schamen zich diep. Vrouwen bepotelen kan absoluut niet volgens de Koran, en terecht!

Na een klim naar 2700 m bereiken we het oasedorpje Shahdad. Hier groeien de beste sinaasappelen van Iran. Het is het eerste dorp voor de grote Lutwoestijn. De Belgische ligfietskaravaan trekt nog 28 km dieper de woestijn in en dan gebeurt het. Uit het niets rijst een volledige zandstad op. De zogeheten Kaluts onthullen versterkte forten, torens en flatgebouwen. We voelen ons astronauten op een andere planeet. De rijzige tafelbergen, geheimzinnige sfinxen, reuzenpaddenstoelen en grijnzende gezichten lijken weggelopen uit een sciencefictionfilm. Ze zijn tot in het kleinste detail geboetseerd door het harmonieuze samenspel van zand en wind. Echt magisch! Vanaf een steile bergtop kijken we uit over een zee vol rare vormen. Dit lijkt het verzonken Atlantis op de bodem van de zee. Een verzande stad van 10 km lang en wel 110 km breed! We planten onze tent en slapen in de mooiste openlucht zandsculpturententoonstelling ter wereld. 's Nachts geraken we helemaal betoverd door de miljoenen fonkelende sterren.

Via onverharde binnenwegen peddelen we verder door dorpjes uit het stenen tijdperk. De mensen leven in krotten. Ze zijn straatarm, maar ze hebben een hart van goud. Als Nicole vlakbij een armtierige ruïne omvalt, beginnen de stenen plots te spreken: 'Chai?' We kijken verbaasd in het rond. Er valt geen levende ziel te bespeuren. Net wanneer we willen verdergaan, doemt er een oud vrouwtje op: 'Chai?' Ze sleurt ons haar kleihuisje in. Uit een volledig versleten servies geeft ze ons met de grootste glimlach een kopje thee.

De ruïnemama heeft nogal vreemde huisdieren. Een duif met een gebroken vleugel tippelt heel de tijd van de keuken naar het erf. Een driepotige zwart-wit kat hinkt erop los en een blinde hond volgt op het gevoel. Dit is een echt veldhospitaal. Het brave mens lapt elk gesneuveld wezen even liefdevol op. Ze bakt ijverig verse eieren die geserveerd worden met heerlijk zelfgemaakt brood. Een koningsmaaltijd in een gammel krot! Aan de muur hangt een poster van Mekka en foto's van haar vier zonen. De grondisolatie bestaat uit twee dunne Perzische matten. Zou dit volstaan voor de barre winter? Het antwoord laat zich raden. Het mens is meer dan een engel. 'Blijf hier toch slapen', smeekt ze. 'Bam is nog ver.' We pakken de lieve vrouw vast en geven haar een klinkende zoen. Hier kunnen rijke mensen nog veel van leren!

Onuitwisbare littekens

Op 27 december 2003 stond de tijd 13 seconden stil. Op een bitterkoude morgen trilde de aarde meedogenloos op haar grondvesten in de stad Bam. 26.000 mensen lieten het leven.
'In een handvol seconden verloor ik mijn ganse familie', zucht een man. 'Ik werkte 's nachts in een hotel. Toen ik thuis kwam waren mijn vrouw en vier kinderen dood. Wat sta ik hier nog te doen?'
Zijn gebroken ogen en trieste woorden treffen ons diep. Bam was ooit één groot ver-

sterkt zandkasteel. Moeder natuur deed de fiere toeristische trekpleister ineenzakken als een kaartenhuisje. Hele straten en praktisch alle gebouwen werden in een klap weggeveegd. Van de citadel blijven enkel een paar verdwaalde stenen over. Als we inchecken in het Akbar Tourist Guest House, begint de baas zijn hallucinant verhaal.

'Het was 5.30 uur 's morgens. Normaal heb ik amper vijf minuten nodig om naar mijn hotel te gaan. Die dag duurde het meer dan een half uur. Ik kon het amper vinden. Overal riepen mensen om hulp!'
Er verbleven 20 toeristen in het hotel. Met zijn blote handen groef hij ze uit de tonnen puim.
'Twee toeristen stierven: een Engelsman en een Amerikaanse jongen' zucht hij.
Akbar verloor 27 goede vrienden en al zijn familieleden …

's Morgens wandelen we door de kapotte straten. Het is armoede en miserie troef. Alle gebouwen zijn gebarsten. Soms staat alleen nog maar de façade of de voorpoort rechtop. Alleen de veerkrachtige dadelpalmen zijn overeind gebleven. De inwoners van Bam proberen te overleven tussen de tonnen puin. Tijdens de ijzige winters zonder verwarming, toilet of lopend water is het een mensonwaardige opdracht. Na twee jaar leven de mensen nog in tenten of roestige containers die geschonken zijn door Rotary Clubs of de Unesco. Het is een schande. Ze wachten hoopvol op prefabwoningen die beloofd zijn door de regering. Met een engelengeduld proberen de

moedige inwoners de stad steen voor steen terug op te bouwen. Ieder gezicht vertoont onuitwisbare littekens. Ze proberen de moed niet op te geven, al komt er in de verste verte geen schot in de zaak. De verscheurde stad zal eeuwig op ons netvlies nabranden.

Kat- en muisspel

De provincie Sistan Va Baluchestan is één van de meest onderontwikkelde en desolate streken in Iran. Het wordt niet voor niets een levende hel genoemd. De winters zijn barkoud, de zomers snikheet. De wind heeft hier vrij spel en raast soms tegen 200 km per uur over de Lutwoestijn. Hier ligt het kruispunt van de internationale drugsroute. Rivaliserende drugkoeriers en politie voeren een voortdurend kat- en muisspel. Bomaanslagen zijn hier dagelijkse kost en gekidnapte toeristen een handige bijverdienste. Afghaanse vluchtelingen leven hier in vervallen tentenkampen. De sfeer is zo beklemmend dat elke mens met een beetje gezond boerenverstand de bus neemt of nog liever per vliegtuig rechtstreeks naar India verdwijnt.

Met een bang hartje rijden we op onze lage ligfietsen. Hopelijk zijn we zo een beetje gecamoufleerd. Wat we al drie maanden weten, wordt hier nog eens in stijl bevestigd: de Iranese automobilisten rijden zonder hersenen. Het zijn echte woestijncowboys. In elke familie is er wel iemand die verongelukt is door roekeloos rijgedrag. De vele uitgebrande vrachtwagens en bussen die de weg sieren zijn het bikkelharde bewijs.

Ingewikkeld als een mummie tegen zandstormen

Vlak voor het dorp Fahraj komt een autobus pijlsnel in onze richting. Achter ons davert een loodzware lange vrachtwagen met bakstenen. De ogen van de chauffeur zijn afgeleid door onze rare lage fietsen. De ernst van de zaak is meteen duidelijk. De bus knippert machteloos met de lichten, want de vrachtwagen begint ons in te halen. Als hij de bus eindelijk ziet, is het te laat. Er is geen plaats voor ons in de moordende verkeerschaos. We worden levend gesandwicht. Plots begint de buschauffeur hevig te remmen. Het is een spel van reflexen. De vrachtwagenbestuurder gooit zijn stuur om in onze richting. 'Weg van de weg!', schreeuwt Ingrid. De moordende wielen van de camion staan ineens vlak voor Nicoles neus. Ze hoort metaalachtige klanken en vreest het ergste voor Ingrids leven. De vrachtwagenbanden komen dichter en dichter. Boem, patat! Nicole knalt meters verder op de grond. Op enkele millimeters van haar been voelt ze het warme caoutchouc van de gierende vrachtwagenbanden branden. Nicole kijkt verlamd van angst naar achter. Ingrid ligt languit in het grauwe zand van de Lutwoestijn, ellebogen kapot, overal schrammen. Ze is in schock.

We vallen huilend in elkaars armen. De vrachtwagen ligt gekanteld en heeft de helft van zijn lading verloren. Heel het wegdek is bedekt met bakstenen. De bus staat zijdelings geparkeerd tegen de camion. Alle passagiers stormen als gekken buiten en lopen bezorgd naar ons toe. Ontelbare helpende handen trekken ons overeind. Mannen sleuren aan onze kromgetrokken sturen. Twee banden zijn door de glijpartij volledig gescheurd. Mensen vloeken, tieren en steken boos hun vuisten op naar beide chauffeurs. Een gentleman geeft spontaan geld voor nieuwe buitenbanden. Als we weigeren, geeft hij het aan zijn vrouw die het op haar beurt in onze zakken steekt. De eindeloze Iranese goedheid is het beste medicijn tegen de pijn.

Al die willen strijken, moeten mannen met baarden zijn …

's Nachts verstoppen we ons doodsbang achter een zandduin. De laatste 300 km passeren we het ene na het andere Afghaanse vluchtelingenkamp. Ontgronde kinderen bedelen agressief. Ze gooien ons van onze fietsen terwijl ze bijna de kleren van ons lijf rukken. De weinige kunstmatige beplanting zou door gevangenen zijn aangelegd. Het is inderdaad straf: in 50°C iets laten groeien dat niet op een cactus lijkt. Aan de moskeeën kunnen we net genoeg water bijtanken om te overleven. We voelen ons voortvluchtig. We hebben duidelijk iets uitgespookt. Bij elke politiepost worden onze bagage en paspoorten grondig nagekeken. Wonder boven wonder vallen we heelhuids binnen in de laatste stad voor de grens met Pakistan. Onze beschermengelen hebben weer puik werk geleverd.

Zahedan heeft meer weg van een roversnest. Het zit vol met Ali Baba bandieten. Kerels met tulbanden, lange baarden en een meter stof rond hun lichaam kleden ons met hun donkere uitpuilende ogen moeiteloos uit. Twee vrouwen tegen een hele baardenwinkel vol mannen … we hebben zo'n flauw vermoeden dat we hier in de minderheid zijn.

Als we stoppen om ons stadsplan te bekijken, zijn we volledig omsingeld. Boven ons hangen een dozijn bebaarde gezichten. De grote onderzoekende ogen hebben het moeilijk. Wie of wat zijn die twee opvallende wezens? Hun handen glijden over onze zakken. Ze drukken met hun duimen krachtig op onze bellen, terwijl hun vingers over onze vlaggen strijken. We zijn al blij dat de strijk hier eindigt!

Fataal bezoek

In de ongezellige lobby van het Kalin Hotel zit een oude bekende eenzaam voor zich uit te staren. Duitser Herman uit München hebben we al een paar keer ontmoet in Iran. Als hij ons ziet, fleurt de zestiger helemaal op. Herman is een spoorwegverslaafde die niet vies is van een uitdaging. Zo neemt hij de trein van München naar Bombay. 'Een gezondheidswandeling', bluft hij. Na een gezellige koffieklets stellen we voor om in onze hotelkamer ons fotoalbum te bekijken. Daar zegt de Duitse fijnproever niet 'neen' tegen.

We zitten amper op de kamer of er hangt al een serieuze vlieg aan de lamp. Er wordt dreigend op de deur gebonkt. Hoe konden we zo stom zijn? Zijn we onze laatste hersencellen kwijtgespeeld in de versmachtende woestijn? Het is in Iran voor vrouwen ten strengste verboden om een vreemde man mee naar de hotelkamer te nemen. 'Politie, onmiddellijk openmaken! We willen jullie kamer doorzoeken!'
'Neen', roepen we, 'het is laat, we doen niet open.'
We horen sleutels ritselen. Ze proberen met geweld de deur te forceren. We hangen eraan. Het web sluit zich genadeloos. We bidden tot onze engelbewaarders, maar we krijgen geen antwoord …

Etappe 22

i

INFO PAKISTAN

VERTREK: Taftan, 17 november 2005

✔ **TOTAAL:** 1010 km

✔ **VERVOERMIDDEL:** • ligfietsen

✔ **GELD:** Pakistaanse Roepie (PKR)

✔ **BUDGET:** zeer goedkoop

- Restaurant: lunch vanaf 25 cent tot 2 €
- Hotel - twee personen: van 2 tot 4 €
- Camping: wild kamperen in de woestijn.
- De hotels zijn spotgoedkoop en veel veiliger dan ergens een tent op te stellen.

✔ **VISUM:** Belgen hebben een visum nodig. Dit kan je het beste regelen in België. In Iran was dit onmogelijk. Ze wilden ons geen visum geven wegens veiligheidsproblemen. Het gebied Baluchistan is gevaarlijk. Iedereen, ook automobilisten, krijgt een gewapende soldaat mee in de auto.

✔ **KLIMAAT:** Voor de provincie Baluchistan is het beste seizoen van november tot maart. In de zomer kan het in de woestijn 50°C zijn.

✔ **KAARTEN:**

- Overzichtskaart - Nelles Map Pakistan: 1:1500.000

✔ **BOEKEN**

- Lonely Planet Pakistan & the Karakoram Highway
- Footprint Handbook Pakistan: www.footprint-handbooks.co.uk

✔ **ROUTEBESCHRIJVING**

Taftan: grensplaats met een motel, , en wat vervallen gebouwen
De grens is dagelijks open van 10 tot 13 uur en van 16 tot 18 uur.
Er is elke maandag rond 15 uur een trein naar Quetta (the Zahedan Express), maar verwacht absoluut geen snelheid!
Bussen vertrekken meestal 's avonds om de hitte van de dag te vermijden. De route gaat dwars door de woestijn. In de zomer zijn hier zandstormen tot 200 km per uur.
Eerste 20 km ging lichtjes omhoog.
Op 30 km: theehuis.
Op 45 km: het eerste verlaten treinstation Ware-Chak uit 1920, een prima plaats om je tent op te zetten. Je kan binnen via de achterkant. Er is een watertank. Je bent goed beschut tegen zandstormen.
Op 65 km: Kah i Dalil, moskee met drinkwater
Op 81 km: Tozghi: verlaten treinstation.
Vanaf hier gaat het vaak op en neer.
In Alamreg: verlaten treinstation in de vorm van een zandkasteel

INFO PAKISTAN

Nok Kundi: 123 km van de grens
De bevolking houdt zich bezig met illegale verkoop van benzine.
🛏 Hier is een resthouse gebouwd door de Britten: propere kamers, koud water, elektriciteit valt om 23 uur uit.
🛒, klein 🍴, 40 km verder: 🍷 theehuis met vies, vettig eten
Yakmack: 🛒, 🍴, 🛏 zeer basic
Dalbandir: 🛏 Aleman: OK, kamers met koud water, 🍴 onder het hotel, 🛒 en drukke bazaar

> 👍 **tip!** fietsers begin vanaf hier! Het landschap is mooier. Alleen de eenbaansweg is een gevaar. Als er een vrachtwagen afkomt, spring in de zandberm!

Na 16 km links: 🍴
18 km verder: een graf van een Afghaan (de voorruit van zijn auto ligt op het graf)
Karodag: ★ veel dromedarissen op de weg en spectaculaire zandduinen
Asken Nali: 🛒
Padag: 🛏 (rest house): zit meestal vol soldaten, 🛒, 🍴
Kuchakai: politiepost, 🍷 theehuis met eten, ⛽, 🛒 en proper bronwater
Mall: 🛒, 🍴
Ahmad Wal: groot 🚆, 🛒, 🍴
Nushki: 🛏, alle voorzieningen
10 km steile klim en 40 km afdaling tot
Kardagap: 🛒, 🍴, politiepost
2 km steile klim over de Lakpas
Quetta: *i*, ★ de zeer levendige bazaar met enorm fotogenieke verkopers. Op 30 minuten naait de kleermaker een volledig ensemble: broek, vest en hoofddoek (een 'shalwar kameez').
🛏 Bloom Star: gezellige binnenkoer met zetels, room service (luxe!), kamers met warm water en vriendelijk personeel.
🍴 Een hoogtepunt is de High Tea in het restaurant van 🛏 Quetta Serena: www.serenahotels.com. Voor nog geen 3 € eet je je buikje rond met allemaal Pakistaanse specialiteiten (van 16 tot 18 uur).
🍴 Lekker eten doe je in Cafe China (Staff College Road): vrouwen kunnen in de vrouwenafdeling zitten.
★ Uitstap naar Hanna Lake & Urak vallei: 10 km ten oosten van Quetta, vooral in het weekend is het een populaire bestemming voor een picknick. Het blauwe meer contrasteert fel met de kaki bergen.

11 km verder ligt de zeer vruchtbare fruitvallei waar vooral appels worden geteeld.

> 👍 **tip!** om zeker te zijn of het wel veilig is om te fietsen, trek naar Home Affair en vraag naar Ayaz Ahmad Baloch. Hij is de 'superintendent' van het politiekantoor.

Kuch Lak: 25 km van Quetta, tot hier zeer veel verkeer. Hier leven vooral Afghaanse vluchtelingen. De kinderen zijn enorm agressief. Ze versperden onze weg en trokken aan alles wat los hing.
Vermijd absoluut de bazaar!

> 👍 **tip!** fietsers begin 10 km na Kuch Lak. Er is minder verkeer en minder agressiviteit.
> Na 55 km verlieten we de hoofdweg N 50 en sloegen we af richting Ziarat.

★ Schilderachtige baan met spectaculaire gekleurde rotsen
Kachh: 🍷 openlucht theehuis, 🛒, 🍴, politiepost
Na 6 km steile klim van 8 km met op de top een kleine moskee.
2 km na de moskee 10 km onverharde weg, door het gehucht Wam en klim door appel- en kerselaars
Kan-Dipo: telefooncentrale
Jalalabad: 🍷 theehuis
Kawas: 🛒, 🍴, verder klim naast een Engelse school
Zandra: 🛒, 🍴
Ziarat: gelegen op 2600 m, hier zijn veel wandelingen.
🛏 Shalimar: 100 roepies extra voor verwarming, alle voorzieningen
🛏 Hills View (buiten de stad)
10 km lange klim
Sanjawi: 🛒, 🍴, politiepost
Loralai: 🛏 Al-Ghaffor en J.J.Guest House: warm water voor de douche wordt opgewarmd met een houtvuur, 🛒, 🍴
De weg tussen Loralai en Mekhtar heeft veel steile beklimmingen en oneindige omleidingen.
Op dit stuk zitten veel roversbendes omdat de vrachtwagens slechts stapvoets kunnen rijden.
Mekhtar: 🛒
Na Mekhtar nog een slechtere weg met los zand en grote stenen. Hopelijk is hij nu al af!
Onze kilometerteller valt ergens in Pakistan stil op 23.628 km …

Etappe 22
PAKISTAN

Vluchten kan niet meer

'Als je echte politie bent, schuif dan jullie identiteitskaart onder de deur', beveelt Ingrid met haar laatste portie verse moed. Ze weigeren formeel. We zitten verstrikt in de klauwen van de Iranese zedenpolitie, net nu we bijna de grens van Pakistan kunnen kussen. Onze Duitse vriend Herman ziet lijkbleek. We zouden willen huilen van miserie, maar tranen zijn tijdverlies. In paniek toetst Nicole het nummer van onze trouwe DHL-gezant Kamal in. Haar stem trilt.

'Hello, mister Kamal? Er staat politie voor de deur en er zit een man op mijn bed ...'
Aan de andere kant van de lijn krijgt de arme Kamal bijna een beroerte.
'Nicole, straks steken ze je in de gevangenis!'
'Maar ... de mens is al 58 jaar en kwam alleen maar foto's bekijken.'
'Nicole, dat gelooft geen kat', buldert Kamal. 'Probeer hem als de bliksem buiten te krijgen. Al spoel je hem door het toilet, zorg dat hij onzichtbaar wordt!'
Nog nooit heeft zijn stem zo doordringend geklonken.

We zitten op de vijfde verdieping, veel te hoog om de Duitser door het venster te duwen. Spijtig genoeg is hij te dik om door de luchtkoker te persen. Net als onze trukendoos uitgeput lijkt, komt Kamal op de proppen met een meesterlijke list. Hij belt in allerijl naar het hotel. 'Excuse me Sir, kan ik dringend de politie spreken?', vraagt de sluwe vos alsof zijn huis en auto tegelijkertijd worden bestolen. De politie holt naar beneden om de telefoon te beantwoorden. We twijfelen geen seconde. Een tweede kans krijg je hier niet. We smijten onze Duitse vriend de kamer uit. Struikelend over zijn eigen voeten duikt hij deze keer in zijn eigen bed. Slaapwel, Herman!

Even later klopt de hotelbaas op de deur. De politie heeft onze drie paspoorten geconfisqueerd en morgen vervalt ons visum. Onder dwang worden we geëscorteerd naar het politiekantoor. Ondertussen onderzoeken de agenten elke millimeter van onze kamer. Ook het stulpje van Herman wordt helemaal uitgekamd.
'Waar was je rond 22.30 uur?', vragen ze hem giftig.
Hij mag zo ineens een sluitend alibi verzinnen.

‘Euh, een thee gedronken in … een theehuis.’
Hiervoor zal hij ook niet meteen de originaliteitsprijs krijgen. Ze scannen hem van kop tot teen. Hun ogen dwalen af naar ons. We proberen ons verstand scherp te stellen.

‘Waarom deden jullie de deur niet open?’, vragen ze in koor.
‘Meneer, we hadden grote schrik. We dachten dat er bandieten voor onze deur stonden. Twee vrouwen alleen zijn zo weerloos’, prevelt Ingrid.
We staan op het wereldkampioenschap ‘leugentjes om bestwil verzinnen’ en ongelooflijk maar waar: om 1.30 uur krijgen we na veel aarzelen onze paspoorten terug. Ons lichaam is stilaan tot op het bot getekend door alle avonturen in Iran. Het land blijft als een magneet aan ons kleven. Het wordt nu echt tijd om ons los te maken. Onze les: respecteer de gebruiken en spelregels van een vreemd land. Voor hetzelfde geld zaten we nu voor lange tijd in de gevangenis. Enfin, we zijn dolgelukkig dat we het overleefd hebben en nog steeds op vrije voeten zijn!

Tien mannen op een rij

Na drie maanden Iran kunnen we niet snel genoeg fietsen naar land nummer 17: Pakistan. Al weten we één ding zeker: dit zal ook geen gezellige theekrans worden! De ontelbare benzinepompen van Iran worden omgeruild voor het drugsgeweld van Pakistan. Waar is de tijd dat peper en zout hier de belangrijkste handelsgoederen waren?

Op 17 november 2005 malen we de laatste 85 km tot aan de grens. We volgen een stinkend spoor van plastic flessen, tonnen zwerfvuil en dode honden die langzaam maar zeker met hun opgesteven poten in de lucht liggen weg te rotten. Het lijkt wel of iedereen tegelijkertijd zijn vuilnisbak op de weg heeft omgekieperd. De torenhoge rommelhopen en het opwaaiende stof maken ons bijna blind. Hier regeert de totale chaos.

We laveren instinctief tussen weggezakte ruïnes op zoek naar de roestige containers van de douane. Plots zijn we in een fata morgana verzeild.
‘Ingrid, zie jij dat ook? Ik droom toch niet?’, roept Nicole uitgelaten.

De grijze stenenhoop wordt opgesmukt door een groot, knalgeel spandoek: 'Nicole en Ingrid, welkom in Pakistan!' De letters maken een sierlijke vreugdedans voor onze ogen. Nog nooit zijn we zo plechtig onthaald! We zijn er echt van aangedaan. Tien mannen op een rij maken een zeer diepe, eerbiedige buiging.
'Welkom in Pakistan', roept het fiere ontvangstcomité nog eens, alsof we nog niet genoeg gecharmeerd zijn.

De sterke man van DHL, mister Jehangir uit Karachi, heeft dit snode plannetje bedacht. Hij is niet alleen een gentleman in hart en nieren, maar ook superbezorgd. De keren dat hij ongerust aan de telefoon hing, kunnen we bijna niet meer op twee handen tellen. Zijn woorden zinderen nog steeds na.
'Luister Nicole, de Pakistaanse mannen zijn erg gevaarlijk. Ze smachten naar vrouwelijk schoon. Hun verlangen is nog twee keer sterker dan dat van een normale man. Nicole, ben je er nog? Luister aandachtig: de mannen uit Balochistan, het

Ook verhuizen doen ze hier per kameel

gevaarlijkste gebied uit Pakistan, hunkeren 24 uur op 24 naar seks. Het zijn beesten. Geloof me, jullie hebben sterke bescherming nodig!'

De levensnoodzakelijke escorte bestaat uit de nationale televisie, een heleboel afgevaardigden, politie en een troep soldaten. 'We zullen geen seconde van jullie zijde wijken', beloven ze plechtig. De gezellige bende valt samen het immigratiekantoor binnen. Als de Pakistaanse stempel neerploft in ons paspoort, zingen ze nog eens uit volle borst 'Welkom in Pakistan'. Dit is geen fata morgana, dit is gewoon te mooi om waar te zijn!

Tussen het grensgehucht Taftan en de eerste halte van de beschaving, Quetta, ligt ongeveer 650 km woestijn. Als normale sterveling moet je dit gebied verplicht in konvooi doorkruisen. Elke zandkorrel is hier doordrongen van gevaar. Zelfs als je voor de wagen kiest, rijdt er een gewapende soldaat gratis en voor niks mee. De internationale drugsroute en de woestijn drijven hier als een olievlek tussen Iran en Pakistan. Bovendien is de provincie Balochistan barbaars, arm, vuil en zeer vijandig tegenover westerlingen.

Vrouwen zijn helemaal taboe. Elk reisboek dreunt hetzelfde verhaaltje op: 'Reis in groep. Ga absoluut niet van de weg af. Denk er nog niet aan om 's avonds te rijden en neem een betrouwbare gids mee!' Met ons leger dat bestaat uit twee auto's, zes sterke soldaten, een hoofdcommissaris, een kok en een afgevaardigde van DHL

Quetta die zoals de helft van de bevolking ook Kamal heet, voelen we ons overbeschermd. We wanen ons 'queens of the desert'. De afspraak is duidelijk: 'Fiets minstens 100 km per dag!' Zo'n leger soldaten kost nu eenmaal bakken geld. Het leuke aan de zaak is dat we zonder bagage mogen rijden.

Het eerste wat ons opvalt zijn de prachtig versierde vrachtwagens met honderden gekleurde reflectoren. Ze zijn ondergedompeld in een weelderig kleurenpalet van kunstige schilderijen waarop tijgers, bloemen of het portret van de bestuurder prijken. Voor zo'n chauffeur komt Allah op de eerste plaats, de camion neemt de tweede stek in en met wat chance komt de vrouw op plaats nummer drie …

We stoppen elke 10 km gedisciplineerd om te drinken. De hitte is nog juist draaglijk. Deze route in de zomer fietsen, is gelijk aan zelfmoord. De warmte bereikt dan pieken boven de 50°C, om nog maar te zwijgen van de zandstormen die dan tegen 200 km per uur door de woestijn razen.

Een gewapende vrouw is er ...

'Commandeer ons alsjeblieft, wij zijn jullie slaven', roept de levenslustige Koerdische politiechef Cobra.
Zulke onderdanige taal tegen een vrouw, dat is met vuur spelen! Nicole besluit onschuldig maar kordaat de proef op de som te nemen.
'Een frisse Coca-Cola zou wonderen doen', probeert ze.
Niet te geloven, de overijverige Cobra zendt een paar rake commando's uit. Zijn trouwste werkpaard vertrekt om zo'n 70 km verder de goudbruine dorstlesser te verzilveren. Na een paar uren komt hij terug met een koelbox vol Cola! We hebben een eigen drankdienst, knappe bodyguards, een persoonlijke slaaf en zelfs een eigen kok ... wat wil een vrouw nog meer?

Nicole leert soldaat ligfietsen

We spelen met onze soldaten elke avond kat en muis in de zandduinen. Commandant Cobra vindt het levensbelangrijk dat we leren schieten. We hanteren hun geweren als volleerde sluipschutters. Bij één van onze verrassingsaanvallen is er bijna een trouwe schildknaap minder ... Schieten op een bewegend doelwit, het heeft altijd iets extra! Nadat we onze eerste Pakistaanse Rambo-aflevering hebben geregisseerd, kruipen we moe maar bijzonder voldaan onder de wol. Onze eerste dag in Pakistan was een schot in de roos. Als het zo verder gaat, blijven we hier wonen!

In de kleine zandgehuchten krijgen we elk twee bodyguards mee. Geen overbodige luxe, want de mensen, of beter de mannen, verpletteren ons bijna van enthousiasme en nieuwsgierigheid! De vrouwen zijn gehuld in donkere gewaden. Zodra we te dicht komen, worden de hoge deuren gesloten. De Pakistaanse mannen zijn stikjaloers. Nog niet zo gek lang geleden werden vrouwen zelfs vermoord omdat ze te lang naar een andere man keken. Wij lopen nog steeds rond in de vormloze klerenwinkel uit Iran. Een slimme zet, want zo oogst je toch een beetje respect in dit mannenbastion.

Een gewapende vrouw is er ....

De levensstandaard ligt hier in vergelijking met Iran een stuk lager. De mensen uit het ondoordringbare Balochistan hebben iets intrigerend. Een magere oude man tovert het zetten van een simpel potje melkthee op een pruttelend houtvuurtje om in een ontroerend ritueel. We zijn omringd door gezichten met tulbanden uit meters stof die als vogelnestjes op hun hoofd zijn gedrapeerd. De grote bruine vragende ogen verbergen een getekend levensverhaal. Hun ranke lichamen zijn in wijde, bruine sjaals gewikkeld die hen al even mysterieus maken als het land zelf. Toch komt telkens achter die ruwe façade opnieuw een stralende glimlach tevoorschijn.

Na 123 km bereiken we doodmoe de vroegere grensplaats Nok Kundi. We kunnen het plakkaat waarop de dorpsnaam prijkt wel opeten van geluk. Van het dorpje zelf smul je best met mate. Het vroegere grensgebied heeft de allures van een stort. De plaatselijke vuilnismannen zijn de geiten die de stoffige straten van voor naar achter kuisen. Jong en oud heeft hier dezelfde inkomstenbron: de illegale verkoop van benzine in roestige blikken. In het echte benzinestation vind je enkel nog verdwaalde ratten en compleet stuk gereden blikken dozen.

Een benzinestation met totale service.

Ons voltallige hulpteam doet elke dag opnieuw verwoede pogingen om ons in de auto's te krijgen. 'Neen, mannekes, we zijn vergroeid met onze fietsen!' We willen alles zien en ieder moment meemaken. De magie van het reizen rond de wereld is zoals het lopen van een marathon. Het geluk zit niet alleen in de aankomst. Het is niet de overwinning die telt, maar de strijd om je doel te bereiken …

De vurige roodbaard

Links van ons doorbreekt de spoorlijn de eindeloosheid. Daarachter lonken ruwe bergen, oude mijnen en de gevaarlijke grens met Afghanistan. De Britten lieten in de koloniale periode langs de spoorlijn allemaal stations bouwen die eruitzien als versterkte forten. De trein stopt hier al jaren niet meer en de sporen zakken dieper en dieper weg in het zand. Stille getuigen geraken langzaam maar zeker uitgewist.

Onze kleine wielen manoeuvreren zich rond monsterachtige lijken van reuzeslangen. De politie komt met de regelmaat van de klok naast ons rijden. Niet voor onze veiligheid, maar om met een scherper vizier 'binnen' te loeren naar onze fietsen of … naar onze benen. Ze kunnen er blijkbaar niet genoeg van krijgen.

Naast de weg groeien rare meloenachtige dingen. De smaak van de kleine gele bollen is walgelijk. Volgens de commandant gebruiken ze het als een soort medicijn. Als iemand oververhit is van de koorts,

Een toiletstop in de woestijn.

maken ze van het sap een bad. Dat zou de temperatuur laten dalen, maar het heeft ook andere kwaliteiten. Het zou ook de prestaties van de mannen de hoogte injagen.
'Levensbelangrijk', fluistert onze goedlachse chef.
'Hoe, dan stijgt de temperatuur toch?', vragen we verward.
'Dat heb je goed begrepen, het is een soort natuurlijke Viagra.'
De ogen van de commandant flikkeren van de pret.

Er moet toch iets kloppen van die sekshonger van de Pakistaanse mannen. Het is een noodzaak om de drie dagen te wisselen van soldaten, anders worden ze te familiair. De enige die niet van onze zijde wijkt, is onze knappe zwarte Cobra met zijn duivelse gitzwarte ogen. Ze flirten als wereldkampioenen. We zien al mooi bruin, maar we krijgen nog meer kleur van hun hete blikken. Door hun donkere ogen en trotse baard hebben ze een aangeboren sexappeal. Sommige van onze manschappen kleuren hun baarden met henna om er krachtiger en jonger uit te zien. Een baard is een teken van aanzien. Nicole heeft een boontje voor de vurige 'roodbaard' die wordt gepromoveerd tot haar persoonlijke bodyguard zodat hij nog even kan blijven. Hij vervult zijn taak met eer en geweten. Ingrid zwicht dan weer voor de charmes van de kleine, lieve krulbaard die altijd haar fiets vasthoudt alsof die van goud is. Wat zouden we zijn zonder onze trouwe chaperons?

Eerst handen wassen, in Pakistan eten ze zonder bestek

Een oneerbaar voorstel

Wat opvalt is dat er overdag geen verkeer rijdt. Volgens onze politiechef schieten de vrachtwagens allemaal pas na 17 uur wakker.
'Drugs en benzine smokkel je eens zo goed in het donker', verduidelijkt hij terwijl zijn vinger in de verte wijst.
'Daar ligt een belangrijke wapenfabriek', gaat hij gezellig verder. 'Het enige wat hier in het afgelegen Balochistan met vaste hand regeert, is de corruptie. Wij zijn enkel marionetten die niets in de pap te brokken hebben.'
De veiligste overnachtingsplek is het lokale politiekantoor, maar zelfs dat is relatief. Vlak voor onze ogen vliegt het hoofdkwartier van de wethouders met een gigantische knal de lucht in. Door de zware raketaanslag worden ook wij naar de hemel gekatapulteerd. We bijten letterlijk in het zand. Roodbaard springt als een tijger op Nicole om haar voor de naschokken te behoeden. De rest van de soldaten plet Ingrid bijna onder een kreunende vleeshoop. De commandant plukt ons van de grond. 'Vluchten', rochelt hij. Samen met ons levend schild sukkelen we via zandpistes en ontelbare omwegen naar het huis van de politiechef. Om 23 uur vallen we doodop neer voor de deur van zijn bunker.

'Nog een hapje eten?', vraagt onze gastheer gul.
Wordt dit een laat avondmaal of het laatste avondmaal? Zijn volgende vraag doet ons twijfelen.
'Mag ik bij jullie slapen? Er is hier geen enkele andere kamer.'
We kunnen hem moeilijk op het toilet laten slapen! Het is een gedroomd scenario voor een amoureuze thriller. Onze chef is de minst betrouwbare van de bende. Zijn favoriete thema's zijn vrouwen, seks en in een weemoedige bui zijn slecht huwelijk.

Om middernacht zet de gladde aal ons voor een voldongen feit: we zullen met hem moeten samen slapen. Het is echt een oneerbaar voorstel en dat in zo'n streng Islamitisch land!

Galant als hij is neemt de chef het bed. Wij mogen op de grond aan zijn voeten slapen. Gelukkig heeft Nicole zo'n staalharde meloen uit de woestijn meegesmokkeld. Die moet wel volstaan om zijn schedel mee in te slaan. Ook onze muggenspray kan nog van pas komen om Cobra's ogen uit te branden. Misschien zijn we gewoon hopeloos paranoïde aan het worden?
'Moeten jullie 's nachts naar het toilet?', vraagt onze geeuwende gastheer.
'Nee, chef', antwoorden we bedeesd.
'Prima, ik ook niet.'
Allez, tot zover is alles in kannen en kruiken.
'Relax girls, buiten houden de vaste bewakers een oogje in het zeil.'
Zijn ogen glijden naar Nicole.
'Waarom liggen de spray en de meloen naast je, miss Nicole?'
Haar wangen worden vuurrood.
'Euh, bescherming tegen onvoorziene omstandigheden', zucht ze.
Onze chef ligt in een deuk!
'Hola Nicola, bij mij ben je veilig, hé', grijnst hij.
Met veel zwier hangt hij zijn pistool boven het hoofd. De kogels slapen in zijn broekzak. Ziezo, nu heeft ieder zijn speeltje naast zich liggen. Nog een verhaaltje voor het slapen gaan?

Daar heeft Ingrid geen nood aan. Ze valt als een blok in slaap. Terwijl Ingrid er lustig op los snurkt, beraamt Nicole een plan.
'Zolang ik babbel, houdt hij zijn handen thuis', zegt ze tegen zichzelf. Ze begint een gesprek van vrouw tot man. De chef ruikt meteen zijn kans.
'Als mensen gaan slapen, geven ze in mijn land een kus en een knuffel', bedelt hij.
'In mijn land gaan vrouwen niet slapen met vreemde politiemannen', bijt Nicole.
Ze voelt de kamer met de minuut krimpen.
'Als ik een vrouw was, zou ik het met honderden mannen doen', verzekert de chef.
'Het is niet omdat we westerse vrouwen zijn, dat we als wulpse teven op elke man springen, hé', vecht Nicole terug.
Ze houdt de meloen in aanslag onder haar slaapzak en legt de spray grijpklaar onder haar kussen.
'Ik denk dat jij met mij wilt flirten', gaat de hardleerse commandant verder.
'Nee, nee, ik kan gewoon niet slapen.'
De vensterloze kamer is pikdonker en wordt stilaan verstikkend klein.

Plots gebeurt het gevreesde. De chef veert gezwind recht. Nicole pakt krampachtig de meloen in haar linkerhand en houdt met haar andere hand de spray in aanslag. Ze staat met wankele benen recht en knipt haar hoofdlamp aan. De twee gladiatoren staan oog in oog.
'Ik moet het fort beschermen, koste wat kost', spreekt Nicole zichzelf moed in.
Als de chef haar ziet met de meloen stikt hij bijna van het lachen.
'Go to sleep, silly girl!', schatert hij.
Als hij na een eeuwigheid terug komt van het toilet, is meneer nog aan het lachen.
'Vertrouw je me niet?', vraagt hij met een bijna ontroerende verbazing.
'Eerlijk gezegd niet, nee', antwoordt Nicole overstuur. 'Plus, je hebt gezegd dat je 's nachts nooit naar het toilet moet.'
De chef is niet uit balans te krijgen.
'Inderdaad, maar je laat me te veel lachen.'
Onze ongelovige Thomas denkt er anders over. 'Zijn sekslust was gewoon te groot en meneer moest zichzelf gaan bevredigen!'
'Je weet, ik ben je persoonlijke slaaf. Maak me gerust wakker! Ik sta altijd paraat!', besluit de chef. Wat een geruststelling!

Ali Baba en de veertig rovers

Samen met de kreunende vrachtwagens kruipen we over de steile Lakpass naar de hoofdstad van de provincie Balochistan. Quetta ligt als een natuurlijk fort tussen de bergen op 1692 m hoogte weg te dromen. We fietsen binnen langs open riolen en krottige winkelstalletjes. De overweldigende drukte versmacht ons. Na weken leegte en stilte zijn we beland in een chaotisch mierennest. Onze oren zijn potdoof van het onophoudelijke claxonneren van wriemelende auto's en gammele bussen die volgepropt zijn tot aan de hemel. Als er een Guinness World Record bestaat van om ter meeste op het dak laden, dan staat het beslist op naam van de Pakistaanse bussen.

Stapels dozen, vaten en daarboven nog fietsen of karren, alles hangt zo scheef dat je zonder zorgen al je geld erop kan verwedden dat ze bij de eerste scherpe bocht omvallen.

De wandelaars kunnen niet op een voetpad kuieren want dat bestaat niet of is helemaal opengebroken. Ze lopen kriskras over de baan en maken het verkeer nog warriger. Opgehitste ezels galopperen rakelings voorbij. De jockey balanceert met wijd gespreide benen op de overvolle kar. De kleurrijke snorrende tuk tuks, driewielige brommers, snijden je op elk moment de pas af. Als we even durven stoppen in de buurt van de stoffige winkels worden we steevast omringd door Ali Baba en de veertig rovers, een oogstrelende parade van charmant ingepakte mannen met sierlijke tulbanden op het hoofd. Ook voor de heren is een hoofddoek hier eeuwig in de mode.

Quetta is de trekpleister voor fietsers. Vreemd genoeg gaan ze allemaal een andere richting uit. Ze hebben hun eigen verhaal, maar iedereen is wel eens opgepakt geweest door de politie en stuk voor stuk mochten ze proeven van de gratis security. Nog een grote luxe zijn de Pakistaanse budgetkamers met 'room service'. Je drukt op een belletje en ze komen je bestelling opnemen. Eten doen we in onze kamer, veel gezelliger dan de aparte ruimtes voor vrouwen of gezinnen in de restaurants.

Onze kamer is het Mekka voor het voltallige mannelijke geslacht: de DHL-manager, de zwarte Cobra, de andere fietsers (toevallig allemaal mannen) en raar maar waar, ook onze oude bekende Herman van het bedavontuur in Zahedan. Sommige mensen leren toch nooit! De antieke ober houdt met zijn arendsogen nauwgezet in de gaten welke man er nu weer op onze kamer zit. De stiekemerd heeft precies twee schriftjes bij: één om de bestelling op te nemen en een ander om onze gastenlijst up to date te houden. De oude man heeft een tic nerveux. Of pinkt hij gewoon om de vijf seconden om ook zijn kans te wagen? We stralen onder alle aandacht van die venten. Wat een gezellige bedoening, het lijkt wel een klasreünie!

Alsof onze roomservice het nog niet druk genoeg heeft, krijgen we ook nog eens de volledige ploeg van KTN TV-Channel over de vloer voor een twee uur durend interview. Hun sullig minivideocameraatje en de reuzengrote microfoon ogen wat onprofessioneel, maar vergis je niet. De gewiekste reporters vuren de ene valkuil na de andere af. 'Wat vinden jullie van de lokale politici? Waarom dragen jullie een hoofddoek?' We proberen de gevoelige thema's zoveel mogelijk te ontwijken. De sluwe babbelaars willen ons blijkbaar woorden in de mond leggen.

Een absoluut hoogtepunt in Quetta is de bazaar. Het voelt alsof je in de wereld van Walt Disney duikt: zo kleurrijk en fotogeniek! Verkopers gebruiken hun fietsen om dekens, stofjes of zelfs honderden ballonnen uit te stallen. De volharding van de verkopers is aandoenlijk. ‘Very good price, madame! Almost free!’ Hun zelfgebouwde winkeltjes lijken elk moment in elkaar te stuiken, maar dat deert hen allerminst. We leven vandaag. Op de rand van de hoofdweg knipt een man vol overgave de baard van een tevreden klant. Geldwisselaars zitten verscholen achter hoge stapels geld. Kinderen lopen rond te dollen alsof ze het groot lot hebben gewonnen. Op geluk staat geen prijs.

Pure haat

Adem in, adem uit! Vanaf Quetta zijn we verlost van de politie en dat geeft prompt een extra dosis zuurstof. We bestijgen goedgemutst de bergweg naar Multan. We willen per se de hoofdroute vermijden, dus banen we ons een weg langs stoffige miniatuurpadjes. Zo'n 25 km buiten de stad rijden we langs troosteloze Afghaanse vluchtelingenkampen. De sfeer wordt grimmig. Kinderen bekogelen ons met stenen. Ze sleuren venijnig onze vlaggen eraf, trekken aan alles wat los hangt en versperren treiterig de weg.

De wegpolitie verschijnt geen seconde te vroeg, maar even later is het weeral prijs. In Kuch-Lak rijden agressieve studenten ons klem met hun brommers. We belanden meteen op de verbale slachtbank.
'Zijn jullie moslims?'
We kunnen nog net 'nee' antwoorden.
'Aha, waarom niet?'
Voordat we onze mond kunnen opendoen, hebben ze al hun besluit genomen.
'Dus jullie zijn tegen de moslims?', blaffen ze.
Van hun gelaat valt onvervalste haat af te lezen.
'Die arrogante vrijgevochten westerse vrouwen denken dat ze alles mogen en kunnen', gaan ze dreigend verder. Ze willen ons duidelijk een lesje leren. Hun vrouwen zitten allemaal thuis opgesloten. Als ze dan toch toelating krijgen om het huis te verlaten, zijn enkele lucht- en spiekgaten in de chador de spaarzame vrijheid waarvan de Pakistaanse dames mogen genieten.

Koppigheid als doodvonnis

Als we 's morgens opstaan, liggen onze twee waakhonden niet meer voor de deur. Een politiewagen met acht tot de tanden gewapende soldaten wacht ons beneden op. 'Taliban-leden terroriseren de berggehuchten, gooi de fietsen in de auto', bevelen ze. Aha, zo zit de vork dus aan de steel! We zijn de eindeloze discussies zo beu als koude pap en fietsen kranig verder. We voelen ons opgejaagd vee.
'Vooruit, in de auto', klinkt het non-stop.
Hoe kunnen we nu nog van het land genieten als we in elke stilstaande auto of achter de bomen roversbendes verwachten? We zijn terug gevangenen die zoals in Iran van de ene naar de andere chef worden doorgegeven. We observeren alles nauwlettend. Steekt er eentje iets in zijn zakken? Komt er een auto te dicht of te snel aangereden? Reizen met de daver op het lijf is een slopende zaak.

Plots lijkt onze escorte op dieet te gaan. We staan aan de top van de 'Wanted dead or alive'-lijst, maar district na district dunnen onze bodyguards uit. Op de duur volgt er enkel nog één soldaat op een onnozel brommertje. Zal onze koppigheid het doodvonnis betekenen of hebben ze gewoon de middelen niet meer om ons te beschermen?

Rode chilipepers liggen te drogen.

Als we door het chaotische dorp Loralai wielen, heeft iemand precies op de pauzeknop gedrukt. Iedereen vergeet even wat ze aan het doen zijn. De theeschenker mist de theekom. De kok verbrandt zijn vinger bij het bakken van het brood. De bebaarde hurkende sjaaltantes vergeten met een vingerknip waarover ze aan het roddelen zijn. De stoet volgt tot aan het politiebureau, waar ze brutaal worden weggestuurd.

De volgende dagen verandert de weg in een loopgracht. Alles is omgewoeld. Onze kleine wielen verzuipen in het mulle zand. Ooit komt hier asfalt. Maar in welke eeuw? Dat is de hamvraag. De politiemannen stappen op ons af.
'Nu willen jullie wel in de auto hé?', vragen ze wanhopig.
'Nee jongens, hier begint het echte avontuur', glunderen we.
Ze gapen ons met open mond aan. Wat wil je? Hun vrouwen lijken alleen gemaakt om kinderen op de wereld te zetten. Ze sommen fier alle namen van hun kroost op. Twee westerse vrouwen die op ligfietsen hun land trotseren, niet getrouwd zijn en geen kinderen hebben, het is voor hen bijna een misdaad. We zijn een ras apart!

'Omdat de weg zo slecht is, kunnen de vrachtwagens alleen maar stapvoets rijden. Ze zijn een makkelijke prooi voor rovers', vertelt Habib.
Als agent is het zijn taak om de truckers te beschermen.
'Er wordt regelmatig geschoten, soms is er één van ons gewond, dan weer één van hen. Zo blijft de weegschaal in evenwicht', vertelt hij nuchter.
Een revolver is hier even onmisbaar als handen en voeten. Hij geeft ons overschot van gelijk: dit is het 'Wilde Oosten' in plaats van het Wilde Westen.
'Weet je wat dat is?', vraagt Habib geheimzinnig.
Hij haalt een pakje met bruin spul tevoorschijn. Het ziet er allesbehalve aantrekkelijk uit. 'Dit is wiet, de beste hasj van Pakistan wordt hier in Mekhtar verhandeld.'
Allez, weeral een waardevolle tip voor een bepaald lezerspubliek!

Bijna wekelijks dondert er een vrachtwagen de afgrond in.

Steen per steen wordt de weg moeizaam aangelegd

’s Nachts doen we tegenwoordig geen oog dicht in die dekselse politieposten. Telkens er een nieuwe ploeg opdaagt, schijnen ze met zaklampen op onze gezichten. Het harde getier bij hun kaartspel maakt ons horendol. Door het chronische slaaptekort en het pikante, vettige en onhygiënische eten van de smoezelige eetstalletjes zijn we stilaan doodziek. Ons rioleringssysteem produceert bizarre geluiden. Er trippelen precies muizen door onze darmen. Gelukkig stoppen de pillen uit Georgië zelfs de grootste ratten. We hangen de halve nacht boven het toilet met lopende diarree. De rest van de nacht stikken we door de sigaretten- en drugswalm van de agenten. Maar enfin, we leven nog en ook deze nacht hebben ze ons niet kunnen kidnappen!

In zak en as

Het menu van de dag is simpel: een eindeloze zandweg vol putten en loerend gevaar. We kronkelen behoedzaam naar beneden en kruisen honderden werkmannen die met hun handen steen voor steen een baan aanleggen die ze waarschijnlijk ten vroegste in een volgend leven zullen kunnen bewonderen. Het zielige tafereel is hartverscheurend. Ze zitten gehurkt met een klein borsteltje het zand weg te vegen en proberen in de ziedende hitte te voegen. Voor zware machines is er geen geld. Sommige werkjongens vinden nog tijd om hun stenen naar ons te keilen, terwijl anderen onze fietsen het zwijgen opleggen door kinderachtig de wielen te blokkeren. ‘Geen genade', denkt Nicole en ze rijdt recht op de mistroostige pestkoppen in. Ze springen als kakelende kippen in het rond. Een doorzetter slaagt er toch in om Ingrid klem te houden. Nicole stuift razend op hem af. Nog voor de strijd kan losbarsten, vlucht hij naar zijn werkmakkers. 'Pff, lafaards, dat valt me tegen', triomfeert ze.

Na 18 km doemt een pick-up voor onze neus op.
'Politie, in de auto!'
De soldaten sleuren aan ons stalen ros.
'Nee, wij fietsen', houden we vol.
Ze kijken ons boos aan. Ze willen zo vlug mogelijk van ons afgeraken.
'Onze auto gaat te snel, we kunnen jullie niet volgen', intimideren ze.
'Dat is jullie probleem, volg ons dan met een fiets!'
Ze zijn liever lui dan moe: kettingrokers, hasjgebruikers, lamzakken, nietsnutten. We laten een stomende wagen vol heethoofden achter.

Als we veilig ingeduffeld liggen te ronken in het lokale politiestation, rinkelt plots onze telefoon. Vreemd, zeer vreemd, want in Pakistan belt men ons nooit rechtstreeks op. Aan de andere kant van de wereld probeert een extreem ongeruste Peter van DHL ons maar één boodschap door te geven: 'Neem contact op met viceconsul René Peeters van de Belgische ambassade in Islamabad.' We willen nog 101 dingen vragen, maar de krakende lijn wordt genadeloos afgebroken.

We proberen wanhopig de vaderlandse ambassade te bellen. Daar zijn ze ongelooflijk opgelucht dat we nog leven!
'We hebben een dreigtelefoon gekregen van een bende die jullie wil kidnappen', klinkt het met bevende stem. 'Verlaat Pakistan voordat het te laat is!'
De lijn valt uit. We zitten in zak en as. We hebben de kidnapping nooit echt serieus genomen. Nu we met de neus op de feiten zijn gedrukt, wordt het plots bittere ernst. Heeft een mens panische angst nodig om de betekenis van het woord 'kidnapping' eindelijk te laten doordringen? Jezelf overgeven betekent in deze totale chaos de fatale doodssteek. Veel energie hebben we niet meer over na weken als fietsend wild te zijn opgejaagd door de politie. Met geblokkeerde longen, darmen die volledig in de knoop zitten en ogen waarrond zich met de dag diepere kringen aftekenen, hebben we niet meteen de beste wapens, maar we doen ons best. Dat hebben we de Belgische delegatie plechtig beloofd.

Vaarwel, we zullen jullie missen

'Sluit de deur en doe voor niemand open', bevelen twee politieoversten die onophoudelijk het terrein controleren.
'Buiten staan er bewakers en de grote poort gaat op slot.'

Nog even checken of de vensters wel goed dicht zijn. We voelen ons gevangen prinsessen in een gouden kooi. Voor de zekerheid blokkeren we de deur nog eens extra met de kast. We zijn slappe vodden. Totaal oververmoeid en toch niet kunnen slapen, pfff. In onze hoofden woedt er oorlog. We willen onze hersenen uitschakelen. Hoe meer we nadenken, hoe banger we worden. We kruipen wanhopig in onze slaapzak. Heel de kamer hangt vol vraagtekens ...

Knal! Bang! In de verte weerklinken meedogenloze schoten. We trekken bibberend de kap van onze slaapzak over het hoofd. We hebben hier niets mee te maken. Laat ons toch gewoon met rust! Verlamd door de angst kruipen we nog dieper onder de wol. We worden opgeschrikt door een oorverdovend gedonder.
'Een ontploffing!', schreeuwt Nicole.
Er valt een korte stilte en dan breekt de hel los. Het geratel van de machinegeweren doet ons hart overslaan. We proberen onze oren te bedekken, maar voor ijzige doodskreten is niemand doof. De machteloze pijnscheuten van de beschoten mannen gaan door merg en been. De geweerschoten komen dichter en dichter. Zelfs met de oren dicht lijken onze trommelvliezen elk moment te barsten. We horen gestommel in de gang. De vensters kletteren één na één aan flarden.

Baf! Een harde plof doet de vloer daveren. Het voelt alsof een legertank ons gebouw is binnengereden. We proberen overeind te kruipen, maar smakken direct terug tegen de grond. We moeten ons verstoppen, maar wat voor zin heeft dat als het gebouw gaat instorten? Help ons dan toch! We kruipen onder onze bedden op zoek naar onvindbare bescherming.

Het is gedaan.
Ze hebben ons.
We worden ontvoerd.
Zijn onze engelbewaarders dan toch allemaal platgebombardeerd?

BINNENKORT VERWACHT

deel 2 van de wereldreis-trilogie
(van Pakistan tot Siberië)

In het tweede deel van Op het Ritme van de Toeareg gaan Nicole en Ingrid resoluut ongemotoriseerd verder door Azië tot in het ondoorgrondelijke Siberië.

Onderweg kruisen brutale rebellen hun pad, bezwijken ze bijna aan hoogteziekte en sluipen ze illegaal de grens over.

Gelukkig kunnen ze genieten van nooit geziene solden:
bij aankoop van een dromedaris krijgen ze een … gratis man!

Om landmijnen te ontwijken
duwen ze met grote stokken een bamboetrein vooruit.

Stilte voor de storm,
want diep in de Gobi-woestijn geraken ze het zandspoor definitief kwijt.
Ze krijgen het gezelschap van dieven, wolven
en worden gestalkt door een oversekste kameel.

Wanneer ze de poort openen naar Siberië,
moeten ze overleven in pooltemperaturen van -55°C …

Je zou van minder koude rillingen krijgen!

Met dank aan al deze sponsors die onze wereldreis mogelijk maakten

AGU

Al 20 jaar gebruiken we het oersterke fietsmateriaal van Agu. Ook nu kiezen we zonder aarzelen voor koersbroeken, fietsschoenen, fietstassen, fietshelmen … uit hun ruime collectie.

BAUSCH + LOMB

Deze keer opteert Ingrid voor daglenzen die haar in de meest extreme omstandigheden, van de kurkdroge Gobi-woestijn tot de extreme Siberische koude, een klare kijk garanderen.

DHL

Waar we ook zaten in de wereld, DHL bracht probleemloos al ons materiaal. Fietsen, boeken, kledij, ... Alles geraakte steeds veilig op de bestemming!

europ assistance
you live we care

Mocht er toch iets fout lopen, een zware ziekte of een ernstig ongeval, Europ Assistance brengt ons in een oogwenk veilig terug naar onze Belgische thuishaven.

KOGA
THE QUALITY PEOPLE IN CYCLING

Geen uitdaging is te groot voor een Koga-fiets. Bovendien garandeert een Twintraveller tandemfiets dubbele kracht. Het parcours waar de World Traveller mountainbike niet doorgeraakt, moeten ze nog uitvinden …

ligfiets.be

Tijdens onze nieuwe uitdaging konden we eindeloos genieten van de onvergetelijke uitzichten op een comfortabele ligfiets.

THE NORTH FACE

Onze overlevingskansen in storm, sneeuwbuien, hagel, vrieskoude of tropische hitte zijn optimaal met het expeditiemateriaal van The North Face.

SAPIM®
SPOKES AND NIPPLES

Wij kozen resoluut voor SAPIM spaken en nippels. Belgische topkwaliteit. We fietsten meer dan 100.000 km zonder de minste spaakbreuk!

Het Nieuwsblad

Elke week lazen de lezers van Het Nieuwsblad onze spannende avonturen in onze vaste rubriek.

radio 2

Via het Radio2-programma 'Niets is zeker' konden de luisteraars maandelijks op zaterdagmorgen live genieten van onze spannende verhalen.

In het bijzonder bedanken wij:

Christine Decloedt: die 6 jaar lang dag en nacht voor ons paraat stond.
Peter Schevenhals: onze absolute rots in de branding. Wij bedanken hem vooral voor het organiseren en opvolgen van onze contacten met DHL Internationaal.
Ook het verwezenlijken van visa en oplossen van diplomatieke problemen ...

Onze marathon-schrijver Olivier Constant voor de prettige samenwerking.
Bram Rossano: redactionele medewerker.
Correcties: Gisèle Van den Heuvel en Gerd Faus.

De ganse ploeg van **Drukkerij Smits**, gesteund door de mensen van **Steurs nv graphic solutions** en in het bijzonder Christiaan Neyens die voor een drukwonder gezorgd heeft, Rik Denissen voor zijn engelengeduld tijdens het lay-outen, Stijn Claes voor de onuitputtelijke ontwerpen en opmaak van dit boek in samenwerking met Linda Maesen.

drukkerij Smits n.v.
herentalsebaan 406 b – B-2160 wommelgem
tel. +32 (0)3 354 04 04 – http://www.drukkerij-smits.be

STEURS nv
graphic solutions

Wij danken onze sponsors:

Agu: fietstassen en fietskleding
Base Camp: volledige kampeeruitrusting
Bausch & Lomb: contactlenzen
Contactlens Studio: aanpassinging lenzen
Craenen: alle reisgidsen en landkaarten
De Beukelaer: Nikon fototoestellen
DHL: opsturen pakketten
Fotozaak Rubens: ontwikkeling diarolletjes
Fietsen Van Campenhout te Strombeek-Bever: alle onderhoud van de fietsen, Daniël is de man met de gouden vingers ...
Kano & Kajak Center in **Wachtebeke**: gebruik van zeekajak
Koga: TwinTraveller tandem en WorldTraveller mountainbikes
Ligfiets: Challenge Hurricane, Challenge Mistral
Radio 2: maandelijks gesprek in 'Niets is Zeker'
Sapim: fietsspaken.

Sorteren en keuze van beeldmateriaal:

• Christiaan Neyens • Chris De Backer
• Bob De Vos en Sigrid Lernout
• Gaby Segers • Gerd Faus
• Karine De Bruyne en Marc Kint

foto's vertrek en voorbereiding
• Albert Seghers • Bert Hulselmans
• Raymond van Beygaerden
• Dirk Kerstens • Hugette Jacobs

Voorbereiding:

Meetcentrum Bullen: opmeten en afstellen van juiste positie op fiets
Hart- en Sportacademie Nottebohm:
Kamiel D'Huyvetter: persoonlijke trainer
Dokter Van Gompel: reisadvies
Eric Van der Voort: zeilcursus
Roger en Karina Vercruyssen: het leren mennen met paard en kar
Kitty Vercruyssen: paardrijlessen
Koen Van den Avyle en Bart Pauwels: kajaklessen

Medewerking vertrek:

Begonia Reizen: busvervoer
DHL: vervoer van fietsen
Bloso sportverzekering
Dirk Somers van Radio 2
Johan Luyckx: presentator
Steven Van den Dorpel: dj
Huguette & Monique
Els Van Passen
Familie Pinxten
Het Rode Kruis
Pasar regio Gent-Eeklo: begeleiders op 18 en 19 april 2004
Pastoor De Kesel

Website:

- Webmaster onderweg: Heidi Derboven
- vertaling: Els De Keersmaeker
- webmaster 2011: Chris De Backer

Lunchplaatsen en overnachtingen bij vertrek:

Ibis Hotel Antwerpen-Gent-Brugge
Hotel Sofitel Gent Belfort
'Rietgors' Waesmeer in Temse
't Reigersnest' - Recreatiepark Nieuwdonk
Restaurant Ten Dauwe in Aalter

Deelnemende burgemeesters van de gemeente of stad:

- Antwerpen: Patrick Janssens
- Zwijndrecht: Willy Minnebo
- Beveren: François De Smet
- Sint-Niklaas: Freddy Willockx
- Temse: Luc De Ryck
- Bornem: Jo Van Eetvelt
- Sint-Amands: Freddy Sarens
- Hamme: schepen van sport
- Dendermonde: schepen van sport
- Zele: Patrick Poppe
- Wichelen: Werner Van Der Eecken
- Wetteren: Marc Gybels
- Gent: Frank Beke
- Lovendegem: Chris De Wispelare
- Nevele: Roger Bone
- Aalter: Pieter De Crem
- Knesselare: Antoine Schrans
- Beernem: Johan De Rycke
- Oostkamp: Luc Vanparys
- Brugge: Patrick Moenaert
- Damme: Dirk Bisschop

Verder danken wij:

Theo Neefs • Peter Verhulst en Catherine Vandoorne • Sarah De Schepper • Els Brandt van Radio 2-programma 'Niets is Zeker' • Nancy Hendrikx • Frans Van Eersel.

Natuurlijk danken wij alle sportievelingen die samen met ons een stukje hebben meegefietst, kaartjes hebben geschreven, een bemoedigend emailtje hebben gestuurd en tenslotte alle mensen die we vergaten te vermelden.

MET DE FIETS NAAR CHINA

Hoe zijn ze in hemelsnaam op het idee gekomen om met de fiets te reizen?

U leest het allemaal in hun eerste boek, een bestseller in Vlaanderen.

Volg anderhalf jaar hun fietssporen door de 1500 km lange Karakum-woestijn, waar ze geen water hadden, weinig eten, maar wel ten prooi vielen van brutale bandieten Ze trokken door verboden en gesloten dorpen, verbleven in een harem, kregen het aan de stok met wolfshonden, handtastelijke mannen en oplichters.
Zij werden gechanteerd door corrupte politiemannen, overrompeld door de vaak raadselachtige en zeer bizarre gewoontes van de Chinezen, waren bijna getrouwd met een Iranees en ...
nog zo veel meer.

Zij brachten een onwaarschijnlijk boeiend reisverslag mee naar huis, aangevuld met meer dan 60 foto's en zeer veel nuttige tips.

Het boek is te verkrijgen in de betere boekhandel of bij
GLOBETROTTER bvba
J.Vuylstekelaan 18-1E
2050 Antwerpen
Tel.: 03/ 33 60 268
www.nicole-ingrid.be

ISBN 90-801359-1-7

DE FIETSKUREN VAN NICOLE & INGRID

Hebben grizzlyberen een voorkeur voor vrouwen?
In welk land worden onschuldige postbodes opgesloten?
Houden zeehonden van Vlaamse zangers?
Waar ter wereld vind je de stevigste mannenbillen?
Waar halen hongerige leeuwen hun neus voor op?
Hoeveel kamelen is een fietskampioene waard?
Wat is de laatste wens van elk Australisch schaap?
Waarom moet je oppassen voor mannen die pannenkoeken bakken?
Wat hangt er onder struisvogelvleugels?
En vooral: kan een reiziger zijn ziel verliezen?

Om een antwoord te vinden op deze en vele andere vragen, fietsten Ingrid De Wilde en Nicole Dierckx de wereld rond. Over vijf continenten, door meer dan veertig landen. Zij brachten maandelijks verslag uit in Ochtendkuren, bij Somers en Verschueren, op Radio 2 en hielden zo heel Vlaanderen en Nederland in de ban met hun ongemeen boeiende verhalen.
In de *Fietskuren van Nicole en Ingrid* nemen ze u mee van continent tot continent. Zij vertellen openhartig hoe zij ternauwernood aan de dood ontsnapten in het Amazonewoud. Hoe zij al hun doorzettingsvermogen en vrouwelijke charmes moesten aanwenden om de moeilijkste klippen te omzeilen. Hoe zij een permanente strijd voerden tegen muggen en grizzlyberen, tegen slangen en leeuwen. Hoe zij bijna vermoord werden in Malawi. Hoe zij plots verdwenen in Swaziland. Na vier en een half jaar zweten, zwoegen, dorst, honger, modder, regen, liefde, wees het tellertje 71.895 kilometer aan.

Rijkelijk geïllustreerde uitgave met 140 foto's, plannetjes en praktische informatie.

Het boek is te verkrijgen in de betere boekhandel of bij
GLOBETROTTER bvba
J.Vuylstekelaan 18-1E
2050 Antwerpen
Tel.: 03/ 33 60 268
www.nicole-ingrid.be

ISBN 90-801359-2-5

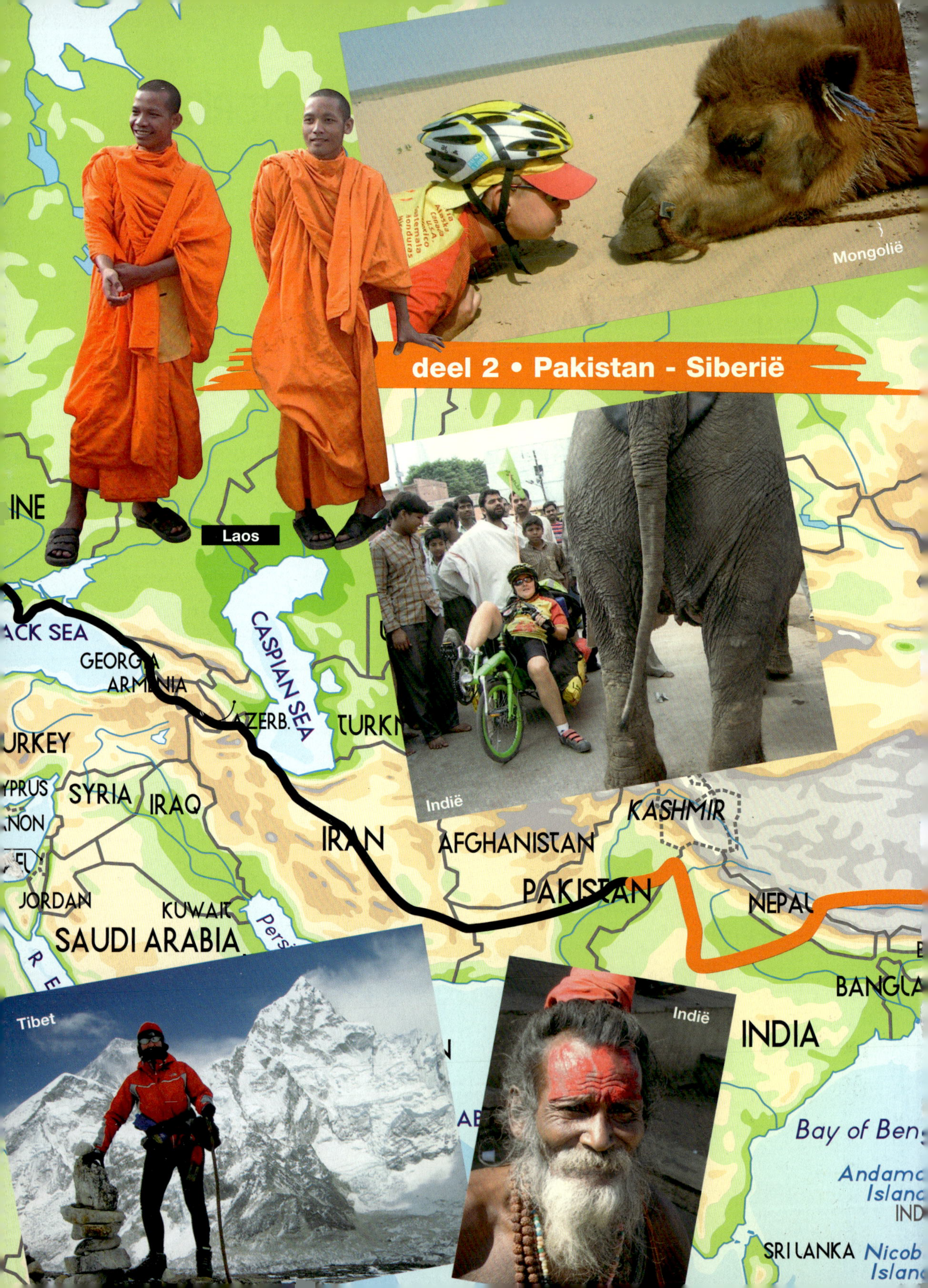
deel 2 • Pakistan - Siberië
Mongolië
Laos
Indië
Tibet
Indië
INE
ACK SEA
GEORGIA
ARMENIA
AZERB.
CASPIAN SEA
TURKM
URKEY
YPRUS
SYRIA
IRAQ
IRAN
AFGHANISTAN
KASHMIR
PAKISTAN
NEPAL
JORDAN
KUWAIT
SAUDI ARABIA
BANGLA
INDIA
Bay of Beng
Andama
Island
SRI LANKA
Nicob
Island